U0916193

中国信托业年鉴 2019—2020（上卷）

ALMANAC OF CHINA'S TRUSTEE

中国信托业协会　编

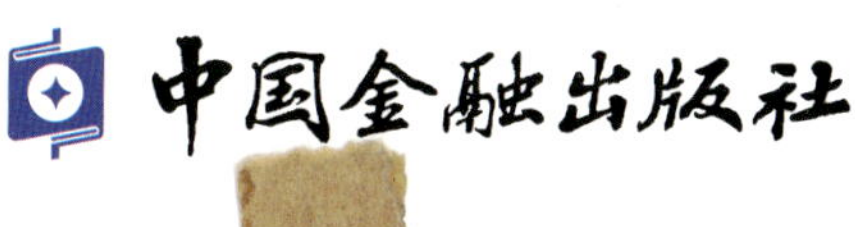

责任编辑：贾　真
责任校对：孙　蕊
责任印制：裴　刚

图书在版编目(CIP)数据

中国信托业年鉴．2019—2020：上下卷/中国信托业协会编．—北京：中国金融出版社,2020.12

ISBN 978-7-5220-0894-3

Ⅰ.①中…　Ⅱ.①中…　Ⅲ.①信托业—中国—2019-2020—年鉴　Ⅳ.①F832.49-54

中国版本图书馆CIP数据核字(2020)第236157号

中国信托业年鉴．2019—2020
ZHONGGUO XINTUOYE NIANJIAN. 2019—2020

出版发行　中国金融出版社
社址　北京市丰台区益泽路2号
市场开发部　(010)66024766,63805472,63439533(传真)
网上书店　http://www.chinafph.com
(010)66024766,63372837(传真)
读者服务部　(010)66070833,62568380
邮编　100071
印刷　北京市松源印刷有限公司
尺寸　210毫米×285毫米
插页　32
印张　111.25
字数　4102千
版次　2020年12月第1版
印次　2020年12月第1次印刷
定价　780.00元(上、下卷)
ISBN 978-7-5220-0894-3
如出现印装错误本社负责调换　联系电话(010)63263947

2019年7月30日，福建省委副书记、福州市委书记王宁一行莅临兴业信托调研。

2019年9月4日，中国银保监会信托部主任赖秀福一行莅临中建投信托调研。

2019年8月16日，北京银保监局局长李明肖一行莅临中诚信托调研。

2019年5月30日，四川银保监局局长陈育林一行莅临中铁信托调研。

2019年7月30日，北京银保监局副局长郭左践（正局长级）一行莅临国民信托调研。

2019年7月31日，北京银保监局副局长郭左践（正局长级）一行莅临华鑫信托调研。

2019年8月2日，北京银保监局副局长郭左践（正局长级）一行莅临英大信托调研。

2019年8月9日，北京银保监局副局长郭左践（正局长级）一行莅临金谷信托调研。

2019年12月5日，大连银保监局局长张利星一行莅临华信信托调研。

2019年5月7日，江西省地方金融监管局局长韦秀长一行莅临中航信托调研。

2019年10月30日，大连市副市长靳国卫一行莅临华信信托调研。

2019年9月26日，中国银保监会信托部副主任姜玉英一行莅临华能贵诚信托调研。

2019年3月12日，中国银保监会公司治理部副主任邓玉梅一行莅临外贸信托调研。

2019年3月15日，广东银保监局巡视员张坚红一行莅临粤财信托调研。

2019年4月2日，宁波银保监局副局长严斌一行莅临昆仑信托调研。

2019年8月5日，重庆银保监局副局长金利佳一行莅临新华信托调研。

2019年8月22日，厦门银保监局副局长王福明一行莅临厦门国际信托开展审慎会谈。

2019年9月6日，安徽银保监局党委委员、副巡视员王毅一行莅临国元信托调研。

2019年9月19日，财政部资产司副司长黄秉华一行莅临中航信托调研。

2019年7月18日，人民银行武汉分行营管部余宏副主任一行莅临国通信托调研。

2019年12月4日，人民银行厦门市中心支行副行长李宜聪一行莅临厦门国际信托调研。

2019年3月21日，三亚市副市长谢庆林一行莅临昆仑信托调研。

2019年5月15日，北京市东城区人民政府副区长葛俊凯一行莅临国民信托调研。

2019年7月17日，北京市东城区政协党组成员、副主席李铁生一行莅临中国民生信托调研。

2019年6月5日，深圳市福田区副区长黄伟一行莅临华润信托调研。

2019年7月16日，河南省财政厅党组成员李云一行莅临中原信托调研。

2019年9月2日，湖北银保监局非银机构检查处领导一行莅临国通信托调研。

2019年11月15日，江西银保监局非银处副处长夏纪冈莅临雪松国际信托交流。

2019年1月24日，中国信托业协会举办“金融科技与信托公司发展”主题沙龙。

2019年3月28日，中国信托业协会与中国信托登记有限公司联合举办“信托产品净值化管理”主题沙龙。

2019年4月25日，中国信托业协会现场召开四届二次会员大会。

2019年4月30日，中国信托业协会举办“信托业参与科创板”专题培训。

2019年5月15日，中国信托业协会举办“服务信托”专题培训。

2019年5月27日至30日，中国信托业协会带队组织调研组赴内蒙古呼伦贝尔市开展扶贫工作调研。

2019年5月30日，中国信托业协会举办“信托公司激励约束机制建设”主题沙龙。

2019年7月31日至8月1日，中国信托业协会带队组织调研组赴内蒙古察右中旗、察右后旗开展扶贫工作调研。

2019年10月24日，中国信托业协会与中国人民大学法学院联合举办“信托与人口老龄化”主题沙龙。

2019年10月26日，中国信托业协会在南昌举办“诚信受托 共赢未来”投资者教育活动。

2019年11月9日，中国信托业协会在西安举办“以信为基 服务美好生活”投资者教育活动。

2019年11月11日至13日，中国信托业协会带队组织调研组赴呼伦贝尔鄂伦春旗开展扶贫工作调研。

2019年12月19日，中国信托业协会以“中国信托业服务实体经济 助力三大攻坚战”为主题参加银保监会第252场例行新闻发布会。

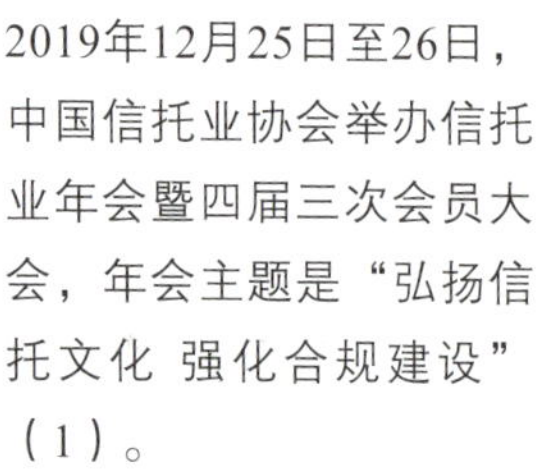

2019年12月25日至26日，中国信托业协会举办信托业年会暨四届三次会员大会，年会主题是“弘扬信托文化 强化合规建设”（1）。

2019年12月25日至26日，中国信托业协会举办信托业年会暨四届三次会员大会，年会主题是“弘扬信托文化 强化合规建设”（2）。

2019年1月2日，外贸信托全额捐赠设立的北京信诺公益基金会正式获批成立。

2019年1月7日，山东信托举办“慈心一日捐”活动，助力脱贫攻坚。

2019年1月8日，江苏信托参加2019年度“情暖江苏”慈善精准扶贫活动，向江苏省慈善总会捐赠100万元。

2019年1月12日，东莞信托举办第五届“东莞信托·与爱同行”助学公益徒步活动并捐款50万元。

2019年1月13日，西部信托开展“迎新年·城墙健步行”活动。

2019年1月16日，山西信托联合山西慈善总会在香炉台小学举行"关爱儿童之家"揭牌仪式。

2019年2月23日，中航信托举行"歌唱我的祖国"花式快闪活动。

2019年2月28日，华鑫信托组织参观庆祝改革开放40周年大型展览。

2019年3月5日，中海信托“蔚蓝力量”志愿者前往黄浦区海悦居委会开展学雷锋活动。

2019年3月12日，华澳信托组织党员参观周恩来陈列展。

2019年3月20日，华融信托前往新疆塔格艾日克村开展定点扶贫活动。

2019年4月2日，华润信托与美国北方信托香港有限公司进行业务交流。

2019年4月4日，云南信托举办金融知识普及月活动。

2019年4月13日，国联信托组织全体党员到太华山新四军基地参观学习。

2019年4月18日，大业信托承办协会绿色信托标准制定工作研讨会。

2019年4月18日，紫金信托开启校园优才直通车计划，走进高校，与校园学子们分享行业知识，讲述公司文化，为学子们开辟暑期实习快车道，搭建实践平台。

2019年4月19日，国联信托组织开展党建知识竞赛。

2019年4月20日，中航信托冠名成都善行者公益徒步活动。

2019年4月22日，兴业信托助力上海半程马拉松赛。

2019年4月23日，信托业保障基金公司董事长刘宏宇一行莅临中国民生信托调研。

2019年4月23日，中建投信托在各地开展世界读书日好书分享活动。

2019年4月25日，北京辖内信托公司受托责任履行与法律风险专题研讨会在北京信托召开。

2019年4月25日，中国拍卖行业协会会长黄小坚一行莅临昆仑信托调研。

2019年4月26日，国投泰康信托组织纪念“五四运动”100周年专题活动。

2019年4月30日，华宸信托开展“党建引领 绿色发展”生态教育主题党日活动。

2019年5月4日，山西信托开展“青春心向党 建功新时代”主题团日活动。

2019年5月6日，江苏信托参加“传承五四薪火，奉献青春热血”无偿献血主题公益活动。

2019年5月9日，平安信托举办“为爱守护 不负春晖”关爱自闭症儿童蔚蓝行动捐赠仪式。

2019年5月12日，杭州工商信托发布“杭工信·阳光2号母亲微笑行动慈善信托”。

2019年5月23日，光大兴陇信托举办“青春心向党 建功新时代”主题演讲比赛。

2019年5月25日，华鑫信托组织开展“不忘初心 牢记使命”主题党日活动。

2019年5月27日，陕国投举办“我和我的祖国”快闪活动。

2019年5月，浙金信托组织开展“不忘初心再出发 牢记使命永向前”主题党日活动。

2019年6月12日，中国信托业协会副秘书长郑方一行莅临华澳信托调研。

2019年6月12日，天津信托组织参观全面从严治党主题教育展。

2019年6月12日，中融信托开展"不忘初心　牢记使命"主题教育活动。

2019年6月15日，陕国投开展"不忘初心、牢记使命"主题教育活动。

2019年6月16日，陕国投董事长薛季民一行赴对口扶贫村考察调研扶贫工作。

2019年6月18日，中诚信托组织参观北京市全面从严治党警示教育基地。

2019年6月19日，中信信托受托设立国内首个慈善先行信托。

2019年6月21日，粤财信托与广东扶贫开发协会签约设立广东省扶贫开发协会·粤财信托·定点帮扶1号慈善信托。

2019年6月22日，中铁信托组织开展领导干部管理能力提升培训。

2019年6月25日，中国信托业协会党委书记、专职副会长（常务）漆艰明一行莅临华润信托调研。

2019年6月25日，大业信托开展“平安金融健步走”活动。

2019年6月25日，国元信托组织开展革命传统教育活动。

2019年6月25日，华润信托向河源市紫金县袁田村捐赠资金101.5万元助力攻坚脱贫。

2019年6月27日，中国信托业协会党委委员、专职副会长闫建东一行莅临粤财信托调研。

2019年6月27日，长安信托党支部开展"不忘初心、牢记使命"主题党日暨庆祝西安解放70周年图片展参观活动。

2019年6月27日至7月1日，光大兴陇信托开展为期五天的"不忘初心、牢记使命"主题教育培训班。

2019年6月27日，国通信托举行湖北省首单慈善信托启动仪式。

2019年6月28日，粤财信托开展不忘初心·关爱留守贫困儿童活动。

2019年6月28日，湖南信托开展以“不忘初心、牢记使命，齐献爱心、温暖助学”为主题的募捐助学活动。

2019年6月28日，中原信托组织参观郑州二七纪念馆，弘扬爱国主义精神。

2019年6月，北方信托开展消费者权益保护走进村庄活动。

2019年7月1日，中融信托开展“我和我的祖国”庆祝建党九十八周年主题歌会活动。

2019年7月2日，华宸信托开展“不忘初心　牢记使命”主题教育党日活动。

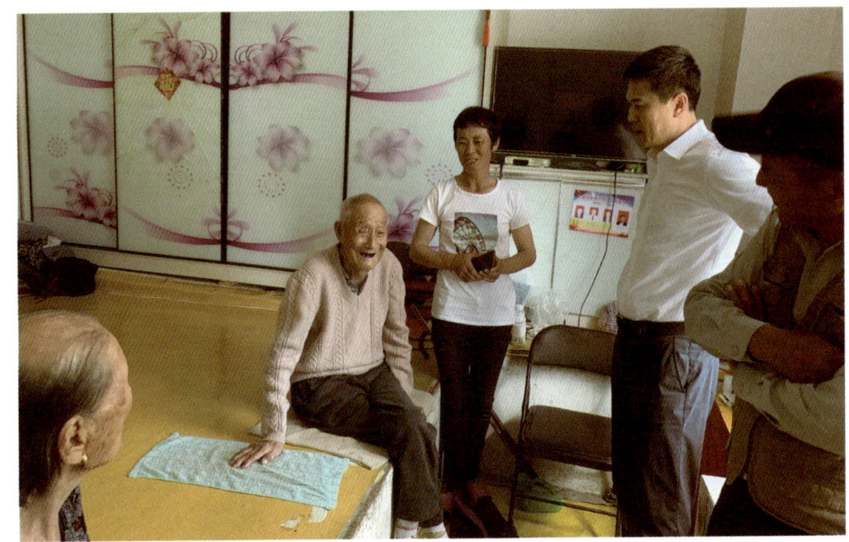

2019年7月3日，吉林信托党委书记、董事长郃戈深入扶贫包保村安图县山泉村和龙山村探访贫困农户，就脱贫工作进行专项调研。

2019年7月9日，英大信托开展快闪活动庆祝新中国成立70周年。

2019年7月10日，长城新盛信托组织参观李大钊烈士公墓。

2019年7月11日，英大信托共产党员服务队深入社区开展金融消费者权益保护宣传。

2019年7月12日，中国信登党委委员、副总裁刘铁峰一行莅临中粮信托调研交流。

2019年7月17日，中国信登党委委员、监事长、工会主席李元成一行莅临华澳信托调研。

2019年7月17日，中原信托赴河南省廉政文化教育馆参观学习。

2019年7月18日，澳大利亚驻华大使馆公使级参赞、澳大利亚国库部驻中国高级代表唐瑞秋女士（Ms. Rachel Thompson），澳大利亚驻成都总领事馆副总领事彭善明先生（Mr. Sam Bentley）一行赴重庆信托考察、调研。

2019年7月19日，杭州工商信托组织客户、员工参加2019“母亲微笑行动”走进乌鲁木齐唇腭裂救助公益活动。

2019年7月25日，兴业信托党委开展“不忘初心，牢记使命，践行两山理论，服务绿色发展”主题党日活动。

2019年7月30日，安信信托设立“草原相信明天”扶贫援建项目。

2019年7月31日，雪松国际信托举办夏日荧光跑活动。

2019年7月，百瑞信托开展“管理规范性宣传月”主题团建活动。

2019年7月，四川信托与四川浪速体育文化发展有限公司共同出资40万元，联合成立全国首只青少年体育产业慈善信托——浪速体育产业慈善信托。

2019年7月，浙金信托组织开展“爱心献血 让爱流动”公益献血活动。

2019年8月9日至12日，光大兴陇信托承办“2019年新疆青少年融情夏令营”活动。

2019年8月9日，五矿信托成立国内首单中医药慈善信托。

2019年8月10日，雪松国际信托冠名赞助“雪松国际信托2019林书豪明星赛”。

2019年8月12日至16日，金谷信托开展中层干部“不忘初心、牢记使命”主题教育培训班。

2019年8月15日，上海信托倾情呈现法语原版音乐剧《巴黎圣母院》登陆上海文化广场。

2019年8月18日，“新华信托·华恩6号西部生态扶贫慈善信托”向甘肃兰州市永登县下古山村认捐50亩沙棘林。

2019年8月21日，华能信托联合设立“华能信托·新凤祥慈善信托计划”，完成“让孩子笑起来 心灵艺术”走进贵州省雷山县公益项目。

2019年8月23日，国民信托开展女员工关爱日活动。

2019年8月23日，建信信托向陕西省安康市粮茶村捐赠学费6万余元和价值2万元的物资。

2019年8月24日，陆家嘴信托赴甘肃临洮开展支教活动。

2019年8月30日，五矿信托和青海大学联合举办2019年长江源综合科学考察活动出征仪式。

2019年8月，重庆信托举办“重庆信托·春蕾圆梦慈善信托”2019年助学捐赠仪式。

2019年8日至9日，英大信托开展四批“传承红色基因 担当发展重任”井冈山革命教育集中培训。

2019年9月4日，东莞信托赴韶关市乐昌三溪镇仕坑村开展扶贫活动。

2019年9月4日，外贸信托扶贫工作队前往内蒙古赤峰市阿鲁科尔沁旗先锋小学，看望并慰问部分贫困学生。

2019年9月7日，安信信托举办“真爱梦想公益艺术展”活动。

2019年9月7日，“陆家嘴信托·弘远1号甘肃临洮定向扶贫慈善信托”捐赠仪式在上海东方艺术中心举行。

2019年9月17日，吉林信托成立“吉信·天和精准扶贫2号慈善信托计划”。

2019年9月18日至20日，中建投信托志愿者前往甘肃会宁探访当学生、教师。

2019年9月21日，百瑞信托组织召开家族传承论坛暨金融知识义务宣讲活动。

2019年9月21日，湖南信托举办以“守初心 担使命 踏征程 逐梦想，我和祖国一同奔跑”为主题的7公里橘洲迷你马拉松公益跑活动。

2019年9月21日，吉林信托开展迎国庆70周年“礼赞祖国 讴歌时代”诵读会。

2019年9月22日，上海信托发起慈善信托支持甘肃临洮县2019“美育教室”建设工作和流动美术馆项目。

2019年9月24日，万向信托协同监管部门及银行机构开展2019年金融联合宣传教育活动之走进杭州师范大学。

2019年9月25日，山东信托举办“我和我的祖国”书法绘画摄影作品展。

2019年9月26日，中国信登党委委员、副总裁刘铁峰一行就信托登记相关工作赴国元信托开展调研。

2019年9月27日，华融信托组织参观庆祝中华人民共和国70周年大型成就展。

2019年9月27日，交银国际信托联合湖北省交通投资集团有限公司投入50万元专项党费在湖北恩施州鹤峰县唐家铺村建设党员教育实践基地。

2019年9月27日，中泰信托举办迎国庆外滩健步走活动。

2019年9月30日，东莞信托举办“同升国旗、同唱国歌”爱国主义教育活动。

2019年9月30日，平安信托组织开展庆祝中华人民共和国成立70周年观影活动。

2019年9月，交银国际信托举办“唱响新中国、奋进新时代” 主题演讲比赛及红歌会活动。

2019年10月7日，爱建信托开展重阳慰问活动。

2019年10月10日，华能信托前往息烽集中营开展主题党日活动。

2019年10月12日，江苏信托组织参观江苏省庆祝中华人民共和国成立70周年成就展。

2019年10月13日，厦门国际信托向乡村中小学捐赠500套《听林崇德老师讲基础教育》。

2019年10月15日，中国信托业协会党委书记、专职副会长(常务)漆艰明一行莅临中铁信托调研。

2019年10月18日，苏州信托组织参观中华人民共和国成立70周年图片展。

2019年10月19日，北方信托—南开大学EMBA90班爱心助学慈善信托签约。

2019年10月19日，爱建信托举办“爱建信托杯”上海（浦东）2019第二届中外企业赛艇挑战赛。

2019年10月24日，交银国际信托党委书记、董事长童学卫一行拜访华润信托。

2019年10月24日，中航信托与日本信托协会访华团开展研讨交流会。

2019年10月26日，中建投信托开展“同心·荣耀——庆祝新中国成立70周年主题活动”。

2019年10月，万向信托与黄湖镇人民政府、阿里巴巴公益基金会、大自然保护协会签署水源地保护受益者服务机制项目。

2019年10月，浙金信托组织开展庆祝中华人民共和国成立70周年系列活动。

2019年11月2日，中融信托党委组织开展"不忘初心献爱心　志愿服务送温暖"志愿服务活动。

2019年11月9日，由中国银保监会信托部和消保局指导、中国信托业协会主办、长安信托承办的"以信为基，服务美好生活——中国信托业2019投资者教育活动"在西安举行。

2019年11月12日，四川信托帮扶康定水桥村"两个计划"捐赠仪式在康定水桥村委会广场举行。

2019年11月13日，渤海信托共同出资设立呼伦贝尔市首单慈善信托。

2019年11月15日，华融信托赴中国人民抗日战争纪念馆开展主题党日活动。

2019年11月16日，平安信托组织开展消费者权益保护进社区活动。

2019年11月18日，中粮信托组织参观庆祝中华人民共和国成立70周年大型成就展。

2019年11月20日，中海信托与崇明区建设镇富安村举行党组织结对帮扶签约仪式。

2019年11月22日，紫金信托举办“紫金信托·厚德9号”慈善信托计划成立仪式暨“紫金·厚德”公益形象发布会。

2019年11月25日，紫金信托董事长陈峥一行前往高淳区古柏街道段曲头社区走访调研和慰问。

2019年11月26日，由中诚信托、信托业保障基金公司共同出资，中诚信托担任受托人的“中诚信托·中国信托业保障基金公司·2019和政扶贫慈善信托”在甘肃省和政县正式签约。

2019年11月28日至29日，华能信托党委副书记、总经理孙磊一行赴公司扶贫点赫章县官房村、发科村进行调研。

2019年11月30日，华宝信托联合中国宝武集团公司机关工会举办“钢铁报国守初心　产融合作向未来”主题健步走活动。

2019年12月2日，国元信托开展“一对一”爱心帮扶活动。

2019年12月4日，天津信托与天津市见义勇为协会、天津市福老基金会联合举办见义勇为人员慰问捐助活动。

2019年12月6日，西部信托党委书记、董事长徐谦赴杨武村开展扶贫调研工作。

2019年12月13日，建信信托举办消费者权益保护工作培训班。

2019年12月20日，国投泰康信托志愿者赴华奥学校支教。

2019年12月20日，中信信托联合11家保险公司推出国内首个保险金信托服务标准。

2019年12月26日，北京信托举办“砥砺四十载 建功新时代”公司成立40周年主题论坛系列活动。

2019年12月29日，渤海信托举办“点滴善举 爱在渤海”慈善义卖活动。

2019年12月31日，中泰信托开展“鞋盒礼物”社会公益活动。

2019年，金谷信托2019大爱1号项目慰问资助亚渔村贫困村民。

目录
CONTENTS

上卷

下　卷

重要文献与政策法规

重要文献

2019年信托业监管工作综述

中国银保监会信托部

2019年，中国银保监会认真贯彻落实党中央、国务院关于信托业监管的各项决策部署，坚持市场乱象标本兼治，坚持风险防控稳中有进，坚持转型发展常抓不懈，积极推动行业回归本源，支持实体经济发展，各项工作取得了一定成效。

一、行业发展情况

（一）信托资产规模稳中有降，信托通道业务持续收缩

一是信托资产连续两年下降。截至2019年末（以下如无特殊说明均为2019年末数据），全行业受托管理信托资产余额为21.60万亿元，较年初减少1.10万亿元，同比下降4.83%，连续8个季度环比下降。二是通道业务压降较快。事务管理类信托资产余额为10.65万亿元，同比压降19.60%，较2017年末的历史最高点减少5万亿元，累计压降31.93%。三是行业盈利状况总体稳定。全年实现营业收入1 190.43亿元，同比增长9.72%；实现净利润561.17亿元，同比下降1.17%。行业盈利能力整体保持稳定。全年缴纳各项税收640.11亿元，同比增长34.63%。

（二）金融同业合作逐步规范，个人投资规模有所提高

一是银信类业务继续压缩。银信类业务实收信托余额为7.94万亿元，同比下降20.53%。银行利用信托进行交叉嵌套、资金空转现象显著减少。二是保信合作迎来较快发展。保信合作业务实收信托余额为1.96万亿元，较年初增加5 009.71亿元，同比增长34.34%，发挥长期限

保险资金支持实体经济发展的积极作用。三是个人投资信托规模增加。信托公司直销能力有所提升，资金/资产来源于个人的实收信托余额2.87万亿元，占全部实收信托规模的13.68%，同比提高3.50个百分点。

（三）支持实体经济力度不减，信托投向结构不断优化

一是投入实体经济占比继续提高。全行业直接投入实体经济（不含房地产业）信托资产余额为13.12万亿元，占全部信托资产余额的60.73%，同比提高2.46个百分点。二是房地产信托过快上涨势头得到有效遏制。针对上半年房地产信托过快增长态势，果断采取监管措施。房地产信托资产余额为3.02万亿元，较年中峰值减少2 159.43亿元，同比增速1.21%，较2018年同期下降16.58个百分点。三是支持小微企业力度加大。投向小微企业的信托资产余额为2.37万亿元，较年初增加763.24亿元。综合运用信托贷款、股权投资、投贷联动等多种形式为小微企业、民营企业发展提供支持。

（四）满足人民美好生活需要，信托服务领域纵深发展

一是实现信托收益创历史新高。全年累计向受益人支付信托收益9 104.94亿元，同比增长21.80%，较好地满足了居民财产保值增值需要。二是服务信托领域逐步拓宽。家族信托、保险金信托、企业年金信托、消费信托等本源业务稳步推进，在居民财富传承、福利保障、消费升级等方面发挥积极作用。三是慈善信托发展势头较好。52家信托公司登记备案273笔慈善信托，合同金额为29.35亿元，同比增长48.68%，涉及环保、扶贫、教育等公益慈善领域，助力打赢污染防治和精准脱贫攻坚战。

二、2019年监管工作

（一）综合治理市场乱象，推动行业规范发展

一是巩固信托通道治理成效。制定全行业信托通道业务压降方案，强化窗口指导和风险监测，严厉打击信托通道不当创新和风险苗头。二是防控房地产信托无序扩张。坚决落实“房住不炒”总体要求，强化房地产信托合规与风险监管。三是持续开展市场乱象专项整治。对治乱象工作中发现的违规问题督促整改，并依法采取行政处罚等监管措施。

（二）全面摸排风险底数，加大风险化解力度

一是开展行业全面风险排查。先后组织三轮全面风险排查，基本摸清信托行业风险底数，

对风险情况做到心中有数。建立风险排查、监测、报告常态化工作机制。二是妥善应对各类新老问题。及时处理各类突发事件和重大风险，督促信托公司足额计提拨备，真实化解风险。持续清理非标资金池业务。三是积极化解单体机构风险。对个别风险较高的信托公司加强贴身监管，提前制定风险预案，促进风险稳妥化解。

（三）加快完善制度体系，提升信托监管效能

一是推进基础性法律法规建设。向全国人大呼吁修改《信托法》。协调司法部、人民银行重新启动《信托公司条例》立法程序。推动最高人民法院将营业信托纠纷审判规则写入《全国法院民商事审判工作会议纪要》。二是弥补监管制度短板。出台《信托公司股权管理暂行办法》，强化股权穿透监管，规范信托公司股东行为。加快推进信托公司资本管理、资金信托管理、行政许可事项等规制工作。三是发挥“三翼”监管支持作用。推动信托业协会出台消费者权益保护、从业人员管理等自律公约。指导信托登记公司开展受益权账户管理，维护登记系统稳健运行。研究改革信托保障基金运行机制，切实发挥行业“安全网”功能。

（四）立足服务实体经济，引领行业转型升级

一是引导服务实体经济发展。优化监管评级要素权重，引导信托公司发挥信托制度优势，为实体经济提供有效信托资金供给，增强监管引领作用。二是启动信托文化建设工程。计划利用5年时间在全行业推进信托文化建设工程，要求信托公司回归“受托人”功能定位，培育正确信托文化，以实现经营方式根本性转变。三是支持信托公司探索业务创新。联合证监会推进信托公司企业资产证券化试点工作。配合民政部完善慈善信托信息公开等配套制度。鼓励信托公司探索绿色信托等创新业务。

三、2020年监管安排

2020年，中国银保监会将深入贯彻党的十九大和十九届二中、三中、四中全会及中央经济工作会议精神，统筹做好信托业风险防控、转型发展等各项监管工作。培育信托文化，推动信托业回归本源，改变商业模式，转变发展方式，进一步提升支持实体经济发展、服务人民群众美好生活需要的能力。

（一）保持战略定力，持续推进信托乱象整治

一是持续压降信托通道业务。坚持“去通道”目标不变、力度不减，要求信托公司加强对委托方信托目的、信托资产来源及用途的合规审查，严禁新增通道业务，加大存量信托通道到

期清算力度。二是进一步整治影子银行乱象。推动信托公司摆脱“类银行信用中介”角色，坚守受托人定位，加快业务模式变革，坚决清理非标资金池，压缩具有影子银行特征的融资类信托，提升受托履职能力，加强尽职管理，为打破刚性兑付奠定基础。三是强化房地产信托风险监管。严格房地产信托合规标准，按照“实质重于形式”原则落实穿透监管。支持优先开展城市更新、旧城改造等具有社会保障性质的项目。

（二）积极处置风险，不断增强风险化解实效

一是拓宽风险资产处置渠道。指导信托公司综合运用资产转让、融资方重组、司法诉讼等方式提高风险处置效率，探索与资产管理公司等不良资产处置专业机构合作。二是提升风险抵补能力。督促信托公司增强风险抵补和损失吸收能力，根据风险实际足额计提各项拨备，通过增资扩股、减少分红等方式夯实公司资本实力。三是分类施策做好风险防控。健全行业风险排查和压力测试常态化工作机制。对个别出现风险的信托公司，按风险状况及程度分别制定风险防控预案，及时指导相应信托公司将风险防范化解与转型发展相结合，推动风险稳妥、有序化解。

（三）狠抓文化建设，全力推进行业改革转型

一是做好信托文化建设起步。出台加强信托文化建设的指导意见，明确信托文化建设目标和任务，落实到信托公司经营管理的各个环节。加强投资者教育。二是明确信托业务转型方向。引导信托公司降低融资类信托占比，规范发展财富管理信托，大力培育服务信托，促进信托成为管理社会财富、推动社会进步的有效工具。三是深化服务实体经济成效。加大对小微企业、民营企业及受新冠疫情影响严重行业和领域的金融扶持力度，丰富融资方式，降低融资成本。

（四）强化机制保障，稳步提升监管工作水平

一是打造良好的外部法律环境。继续协调推动《信托法》修订和《信托公司条例》制定工作。增进与司法部门的沟通，强化信托案件的审理指导。二是持之以恒提高监管能力。进一步完善监管法规体系，发挥监管“指挥棒”作用。提高公司治理要求，搭建公司股东、信托公司、监管部门“三位一体”的股权管理框架。三是完善基础设施功能作用。加快推进信托监管数据标准化建设，统一规范行业数据管理机制。指导信托登记公司完善平台服务功能，引导信托保障基金进一步发挥行业“安全网”作用。

政 策 法 规

中国银保监会关于开展“巩固治乱象成果 促进合规建设”工作的通知

（银保监发［2019］23 号）

各银保监局，各政策性银行、大型银行、股份制银行，邮储银行，外资银行，各金融资产管理公司，各保险集团（控股）公司、保险公司、保险资产管理公司：

为全面贯彻党中央、国务院关于金融工作的决策部署，打好防范化解金融风险攻坚战，推动银行业保险业实现高质量发展，银保监会决定开展银行保险机构“巩固治乱象成果 促进合规建设”工作。现将有关事项通知如下：

一、总体要求

（一）指导思想。以习近平新时代中国特色社会主义思想为指导，全面贯彻党的十九大和十九届二中、三中全会精神，落实中央经济工作会议和全国金融工作会议要求，坚持稳中求进工作总基调，精准有效处置重点领域风险，推动银行保险机构厚植合规文化，坚决守住不发生系统性风险的底线。

（二）工作目标。查处屡查屡犯违规问题，消化存量，在推动银行保险机构合规建设方面取得新成效；查处重点风险及违规问题，遏制增量，在推动银行业保险业生态修复方面取得新进展；推进金融供给侧结构性改革，在实现高质量发展和提升服务实体经济水平、能力方面取得新突破。

（三）工作原则。防风险与稳增长相结合，坚持在稳增长的基础上防风险、治乱象，通过乱象整治推进解决金融服务实体经济中的痛点和难点问题，不断完善金融服务，引导资金更好服务于国家重大战略和支持民营小微企业，实现防风险、治乱象和稳增长、调结构的有机统一。削减违规存量问题与遏制违规增量问题相结合，坚持已发现问题整改和新问题查处两手抓，两手都要硬。强内控与严监管相结合，各银行保险机构必须落实乱象治理与合规建设的主体责任，各级监管机构必须牢固树立法治意识、规矩意识，将严监管长期坚持下去。保持定力与把握力度相结合，既坚持对市场乱象的“零容忍”，又主动适应宏观形势变化，把握好节奏力度，严防处置风险的风险。

二、主要任务

（一）夯实乱象整治工作的思想根基。以党的政治建设为统领，把党的政治建设摆在首要位置，推动党中央各项决策部署在银行保险机构得到有效落实。一要提高政治站位。坚持党中央对金融工作的集中统一领导，以贯彻落实习近平总书记对完善金融服务、防范金融风险的要求为首要政治责任、领导责任、工作责任。二要坚持不懈整治乱象。必须充分认识市场乱象整治工作的长期性、复杂性和艰巨性，要增强工作责任感和使命感，持续保持对违法违规行为的高压态势，实现银行业保险业生态的不断净化。三要切实履行监管责任。聚焦金融风险和金融乱象交织问题，以机构改革为契机，严查严处违规，惩治金融腐败，切实解决金融领域违法违规成本过低问题，确保机构改革与整治工作“两不误、两促进”。

（二）巩固乱象整治工作成果。在全国银行保险机构范围内，开展对2018年深化整治市场乱象工作自查和监管检查发现问题整改问责情况“回头看”。一看问题整改。整改工具箱是否健全，是否存在简单一刀切的问题；整改措施是否对症恰当，是否存在上题下答、下题上答现象；整改措施是否执行到位；整治之后是否存在反弹反复。二看问责处理。是否建立起明确的问责机制、标准、程序等；是否存在问下不问上、简单以经济处罚代替纪律处分情况；是否将问题情况、整改情况与人员绩效考核相挂钩；对监管机构明确责令追究相关责任人责任的，是否严肃追究。三看机制建设。是否从激励约束机制、制度规程、业务流程、信息系统等方面深挖问题根源，补齐制度短板，强化信息系统建设，从根本上杜绝屡查屡犯、边查边犯问题，有效遏制违规经营和违法犯罪。

（三）持续推动重点领域问题整治。在前期乱象整治工作的基础上，继续对重点领域重点风险开展深入整治，严查政策执行，严查风险隐患，严查违法违规行为。银行机构从股权与公司治理、宏观政策执行、信贷管理、影子银行和交叉金融业务风险、重点风险处置等五个方面开展整治工作，非银行领域各类机构按照相关要点开展整治工作（以下简称工作要点，具体见附件1、附件2）。

（四）开展强内控促合规建设。通过增强内部控制的充分性和有效性，提升银行保险机构内控合规水平。一是强化“两会一层”等治理主体履职尽责。董事会要承担起内控管理的最终责任，监事会要承担起对董事会、高级管理层内控管理职责履职情况的监督责任，高级管理层要负责制定覆盖整个业务流程的内控体系。二是强化内部控制架构建设。银行保险机构要建立科学明晰的业务授权体系，明确各级机构、部门、岗位、人员的职责和权限，切实提升三道防线的独立性、权威性和有效性。三是强化内部控制制度流程建设。银行保险机构要对各项业务活动制定全面、系统、规范的业务制度和管理制度，严格执行会计准则与制度，确保信息系统的有效性。四是强化内部控制的动态完善机制。银行保险机构要建立健全对内控充分性和有效性的评价体系、问题整改机制和管理责任制。五是强化合规文化培育。引导员工树立合规意识，推行诚信与正直的职业操守，将合规文化作为企业文化建设的重要内容。

三、组织实施

（一）切实承担主体责任。各银行保险机构要切实承担起整治乱象和合规建设的主体责任，分级管理实行一把手负责制，确保责任到位、措施到位、落实到位。要指定牵头部门对 2018 年整治发现问题建立整改台账，严肃处理问责。对发生重大案件的、被监管处罚的、同质同类问题屡查屡犯以及苗头性趋势性等问题，要从制度流程、内控机制等方面进行整改，要根据违规业务发起、审批、风控、监督等各个环节的责任，对责任人员按照法律法规、党规党纪和内部规定追究责任。要对照工作要点，组织开展自查，坚持即查即纠、立查立改，对短期内确实难以整改到位的，要明确责任人和完成时限，按期完成整改。要坚持业务发展与风险防控并重，对识别出的内部控制缺陷及时采取措施，要将依法合规的经营理念有效传导至各业务条线和各分支机构。

（二）落实属地监管责任。各银保监局要严格落实一把手负责制，专题研究部署，细化工作方案，扎实有序推进。要督促指导辖内机构开展自查，组织实施监管检查，对机构整治工作进行监管评估，推动辖内机构强化内控合规建设。对整改问责工作推进不力的，要责令限期完成；对整改过程中存在弄虚作假、工作严重不到位的，要严肃查处；对主动暴露问题、整改效果较好且未导致严重后果的，可以依法从轻、减轻或免予处罚。要对照工作要点，对人为拉长融资链条、推高融资成本等违法违规行为加大查处力度，对顶风而上、严重扰乱市场秩序、干扰货币信贷政策传导、扭曲市场行为的投机性业务予以坚决打击。

（三）加强条线管理和功能监管。银行机构检查局、非银行机构检查局分别负责统筹推进银行和非银行领域的整治工作，组织实施监管检查，开展督查督导，并分别牵头开展报告汇总等相关工作。各机构监管部门负责组织推动、督促指导本条线的乱象整治工作。各规制监管和功能监管部门按照各自职责完善公司治理、资产风险分类、内部控制、合规管理等监管制度。

（四）做好信息共享和沟通协调。对各级监管机构和各银行保险机构的良好做法及典型经验，要加强信息共享；机构监管部和功能监管部要及时沟通交流相关整治工作进展及成效。密切跟踪关注市场变化和舆论情况，充分利用新闻载体进行宣传和舆论引导，为银行业保险业改革发展工作营造良好氛围。

（五）严肃监督执纪和问责处理。深入整治金融乱象背后的利益勾结和关系纽带问题，对银行保险机构违法违规人员要加大问责力度，对乱象整治工作中不作为不担当、不重视不深入，造成不良影响或严重后果的，依照有关规定进行严肃追责，做到“管住人、看住钱、扎牢制度防火墙”。

四、报告报送

（一）报告路径及时间要求

各银行保险机构法人应在汇总分支机构情况的基础上，分别于 2019 年 6 月 30 日前和 12 月 10 日前将半年、年度工作报告及附表报送监管部门。其中，银保监会直接监管的银行保险机构报送至对口的机构监管部门，同时各自分别抄送银行机构检查局、非银行机构检查局；各银保监局监管的法人机构和银保监会直接监管机构的分支机构报送至属地银保监局。

各银保监局应汇总辖内机构情况和监管工作情况，分别于 2019 年 7 月 10 日和 12 月 20 日前将半年、年度工作报告，含附表及 1 ~2 个典型案例，报送至银行机构检查局和非银行机构检查局。

各银保监局要按机构类别及时汇总相关报告及附表报送至对口的机构监管部门。各机构监管部应汇总本条线情况形成半年度、年度工作报告，并及时将相关报告报送分管会领导，同时抄送银行机构检查局、非银行机构检查局及相关功能监管部。

（二）报告内容要求

报告应重点突出，内容翔实，包括但不限于：组织实施情况；对 2018 年整治工作中发现的问题的整改问责情况；2019 年整治工作中发现的主要问题和风险隐患，采取的工作措施及成效，完善制度机制情况；强内控促合规建设情况以及采取的工作措施和成效；下一步工作计划和意见建议等。

整治工作期间发现的重大风险和重大问题，各银行保险机构和各级监管机构要及时报告。

附件：1. 2019 年银行机构“巩固治乱象成果　促进合规建设”工作要点

2. 2019 年非银行领域“巩固治乱象成果　促进合规建设”工作要点

2019 年 5 月 8 日

附件 1

2019 年银行机构“巩固治乱象成果　促进合规建设”工作要点

一、股权与公司治理

1. 股东和股权管理。股东资质不符合监管要求；以非自有资金入股；存在股权代持、超比例或超家数持有银行股权等情形；对主要股东的穿透管理不符合监管要求；公司章程未按照监管要求载明股东权利义务；股权登记、质押、关联交易等股权事务管理不符合监管要求；对滥用权利的股东未按照章程及相关要求采取限制措施。

2. “两会一层”履职和考评机制。未把党的领导融入公司治理各环节，未把企业党组织内嵌到公司治理结构之中；党组织和其他治理主体权责边界不明确；董事和高管人员存在未经核准履职的情况；董事会、监事会、高级管理层及其专门委员会未依法依规充分履职，存在一把手“一言堂”情形；独立董事履职不充分；未按监管规定修改并完善绩效考核办法。

3. 关联交易和并表管理。未按照穿透原则尽职认定关联方；存在利用关联交易或内部交易向股东和其他关系人进行利益输送的现象；银行集团并表管理不符合监管要求，集团成员间未做到内部风险隔离；重大投资未经董事会或股东大会决议，违规投资设立、参股、收购境内外机构。

二、宏观政策执行

4. 民营及小微企业服务政策。未合理设置民营和小微企业不良贷款容忍度，未落实尽职免责和容错纠错机制；贷款审批中对民营企业设置歧视性要求，贷款利率和贷款条件在同等条件下与国有企业不一致；不合理收费或附加不合理贷款条件提高民营和小微企业融资成本；人为调整企业标准形态，规避小微企业贷款考核指标等。

5. 房地产行业政策。表内外资金直接或变相用于土地出让金融资；未严格审查房地产开发企业资质，违规向“四证”不全的房地产开发项目提供融资；个人综合消费贷款、经营性贷款、信用卡透支等资金挪用于购房；资金通过影子银行渠道违规流入房地产市场；并购贷款、经营性物业贷款等贷款管理不审慎，资金被挪用于房地产开发。

6. 金融扶贫政策。未严格落实扶贫攻坚任务，片面追求贷款投放额度；扶贫贷款服务对象不够精准、发放扶贫贷款增加附加条件；存在“见户即贷”“户贷企用”“重放贷、轻管理”等问题；精准扶贫政策执行存在偏差，违规上浮扶贫贷款利率，扶贫信贷资金被挪用等。

7. 其他重点领域宏观调控政策。表内外资金直接或间接投向“两高一剩”领域，特别是失去清偿能力的“僵尸企业”；违规为环保排放不达标、严重污染环境且整改无望的企业提供融资；违规为固定资产投资项目提供资本金融资；违规融资放大地方政府隐性债务；违规向列入重点关注企业名单或资产负债率超出重点监管线的国有企业新增融资。

三、信贷管理

8. 授信管理。贷款“三查”不尽职，接受重复抵质押、虚假抵质押；贷款资金长期滞留账户；集团客户统一授信管理和联合授信管理不力，大额风险暴露指标突破监管要求；向从事转贷或投资套利活动为主业的客户提供融资；票据业务贸易背景尽职调查不到位，保证金来源不实；利用票据业务调节存贷款规模及资本占用等监管指标；以利率倒挂等形式办理贴现业务，开展资金套利。

9. 不良资产管理。违规通过以贷还贷、以贷收息、贷款重组等方式延缓风险暴露，掩盖不良贷款；人为操纵风险分类结果，隐匿资产质量；人为调整贷款逾期天数，规避逾期贷款入账要求；直接或借道各类资管计划实现不良资产非洁净出表。

10. 信贷资产转让。开展信贷资产转让、信贷资产收益权转让、以信贷资产为基础资产的信托受益权转让业务，存在资产不真实、不洁净转让，转出方安排显性或隐性回购，转入方未准确计算风险资产并计提必要的风险拨备，风险承担落空等。

四、影子银行和交叉金融业务风险

11. 理财业务。发行的新产品存在风险隔离不到位、池化运作、相互调节收益、刚性兑付、投向限制性领域、违背投资者适当性原则或违规销售等问题；过渡期内，未制定理财业务整改计划，未严格执行整改计划，老产品投资新资产未能优先满足国家重点领域和重大工程建设续建项目以及小微企业融资需求，老产品发行规模违规突破存量产品的整体规模；结构性存款不真实，通过设置“假结构”变相高息揽储。

12. 同业业务。同业资金经过多层嵌套违规投向限制性领域；同业业务违规接受或提供第三方担保、兜底承诺；同业代持、互持或充当资金通道导致资金空转；通过同业投资或吸收保险资管计划等虚增一般存款；通过同业绕道虚增资产负债规模、隐匿业务风险。

13. 表外与合作业务。表内外风险交叉传染，表内外资金相互承接出现风险的业务；委托贷款资金来源、用途不合规，风险隔离不到位；代销业务违规销售或实质承担信用风险；与非持牌机构业务合作不规范；网络借贷资金存管相关业务不规范；违规为无放贷业务资质的机构提供资金发放贷款。

五、重点风险处置

14. 高风险机构处置。未将不良贷款处置和资本补充作为工作重点，未采取有效措施逐步缓释风险、提升各项监管指标；未按照监管要求制定并落实资本补充计划和达标规划；未建立不良贷款处置规划，未制定专门处置方案，未落实不良贷款处置责任人和具体措施；风险处置工作未做到依法合规、真实有效。

15. 异地非持牌机构管理。未按要求制定异地非持牌机构清理规范方案，清理不彻底；对符合持牌要求的经营性机构或新设异地持牌机构未按规定申领牌照；对不符合持牌要求的经营性机构未压缩业务存量并按期并入当地分支机构或撤销；新设异地非经营性机构未严格履行报告义务；存在违规新设异地非持牌机构。

16. 案件查处和行业廉洁。同质同类案件反复发生；内部问责处理宽、松、软，与案件危害程度不匹配；行政处罚力度有待进一步加强；银行员工内外勾结套取银行或客户资金；参与民间借贷、非法集资、充当资金掮客、与客户不当资金往来等；利用机构名义、印章、场所等，为非法金融活动提供资金、服务等；利用职务便利索取、收受贿赂。

附件2：

2019年非银行领域“巩固治乱象成果　促进合规建设”工作要点

一、保险领域

（一）公司治理

股东虚假出资，入股资金来源不合法；股权关系不透明，不清晰；公司章程约定不完善；董监高履职前未取得任职资格，兼任不相容职务，关键岗位长期空缺；“三会一层”履职不到位；未按规定进行内部审计；内控机制不健全，合规内审部门资源配置和独立性不足；激励约束机制不完善，考核评价体系中风险与合规指标占比过低；责任追究机制不完善；关联交易管理制度不健全，未严格落实关联交易管理制度；违规进行关联交易等。

（二）资金运用

资金运用制度机制和投资能力要求未持续满足监管规定；从事“假委托”；违规嵌套、开展通道业务；未按规定范围投资，违规投向国家及监管禁止的行业或产业，违规向地方政府提供融资或通过融资平台违规新增地方政府债务；投资比例管理和集中度风险管理违规；未按规定进行资金运用内部控制专项外部审计等。

（三）产品开发

产品开发设计偏离保险保障本源，违反法律法规和监管制度，违背保险基本原理；条款费率内容不合规，未按规定报送条款费率；责任准备金评估方法、精算假设不真实、不合理，万能账户及结算利率不符合精算规定，分红账户及红利分配不符合精算规定等。

（四）销售理赔

在销售过程中存在欺骗、隐瞒、误导等问题，进行不实、不当宣传推介，未严格落实保险销售行为可回溯制度；违规销售未经监管部门批准的金融产品；给予或承诺给予投保人、被保险人、受益人保险合同约定之外的利益；违规向商业银行网点派驻销售人员从事产品宣传推介、销售活动；拒不依法履行保险合同约定的赔偿或者给付保险金义务，恶意拖赔惜赔等。

（五）业务财务数据

偿付能力数据不真实，偿付能力信息披露不真实、不完整；财务业务数据不真实，费用延迟入账，非正常调节未决赔款准备金和未到期责任准备金；客户信息不真实、不完整；承保理赔档案资料不真实、不完整；虚假承保，虚假理赔；编制和提供虚假的报告、报表、文件和资料；通过虚构中介业务、虚列人员、虚列费用等方式套取资金向相关机构、人员暗中支付利益等。

二、信托领域

（一）宏观调控政策执行

向“四证”不全、开发商或其控股股东资质不达标、资本金未足额到位的房地产开发项目直接提供融资，或通过股权投资＋股东借款、股权投资＋债权认购劣后、应收账款、特定资产收益权等方式变相提供融资；直接或变相为房地产企业缴交土地出让价款提供融资，直接或变相为房地产企业发放流动资金贷款；违法违规向地方政府提供融资；违规要求或接受地方政府及其所属部门提供各种形式的担保；违规将表内外资金直接或间接投向“两高一剩”等限制或禁止领域等。

（二）公司治理

股权关系不透明、不清晰，股东行为不合规、不审慎甚至损害机构利益，通过关联交易向股东或实际控制人进行不当利益输送；董事会及下设专业委员会履职有效性不足，监事会监督作用未充分发挥；激励约束机制不完善，考核评价体系中风险与合规指标占比过低，薪酬延期支付和追索扣回机制不健全；董事、高级管理人员履职前未取得任职资格等。

（三）资产质量

信托风险资产和固有资产质量分类不准确，未按规定有效识别并及时上报风险项目，存在故意隐匿风险的情况；未按规定足额计提资产减值准备或预计负债等。

（四）非标资金池业务

新增非标资金池业务，或通过分期发行、开放式、多层嵌套等方式变相新增非标资金池业务；非标资金池业务期限错配严重，流动性风险突出；未对资金来源、底层资产、实际资金用途和实际风险承担情况开展有效穿透管理等。

（五）同业业务

违规开展银信、保信合作业务，向银行、保险资金违规提供通道服务；与银行、保险公司违规签订抽屉协议、阴阳合同；协助保险资金变相投资事务管理类信托或单一信托；未按“穿透”原则向上识别信托产品最终投资者，向下识别产品底层资产等。

（六）经营管理

违背“双录”要求；违规由第三方非金融机构推介信托产品等。

三、其他非银领域

（一）金融资产管理公司

1. 宏观调控政策执行。未执行关于房地产业务的各项政策和监管要求；违法违规向地方政府提供融资或通过融资平台违规新增地方政府债务等。

2. 公司治理。董事会及专业委员会履职有效性不足，监事会监督作用未充分发挥；激励约束机制不完善，考核评价体系中风险与合规指标占比过低，薪酬延期支付和追索扣回机制不健全；高级管理人员履职前未取得任职资格；公司制度与监管规定冲突；前中后台岗位未实现分离与制衡，合规内审部门资源配置和独立性不足；并表管理不到位，风险隔离缺失；未按规定清理非金子公司；通过设立特殊目的实体进入禁止性领域；通过内部交易掩盖内生不良，内部交易和关联交易认定和管理不审慎，关联交易审批程序不合规，通过关联交易输送利益、掩盖风险等。

3. 资产质量。未按规定做实资产质量，风险分类不准确，通过调整会计科目规避资产分类，未按规定计提拨备等。

4. 不良资产收购业务。为银行业金融机构规避资产质量监管提供通道；以收购金融或非金融不良资产名义变相提供融资；批量收购个人贷款；收购非不良资产；非金收购标的不真实；“三查”不完善；不良资产处置不规范等。

5. 固定收益类业务。违规新增办理类信贷等固定收益类业务，包括但不限于收购各类收（受）益权，通过有限合伙基金、信托计划、资管计划等开展固定收益类业务等，与不良资产经营相关的有限合伙基金与信托计划除外。

6. 同业业务。存放同业、同业借款、买入返售业务、同业投资等同业业务内控制度和流程不完善；通过不当交易转移、掩盖风险或延后风险暴露或造成损失等。

（二）金融租赁公司

1. 宏观调控政策执行。违规开展房地产业务；违规向地方政府及融资平台提供融资等。

2. 公司治理。股东滥用权利，损害公司利益；股东违规质押本公司股权或设立信托；董事会及专业委员会履职有效性不足，监事会监督作用未充分发挥，关键岗位长期空缺，兼任不相容职务；薪酬管理制度不完善或执行不力；关联方识别不到位，违规通过关联交易输送利益等。

3. 资产质量。未按规定做实资产质量，未按规定计提拨备等。

4. 业务经营。违规以公益性资产、在建工程、未取得所有权或所有权存在瑕疵的财产作为租赁物；违规开展固定收益类证券投资以外的投资业务，如购买信托计划、资管计划；未做到洁净转让或受让租赁资产，违规以带回购条款的租赁资产转让方式向同业融资，违规通过各类通道（包括券商、信托、资产公司、租赁公司等）实现不良资产非洁净出表或虚假出表，人为调节监管指标；专业子公司、项目公司未在公司授权范围内开展业务；租赁物属于国家法律法规规定的所有权转移必须到登记部门进行登记的，未办理相关转移手续等。

（三）财务公司

1. 公司治理。股东滥用权利，损害公司利益；董事会及专业委员会履职有效性不足，监事会监督作用未充分发挥；关键岗位长期空缺，兼任不相容职务；薪酬管理制度不完善或执行不力等。

2. 资产质量。未按规定做实资产质量，未按规定计提拨备等。

3. 业务经营。为成员单位开具无真实贸易背景的承兑汇票；违规通过票据业务为集团套取资金；违规开展投资业务，投向不符合监管政策和导向，通过投资变相向集团外客户发放贷款和进行非金融企业股权投资；向集团内小贷公司、融资担保公司、保理公司、融资租赁公司等机构进行融资；利用提高承兑保证金，规避担保比例限制等。

（四）汽车金融公司

1. 公司治理。股东滥用权利，损害公司利益；董事会及专业委员会履职有效性不足，监事会监督作用未充分发挥，关键岗位长期空缺，兼任不相容职务；薪酬管理制度不完善或执行不力；违规通过关联交易输送利益等。

2. 资产质量。未按规定做实资产质量，未按规定计提拨备等。

3. 业务经营。未落实贷款“三查”制度；违规收费，不当催收，泄露消费者个人信息；经销商贷后管理不足等。

（五）消费金融公司

1. 公司治理。股东滥用权利，损害公司利益；董事会及专业委员会履职有效性不足，监事会监督作用未充分发挥；关键岗位长期空缺，兼任不相容职务；薪酬管理制度不完善或执行不力；违规通过关联交易输送利益等。

2. 资产质量。未按规定做实资产质量，未按规定计提拨备等。

3. 业务经营。未落实贷款“三查”制度；违规外包，与助贷机构违规合作；未按规定发放消费贷款；违规从借贷本金中先行扣除利息、管理费、保证金，转嫁成本，对未提供实质性服务项目收费或相对于服务内容而言收费明显不合理；不当催收等。

中国银保监会办公厅关于保险资金投资集合资金信托有关事项的通知

（银保监办发［2019］144号）

各银保监局，各保险集团（控股）公司、保险公司、保险资产管理公司：

为进一步加强保险集团（控股）公司、保险公司、保险资产管理公司（以下简称保险机构）投资集合资金信托业务管理，规范投资行为，切实防范资金运用风险，根据《保险资金运用管理办法》等规定，现就有关事项通知如下：

一、保险机构投资集合资金信托，应当按照监管规定和内控要求，完善决策程序和授权机制，确定董事会或董事会授权机构的决策权限及批准权限。各项投资由董事会或者董事会授权机构逐项决策，并形成书面决议。

二、保险机构投资集合资金信托，应当配备独立的信托投资专业责任人，完善可追溯的责任追究机制，并向中国银行保险监督管理委员会（以下简称银保监会）报告。信托投资专业责任人比照保险机构投资管理能力专业责任人纳入风险责任人体系进行监管，对其资质条件、权利义务和风险责任等要求执行保险机构投资风险责任人的相关规定。

三、保险机构应当明确信托公司选择标准，完善持续评价机制，并将执行情况纳入年度内控审计。担任受托人的信托公司应当具备以下条件：

（一）具有完善的公司治理、良好的市场信誉和稳定的投资业绩，上年末经审计的净资产不低于30亿元人民币；

（二）近一年公司及高级管理人员未发生重大刑事案件，未受监管机构重大行政处罚。

四、保险资金投资的集合资金信托基础资产限于非标准化债权资产、非上市权益类资产以及银保监会认可的其他资产，投资方向应当符合国家宏观政策、产业政策和监管政策。保险资金不得投资基础资产属于国家及监管部门明令禁止的行业或产业的资金信托，融资主体须承诺资金不用于国家及监管部门明令禁止的行业或产业。

五、对于基础资产为非标准化债权资产的集合资金信托，应进行外部信用评级，且信用等级不得低于符合条件的国内信用评级机构评定的AA级或者相当于AA级的信用级别。

六、对于基础资产为非标准化债权资产的集合资金信托，应当确定有效的信用增级安排并符合下列要求：

（一）信用增级方式与融资主体还款来源相互独立。

（二）信用增级采用以下方式或其组合：

1. 设置保证担保的，应当为本息全额无条件不可撤销连带责任保证担保，担保人信用等级不低于被担保人信用等级，担保行为履行全部合法程序，且同一担保人全部对外担保金额占其净资产的比例不超过50%。由融资主体母公司或实际控制人提供担保的，担保人净资产不得低于融资主体净资产的1.5倍。

2. 设置抵押或质押担保的，担保财产应当权属清晰，质押担保办理出质登记，抵押担保办理抵押物登记，经评估的担保财产价值不低于待偿还本息。

3. 银保监会认可的其他合法有效的信用增级方式。

（三）不得由金融机构提供任何直接或间接、显性或隐性的担保、回购等代为承担风险的承诺。

（四）融资主体信用等级为AAA级，且符合下列条件之一的，可免于信用增级：1. 上年末净资产不低于150亿元；2. 最近三年连续盈利；3. 融资主体募投项目为经国务院或国务院投资主管部门核准的重大工程。

七、对于基础资产为非上市权益类资产的集合资金信托，相关基础资产应当符合保险资金投资股权或不动产的监管规定。

八、保险资金投资集合资金信托，应当在信托合同中明确约定权责义务，禁止将资金信托作为通道。资金信托应当由受托人自主管理，并承担产品设计、项目筛选、尽职调查、投资决策、实施及后续管理等主动管理责任。信托公司管理资金信托聘请第三方提供投资顾问服务的，应遵守银保监会的有关规定，不得将主动管理责任让渡给投资顾问等第三方机构，不得为保险资金提供通道服务。

九、保险资金不得投资单一资金信托，不得投资结构化集合资金信托的劣后级受益权。

十、除信用等级为AAA级的集合资金信托外，保险集团（控股）公司或保险公司投资同一集合资金信托的投资金额，不得高于该产品实收信托规模的50%，保险集团（控股）公司、保险公司及其关联方投资同一集合资金信托的投资金额，合计不得高于该产品实收信托规模的80%。

十一、保险资金投资集合资金信托，不得发生涉及利益输送、利益转移等不当交易行为，不得通过关联交易或者其他方式侵害公司或者被保险人利益。涉及关联交易的，应当符合合规、诚信和公允的原则，不得偏离市场独立第三方的价格或者交易条件，应当建立健全内部审批机制和评估机制，并按照有关规定及时进行信息披露。

十二、保险机构投资集合资金信托，应当加强法律风险管理，由专业律师就投资行为、信托目的合法合规性以及投资者权益保护等内容出具相关意见。

保险机构应当加强投后管理，制定后续管理制度和风险处理预案；定期监测融资主体和项目的经营等情况；定期开展压力测试和情景分析；形成内部定期报告机制，全程跟踪信托投资风险。

保险机构投资集合资金信托出现违约风险的，要积极采取应对措施，维护保险资金安全，并查找风险发生的原因，制定整改方案，按规定及时向银保监会报告；对于履职尽责不力且违反银保监会相关规定的保险机构信托投资专业责任人银保监会将依法追究其责任。

十三、保险资金投资的集合资金信托有个人投资者参与的，信托公司应加强投资者适当性管理，确保其符合合格投资者标准，坚持产品风险等级与投资者风险承受能力相匹配的原则，严禁误导投资者购买风险等级高于其风险承受能力等级的资金信托。

十四、保险机构投资集合资金信托保险机构和信托公司应当按有关规定向银保监会指定的信息登记平台报送信息，对于未及时、准确、完整报送信息的，责令限期改正，逾期不改正的依法予以行政处罚。

十五、保险机构投资集合资金信托，存在以下情形之一的，应当于投资后15个工作日内向银保监会报告：

（一）未直接投向具体基础资产，存在一层嵌套的；

（二）基础资产涉及的不动产等项目不在直辖市、省会城市、计划单列市等具有明显区位优势的地域，且融资主体或者担保主体信用等级低于AAA级；

（三）基础资产所属融资主体为县级政府融资平台，且融资主体或者担保主体信用等级低于AAA级；

（四）信托公司或基础资产所属融资主体与保险机构存在关联关系；

（五）银保监会认定的其他情形。

银保监会审核有关报告，认为报告信息披露不完整、外部信用评级风险揭示不充分、不能客观反映投资资产风险的，可以要求保险机构作出相应调整。

十六、保险业、信托业相关行业组织应当加强行业自律管理，评估会员及其从业人员行为，同时对投资涉及的律师事务所、信用评级机构等定期开展评估，对未能尽职履责且情节严重的，列入行业警示名单。

十七、保险集团（控股）公司、保险公司委托保险资产管理公司投资集合资金信托的，由保险资产管理公司履行本通知规定的相关管理责任，保险集团（控股）公司、保险公司应当符合保险资金委托投资管理和投资金融产品的相关规定。

十八、为维护市场稳定，保险机构投资集合资金信托实行“新老划断”确保平稳过渡。保险机构投资分期发行产品的，可以继续投资予以衔接，但新增投资的集合资金信托应按照本通知执行。

十九、上述事项自本通知发布之日起执行。《关于保险资金投资集合资金信托计划有关事项的通知》（保监发［2014］38 号）同时废止。

2019 年 6 月 19 日

信托公司股权管理暂行办法

中国银行保险监督管理委员会令（2020年第4号）

《信托公司股权管理暂行办法》已于2019年10月18日经中国银保监会2019年第11次委务会议通过。现予公布，自2020年3月1日起施行。

主席　郭树清

2020年1月20日

信托公司股权管理暂行办法

第一章　总　则

第一条　为加强信托公司股权管理，规范信托公司股东行为，保护信托公司、信托当事人等合法权益，维护股东的合法利益，促进信托公司持续健康发展，根据《中华人民共和国公司法》《中华人民共和国银行业监督管理法》《中华人民共和国信托法》等法律法规，制定本办法。

第二条　本办法适用于中华人民共和国境内依法设立的信托公司。

第三条　信托公司股权管理应当遵循分类管理、优良稳定、结构清晰、权责明确、变更有序、透明诚信原则。

第四条　国务院银行业监督管理机构及其派出机构遵循审慎监管原则，依法对信托公司股权实施穿透监管。

股权监管贯穿于信托公司设立、变更股权或调整股权结构、合并、分立、解散、清算以及其他涉及信托公司股权管理事项等环节。

第五条　国务院银行业监督管理机构及其派出机构依法对信托公司股权进行监管，对信托公司及其股东等单位和个人的相关违法违规行为进行查处。

第六条　信托公司及其股东应当根据法律法规和监管要求，充分披露相关信息，接受社会监督。

第七条 信托公司、国务院银行业监督管理机构及其派出机构应当加强对信托公司主要股东的管理。

信托公司主要股东是指持有或控制信托公司百分之五以上股份或表决权，或持有资本总额或股份总额不足百分之五但对信托公司经营管理有重大影响的股东。

前款中的“重大影响”，包括但不限于向信托公司派驻董事、监事或高级管理人员，通过协议或其他方式影响信托公司的财务和经营管理决策，以及国务院银行业监督管理机构及其派出机构认定的其他情形。

第八条 信托公司股东应当核心主业突出，具有良好的社会声誉、公司治理机制、诚信记录、纳税记录、财务状况和清晰透明的股权结构，符合法律法规规定和监管要求。

第九条 信托公司股东的股权结构应逐层追溯至最终受益人，其控股股东、实际控制人、关联方、一致行动人、最终受益人等各方关系应当清晰透明。

股东与其关联方、一致行动人的持股比例合并计算。

第十条 投资人入股信托公司，应当事先报国务院银行业监督管理机构或其派出机构核准，投资人及其关联方、一致行动人单独或合计持有上市信托公司股份未达到该公司股份总额百分之五的除外。

对通过境内外证券市场拟持有信托公司股份总额百分之五以上的行政许可批复，有效期为六个月。

第二章 信托公司股东责任

第一节 股东资质

第十一条 经国务院银行业监督管理机构或其派出机构审查批准，境内非金融机构、境内金融机构、境外金融机构和国务院银行业监督管理机构认可的其他投资人可以成为信托公司股东。

投资人及其关联方、一致行动人单独或合计持有同一上市信托公司股份未达到该信托公司股份总额百分之五的，不受本条前款规定限制。

第十二条 境内非金融机构作为信托公司股东，应当具备以下条件：

（一）依法设立，具有法人资格；

（二）具有良好的公司治理结构或有效的组织管理方式；

（三）具有良好的社会声誉、诚信记录和纳税记录；

（四）经营管理良好，最近2年内无重大违法违规经营记录；

（五）财务状况良好，且最近 2 个会计年度连续盈利；如取得控股权，应最近 3 个会计年度连续盈利；

（六）年终分配后净资产不低于全部资产的百分之三十（合并财务报表口径）；如取得控股权，年终分配后净资产应不低于全部资产的百分之四十（合并财务报表口径）；

（七）如取得控股权，权益性投资余额应不超过本企业净资产的百分之四十（含本次投资金额，合并财务报表口径），国务院银行业监督管理机构认可的投资公司和控股公司除外；

（八）国务院银行业监督管理机构规章规定的其他审慎性条件。

第十三条 境内金融机构作为信托公司股东，应当具有良好的内部控制机制和健全的风险管理体系，符合与该类金融机构有关的法律、法规、监管规定以及本办法第十二条（第五项“如取得控股权，应最近 3 个会计年度连续盈利”、第六项和第七项除外）规定的条件。

第十四条 境外金融机构作为信托公司股东，应当具备以下条件：

（一）具有国际相关金融业务经营管理经验；

（二）国务院银行业监督管理机构认可的国际评级机构最近 2 年对其作出的长期信用评级为良好及以上；

（三）财务状况良好，最近 2 个会计年度连续盈利；

（四）符合所在国家或地区法律法规及监管当局的审慎监管要求，最近 2 年内无重大违法违规经营记录；

（五）具有良好的公司治理结构、内部控制机制和健全的风险管理体系；

（六）所在国家或地区金融监管当局已经与国务院银行业监督管理机构建立良好的监督管理合作机制；

（七）具有有效的反洗钱措施；

（八）所在国家或地区经济状况良好；

（九）国务院银行业监督管理机构规章规定的其他审慎性条件。

境外金融机构投资入股信托公司应当遵循长期持股、优化治理、业务合作、竞争回避的原则，并遵守国家关于外国投资者在中国境内投资的有关规定。

第十五条 金融产品可以持有上市信托公司股份，但单一投资人、发行人或管理人及其实际控制人、关联方、一致行动人控制的金融产品持有同一上市信托公司股份合计不得超过该信托公司股份总额的百分之五。

信托公司主要股东不得以发行、管理或通过其他手段控制的金融产品持有该信托公司股份。

自然人可以持有上市信托公司股份，但不得为该信托公司主要股东。国务院银行业监督管理机构另有规定的除外。

第十六条 投资人及其控股股东、实际控制人存在以下情形的，不得作为信托公司主要股东：

（一）关联企业众多、股权关系复杂且不透明、关联交易频繁且异常；

（二）被列为相关部门失信联合惩戒对象；

（三）在公开市场上有不良投资行为记录；

（四）频繁变更股权或实际控制人；

（五）存在严重逃废到期债务行为；

（六）提供虚假材料或者作不实声明，或者曾经投资信托业，存在提供虚假材料或者作不实声明的情形；

（七）对曾经投资的信托公司经营失败或重大违法违规行为负有重大责任，或对曾经投资的其他金融机构经营失败或重大违法违规行为负有重大责任且未满5年；

（八）长期未实际开展业务、停业或破产清算或存在可能严重影响持续经营的担保、诉讼、仲裁或者其他重大事项；

（九）拒绝或阻碍金融管理部门依法实施监管；

（十）因违法违规行为被金融管理部门或政府有关部门查处，造成恶劣影响；

（十一）其他可能对履行股东责任或对信托公司产生重大不利影响的情形。

除本条前款规定外，投资人的控股股东、实际控制人为金融产品的，该投资人不得为信托公司主要股东。

第二节　股权取得

第十七条　投资人可以通过出资设立信托公司、认购信托公司新增资本、以协议或竞价等途径取得信托公司其他股东所持股权等方式入股信托公司。

第十八条　投资人入股信托公司应当履行法律法规和公司章程约定的程序。涉及国有资产管理、金融管理等部门职责的，应当符合相关规定。

第十九条　投资人入股信托公司前应当做好尽职调查工作，充分了解信托公司功能定位、信托业务本质和风险特征以及应当承担的股东责任和义务，充分知悉拟入股信托公司经营管理情况和真实风险底数等信息。

投资人入股信托公司应当入股目的端正，出资意愿真实。

第二十条　投资人入股信托公司时，应当书面承诺遵守法律法规、监管规定和公司章程，并就入股信托公司的目的作出说明。

第二十一条　投资人拟作为信托公司主要股东的，应当具备持续的资本补充能力，并根据监管规定书面承诺在必要时向信托公司补充资本。

第二十二条　投资人拟作为信托公司主要股东的，应当逐层说明其股权结构直至实际控制人、最终受益人，以及与其他股东的关联关系或者一致行动关系。

第二十三条 投资人应当使用来源合法的自有资金入股信托公司，不得以委托资金、债务资金等非自有资金入股，出资金额不得超过其个别财务报表口径的净资产规模。国务院银行业监督管理机构及其派出机构可以按照穿透原则对自有资金来源进行向上追溯认定。

第二十四条 投资人不得委托他人或接受他人委托持有信托公司股权。

第二十五条 同一投资人及其关联方、一致行动人参股信托公司的数量不得超过 2 家，或控股信托公司的数量不得超过 1 家。

投资人经国务院银行业监督管理机构批准并购重组高风险信托公司，不受本条前款规定限制。

第三节 股权持有

第二十六条 信托公司股东应当遵守法律法规、监管规定和公司章程，依法行使股东权利，履行法定义务。

第二十七条 信托公司主要股东不得滥用股东权利干预或利用其影响力干预董事会、高级管理层根据公司章程享有的决策权和管理权，不得越过董事会和高级管理层直接干预或利用影响力干预信托公司经营管理，进行利益输送，或以其他方式损害信托当事人、信托公司、其他股东等合法权益。

第二十八条 按照穿透原则，信托公司股东与信托公司之间不得直接或间接交叉持股。

第二十九条 信托公司主要股东根据公司章程约定提名信托公司董事、监事候选人的，应当遵循法律法规和公司章程规定的条件和程序。控股股东不得对股东（大）会人事选举结果和董事会人事聘任决议设置批准程序。

信托公司存在持有或控制信托公司百分之五以下股份或表决权的股东的，至少应有一名独立董事或外部监事由该类股东提名产生。

第三十条 信托公司主要股东应当对其与信托公司和其他关联机构之间董事、监事和高级管理人员的交叉任职进行有效管理，防范利益冲突。

信托公司主要股东及其关联方与信托公司之间的高级管理人员不得相互兼任。

第三十一条 信托公司主要股东应当建立有效的风险隔离机制，防止风险在股东、信托公司以及其他关联机构之间传染和转移。

第三十二条 信托公司股东应当遵守法律法规和信托公司关联交易相关规定，不得与信托公司进行不当关联交易，不得利用其对信托公司经营管理的影响力获取不正当利益，侵占信托公司、其他股东、信托当事人等合法权益。

第三十三条 信托公司股东应当在信托公司章程中承诺不将所持有的信托公司股权进行质

押或以股权及其受（收）益权设立信托等金融产品，但国务院银行业监督管理机构或其派出机构采取风险处置或接管措施等特殊情形除外。

投资人及其关联方、一致行动人单独或合计持有同一上市信托公司股份未达到该信托公司股份总额百分之五的，不受本条前款规定限制。

第三十四条 信托公司股东应当自发生以下情况之日起十五日内，书面通知信托公司：

（一）所持信托公司股权被采取诉讼保全措施或者被强制执行；

（二）违反承诺质押信托公司股权或以股权及其受（收）益权设立信托等金融产品；

（三）其控股股东、实际控制人质押所持该股东公司股权或以所持该股东公司股权及其受（收）益权设立信托等金融产品；

（四）取得国务院银行业监督管理机构或其派出机构变更股权或调整股权结构行政许可后，在法定时限内完成股权变更手续存在困难；

（五）名称变更；

（六）合并、分立；

（七）其他可能影响股东资质条件变化或导致所持信托公司股权发生变化的情况。

第三十五条 信托公司主要股东及其控股股东、实际控制人发生本办法第十六条规定的情形的，主要股东应当于发生相关情况之日起十五日内，书面通知信托公司。

信托公司主要股东的控股股东、实际控制人发生变更的，主要股东应当于变更后十五日内准确、完整地向信托公司提供相关材料，包括变更背景、变更后的控股股东、实际控制人、关联方、一致行动人、最终受益人等情况，以及控股股东、实际控制人是否存在本办法第十六条规定情形的说明。

信托公司主要股东应当通过信托公司每年向国务院银行业监督管理机构或其派出机构报告资本补充能力。

第三十六条 信托公司主要股东应当根据本办法第五十三条规定，如实向信托公司提供与股东评估工作相关的材料，配合信托公司开展主要股东的定期评估工作。

第三十七条 信托公司出现资本不足或其他影响稳健运行情形时，信托公司主要股东应当履行入股时承诺，以增资方式向信托公司补充资本。不履行承诺或因股东资质问题无法履行承诺的主要股东，应当同意其他股东或者合格投资人采取合理方案增资。

第三十八条 信托公司发生重大风险事件或重大违法违规行为，被国务院银行业监督管理机构或其派出机构采取风险处置或接管等措施的，股东应当积极配合国务院银行业监督管理机构或其派出机构开展风险处置等工作。

第四节 股权退出

第三十九条 信托公司股东自取得股权之日起五年内不得转让所持有的股权。

经国务院银行业监督管理机构或其派出机构批准采取风险处置措施、国务院银行业监督管理机构或其派出机构责令转让、涉及司法强制执行、在同一投资人控制的不同主体之间转让股权、国务院银行业监督管理机构或其派出机构认定股东无力行使股东职责等特殊情形除外。

投资人及其关联方、一致行动人单独或合计持有同一上市信托公司股份未达到该信托公司股份总额百分之五的，不受本条规定限制。

第四十条 信托公司股东拟转让所持股权的，应当向意向参与方事先告知国务院银行业监督管理机构关于信托公司股东的资质条件规定、与变更股权等事项有关的行政许可程序，以及本办法关于信托公司股东责任和义务的相关规定。

有关主体签署的股权转让协议应当明确变更股权等事项是否需经国务院银行业监督管理机构或其派出机构行政许可，以及因监管部门不予批准等原因导致股权转让失败的后续安排。

第四十一条 股权转让期间，拟转让股权的信托公司股东应当继续承担股东责任和义务，支持并配合信托公司股东（大）会、董事会、监事会、高级管理层依法履职，对公司重大决议事项行使独立表决权，不得在股权转让工作完成前向信托公司推荐股权拟受让方相关人员担任公司董事、监事、高级管理人员或关键岗位人员。

第三章 信托公司职责

第一节 变更期间

第四十二条 信托公司应当如实向拟入股股东说明公司经营管理情况和真实风险底数。

第四十三条 在变更期间，信托公司应当保证股东（大）会、董事会、监事会及高级管理层正常运转，切实防范内部人控制问题。

前款中的“变更”，包括信托公司变更股权或调整股权结构、合并、分立以及其他涉及信托公司股权发生变化的情形。

信托公司不得以变更股权或调整股权结构等为由，致使董事会、监事会、高级管理层人员缺位6个月以上，影响公司治理机制有效运转。有代为履职情形的，应当符合国务院银行业监督管理机构关于代为履职的相关监管规定。

第四十四条 信托公司应当依法依规、真实、完整地向国务院银行业监督管理机构或其派出机构报送与变更股权或调整股权结构等事项相关的行政许可申请材料。

第二节 股权事务管理

第四十五条 信托公司董事会应当勤勉尽责，董事会成员应当对信托公司和全体股东负有忠诚义务。

信托公司董事会承担信托公司股权事务管理最终责任。信托公司董事长是处理信托公司股权事务的第一责任人。董事会秘书协助董事长工作，是处理股权事务的直接责任人。

董事长和董事会秘书应当忠实、诚信、勤勉地履行职责。履职未尽责的，依法承担法律责任。

第四十六条 信托公司应当建立和完善股权管理制度，做好股权信息登记、关联交易管理和信息披露等工作。

第四十七条 信托公司应当建立股权托管制度，原则上将股权在信托登记机构进行集中托管。信托登记机构履行股东名册初始登记和变更登记等托管职责。托管的具体要求由国务院银行业监督管理机构另行规定。

上市信托公司按照法律、行政法规规定股权需集中存管到法定证券登记结算机构的，股权托管工作按照相应的规定进行。

第四十八条 信托公司应当将以下关于股东管理的相关监管要求、股东的权利义务等写入公司章程，在公司章程中载明下列内容：

（一）股东应当遵守法律法规和监管规定；

（二）主要股东应当在必要时向信托公司补充资本；

（三）应经但未经监管部门批准或未向监管部门报告的股东，不得行使股东大会召开请求权、表决权、提名权、提案权、处分权等权利；

（四）对于存在虚假陈述、滥用股东权利或其他损害信托公司利益行为的股东，国务院银行业监督管理机构或其派出机构可以限制或禁止信托公司与其开展关联交易，限制其持有信托公司股权比例等，并可限制其股东大会召开请求权、表决权、提名权、提案权、处分权等权利。

第四十九条 信托公司应当通过半年报或年报在官方网站等渠道真实、准确、完整地披露信托公司股权信息，披露内容包括：

（一）股份有限公司报告期末股份总数、股东总数、报告期间股份变动情况以及前十大股东持股情况；

（二）有限责任公司报告期末股东出资额情况；

（三）报告期末主要股东及其控股股东、实际控制人、关联方、一致行动人、最终受益人情况；

（四）报告期内公司发生的关联交易情况；

（五）报告期内股东违反承诺质押信托公司股权或以股权及其受（收）益权设立信托等金融产品的情况；

（六）报告期内股东提名董事、监事情况；

（七）已向国务院银行业监督管理机构或其派出机构提交行政许可申请但尚未获得批准的

事项；

（八）国务院银行业监督管理机构规定的其他信息。

第五十条 信托公司主要股东及其控股股东、实际控制人出现的可能影响股东资质条件或导致所持信托公司股权发生重大变化的事项，信托公司应及时进行信息披露。

第三节 股东行为管理

第五十一条 信托公司应当加强对股东资质的审查，对主要股东及其控股股东、实际控制人、关联方、一致行动人、最终受益人等相关信息进行核实，并掌握其变动情况，就主要股东对信托公司经营管理的影响进行判断。

第五十二条 信托公司股东发生本办法第三十四条、第三十五条前二款规定情形的，信托公司应当自知悉之日起十日内向国务院银行业监督管理机构或其派出机构书面报告。

第五十三条 信托公司董事会应当至少每年对其主要股东的资质情况、履行承诺事项情况、承担股东责任和义务的意愿与能力、落实公司章程或协议条款情况、经营管理情况、财务和风险状况，以及信托公司面临经营困难时，其在信托公司恢复阶段可能采取的救助措施进行评估，并及时将评估报告报送国务院银行业监督管理机构或其派出机构。

第五十四条 信托公司应当将所开展的关联交易分为固有业务关联交易和信托业务关联交易，并按照穿透原则和实质重于形式原则加强关联交易认定和关联交易资金来源与运用的双向核查。

第五十五条 信托公司应当准确识别关联方，及时更新关联方名单，并按季度将关联方名单报送至信托登记机构。

信托公司应当按照穿透原则将主要股东、主要股东的控股股东、实际控制人、关联方、一致行动人、最终受益人作为信托公司的关联方进行管理。

第五十六条 信托公司应当建立关联交易管理制度，严格执行国务院银行业监督管理机构关于关联交易报告等规定，落实信息披露要求，不得违背市场化原则和公平竞争原则开展关联交易，不得隐匿关联交易或通过关联交易隐匿资金真实去向、从事违法违规活动。

信托公司董事会应当设立关联交易控制委员会，负责关联交易的管理，及时审查和批准关联交易，控制关联交易风险。关联交易控制委员会成员不得少于三人，由独立董事担任负责人。

信托公司应当定期开展关联交易内外部审计工作，其内部审计部门应当至少每年对信托公司关联交易进行一次专项审计，并将审计结果报信托公司董事会和监事会；委托外部审计机构每年对信托公司关联交易情况进行年度审计，其中外部审计机构不得为信托公司关联方控制的会计师事务所。

第五十七条 信托公司应当加强公司治理机制建设，形成股东（大）会、董事会、监事会、高级管理层有效制衡的公司治理结构，建立完备的内部控制、风险管理、信息披露体系，以及科学合理的激励约束机制，保障信托当事人等合法权益，保护和促进股东行使权利，确保全体股东享有平等待遇。

信托公司董事会成员应当包含独立董事，独立董事人数不得少于董事会成员总数的四分之一；但单个股东及其关联方、一致行动人合计持有信托公司三分之二以上资本总额或股份总额的信托公司，其独立董事人数不得少于董事会成员总数的三分之一。

信托公司董事会和监事会应当根据法律法规和公司章程赋予的职责，每年向股东（大）会做年度工作报告，并及时将年度工作报告报送国务院银行业监督管理机构或其派出机构。

第四章　监督管理

第五十八条　国务院银行业监督管理机构鼓励信托公司持续优化股权结构，引入注重公司长远发展、管理经验成熟的战略投资者，促进信托公司转型发展，提升专业服务水平。

第五十九条　国务院银行业监督管理机构及其派出机构应当加强对信托公司股东的穿透监管，加强对主要股东及其控股股东、实际控制人、关联方、一致行动人及最终受益人的审查、识别和认定。信托公司主要股东及其控股股东、实际控制人、关联方、一致行动人及最终受益人，以国务院银行业监督管理机构或其派出机构认定为准。

第六十条　国务院银行业监督管理机构及其派出机构有权采取下列措施，了解信托公司股东（含拟入股股东）及其控股股东、实际控制人、关联方、一致行动人及最终受益人信息：

（一）要求股东逐层披露其股东、实际控制人、关联方、一致行动人及最终受益人；

（二）要求股东说明入股资金来源，并提供有关材料；

（三）要求股东报送资产负债表、利润表和其他财务会计报告和统计报表、公司发展战略和经营管理材料以及注册会计师出具的审计报告；

（四）要求股东及相关人员对有关事项作出解释说明；

（五）询问股东及相关人员；

（六）实地走访或调查股东经营情况；

（七）其他监管措施。

对与涉嫌违法事项有关的信托公司股东及其控股股东、实际控制人、关联方、一致行动人及最终受益人，国务院银行业监督管理机构及其派出机构有权依法查阅、复制有关财务会计、财产权登记等文件、资料；对可能被转移、隐匿、毁损或者伪造的文件、资料，予以先行登记保存。

第六十一条　国务院银行业监督管理机构及其派出机构有权采取下列措施，加强信托公司股权穿透监管：

（一）依法对信托公司设立、变更股权或调整股权结构等事项实施行政许可；

（二）要求信托公司及其股东及时报告股权有关信息；

（三）定期评估信托公司主要股东及其控股股东、实际控制人、关联方、一致行动人、最终受益人的经营活动，以判断其对信托公司稳健运行的影响；

（四）要求信托公司通过年报或半年报披露相关股权信息；

（五）与信托公司董事、监事、高级管理人员以及其他相关当事人进行监管谈话，要求其就相关情况作出说明；

（六）对股东涉及信托公司股权的行为进行调查或者公开质询；

（七）要求股东报送审计报告、经营管理信息、股权信息等材料；

（八）查询、复制股东及相关单位和人员的财务会计报表等文件、资料；

（九）对信托公司进行检查，并依法对信托公司和有关责任人员实施行政处罚；

（十）依法可以采取的其他监管措施。

第六十二条　国务院银行业监督管理机构及其派出机构应当建立股东动态监测机制，至少每年对信托公司主要股东的资质情况、履行承诺事项情况、承担股东责任和义务的意愿与能力、落实公司章程或协议条款情况、经营管理情况、财务和风险状况，以及信托公司面临经营困难时主要股东在信托公司恢复阶段可能采取的救助措施进行评估。

国务院银行业监督管理机构及其派出机构应当将评估工作纳入日常监管，并对评估发现的问题视情形采取限期整改等监管措施。

第六十三条　国务院银行业监督管理机构及其派出机构根据审慎监管的需要，有权依法采取限制同一股东及其关联方、一致行动人入股信托公司的数量、持有信托公司股权比例、与信托公司开展的关联交易额度等审慎监管措施。

第六十四条　信托公司主要股东为金融机构的，国务院银行业监督管理机构及其派出机构应当与该金融机构的监管部门建立有效的信息交流和共享机制。

第六十五条　信托公司在股权管理过程中存在下列情形之一的，国务院银行业监督管理机构或其派出机构应当责令限期改正；逾期未改正，或者其行为严重危及该信托公司的稳健运行、损害信托当事人和其他客户合法权益的，经国务院银行业监督管理机构或其省一级派出机构负责人批准，可以区别情形，按照《中华人民共和国银行业监督管理法》第三十七条规定，采取相应的监管措施：

（一）未按要求履行行政许可程序或对有关事项进行报告的；

（二）未按规定开展股东定期评估工作的；

（三）提供虚假的或者隐瞒重要事实的报表、报告等文件、资料的；

（四）未按规定制定公司章程，明确股东权利义务的；

（五）未按规定进行股权托管的；

（六）未按规定进行信息披露的；

（七）未按规定开展关联交易的；

（八）拒绝或阻碍监管部门进行调查核实的；

（九）其他违反股权管理相关要求的。

第六十六条 信托公司股东或其控股股东、实际控制人、关联方、一致行动人、最终受益人等存在下列情形，造成信托公司违反审慎经营规则的，国务院银行业监督管理机构或其派出机构根据《中华人民共和国银行业监督管理法》第三十七条规定，可以限制信托公司股东参与经营管理的相关权利，包括股东大会召开请求权、表决权、提名权、提案权、处分权等；责令信托公司控股股东转让股权，股权转让完成前，限制其股东权利，限期未完成转让的，由符合国务院银行业监督管理机构相关要求的投资人按照评估价格受让股权：

（一）虚假出资、出资不实、抽逃出资或者变相抽逃出资的；

（二）使用委托资金、债务资金或其他非自有资金投资入股的；

（三）委托他人或接受他人委托持有信托公司股权的；

（四）未按规定进行报告的；

（五）拒绝向信托公司、国务院银行业监督管理机构或其派出机构提供文件材料或提供虚假文件材料、隐瞒重要信息以及迟延提供相关文件材料的；

（六）违反承诺、公司章程或协议条款的；

（七）主要股东或其控股股东、实际控制人不符合本办法规定的监管要求的；

（八）违规开展关联交易的；

（九）违反承诺进行股权质押或以股权及其受（收）益权设立信托等金融产品的；

（十）拒绝或阻碍国务院银行业监督管理机构或其派出机构进行调查核实的；

（十一）不配合国务院银行业监督管理机构或其派出机构开展风险处置的；

（十二）在信托公司出现资本不足或其他影响稳健运行情形时，主要股东拒不补充资本并拒不同意其他股东、投资人增资计划的；

（十三）其他滥用股东权利或不履行股东义务，损害信托公司、信托当事人、其他股东等利益的。

第六十七条 信托公司未遵守本办法规定进行股权管理的，国务院银行业监督管理机构或其派出机构可以调整该信托公司监管评级。

信托公司董事会成员在履职过程中未就股权管理方面的违法违规行为提出异议的，最近一次履职评价不得评为称职。

第六十八条 在行政许可过程中，投资人、股东或其控股股东、实际控制人、信托公司有下列情形之一的，国务院银行业监督管理机构或其派出机构可以中止审查：

（一）相关股权存在权属纠纷；

（二）被举报尚需调查；

（三）因涉嫌违法违规被有关部门调查，或者被司法机关侦查，尚未结案；

（四）被起诉尚未判决；

（五）国务院银行业监督管理机构认定的其他情形。

第六十九条　在实施行政许可或者履行其他监管职责时，国务院银行业监督管理机构或其派出机构可以要求信托公司或者股东就其提供的有关资质、关联关系或者入股资金等信息的真实性作出声明，并承诺承担因提供虚假信息或者不实声明造成的后果。

第七十条　国务院银行业监督管理机构及其派出机构建立信托公司股权管理和股东行为不良记录数据库，通过全国信用信息共享平台与相关部门或政府机构共享信息。

对于存在违法违规行为且拒不改正的股东，或以隐瞒、欺骗等不正当手段获得股权的股东，国务院银行业监督管理机构及其派出机构可以单独或会同相关部门联合予以惩戒，可通报、公开谴责、禁止其一定期限直至终身入股信托公司。

第七十一条　在实施行政许可或者履行监管职责时，国务院银行业监督管理机构及其派出机构应当将存在提供虚假材料、不实声明或者因不诚信行为受到金融管理部门行政处罚等情形的第三方中介机构纳入第三方中介机构诚信档案。自第三方中介机构不诚信行为或受到金融管理部门行政处罚等情形发生之日起五年内，国务院银行业监督管理机构及其派出机构对其出具的报告或作出的声明等不予认可，并可将其不诚信行为通报有关主管部门。

第五章　法律责任

第七十二条　信托公司未按要求对股东及其控股股东、实际控制人、关联方、一致行动人、最终受益人信息进行审查、审核或披露的，由国务院银行业监督管理机构或其派出机构按照《中华人民共和国银行业监督管理法》第四十六条、第四十八条的规定，责令改正，并对信托公司及相关责任人员实施行政处罚。

第七十三条　信托公司存在本办法第六十五条规定的情形之一，情节较为严重的，由国务院银行业监督管理机构或其派出机构按照《中华人民共和国银行业监督管理法》第四十六条、第四十七条、第四十八条规定对信托公司及相关责任人员实施行政处罚。

第七十四条　信托公司股东或其控股股东、实际控制人、关联方、一致行动人、最终受益人等以隐瞒、欺骗等不正当手段获得信托公司股权的，由国务院银行业监督管理机构或其派出机构按照《中华人民共和国行政许可法》的规定，对相关行政许可予以撤销。

依照本条前款撤销行政许可的，被许可人基于行政许可取得的利益不受保护。

第六章　附　则

第七十五条　本办法所称“以上”均含本数，“不足”不含本数，“日”为工作日。

第七十六条　以下用语含义：

（一）控股股东，是指根据《中华人民共和国公司法》第二百一十六条规定，其出资额占有限责任公司资本总额百分之五十以上或者其持有的股份占股份有限公司股本总额百分之五十以上的股东；出资额或者持有股份的比例虽然不足百分之五十，但依其出资额或者持有的股份所享有的表决权已足以对股东会、股东大会的决议产生重大影响的股东。

（二）实际控制人，是指根据《中华人民共和国公司法》第二百一十六条规定，虽不是公司的股东，但通过投资关系、协议或者其他安排，能够实际支配公司行为的人。

（三）关联方，是指根据《企业会计准则第 36 号关联方披露》规定，一方控制、共同控制另一方或对另一方施加重大影响，以及两方或两方以上同受一方控制、共同控制或重大影响的。但国家控制的企业之间不因为同受国家控股而具有关联关系。

（四）一致行动，是指投资者通过协议、其他安排，与其他投资者共同扩大其所能够支配的一个公司股份表决权数量的行为或者事实。达成一致行动的相关投资者，为一致行动人。

（五）最终受益人，是指实际享有信托公司股权收益的人。

（六）个别财务报表，是相对于合并财务报表而言，指由公司或子公司编制的，仅反映母公司或子公司自身财务状况、经营成果和现金流量的财务报表。

第七十七条　本办法由国务院银行业监督管理机构负责解释。

第七十八条　本办法自 2020 年 3 月 1 日起施行。本办法实施前发布的有关规章及规范性文件与本办法不一致的，按照本办法执行。

最高人民法院关于印发《全国法院民商事审判工作会议纪要》的通知

（法［2019］254号）

各省、自治区、直辖市高级人民法院，解放军军事法院，新疆维吾尔自治区高级人民法院生产建设兵团分院：

《全国法院民商事审判工作会议纪要》（以下简称《会议纪要》）已于2019年9月11日经最高人民法院审判委员会民事行政专业委员会第319次会议原则通过。为便于进一步学习领会和正确适用《会议纪要》，特作如下通知：

一、充分认识《会议纪要》出台的意义

《会议纪要》针对民商事审判中的前沿疑难争议问题，在广泛征求各方面意见的基础上，经最高人民法院审判委员会民事行政专业委员会讨论决定。《会议纪要》的出台，对统一裁判思路，规范法官自由裁量权，增强民商事审判的公开性、透明度以及可预期性，提高司法公信力具有重要意义。各级人民法院要正确把握和理解适用《会议纪要》的精神实质和基本内容。

二、及时组织学习培训

为使各级人民法院尽快准确理解掌握《会议纪要》的内涵，在案件审理中正确理解适用，各级人民法院要在妥善处理好工学关系的前提下，通过多种形式组织学习培训，做好宣传工作。

三、准确把握《会议纪要》的应用范围

纪要不是司法解释，不能作为裁判依据进行援引。《会议纪要》发布后，人民法院尚未审结的一审、二审案件，在裁判文书"本院认为"部分具体分析法律适用的理由时，可以根据《会议纪要》的相关规定进行说理。

对于适用中存在的问题，请层报最高人民法院。

最高人民法院

2019年11月8日

全国法院民商事审判工作会议纪要（节选）

引 言

为全面贯彻党的十九大和十九届二中、三中全会以及中央经济工作会议、中央政法工作会议、全国金融工作会议精神，研究当前形势下如何进一步加强人民法院民商事审判工作，着力提升民商事审判工作能力和水平，为我国经济高质量发展提供更加有力的司法服务和保障，最高人民法院于2019年7月3日至4日在黑龙江省哈尔滨市召开了全国法院民商事审判工作会议。最高人民法院党组书记、院长周强同志出席会议并讲话。各省、自治区、直辖市高级人民法院分管民商事审判工作的副院长、承担民商事案件审判任务的审判庭庭长、解放军军事法院的代表、最高人民法院有关部门负责人在主会场出席会议，地方各级人民法院的其他负责同志和民商事审判法官在各地分会场通过视频参加会议。中央政法委、全国人大常委会法工委的代表、部分全国人大代表、全国政协委员、最高人民法院特约监督员、专家学者应邀参加会议。

会议认为，民商事审判工作必须坚持正确的政治方向，必须以习近平新时代中国特色社会主义思想武装头脑、指导实践、推动工作。一要坚持党的绝对领导。这是中国特色社会主义司法制度的本质特征和根本要求，是人民法院永远不变的根和魂。在民商事审判工作中，要切实增强“四个意识”、坚定“四个自信”、做到“两个维护”，坚定不移走中国特色社会主义法治道路。二要坚持服务党和国家大局。认清形势，高度关注中国特色社会主义进入新时代背景下经济社会的重大变化、社会主要矛盾的历史性变化、各类风险隐患的多元多变，提高服务大局的自觉性、针对性，主动作为，勇于担当，处理好依法办案和服务大局的辩证关系，着眼于贯彻落实党中央的重大决策部署、维护人民群众的根本利益、维护法治的统一。三要坚持司法为民。牢固树立以人民为中心的发展思想，始终坚守人民立场，胸怀人民群众，满足人民需求，带着对人民群众的深厚感情和强烈责任感去做好民商事审判工作。在民商事审判工作中要弘扬社会主义核心价值观，注意情理法的交融平衡，做到以法为据、以理服人、以情感人，既要义正辞严讲清法理，又要循循善诱讲明事理，还要感同身受讲透情理，争取广大人民群众和社会的理解与支持。要建立健全方便人民群众诉讼的民商事审判工作机制。四要坚持公正司法。公平正义是中国特色社会主义制度的内在要求，也是我党治国理政的一贯主张。司法是维护社会公平正义的最后一道防线，必须把公平正义作为生命线，必须把公平正义作为镌刻在心中的价值坐标，必须把“努力让人民群众在每一个司法案件中感受到公平正义”作为矢志不渝的奋斗目标。

会议指出，民商事审判工作要树立正确的审判理念。注意辩证理解并准确把握契约自由、平等保护、诚实信用、公序良俗等民商事审判基本原则；注意树立请求权基础思维、逻辑和价值相一致思维、同案同判思维，通过检索类案、参考指导案例等方式统一裁判尺度，有效防止滥用自由裁量权；注意处理好民商事审判与行政监管的关系，通过穿透式审判思维，查明当事人的真实意思，探求真实法律关系；特别注意外观主义系民商法上的学理概括，并非现行法律规定的原则，现行法律只是规定了体现外观主义的具体规则，如《物权法》第一百零六条规定的善意取得，《合同法》第四十九条、《民法总则》第一百七十二条规定的表见代理，《合同法》第五十条规定的越权代表，审判实务中应当依据有关具体法律规则进行判断，类推适用亦应当以法律规则设定的情形、条件为基础。从现行法律规则看，外观主义是为保护交易安全设置的例外规定，一般适用于因合理信赖权利外观或意思表示外观的交易行为。实际权利人与名义权利人的关系，应注重财产的实质归属，而不单纯地取决于公示外观。总之，审判实务中要准确把握外观主义的适用边界，避免泛化和滥用。

会议对当前民商事审判工作中的一些疑难法律问题取得了基本一致的看法，现纪要如下：

一、关于民法总则适用的法律衔接

会议认为，民法总则施行后至民法典施行前，拟编入民法典但尚未完成修订的物权法、合同法等民商事基本法，以及不编入民法典的公司法、证券法、信托法、保险法、票据法等民商事特别法，均可能存在与民法总则规定不一致的情形。人民法院应当依照《立法法》第九十二条、《民法总则》第十一条等规定，综合考虑新的规定优于旧的规定、特别规定优于一般规定等法律适用规则，依法处理好民法总则与相关法律的衔接问题，主要是处理好与民法通则、合同法、公司法的关系。

1. 【民法总则与民法通则的关系及其适用】民法通则既规定了民法的一些基本制度和一般性规则，也规定了合同、所有权及其他财产权、知识产权、民事责任、涉外民事法律关系适用等具体内容。民法总则基本吸收了民法通则规定的基本制度和一般性规则，同时作了补充、完善和发展。民法通则规定的合同、所有权及其他财产权、民事责任等具体内容还需要在编撰民法典各分编时作进一步统筹，系统整合。因民法总则施行后暂不废止民法通则，在此之前，民法总则与民法通则规定不一致的，根据新的规定优于旧的规定的法律适用规则，适用民法总则的规定。最高人民法院已依据民法总则制定了关于诉讼时效问题的司法解释，而原依据民法通则制定的关于诉讼时效的司法解释，只要与民法总则不冲突，仍可适用。

2. 【民法总则与合同法的关系及其适用】根据民法典编撰工作“两步走”的安排，民法总则施行后，目前正在进行民法典的合同编、物权编等各分编的编撰工作。民法典施行后，合同法不再保留。在这之前，因民法总则施行前成立的合同发生的纠纷，原则上适用合同法的有关规定处理。因民法总则施行后成立的合同发生的纠纷，如果合同法“总则”对此的规定与民法总则的规定不一致的，根据新的规定优于旧的规定的法律适用规则，适用民法总则的规定。例如，关于欺诈、胁迫问题，根据合同法的规定，只有合同当事人之间存在欺诈、胁迫行为的，被欺诈、胁迫一方才享有撤销合同的权利。而依民法总则的规定，第三人实施的欺诈、胁迫行为，被欺诈、胁迫一方也有撤销合同的权利。另外，合同法视欺诈、胁迫行为所损害利益的不同，对合同效力作出了不同规定：损害合同当事人利益的，属于可撤销或者可变更合同；损害国家利益的，则属于无效合同。民法总则则未加区别，规定一律按可撤销合同对待。再如，关于显失公平问题，合同法将显失公平与乘人之危作为两类不同的可撤销或者可变更合同事由，而民法总则则将二者合并为一类可撤销合同事由。

民法总则施行后发生的纠纷，在民法典施行前，如果合同法“分则”对此的规定与民法总则不一致的，根据特别规定优于一般规定的法律适用规则，适用合同法“分则”的规定。例如，民法总则仅规定了显名代理，没有规定《合同法》第四百零二条的隐名代理和第四百零三条的间接代理。在民法典施行前，这两条规定应当继续适用。

3.【民法总则与公司法的关系及其适用】民法总则与公司法的关系，是一般法与商事特别法的关系。民法总则第三章“法人”第一节“一般规定”和第二节“营利法人”基本上是根据公司法的有关规定提炼的，二者的精神大体一致。因此，涉及民法总则这一部分的内容，规定一致的，适用民法总则或者公司法皆可；规定不一致的，根据《民法总则》第十一条有关“其他法律对民事关系有特别规定的，依照其规定”的规定，原则上应当适用公司法的规定。但应当注意也有例外情况，主要表现在两个方面：一是就同一事项，民法总则制定时有意修正公司法有关条款的，应当适用民法总则的规定。例如，《公司法》第三十二条第三款规定：“公司应当将股东的姓名或者名称及其出资额向公司登记机关登记；登记事项发生变更的，应当办理变更登记。未经登记或者变更登记的，不得对抗第三人。”而《民法总则》第六十五条的规定则把“不得对抗第三人”修正为“不得对抗善意相对人”。经查询有关立法理由，可以认为，此种情况应当适用民法总则的规定。二是民法总则在公司法规定基础上增加了新内容的，如《公司法》第二十二条第二款就公司决议的撤销问题进行了规定，《民法总则》第八十五条在该条基础上增加规定：“但是营利法人依据该决议与善意相对人形成的民事法律关系不受影响。”此时，也应当适用民法总则的规定。

4.【民法总则的时间效力】根据“法不溯及既往”的原则，民法总则原则上没有溯及力，故只能适用于施行后发生的法律事实；民法总则施行前发生的法律事实，适用当时的法律；某一法律事实发生在民法总则施行前，其行为延续至民法总则施行后的，适用民法总则的规定。但要注意有例外情形，如虽然法律事实发生在民法总则施行前，但当时的法律对此没有规定而民法总则有规定的。例如，对于虚伪意思表示、第三人实施欺诈行为，合同法均无规定，发生纠纷后，基于“法官不得拒绝裁判”规则，可以将民法总则的相关规定作为裁判依据。又如，民法总则施行前成立的合同，根据当时的法律应当认定无效，而根据民法总则应当认定有效或者可撤销的，应当适用民法总则的规定。

在民法总则无溯及力的场合，人民法院应当依据法律事实发生时的法律进行裁判，但如果法律事实发生时的法律虽有规定，但内容不具体、不明确的，如关于无权代理在被代理人不予追认时的法律后果，民法通则和合同法均规定由行为人承担民事责任，但对民事责任的性质和方式没有规定，而民法总则对此有明确且详细的规定，人民法院在审理案件时，就可以在裁判文书的说理部分将民法总则规定的内容作为解释法律事实发生时法律规定的参考。

二、关于公司纠纷案件的审理

会议认为，审理好公司纠纷案件，对于保护交易安全和投资安全，激发经济活力，增强投资创业信心，具有重要意义。要依法协调好公司债权人、股东、公司等各种利益主体之间的关系，处理好公司外部与内部的关系，解决好公司自治与司法介入的关系。

（一）关于“对赌协议”的效力及履行

实践中俗称的“对赌协议”，又称估值调整协议，是指投资方与融资方在达成股权性融资协议时，为解决交易双方对目标公司未来发展的不确定性、信息不对称以及代理成本而设计的包含了股权回购、金钱补偿等对未来目标公司的估值进行调整的协议。从订立“对赌协议”的主体来看，有投资方与目标公司的股东或者实际控制人“对赌”、投资方与目标公司“对赌”、投资方与目标公司的股东、目标公司“对赌”等形式。人民法院在审理“对赌协议”纠纷案件时，不仅应当适用合同法的相关规定，还应当适用公司法的相关规定；既要坚持鼓励投资方对实体企业特别是科技创新企业投资原则，从而在一定程度上缓解企业融资难问题，又要贯彻资本维持原则和保护债权人合法权益原则，依法平衡投资方、公司债权人、公司之间的利益。对于投资方与目标公司的股东或者实际控制人订立的“对赌协议”，如无其他无效事由，认定有效并支持实际履行，实践中并无争议。但投资方与目标公司订立的“对赌协议”是否有效以及能否实际履行，存在争议。对此，应当把握如下处理规则：

5.【与目标公司“对赌”】投资方与目标公司订立的“对赌协议”在不存在法定无效事由的情况下，目标公司仅以存在股权回购或者金钱补偿约定为由，主张“对赌协议”无效的，人民法院不予支持，但投资方主张实际履行的，人民法院应当审查是否符合公司法关于“股东不得抽逃出资”及股份回购的强制性规定，判决是否支持其诉讼请求。

投资方请求目标公司回购股权的，人民法院应当依据《公司法》第三十五条关于“股东不得抽逃出资”或者第一百四十二条关于股份回购的强制性规定进行审查。经审查，目标公司未完成减资程序的，人民法院应当驳回其诉讼请求。

投资方请求目标公司承担金钱补偿义务的，人民法院应当依据《公司法》第三十五条关于“股东不得抽逃出资”和第一百六十六条关于利润分配的强制性规定进行审查。经审查，目标公司没有利润或者虽有利润但不足以补偿投资方的，人民法院应当驳回或者部分支持其诉讼请求。今后目标公司有利润时，投资方还可以依据该事实另行提起诉讼。

（二）关于股东出资加速到期及表决权

6.【股东出资应否加速到期】在注册资本认缴制下，股东依法享有期限利益。债权人以公司不能清偿到期债务为由，请求未届出资期限的股东在未出资范围内对公司不能清偿的债务承担补充赔偿责任的，人民法院不予支持。但是，下列情形除外：

（1）公司作为被执行人的案件，人民法院穷尽执行措施无财产可供执行，已具备破产原因，但不申请破产的；

（2）在公司债务产生后，公司股东（大）会决议或以其他方式延长股东出资期限的。

7.【表决权能否受限】股东认缴的出资未届履行期限，对未缴纳部分的出资是否享有以及如何行使表决权等问题，应当根据公司章程来确定。公司章程没有规定的，应当按照认缴出资的比例确定。如果股东（大）会作出不按认缴出资比例而按实际出资比例或者其他标准确定表决权的决议，股东请求确认决议无效的，人民法院应当审查该决议是否符合修改公司章程所要求的表决程序，即必须经代表三分之二以上表决权的股东通过。符合的，人民法院不予支持；反之，则依法予以支持。

（三）关于股权转让

8.【有限责任公司的股权变动】当事人之间转让有限责任公司股权，受让人以其姓名或者名称已记载于股东名册为由主张其已经取得股权的，人民法院依法予以支持，但法律、行政法规规定应当办理批准手续生效的股权转让除外。未向公司登记机关办理股权变更登记的，不得对抗善意相对人。

9.【侵犯优先购买权的股权转让合同的效力】审判实践中，部分人民法院对公司法司法解释（四）第二十一条规定的理解存在偏差，往往以保护其他股东的优先购买权为由认定股权转让合同无效。准确理解该条规定，既要注意保护其他股东的优先购买权，也要注意保护股东以外的股权受让人的合法权益，正确认定有限责任公司的股东与股东以外的股权受让人订立的股权转让合同的效力。一方面，其他股东依法享有优先购买权，在其主张按照股权转让合同约定的同等条件购买股权的情况下，应当支持其诉讼请求，除非出现该条第一款规定的情形。另一方面，为保护股东以外的股权受让人的合法权益，股权转让合同如无其他影响合同效力的事由，应当认定有效。其他股东行使优先购买权的，虽然股东以外的股权受让人关于继续履行股权转让合同的请求不能得到支持，但不影响其依约请求转让股东承担相应的违约责任。

（四）关于公司人格否认

公司人格独立和股东有限责任是公司法的基本原则。否认公司独立人格，由滥用公司法人独立地位和股东有限责任的股东对公司债务承担连带责任，是股东有限责任的例外情形，旨在矫正有限责任制度在特定法律事实发生时对债权人保护的失衡现象。在审判实践中，要准确把握《公司法》第二十条第三款规定的精神。一是只有在股东实施了滥用公司法人独立地位及股东有限责任的行为，且该行为严重损害了公司债权人利益的情况下，才能适用。损害债权人利益，主要是指股东滥用权利使公司财产不足以清偿公司债权人的债权。二是只有实施了滥用法人独立地位和股东有限责任行为的股东才对公司债务承担连带清偿责任，而其他股东不应承担此责任。三是公司人格否认不是全面、彻底、永久地否定公司的法人资格，而只是在具体案件中依据特定的法律事实、法律关系，突破股东对公司债务不承担责任的一般规则，例外地判令其承担连带责任。人民法院在个案中否认公司人格的判决的既判力仅仅约束该诉讼的各方当事人，不当然适用于涉及该公司的其他诉讼，不影响公司独立法人资格的存续。如果其他债权人提起公司人格否认诉讼，已生效判决认定的事实可以作为证据使用。四是《公司法》第二十条第三款规定的滥用行为，实践中常见的情形有人格混同、过度支配与控制、资本显著不足等。在审理案件时，需要根据查明的案件事实进行综合判断，既审慎适用，又当用则用。实践中存在标准把握不严而滥用这一例外制度的现象，同时也存在因法律规定较为原则、抽象，适用难度大，而不善于适用、不敢于适用的现象，均应当引起高度重视。

10.【人格混同】认定公司人格与股东人格是否存在混同，最根本的判断标准是公司是否具有独立意思和独立财产，最主要的表现是公司的财产与股东的财产是否混同且无法区分。在认定是否构成人格混同时，应当综合考虑以下因素：

（1）股东无偿使用公司资金或者财产，不作财务记载的；

（2）股东用公司的资金偿还股东的债务，或者将公司的资金供关联公司无偿使用，不作财务记载的；

（3）公司账簿与股东账簿不分，致使公司财产与股东财产无法区分的；

（4）股东自身收益与公司盈利不加区分，致使双方利益不清的；

（5）公司的财产记载于股东名下，由股东占有、使用的；

（6）人格混同的其他情形。

在出现人格混同的情况下，往往同时出现以下混同：公司业务和股东业务混同；公司员工与股东员工混同，特别是财务人员混同；公司住所与股东住所混同。人民法院在审理案件时，关键要审查是否构成人格混同，而不要求同时具备其他方面的混同，其他方面的混同往往只是人格混同的补强。

11.【过度支配与控制】公司控制股东对公司过度支配与控制，操纵公司的决策过程，使公司完全丧失独立性，沦为控制股东的工具或躯壳，严重损害公司债权人利益，应当否认公司人格，由滥用控制权的股东对公司债务承担连带责任。实践中常见的情形包括：

（1）母子公司之间或者子公司之间进行利益输送的；

（2）母子公司或者子公司之间进行交易，收益归一方，损失却由另一方承担的；

（3）先从原公司抽走资金，然后再成立经营目的相同或者类似的公司，逃避原公司债务的；

（4）先解散公司，再以原公司场所、设备、人员及相同或者相似的经营目的另设公司，逃避原公司债务的；

（5）过度支配与控制的其他情形。

控制股东或实际控制人控制多个子公司或者关联公司，滥用控制权使多个子公司或者关联公司财产边界不清、财务混同，利益相互输送，丧失人格独立性，沦为控制股东逃避债务、非法经营，甚至违法犯罪工具的，可以综合案件事实，否认子公司或者关联公司法人人格，判令承担连带责任。

12.【资本显著不足】资本显著不足指的是，公司设立后在经营过程中，股东实际投入公司的资本数额与公司经营所隐含的风险相比明显不匹配。股东利用较少资本从事力所不及的经营，表明其没有从事公司经营的诚意，实质是恶意利用公司独立人格和股东有限责任把投资风险转嫁给债权人。由于资本显著不足的判断标准有很大的模糊性，特别是要与公司采取“以小博大”的正常经营方式相区分，因此在适用时要十分谨慎，应当与其他因素结合起来综合判断。

13.【诉讼地位】人民法院在审理公司人格否认纠纷案件时，应当根据不同情形确定当事人的诉讼地位：

（1）债权人对债务人公司享有的债权已经由生效裁判确认，其另行提起公司人格否认诉讼，请求股东对公司债务承担连带责任的，列股东为被告，公司为第三人；

（2）债权人对债务人公司享有的债权提起诉讼的同时，一并提起公司人格否认诉讼，请求股东对公司债务承担连带责任的，列公司和股东为共同被告；

（3）债权人对债务人公司享有的债权尚未经生效裁判确认，直接提起公司人格否认诉讼，请求公司股东对公司债务承担连带责任的，人民法院应当向债权人释明，告知其追加公司为共同被告。债权人拒绝追加的，人民法院应当裁定驳回起诉。

（五）关于有限责任公司清算义务人的责任

关于有限责任公司股东清算责任的认定，一些案件的处理结果不适当地扩大了股东的清算责任。特别是实践中出现了一些职业债权人，从其他债权人处大批量超低价收购僵尸企业的"陈年旧账"后，对批量僵尸企业提起强制清算之诉，在获得人民法院对公司主要财产、账册、重要文件等灭失的认定后，根据公司法司法解释（二）第十八条第二款的规定，请求有限责任公司的股东对公司债务承担连带清偿责任。有的人民法院没有准确把握上述规定的适用条件，判决没有"怠于履行义务"的小股东或者虽"怠于履行义务"但与公司主要财产、账册、重要文件等灭失没有因果关系的小股东对公司债务承担远远超过其出资数额的责任，导致出现利益明显失衡的现象。需要明确的是，上述司法解释关于有限责任公司股东清算责任的规定，其性质是因股东怠于履行清算义务致使公司无法清算所应当承担的侵权责任。在认定有限责任公司股东是否应当对债权人承担侵权赔偿责任时，应当注意以下问题：

14.【怠于履行清算义务的认定】公司法司法解释（二）第十八条第二款规定的"怠于履行义务"，是指有限责任公司的股东在法定清算事由出现后，在能够履行清算义务的情况下，故意拖延、拒绝履行清算义务，或者因过失导致无法进行清算的消极行为。股东举证证明其已经为履行清算义务采取了积极措施，或者小股东举证证明其既不是公司董事会或者监事会成员，也没有选派人员担任该机关成员，且从未参与公司经营管理，以不构成"怠于履行义务"为由，主张其不应当对公司债务承担连带清偿责任的，人民法院依法予以支持。

15.【因果关系抗辩】有限责任公司的股东举证证明其"怠于履行义务"的消极不作为与"公司主要财产、账册、重要文件等灭失，无法进行清算"的结果之间没有因果关系，主张其不应对公司债务承担连带清偿责任的，人民法院依法予以支持。

16.【诉讼时效期间】公司债权人请求股东对公司债务承担连带清偿责任，股东以公司债权人对公司的债权已经超过诉讼时效期间为由抗辩，经查证属实的，人民法院依法予以支持。

公司债权人以公司法司法解释（二）第十八条第二款为依据，请求有限责任公司的股东对公司债务承担连带清偿责任的，诉讼时效期间自公司债权人知道或者应当知道公司无法进行清算之日起计算。

（六）关于公司为他人提供担保

关于公司为他人提供担保的合同效力问题，审判实践中裁判尺度不统一，严重影响了司法公信力，有必要予以规范。对此，应当把握以下几点：

17.【违反《公司法》第十六条构成越权代表】为防止法定代表人随意代表公司为他人提供担保给公司造成损失，损害中小股东利益，《公司法》第十六条对法定代表人的代表权进行了限制。根据该条规定，担保行为不是法定代表人所能单独决定的事项，而必须以公司股东（大）会、董事会等公司机关的决议作为授权的基础和来源。法定代表人未经授权擅自为他人提供担保的，构成越权代表，人民法院应当根据《合同法》第五十条关于法定代表人越权代表的规定，区分订立合同时债权人是否善意分别认定合同效力：债权人善意的，合同有效；反之，合同无效。

18.【善意的认定】前条所称的善意，是指债权人不知道或者不应当知道法定代表人超越权限订立担保合同。《公司法》第十六条对关联担保和非关联担保的决议机关作出了区别规定，相应地，在善意的判断标准上也应当有所区别。一种情形是，为公司股东或者实际控制人提供关联担保，《公司法》第十六条明确规定必须由股东（大）会决议，未经股东（大）会决议，构成越权代表。在此情况下，债权人主张担保合同有效，应当提供证据证明其在订立合同时对股东（大）会决议进行了审查，决议的表决程序符合《公司法》第十六条的规定，即在排除被担保股东表决权的情况下，该项表决由出席会议的其他股东所持表决权的过半数通过，签字人员也符合公司章程的规定。另一种情形是，公司为公司股东或者实际控制人以外的人提供非关联担保，根据《公司法》第十六条的规定，此时由公司章程规定是由董事会决议还是股东（大）会决议。无论章程是否对决议机关作出规定，也无论章程规定决议机关为董事会还是股东（大）会，根据《民法总则》第六十一条第三款关于"法人章程或者法人权力机构对法定代表人代表权的限制，不得对抗善意相对人"的规定，只要债权人能够证明其在订立担保合同时对董事会决议或者股东（大）会决议进行了审查，同意决议的人数及签字人员符合公司章程的规定，就应当认定其构成善意，但公司能够证明债权人明知公司章程对决议机关有明确规定的除外。

债权人对公司机关决议内容的审查一般限于形式审查，只要求尽到必要的注意义务即可，标准不宜太过严苛。公司以机关决议系法定代表人伪造或者变造、决议程序违法、签章（名）不实、担保金额超过法定限额等事由抗辩债权人非善意的，人民法院一般不予支持。但是，公司有证据证明债权人明知决议系伪造或者变造的除外。

19.【无须机关决议的例外情况】存在下列情形的，即便债权人知道或者应当知道没有公司机关决议，也应当认定担保合同符合公司的真实意思表示，合同有效：

（1）公司是以为他人提供担保为主营业务的担保公司，或者是开展保函业务的银行或者非银行金融机构；

（2）公司为其直接或者间接控制的公司开展经营活动向债权人提供担保；

（3）公司与主债务人之间存在相互担保等商业合作关系；

（4）担保合同系由单独或者共同持有公司三分之二以上有表决权的股东签字同意。

20.【越权担保的民事责任】依据前述三条规定，担保合同有效，债权人请求公司承担担保责任的，人民法院依法予以支持；担保合同无效，债权人请求公司承担担保责任的，人民法院不予支持，但可以按照担保法及有关司法解释关于担保无效的规定处理。公司举证证明债权人明知法定代表人超越权限或者机关决议系伪造或者变造，债权人请求公司承担合同无效后的民事责任的，人民法院不予支持。

21.【权利救济】法定代表人的越权担保行为给公司造成损失，公司请求法定代表人承担赔偿责任的，人民法院依法予以支持。公司没有提起诉讼，股东依据《公司法》第一百五十一条的规定请求法定代表人承担赔偿责任的，人民法院依法予以支持。

22.【上市公司为他人提供担保】债权人根据上市公司公开披露的关于担保事项已经董事会或者股东大会决议通过的信息订立的担保合同，人民法院应当认定有效。

23.【债务加入准用担保规则】法定代表人以公司名义与债务人约定加入债务并通知债权人或者向债权人表示愿意加入债务，该约定的效力问题，参照本纪要关于公司为他人提供担保的有关规则处理。

（七）关于股东代表诉讼

24.【何时成为股东不影响起诉】股东提起股东代表诉讼，被告以行为发生时原告尚未成为公司股东为由抗辩该股东不是适格原告的，人民法院不予支持。

25.【正确适用前置程序】根据《公司法》第一百五十一条的规定，股东提起代表诉讼的前置程序之一是，股东必须先书面请求公司有关机关向人民法院提起诉讼。一般情况下，股东没有履行该前置程序的，应当驳回起诉。但是，该项前置程序针对的是公司治理的一般情况，即在股东向公司有关机关提出书面申请之时，存在公司有关机关提起诉讼的可能性。如果查明的相关事实表明，根本不存在该种可能性的，人民法院不应当以原告未履行前置程序为由驳回起诉。

26.【股东代表诉讼的反诉】股东依据《公司法》第一百五十一条第三款的规定提起股东代表诉讼后，被告以原告股东恶意起诉侵犯其合法权益为由提起反诉的，人民法院应予受理。被告以公司在案涉纠纷中应当承担侵权或者违约等责任为由对公司提出的反诉，因不符合反诉的要件，人民法院应当裁定不予受理；已经受理的，裁定驳回起诉。

27.【股东代表诉讼的调解】公司是股东代表诉讼的最终受益人，为避免因原告股东与被告通过调解损害公司利益，人民法院应当审查调解协议是否为公司的意思。只有在调解协议经公司股东（大）会、董事会决议通过后，人民法院才能出具调解书予以确认。至于具体决议机关，取决于公司章程的规定。公司章程没有规定的，人民法院应当认定公司股东（大）会为决议机关。

（八）其他问题

28.【实际出资人显名的条件】实际出资人能够提供证据证明有限责任公司过半数的其他股东知道其实际出资的事实，且对其实际行使股东权利未曾提出异议的，对实际出资人提出的登记为公司股东的请求，人民法院依法予以支持。公司以实际出资人的请求不符合公司法司法解释（三）第二十四条的规定为由抗辩的，人民法院不予支持。

29.【请求召开股东（大）会不可诉】公司召开股东（大）会本质上属于公司内部治理范围。股东请求判令公司召开股东（大）会的，人民法院应当告知其按照《公司法》第四十条或者第一百零一条规定的程序自行召开。股东坚持起诉的，人民法院应当裁定不予受理；已经受理的，裁定驳回起诉。

三、关于合同纠纷案件的审理

会议认为，合同是市场化配置资源的主要方式，合同纠纷也是民商事纠纷的主要类型。人民法院在审理合同纠纷案件时，要坚持鼓励交易原则，充分尊重当事人的意思自治。要依法审慎认定合同效力。要根据诚实信用原则，合理解释合同条款、确定履行内容，合理确定当事人的权利义务关系，审慎适用合同解除制度，依法调整过高的违约金，强化对守约者诚信行为的保护力度，提高违法违约成本，促进诚信社会构建。

（一）关于合同效力

人民法院在审理合同纠纷案件过程中，要依职权审查合同是否存在无效的情形，注意无效与可撤销、未生效、效力待定等合同效力形态之间的区别，准确认定合同效力，并根据效力的不同情形，结合当事人的诉讼请求，确定相应的民事责任。

30.【强制性规定的识别】合同法施行后，针对一些人民法院动辄以违反法律、行政法规的强制性规定为由认定合同无效，不当扩大无效合同范围的情形，合同法司法解释（二）第十四条将《合同法》第五十二条第五项规定的“强制性规定”明确限于“效力性强制性规定”。此后，《最高人民法院关于当前形势下审理民商事合同纠纷案件若干问题的指导意见》进一步提出了“管理性强制性规定”的概念，指出违反管理性强制性规定的，人民法院应当根据具体情形认定合同效力。随着这一概念的提出，审判实践中又出现了另一种倾向，有的人民法院认为凡是行政管理性质的强制性规定都属于“管理性强制性规定”，不影响合同效力。这种望文生义的认定方法，应予纠正。

人民法院在审理合同纠纷案件时，要依据《民法总则》第一百五十三条第一款和合同法司法解释（二）第十四条的规定慎重判断“强制性规定”的性质，特别是要在考量强制性规定所保护的法益类型、违法行为的法律后果以及交易安全保护等因素的基础上认定其性质，并在裁判文书中充分说明理由。下列强制性规定，应当认定为“效力性强制性规定”：强制性规定涉及金融安全、市场秩序、国家宏观政策等公序良俗的；交易标的禁止买卖的，如禁止人体器官、毒品、枪支等买卖；违反特许经营规定的，如场外配资合同；交易方式严重违法的，如违反招投标等竞争性缔约方式订立的合同；交易场所违法的，如在批准的交易场所之外进行期货交易。关于经营范围、交易时间、交易数量等行政管理性质的强制性规定，一般应当认定为“管理性强制性规定”。

31. 【违反规章的合同效力】违反规章一般情况下不影响合同效力，但该规章的内容涉及金融安全、市场秩序、国家宏观政策等公序良俗的，应当认定合同无效。人民法院在认定规章是否涉及公序良俗时，要在考察规范对象的基础上，兼顾监管强度、交易安全保护以及社会影响等方面进行慎重考量，并在裁判文书中进行充分说理。

32. 【合同不成立、无效或者被撤销的法律后果】《合同法》第五十八条就合同无效或者被撤销时的财产返还责任和损害赔偿责任作了规定，但未规定合同不成立的法律后果。考虑到合同不成立时也可能发生财产返还和损害赔偿责任问题，故应当参照适用该条的规定。

在确定合同不成立、无效或者被撤销后财产返还或者折价补偿范围时，要根据诚实信用原则的要求，在当事人之间合理分配，不能使不诚信的当事人因合同不成立、无效或者被撤销而获益。合同不成立、无效或者被撤销情况下，当事人所承担的缔约过失责任不应超过合同履行利益。比如，依据《最高人民法院关于审理建设工程施工合同纠纷案件适用法律问题的解释》第二条规定，建设工程施工合同无效，在建设工程经竣工验收合格情况下，可以参照合同约定支付工程款，但除非增加了合同约定之外新的工程项目，一般不应超出合同约定支付工程款。

33. 【财产返还与折价补偿】合同不成立、无效或者被撤销后，在确定财产返还时，要充分考虑财产增值或者贬值的因素。双务合同不成立、无效或者被撤销后，双方因该合同取得财产的，应当相互返还。应予返还的股权、房屋等财产相对于合同约定价款出现增值或者贬值的，人民法院要综合考虑市场因素、受让人的经营或者添附等行为与财产增值或者贬值之间的关联性，在当事人之间合理分配或者分担，避免一方因合同不成立、无效或者被撤销而获益。在标的物已经灭失、转售他人或者其他无法返还的情况下，当事人主张返还原物的，人民法院不予支持，但其主张折价补偿的，人民法院依法予以支持。折价时，应当以当事人交易时约定的价款为基础，同时考虑当事人在标的物灭失或者转售时的获益情况综合确定补偿标准。标的物灭失时当事人获得的保险金或者其他赔偿金，转售时取得的对价，均属于当事人因标的物而获得的利益。对获益高于或者低于价款的部分，也应当在当事人之间合理分配或者分担。

34. 【价款返还】双务合同不成立、无效或者被撤销时，标的物返还与价款返还互为对待给付，双方应当同时返还。关于应否支付利息问题，只要一方对标的物有使用情形的，一般应当支付使用费，该费用可与占有价款一方应当支付的资金占用费相互抵销，故在一方返还原物前，另一方仅须支付本金，而无须支付利息。

35. 【损害赔偿】合同不成立、无效或者被撤销时，仅返还财产或者折价补偿不足以弥补损失，一方还可以向有过错的另一方请求损害赔偿。在确定损害赔偿范围时，既要根据当事人的过错程度合理确定责任，又要考虑在确定财产返还范围时已经考虑过的财产增值或者贬值因素，避免双重获利或者双重受损的现象发生。

36.【合同无效时的释明问题】在双务合同中，原告起诉请求确认合同有效并请求继续履行合同，被告主张合同无效的，或者原告起诉请求确认合同无效并返还财产，而被告主张合同有效的，都要防止机械适用“不告不理”原则，仅就当事人的诉讼请求进行审理，而应向原告释明变更或者增加诉讼请求，或者向被告释明提出同时履行抗辩，尽可能一次性解决纠纷。例如，基于合同有给付行为的原告请求确认合同无效，但并未提出返还原物或者折价补偿、赔偿损失等请求的，人民法院应当向其释明，告知其一并提出相应诉讼请求；原告请求确认合同无效并要求被告返还原物或者赔偿损失，被告基于合同也有给付行为的，人民法院同样应当向被告释明，告知其也可以提出返还请求；人民法院经审理认定合同无效的，除了要在判决书“本院认为”部分对同时返还作出认定外，还应当在判项中作出明确表述，避免因判令单方返还而出现不公平的结果。

第一审人民法院未予释明，第二审人民法院认为应当对合同不成立、无效或者被撤销的法律后果作出判决的，可以直接释明并改判。当然，如果返还财产或者赔偿损失的范围确实难以确定或者双方争议较大的，也可以告知当事人通过另行起诉等方式解决，并在裁判文书中予以明确。

当事人按照释明变更诉讼请求或者提出抗辩的，人民法院应当将其归纳为案件争议焦点，组织当事人充分举证、质证、辩论。

37.【未经批准合同的效力】法律、行政法规规定某类合同应当办理批准手续生效的，如商业银行法、证券法、保险法等法律规定购买商业银行、证券公司、保险公司5%以上股权须经相关主管部门批准，依据《合同法》第四十四条第二款的规定，批准是合同的法定生效条件，未经批准的合同因欠缺法律规定的特别生效条件而未生效。实践中的一个突出问题是，把未生效合同认定为无效合同，或者虽认定为未生效，却按无效合同处理。无效合同从本质上来说是欠缺合同的有效要件，或者具有合同无效的法定事由，自始不发生法律效力。而未生效合同已具备合同的有效要件，对双方具有一定的拘束力，任何一方不得擅自撤回、解除、变更，但因欠缺法律、行政法规规定或当事人约定的特别生效条件，在该生效条件成就前，不能产生请求对方履行合同主要权利义务的法律效力。

38.【报批义务及相关违约条款独立生效】须经行政机关批准生效的合同，对报批义务及未履行报批义务的违约责任等相关内容作出专门约定的，该约定独立生效。一方因另一方不履行报批义务，请求解除合同并请求其承担合同约定的相应违约责任的，人民法院依法予以支持。

39.【报批义务的释明】须经行政机关批准生效的合同，一方请求另一方履行合同主要权利义务的，人民法院应当向其释明，将诉讼请求变更为请求履行报批义务。一方变更诉讼请求的，人民法院依法予以支持；经释明后当事人拒绝变更的，应当驳回其诉讼请求，但不影响其另行提起诉讼。

40.【判决履行报批义务后的处理】人民法院判决一方履行报批义务后，该当事人拒绝履行，经人民法院强制执行仍未履行，对方请求其承担合同违约责任的，人民法院依法予以支持。一方依据判决履行报批义务，行政机关予以批准，合同发生完全的法律效力，其请求对方履行合同的，人民法院依法予以支持；行政机关没有批准，合同不具有法律上的可履行性，一方请求解除合同的，人民法院依法予以支持。

41.【盖章行为的法律效力】司法实践中，有些公司有意刻制两套甚至多套公章，有的法定代表人或者代理人甚至私刻公章，订立合同时恶意加盖非备案的公章或者假公章，发生纠纷后法人以加盖的是假公章为由否定合同效力的情形并不鲜见。人民法院在审理案件时，应当主要审查签约人于盖章之时有无代表权或者代理权，从而根据代表或者代理的相关规则来确定合同的效力。

法定代表人或者其授权之人在合同上加盖法人公章的行为，表明其是以法人名义签订合同，除《公司法》第十六条等法律对其职权有特别规定的情形外，应当由法人承担相应的法律后果。法人以法定代表人事后已无代表权、加盖的是假章、所盖之章与备案公章不一致等为由否定合同效力的，人民法院不予支持。

代理人以被代理人名义签订合同，要取得合法授权。代理人取得合法授权后，以被代理人名义签订的合同，应当由被代理人承担责任。被代理人以代理人事后已无代理权、加盖的是假章、所盖之章与备案公章不一致等为由否定合同效力的，人民法院不予支持。

42.【撤销权的行使】撤销权应当由当事人行使。当事人未请求撤销的，人民法院不应当依职权撤销合同。一方请求另一方履行合同，另一方以合同具有可撤销事由提出抗辩的，人民法院应当在审查合同是否具有可撤销事由以及是否超过法定期间等事实的基础上，对合同是否可撤销作出判断，不能仅以当事人未提起诉讼或者反诉为由不予审查或者不予支持。一方主张合同无效，依据的却是可撤销事由，此时人民法院应当全面审查合同是否具有无效事由以及当事人主张的可撤销事由。当事人关于合同无效的事由成立的，人民法院应当认定合同无效。当事人主张合同无效的理由不成立，而可撤销的事由成立的，因合同无效和可撤销的后果相同，人民法院也可以结合当事人的诉讼请求，直接判决撤销合同。

（二）关于合同履行与救济

在认定以物抵债协议的性质和效力时，要根据订立协议时履行期限是否已经届满予以区别对待。合同解除、违约责任都是非违约方寻求救济的主要方式，人民法院在认定合同应否解除时，要根据当事人有无解除权、是约定解除还是法定解除等不同情形，分别予以处理。在确定违约责任时，尤其要注意依法适用违约金调整的相关规则，避免简单地以民间借贷利率的司法保护上限作为调整依据。

43.【抵销】抵销权既可以通知的方式行使，也可以提出抗辩或者提起反诉的方式行使。抵销的意思表示自到达对方时生效，抵销一经生效，其效力溯及自抵销条件成就之时，双方互负的债务在同等数额内消灭。双方互负的债务数额，是截至抵销条件成就之时各自负有的包括主债务、利息、违约金、赔偿金等在内的全部债务数额。行使抵销权一方享有的债权不足以抵销全部债务数额，当事人对抵销顺序又没有特别约定的，应当根据实现债权的费用、利息、主债务的顺序进行抵销。

44.【履行期届满后达成的以物抵债协议】当事人在债务履行期限届满后达成以物抵债协议，抵债物尚未交付债权人，债权人请求债务人交付的，人民法院要着重审查以物抵债协议是否存在恶意损害第三人合法权益等情形，避免虚假诉讼的发生。经审查，不存在以上情况，且无其他无效事由的，人民法院依法予以支持。

当事人在一审程序中因达成以物抵债协议申请撤回起诉的，人民法院可予准许。当事人在二审程序中申请撤回上诉的，人民法院应当告知其申请撤回起诉。当事人申请撤回起诉，经审查不损害国家利益、社会公共利益、他人合法权益的，人民法院可予准许。当事人不申请撤回起诉，请求人民法院出具调解书对以物抵债协议予以确认的，因债务人完全可以立即履行该协议，没有必要由人民法院出具调解书，故人民法院不应准许，同时应当继续对原债权债务关系进行审理。

45.【履行期届满前达成的以物抵债协议】当事人在债务履行期届满前达成以物抵债协议，抵债物尚未交付债权人，债权人请求债务人交付的，因此种情况不同于本纪要第71条规定的让与担保，人民法院应当向其释明，其应当根据原债权债务关系提起诉讼。经释明后当事人仍拒绝变更诉讼请求的，应当驳回其诉讼请求，但不影响其根据原债权债务关系另行提起诉讼。

46.【通知解除的条件】审判实践中，部分人民法院对合同法司法解释（二）第二十四条的理解存在偏差，认为不论发出解除通知的一方有无解除权，只要另一方未在异议期限内以起诉方式提出异议，就判令解除合同，这不符合合同法关于合同解除权行使的有关规定。对该条的准确理解是，只有享有法定或者约定解除权的当事人才能以通知方式解除合同。不享有解除权的一方向另一方发出解除通知，另一方即便未在异议期限内提起诉讼，也不发生合同解除的效果。人民法院在审理案件时，应当审查发出解除通知的一方是否享有约定或者法定的解除权来决定合同应否解除，不能仅以受通知一方在约定或者法定的异议期限届满内未起诉这一事实就认定合同已经解除。

47.【约定解除条件】合同约定的解除条件成就时，守约方以此为由请求解除合同的，人民法院应当审查违约方的违约程度是否显著轻微，是否影响守约方合同目的的实现，根据诚实信用原则，确定合同应否解除。违约方的违约程度显著轻微，不影响守约方合同目的的实现，守约方请求解除合同的，人民法院不予支持；反之，则依法予以支持。

48.【违约方起诉解除】违约方不享有单方解除合同的权利。但是，在一些长期性合同如房屋租赁合同履行过程中，双方形成合同僵局，一概不允许违约方通过起诉的方式解除合同，有时对双方都不利。在此前提下，符合下列条件，违约方起诉请求解除合同的，人民法院依法予以支持：

（1）违约方不存在恶意违约的情形；

（2）违约方继续履行合同，对其显失公平；

（3）守约方拒绝解除合同，违反诚实信用原则。

人民法院判决解除合同的，违约方本应当承担的违约责任不能因解除合同而减少或者免除。

49.【合同解除的法律后果】合同解除时，一方依据合同中有关违约金、约定损害赔偿的计算方法、定金责任等违约责任条款的约定，请求另一方承担违约责任的，人民法院依法予以支持。

双务合同解除时人民法院的释明问题，参照本纪要第三十六条的相关规定处理。

50.【违约金过高标准及举证责任】认定约定违约金是否过高，一般应当以《合同法》第一百一十三条规定的损失为基础进行判断，这里的损失包括合同履行后可以获得的利益。除借款合同外的双务合同，作为对价的价款或者报酬给付之债，并非借款合同项下的还款义务，不能以受法律保护的民间借贷利率上限作为判断违约金是否过高的标准，而应当兼顾合同履行情况、当事人过错程度以及预期利益等因素综合确定。主张违约金过高的违约方应当对违约金是否过高承担举证责任。

（三）关于借款合同

人民法院在审理借款合同纠纷案件过程中，要根据防范化解重大金融风险、金融服务实体经济、降低融资成本的精神，区别对待金融借贷与民间借贷，并适用不同规则与利率标准。要依法否定高利转贷行为、职业放贷行为的效力，充分发挥司法的示范、引导作用，促进金融服务实体经济。要注意到，为深化利率市场化改革，推动降低实体利率水平，自 2019 年 8 月 20 日起，中国人民银行已经授权全国银行间同业拆借中心于每月 20 日（遇节假日顺延）9 时 30 分公布贷款市场报价利率（LPR），中国人民银行贷款基准利率这一标准已经取消。因此，自此之后人民法院裁判贷款利息的基本标准应改为全国银行间同业拆借中心公布的贷款市场报价利率。应予注意的是，贷款利率标准尽管发生了变化，但存款基准利率并未发生相应变化，相关标准仍可适用。

51.【变相利息的认定】金融借款合同纠纷中，借款人认为金融机构以服务费、咨询费、顾问费、管理费等为名变相收取利息，金融机构或者由其指定的人收取的相关费用不合理的，人民法院可以根据提供服务的实际情况确定借款人应否支付或者酌减相关费用。

52.【高利转贷】民间借贷中，出借人的资金必须是自有资金。出借人套取金融机构信贷资金又高利转贷给借款人的民间借贷行为，既增加了融资成本，又扰乱了信贷秩序，根据民间借贷司法解释第十四条第一项的规定，应当认定此类民间借贷行为无效。人民法院在适用该条规定时，应当注意把握以下几点：一是要审查出借人的资金来源。借款人能够举证证明在签订借款合同时出借人尚欠银行贷款未还的，一般可以推定为出借人套取信贷资金，但出借人能够举反证予以推翻的除外；二是从宽认定“高利”转贷行为的标准，只要出借人通过转贷行为牟利的，就可以认定为是“高利”转贷行为；三是对该条规定的“借款人事先知道或者应当知道的”要件，不宜把握过苛。实践中，只要出借人在签订借款合同时存在尚欠银行贷款未还事实的，一般可以认为满足了该条规定的“借款人事先知道或者应当知道”这一要件。

53.【职业放贷人】未依法取得放贷资格的以民间借贷为业的法人，以及以民间借贷为业的非法人组织或者自然人从事的民间借贷行为，应当依法认定无效。同一出借人在一定期间内多次反复从事有偿民间借贷行为的，一般可以认定为是职业放贷人。民间借贷比较活跃的地方的高级人民法院或者经其授权的中级人民法院，可以根据本地区的实际情况制定具体的认定标准。

四、关于担保纠纷案件的审理

会议认为，要注意担保法及其司法解释与物权法对独立担保、混合担保、担保期间等有关制度的不同规定，根据新的规定优于旧的规定的法律适用规则，优先适用物权法的规定。从属性是担保的基本属性，要慎重认定独立担保行为的效力，将其严格限定在法律或者司法解释明确规定的情形。要根据区分原则，准确认定担保合同效力。要坚持物权法定、公示公信原则，区分不动产与动产担保物权在物权变动、效力规则等方面的异同，准确适用法律。要充分发挥担保对缓解融资难融资贵问题的积极作用，不轻易否定新类型担保、非典型担保的合同效力及担保功能。

（一）关于担保的一般规则

54.【独立担保】从属性是担保的基本属性，但由银行或者非银行金融机构开立的独立保函除外。独立保函纠纷案件依据《最高人民法院关于审理独立保函纠纷案件若干问题的规定》处理。需要进一步明确的是：凡是由银行或者非银行金融机构开立的符合该司法解释第一条、第三条规定情形的保函，无论是用于国际商事交易还是用于国内商事交易，均不影响保函的效力。银行或者非银行金融机构之外的当事人开立的独立保函，以及当事人有关排除担保从属性的约定，应当认定无效。但是，根据“无效法律行为的转换”原理，在否定其独立担保效力的同时，应当将其认定为从属性担保。此时，如果主合同有效，则担保合同有效，担保人与主债务人承担连带保证责任。主合同无效，则该所谓的独立担保也随之无效，担保人无过错的，不承担责任；担保人有过错的，其承担民事责任的部分不应超过债务人不能清偿部分的三分之一。

55.【担保责任的范围】担保人承担的担保责任范围不应当大于主债务，是担保从属性的必然要求。当事人约定的担保责任的范围大于主债务的，如针对担保责任约定专门的违约责任、担保责任的数额高于主债务、担保责任约定的利息高于主债务利息、担保责任的履行期先于主债务履行期届满，等等，均应当认定大于主债务部分的约定无效，从而使担保责任缩减至主债务的范围。

56.【混合担保中担保人之间的追偿问题】被担保的债权既有保证又有第三人提供的物的担保的，担保法司法解释第三十八条明确规定，承担了担保责任的担保人可以要求其他担保人清偿其应当分担的份额。但《物权法》第一百七十六条并未作出类似规定，根据《物权法》第一百七十八条关于“担保法与本法的规定不一致的，适用本法”的规定，承担了担保责任的担保人向其他担保人追偿的，人民法院不予支持，但担保人在担保合同中约定可以相互追偿的除外。

57.【借新还旧的担保物权】贷款到期后，借款人与贷款人订立新的借款合同，将新贷用于归还旧贷，旧贷因清偿而消灭，为旧贷设立的担保物权也随之消灭。贷款人以旧贷上的担保物权尚未进行涂销登记为由，主张对新贷行使担保物权的，人民法院不予支持，但当事人约定继续为新贷提供担保的除外。

58.【担保债权的范围】以登记作为公示方式的不动产担保物权的担保范围，一般应当以登记的范围为准。但是，我国目前不动产担保物权登记，不同地区的系统设置及登记规则并不一致，人民法院在审理案件时应当充分注意制度设计上的差别，作出符合实际的判断：一是多数省区市的登记系统未设置“担保范围”栏目，仅有“被担保主债权数额（最高债权数额）”的表述，且只能填写固定数字。而当事人在合同中又往往约定担保物权的担保范围包括主债权及其利息、违约金等附属债权，致使合同约定的担保范围与登记不一致。显然，这种不一致是由于该地区登记系统设置及登记规则造成的该地区的普遍现象。人民法院以合同约定认定担保物权的担保范围，是符合实际的妥当选择。二是一些省区市不动产登记系统设置与登记规则比较规范，担保物权登记范围与合同约定一致在该地区是常态或者普遍现象，人民法院在审理案件时，应当以登记的担保范围为准。

59.【主债权诉讼时效届满的法律后果】抵押权人应当在主债权的诉讼时效期间内行使抵押权。抵押权人在主债权诉讼时效届满前未行使抵押权，抵押人在主债权诉讼时效届满后请求涂销抵押权登记的，人民法院依法予以支持。

以登记作为公示方法的权利质权，参照适用前款规定。

（二）关于不动产担保物权

60.【未办理登记的不动产抵押合同的效力】不动产抵押合同依法成立，但未办理抵押登记手续，债权人请求抵押人办理抵押登记手续的，人民法院依法予以支持。因抵押物灭失以及抵押物转让他人等原因不能办理抵押登记，债权人请求抵押人以抵押物的价值为限承担责任的，人民法院依法予以支持，但其范围不得超过抵押权有效设立时抵押人所应当承担的责任。

61.【房地分别抵押】根据《物权法》第一百八十二条的规定，仅以建筑物设定抵押的，抵押权的效力及于占用范围内的土地；仅以建设用地使用权抵押的，抵押权的效力亦及于其上的建筑物。在房地分别抵押，即建设用地使用权抵押给一个债权人，而其上的建筑物又抵押给另一个人的情况下，可能产生两个抵押权的冲突问题。基于“房地一体”规则，此时应当将建筑物和建设用地使用权视为同一财产，从而依照《物权法》第一百九十九条的规定确定清偿顺序：登记在先的先清偿；同时登记的，按照债权比例清偿。同一天登记的，视为同时登记。应予注意的是，根据《物权法》第二百条的规定，建设用地使用权抵押后，该土地上新增的建筑物不属于抵押财产。

62.【抵押权随主债权转让】抵押权是从属于主合同的从权利，根据“从随主”规则，债权转让的，除法律另有规定或者当事人另有约定外，担保该债权的抵押权一并转让。受让人向抵押人主张行使抵押权，抵押人以受让人不是抵押合同的当事人、未办理变更登记等为由提出抗辩的，人民法院不予支持。

（三）关于动产担保物权

63.【流动质押的设立与监管人的责任】在流动质押中，经常由债权人、出质人与监管人订立三方监管协议，此时应当查明监管人究竟是受债权人的委托还是受出质人的委托监管质物，确定质物是否已经交付债权人，从而判断质权是否有效设立。如果监管人系受债权人的委托监管质物，则其是债权人的直接占有人，应当认定完成了质物交付，质权有效设立。监管人违反监管协议约定，违规向出质人放货、因保管不善导致质物毁损灭失，债权人请求监管人承担违约责任的，人民法院依法予以支持。

如果监管人系受出质人委托监管质物，表明质物并未交付债权人，应当认定质权未有效设立。尽管监管协议约定监管人系受债权人的委托监管质物，但有证据证明其并未履行监管职责，质物实际上仍由出质人管领控制的，也应当认定质物并未实际交付，质权未有效设立。此时，债权人可以基于质押合同的约定请求质押人承担违约责任，但其范围不得超过质权有效设立时质押人所应当承担的责任。监管人未履行监管职责的，债权人也可以请求监管人承担违约责任。

64.【浮动抵押的效力】企业将其现有的以及将有的生产设备、原材料、半成品及产品等财产设定浮动抵押后，又将其中的生产设备等部分财产设定了动产抵押，并都办理了抵押登记的，根据《物权法》第一百九十九条的规定，登记在先的浮动抵押优先于登记在后的动产抵押。

65.【动产抵押权与质权竞存】同一动产上同时设立质权和抵押权的，应当参照适用《物权法》第一百九十九条的规定，根据是否完成公示以及公示先后情况来确定清偿顺序：质权有效设立、抵押权办理了抵押登记的，按照公示先后确定清偿顺序；顺序相同的，按照债权比例清偿；质权有效设立，抵押权未办理抵押登记的，质权优先于抵押权；质权未有效设立，抵押权未办理抵押登记的，因此时抵押权已经有效设立，故抵押权优先受偿。

根据《物权法》第一百七十八条规定的精神，担保法司法解释第七十九条第一款不再适用。

（四）关于非典型担保

66.【担保关系的认定】当事人订立的具有担保功能的合同，不存在法定无效情形的，应当认定有效。虽然合同约定的权利义务关系不属于物权法规定的典型担保类型，但是其担保功能应予肯定。

67.【约定担保物权的效力】债权人与担保人订立担保合同，约定以法律、行政法规未禁止抵押或者质押的财产设定以登记作为公示方法的担保，因无法定的登记机构而未能进行登记的，不具有物权效力。当事人请求按照担保合同的约定就该财产折价、变卖或者拍卖所得价款等方式清偿债务的，人民法院依法予以支持，但对其他权利人不具有对抗效力和优先性。

68.【保兑仓交易】保兑仓交易作为一种新类型融资担保方式，其基本交易模式是，以银行信用为载体、以银行承兑汇票为结算工具、由银行控制货权、卖方（或者仓储方）受托保管货物并以承兑汇票与保证金之间的差额作为担保。其基本的交易流程是：卖方、买方和银行订立三方合作协议，其中买方向银行缴存一定比例的承兑保证金，银行向买方签发以卖方为收款人的银行承兑汇票，买方将银行承兑汇票交付卖方作为货款，银行根据买方缴纳的保证金的一定比例向卖方签发提货单，卖方根据提货单向买方交付对应金额的货物，买方销售货物后，将货款再缴存为保证金。

在三方协议中，一般来说，银行的主要义务是及时签发承兑汇票并按约定方式将其交给卖方，卖方的主要义务是根据银行签发的提货单发货，并在买方未及时销售或者回赎货物时，就保证金与承兑汇票之间的差额部分承担责任。银行为保障自身利益，往往还会约定卖方要将货物交给由其指定的当事人监管，并设定质押，从而涉及监管协议以及流动质押等问题。实践中，当事人还可能在前述基本交易模式基础上另行作出其他约定，只要不违反法律、行政法规的效力性强制性规定，这些约定应当认定有效。

一方当事人因保兑仓交易纠纷提起诉讼的，人民法院应当以保兑仓交易合同作为审理案件的基本依据，但买卖双方没有真实买卖关系的除外。

69.【无真实贸易背景的保兑仓交易】保兑仓交易以买卖双方有真实买卖关系为前提。双方无真实买卖关系的，该交易属于名为保兑仓交易实为借款合同，保兑仓交易因构成虚伪意思表示而无效，被隐藏的借款合同是当事人的真实意思表示，如不存在其他合同无效情形，应当认定有效。保兑仓交易认定为借款合同关系的，不影响卖方和银行之间担保关系的效力，卖方仍应当承担担保责任。

70.【保兑仓交易的合并审理】当事人就保兑仓交易中的不同法律关系的相对方分别或者同时向同一人民法院起诉的，人民法院可以根据民事诉讼法司法解释第二百二十一条的规定，合并审理。当事人未起诉某一方当事人的，人民法院可以依职权追加未参加诉讼的当事人为第三人，以便查明相关事实，正确认定责任。

71.【让与担保】债务人或者第三人与债权人订立合同，约定将财产形式上转让至债权人名下，债务人到期清偿债务，债权人将该财产返还给债务人或第三人，债务人到期没有清偿债务，债权人可以对财产拍卖、变卖、折价偿还债权的，人民法院应当认定合同有效。合同如果约定债务人到期没有清偿债务，财产归债权人所有的，人民法院应当认定该部分约定无效，但不影响合同其他部分的效力。

当事人根据上述合同约定，已经完成财产权利变动的公示方式转让至债权人名下，债务人到期没有清偿债务，债权人请求确认财产归其所有的，人民法院不予支持，但债权人请求参照法律关于担保物权的规定对财产拍卖、变卖、折价优先偿还其债权的，人民法院依法予以支持。债务人因到期没有清偿债务，请求对该财产拍卖、变卖、折价偿还所欠债权人合同项下债务的，人民法院也应依法予以支持。

五、关于金融消费者权益保护纠纷案件的审理

会议认为，在审理金融产品发行人、销售者以及金融服务提供者（以下简称卖方机构）与金融消费者之间因销售各类高风险等级金融产品和为金融消费者参与高风险等级投资活动提供服务而引发的民商事案件中，必须坚持“卖者尽责、买者自负”原则，将金融消费者是否充分了解相关金融产品、投资活动的性质及风险并在此基础上作出自主决定作为应当查明的案件基本事实，依法保护金融消费者的合法权益，规范卖方机构的经营行为，推动形成公开、公平、公正的市场环境和市场秩序。

72.【适当性义务】适当性义务是指卖方机构在向金融消费者推介、销售银行理财产品、保险投资产品、信托理财产品、券商集合理财计划、杠杆基金份额、期权及其他场外衍生品等高风险等级金融产品，以及为金融消费者参与融资融券、新三板、创业板、科创板、期货等高风险等级投资活动提供服务的过程中，必须履行的了解客户、了解产品、将适当的产品（或者服

务）销售（或者提供）给适合的金融消费者等义务。卖方机构承担适当性义务的目的是确保金融消费者能够在充分了解相关金融产品、投资活动的性质及风险的基础上作出自主决定，并承受由此产生的收益和风险。在推介、销售高风险等级金融产品和提供高风险等级金融服务领域，适当性义务的履行是“卖者尽责”的主要内容，也是“买者自负”的前提和基础。

73.【法律适用规则】在确定卖方机构适当性义务的内容时，应当以合同法、证券法、证券投资基金法、信托法等法律规定的基本原则和国务院发布的规范性文件作为主要依据。相关部门在部门规章、规范性文件中对高风险等级金融产品的推介、销售，以及为金融消费者参与高风险等级投资活动提供服务作出的监管规定，与法律和国务院发布的规范性文件的规定不相抵触的，可以参照适用。

74.【责任主体】金融产品发行人、销售者未尽适当性义务，导致金融消费者在购买金融产品过程中遭受损失的，金融消费者既可以请求金融产品的发行人承担赔偿责任，也可以请求金融产品的销售者承担赔偿责任，还可以根据《民法总则》第一百六十七条的规定，请求金融产品的发行人、销售者共同承担连带赔偿责任。发行人、销售者请求人民法院明确各自的责任份额的，人民法院可以在判决发行人、销售者对金融消费者承担连带赔偿责任的同时，明确发行人、销售者在实际承担了赔偿责任后，有权向责任方追偿其应当承担的赔偿份额。

金融服务提供者未尽适当性义务，导致金融消费者在接受金融服务后参与高风险等级投资活动遭受损失的，金融消费者可以请求金融服务提供者承担赔偿责任。

75.【举证责任分配】在案件审理过程中，金融消费者应当对购买产品（或者接受服务）、遭受的损失等事实承担举证责任。卖方机构对其是否履行了适当性义务承担举证责任。卖方机构不能提供其已经建立了金融产品（或者服务）的风险评估及相应管理制度，对金融消费者的风险认知、风险偏好和风险承受能力进行了测试，向金融消费者告知产品（或者服务）的收益和主要风险因素等相关证据的，应当承担举证不能的法律后果。

76.【告知说明义务】告知说明义务的履行是金融消费者能够真正了解各类高风险等级金融产品或者高风险等级投资活动的投资风险和收益的关键，人民法院应当根据产品、投资活动的风险和金融消费者的实际情况，综合理性人能够理解的客观标准和金融消费者能够理解的主观标准来确定卖方机构是否已经履行了告知说明义务。卖方机构简单地以金融消费者手写了诸如“本人明确知悉可能存在本金损失风险”等内容主张其已经履行了告知说明义务，不能提供其他相关证据的，人民法院对其抗辩理由不予支持。

77.【损失赔偿数额】卖方机构未尽适当性义务导致金融消费者损失的，应当赔偿金融消费者所受的实际损失。实际损失为损失的本金和利息，利息按照中国人民银行发布的同期同类存款基准利率计算。

金融消费者因购买高风险等级金融产品或者为参与高风险投资活动接受服务，以卖方机构存在欺诈行为为由，主张卖方机构应当根据《消费者权益保护法》第五十五条的规定承担惩罚性赔偿责任的，人民法院不予支持。卖方机构的行为构成欺诈的，对金融消费者提出赔偿其支付金钱总额的利息损失请求，应当注意区分不同情况进行处理：

（1）金融产品的合同文本中载明了预期收益率、业绩比较基准或者类似约定的，可以将其作为计算利息损失的标准；

（2）合同文本以浮动区间的方式对预期收益率或者业绩比较基准等进行约定，金融消费者请求按照约定的上限作为利息损失计算标准的，人民法院依法予以支持；

（3）合同文本虽然没有关于预期收益率、业绩比较基准或者类似约定，但金融消费者能够提供证据证明产品发行的广告宣传资料中载明了预期收益率、业绩比较基准或者类似表述的，应当将宣传资料作为合同文本的组成部分；

（4）合同文本及广告宣传资料中未载明预期收益率、业绩比较基准或者类似表述的，按照全国银行间同业拆借中心公布的贷款市场报价利率计算。

78.【免责事由】因金融消费者故意提供虚假信息、拒绝听取卖方机构的建议等自身原因导致其购买产品或者接受服务不适当，卖方机构请求免除相应责任的，人民法院依法予以支持，但金融消费者能够证明该虚假信息的出具系卖方机构误导的除外。卖方机构能够举证证明根据金融消费者的既往投资经验、受教育程度等事实，适当性义务的违反并未影响金融消费者作出自主决定的，对其关于应当由金融消费者自负投资风险的抗辩理由，人民法院依法予以支持。

六、关于证券纠纷案件的审理

（一）关于证券虚假陈述

会议认为，《最高人民法院关于审理证券市场因虚假陈述引发的民事赔偿案件的若干规定》施行以来，证券市场的发展出现了新的情况，证券虚假陈述纠纷案件的审理对司法能力提出了更高的要求。在案件审理过程中，对于需要借助其他学科领域的专业知识进行职业判断的问题，要充分发挥专家证人的作用，使得案件的事实认定符合证券市场的基本常识和普遍认知或者认可的经验法则，责任承担与侵权行为及其主观过错程度相匹配，在切实维护投资者合法权益的同时，通过民事责任追究实现震慑违法的功能，维护公开、公平、公正的资本市场秩序。

79.【共同管辖的案件移送】原告以发行人、上市公司以外的虚假陈述行为人为被告提起诉讼，被告申请追加发行人或者上市公司为共同被告的，人民法院应予准许。人民法院在追加后发现其他有管辖权的人民法院已先行受理因同一虚假陈述引发的民事赔偿案件的，应当按照民事诉讼法司法解释第三十六条的规定，将案件移送给先立案的人民法院。

80.【案件审理方式】案件审理方式方面，在传统的“一案一立、分别审理”的方式之外，一些人民法院已经进行了将部分案件合并审理、在示范判决基础上委托调解等改革，初步实现了案件审理的集约化和诉讼经济。在认真总结审判实践经验的基础上，有条件的地方人民法院可以选择个案以《民事诉讼法》第五十四条规定的代表人诉讼方式进行审理，逐步展开试点工作。就案件审理中涉及的适格原告范围认定、公告通知方式、投资者权利登记、代表人推选、执行款项的发放等具体工作，积极协调相关部门和有关方面，推动信息技术审判辅助平台和常态化、可持续的工作机制建设，保障投资者能够便捷、高效、透明和低成本地维护自身合法权益，为构建符合中国国情的证券民事诉讼制度积累审判经验，培养审判队伍。

81.【立案登记】多个投资者就同一虚假陈述向人民法院提起诉讼，可以采用代表人诉讼方式对案件进行审理的，人民法院在登记立案时可以根据原告起诉状中所描述的虚假陈述的数量、性质及其实施日、揭露日或者更正日等时间节点，将投资者作为共同原告统一立案登记。原告主张被告实施了多个虚假陈述的，可以分别立案登记。

82.【案件甄别及程序决定】人民法院决定采用《民事诉讼法》第五十四条规定的方式审理案件的，在发出公告前，应当先行就被告的行为是否构成虚假陈述，投资者的交易方向与诱多、诱空的虚假陈述是否一致，以及虚假陈述的实施日、揭露日或者更正日等案件基本事实进行审查。

83.【选定代表人】权利登记的期间届满后，人民法院应当通知当事人在指定期间内完成代表人的推选工作。推选不出代表人的，人民法院可以与当事人商定代表人。人民法院在提出人选时，应当将当事人诉讼请求的典型性和利益诉求的份额等作为考量因素，确保代表行为能够充分、公正地表达投资者的诉讼主张。国家设立的投资者保护机构以自己的名义提起诉讼，或者接受投资者的委托指派工作人员或者委托诉讼代理人参与案件审理活动的，人民法院可以商定该机构或者其代理的当事人作为代表人。

84.【揭露日和更正日的认定】虚假陈述的揭露和更正，是指虚假陈述被市场所知悉、了解，其精确程度并不以“镜像规则”为必要，不要求达到全面、完整、准确的程度。原则上，只要交易市场对监管部门立案调查、权威媒体刊载的揭露文章等信息存在着明显的反应，对一方主张市场已经知悉虚假陈述的抗辩，人民法院依法予以支持。

85.【重大性要件的认定】审判实践中，部分人民法院对重大性要件和信赖要件存在着混淆认识，以行政处罚认定的信息披露违法行为对投资者的交易决定没有影响为由否定违法行为的重大性，应当引起注意。重大性是指可能对投资者进行投资决策具有重要影响的信息，虚假陈述已经被监管部门行政处罚的，应当认为是具有重大性的违法行为。在案件审理过程中，对于一方提出的监管部门作出处罚决定的行为不具有重大性的抗辩，人民法院不予支持，同时应当向其释明，该抗辩并非民商事案件的审理范围，应当通过行政复议、行政诉讼加以解决。

（二）关于场外配资

会议认为，将证券市场的信用交易纳入国家统一监管的范围，是维护金融市场透明度和金融稳定的重要内容。不受监管的场外配资业务，不仅盲目扩张了资本市场信用交易的规模，也容易冲击资本市场的交易秩序。融资融券作为证券市场的主要信用交易方式和证券经营机构的核心业务之一，依法属于国家特许经营的金融业务，未经依法批准，任何单位和个人不得非法从事配资业务。

86.【场外配资合同的效力】从审判实践看，场外配资业务主要是指一些P2P公司或者私募类配资公司利用互联网信息技术，搭建起游离于监管体系之外的融资业务平台，将资金融出方、资金融入方即用资人和券商营业部三方连接起来，配资公司利用计算机软件系统的二级分仓功能将其自有资金或者以较低成本融入的资金出借给用资人，赚取利息收入的行为。这些场外配资公司所开展的经营活动，本质上属于只有证券公司才能依法开展的融资活动，不仅规避了监管部门对融资融券业务中资金来源、投资标的、杠杆比例等诸多方面的限制，也加剧了市场的非理性波动。在案件审理过程中，除依法取得融资融券资格的证券公司与客户开展的融资融券业务外，对其他任何单位或者个人与用资人的场外配资合同，人民法院应当根据《证券法》第一百四十二条、合同法司法解释（一）第十条的规定，认定为无效。

87.【合同无效的责任承担】场外配资合同被确认无效后，配资方依场外配资合同的约定，请求用资人向其支付约定的利息和费用的，人民法院不予支持。

配资方依场外配资合同的约定，请求分享用资人因使用配资所产生的收益的，人民法院不予支持。

用资人以其因使用配资导致投资损失为由请求配资方予以赔偿的，人民法院不予支持。用资人能够证明因配资方采取更改密码等方式控制账户使得用资人无法及时平仓止损，并据此请求配资方赔偿其因此遭受的损失的，人民法院依法予以支持。

用资人能够证明配资合同是因配资方招揽、劝诱而订立，请求配资方赔偿其全部或者部分损失的，人民法院应当综合考虑配资方招揽、劝诱行为的方式，对用资人的实际影响，用资人自身的投资经历、风险判断和承受能力等因素，判决配资方承担与其过错相适应的赔偿责任。

七、关于营业信托纠纷案件的审理

会议认为，从审判实践看，营业信托纠纷主要表现为事务管理信托纠纷和主动管理信托纠纷两种类型。在事务管理信托纠纷案件中，对信托公司开展和参与的多层嵌套、通道业务、回购承诺等融资活动，要以其实际构成的法律关系确定其效力，并在此基础上依法确定各方的权利义务。在主动管理信托纠纷案件中，应当重点审查受托人在“受人之托，忠人之事”的财产管理过程中，是否恪尽职守，履行了谨慎、有效管理等法定或者约定义务。

88.【营业信托纠纷的认定】信托公司根据法律法规以及金融监督管理部门的监管规定，以取得信托报酬为目的接受委托人的委托，以受托人身份处理信托事务的经营行为，属于营业信托。由此产生的信托当事人之间的纠纷，为营业信托纠纷。

根据《关于规范金融机构资产管理业务的指导意见》的规定，其他金融机构开展的资产管理业务构成信托关系的，当事人之间的纠纷适用信托法及其他有关规定处理。

89.【资产或者资产收益权转让及回购】信托公司在资金信托成立后，以募集的信托资金受让特定资产或者特定资产收益权，属于信托公司在资金依法募集后的资金运用行为，由此引发的纠纷不应当认定为营业信托纠纷。如果合同中约定由转让方或者其指定的第三方在一定期间后以交易本金加上溢价款等固定价款无条件回购的，无论转让方所转让的标的物是否真实存在、是否实际交付或者过户，只要合同不存在法定无效事由，对信托公司提出的由转让方或者其指定的第三方按约定承担责任的诉讼请求，人民法院依法予以支持。

当事人在相关合同中同时约定采用信托公司受让目标公司股权、向目标公司增资方式并以相应股权担保债权实现的，应当认定在当事人之间成立让与担保法律关系。当事人之间的具体权利义务，根据本纪要第七十一条的规定加以确定。

90.【劣后级受益人的责任承担】信托文件及相关合同将受益人区分为优先级受益人和劣后级受益人等不同类别，约定优先级受益人以其财产认购信托计划份额，在信托到期后，劣后级受益人负有对优先级受益人从信托财产获得利益与其投资本金及约定收益之间的差额承担补足义务，优先级受益人请求劣后级受益人按照约定承担责任的，人民法院依法予以支持。

信托文件中关于不同类型受益人权利义务关系的约定，不影响受益人与受托人之间信托法律关系的认定。

91.【增信文件的性质】信托合同之外的当事人提供第三方差额补足、代为履行到期回购义务、流动性支持等类似承诺文件作为增信措施，其内容符合法律关于保证的规定的，人民法院应当认定当事人之间成立保证合同关系。其内容不符合法律关于保证的规定的，依据承诺文件的具体内容确定相应的权利义务关系，并根据案件事实情况确定相应的民事责任。

92.【保底或者刚兑条款无效】信托公司、商业银行等金融机构作为资产管理产品的受托人与受益人订立的含有保证本息固定回报、保证本金不受损失等保底或者刚兑条款的合同，人民法院应当认定该条款无效。受益人请求受托人对其损失承担与其过错相适应的赔偿责任的，人民法院依法予以支持。

实践中，保底或者刚兑条款通常不在资产管理产品合同中明确约定，而是以“抽屉协议”

或者其他方式约定，不管形式如何，均应认定无效。

93.【通道业务的效力】当事人在信托文件中约定，委托人自主决定信托设立、信托财产运用对象、信托财产管理运用处分方式等事宜，自行承担信托资产的风险管理责任和相应风险损失，受托人仅提供必要的事务协助或者服务，不承担主动管理职责的，应当认定为通道业务。《中国人民银行、中国银行保险监督管理委员会、中国证券监督管理委员会、国家外汇管理局关于规范金融机构资产管理业务的指导意见》第二十二条在规定“金融机构不得为其他金融机构的资产管理产品提供规避投资范围、杠杆约束等监管要求的通道服务”的同时，也在第二十九条明确按照“新老划断”原则，将过渡期设置为截至2020年末，确保平稳过渡。在过渡期内，对通道业务中存在的利用信托通道掩盖风险，规避资金投向、资产分类、拨备计提和资本占用等监管规定，或者通过信托通道将表内资产虚假出表等信托业务，如果不存在其他无效事由，一方以信托目的违法违规为由请求确认无效的，人民法院不予支持。至于委托人和受托人之间的权利义务关系，应当依据信托文件的约定加以确定。

94.【受托人的举证责任】资产管理产品的委托人以受托人未履行勤勉尽责、公平对待客户等义务损害其合法权益为由，请求受托人承担损害赔偿责任的，应当由受托人举证证明其已经履行了义务。受托人不能举证证明，委托人请求其承担相应赔偿责任的，人民法院依法予以支持。

95.【信托财产的诉讼保全】信托财产在信托存续期间独立于委托人、受托人、受益人各自的固有财产。委托人将其财产委托给受托人进行管理，在信托依法设立后，该信托财产即独立于委托人未设立信托的其他固有财产。受托人因承诺信托而取得的信托财产，以及通过对信托财产的管理、运用、处分等方式取得的财产，均独立于受托人的固有财产。受益人对信托财产享有的权利表现为信托受益权，信托财产并非受益人的责任财产。因此，当事人因其与委托人、受托人或者受益人之间的纠纷申请对存管银行或者信托公司专门账户中的信托资金采取保全措施的，除符合《信托法》第十七条规定的情形外，人民法院不应当准许。已经采取保全措施的，存管银行或者信托公司能够提供证据证明该账户为信托账户的，应当立即解除保全措施。对信托公司管理的其他信托财产的保全，也应当根据前述规则办理。

当事人申请对受益人的受益权采取保全措施的，人民法院应当根据《信托法》第四十七条的规定进行审查，决定是否采取保全措施。决定采取保全措施的，应当将保全裁定送达受托人和受益人。

96.【信托公司固有财产的诉讼保全】除信托公司作为被告外，原告申请对信托公司固有资金账户的资金采取保全措施的，人民法院不应准许。信托公司作为被告，确有必要对其固有财产采取诉讼保全措施的，必须强化善意执行理念，防范发生金融风险。要严格遵守相应的适用条件与法定程序，坚决杜绝超标的执行。在采取具体保全措施时，要尽量寻求依法平等保护各方利益的平衡点，优先采取方便执行且对信托公司正常经营影响最小的执行措施，能采取“活封”“活扣”措施的，尽量不进行“死封”“死扣”。在条件允许的情况下，可以为信托公司预留必要的流动资金和往来账户，最大限度地降低对信托公司正常经营活动的不利影响。信托公司申请解除财产保全符合法律、司法解释规定情形的，应当在法定期限内及时解除保全措施。

公司发展与创新

中航信托股份有限公司

一、2019 年经营概况

2019 年，中航信托股份有限公司（以下简称公司）面对日益激烈的市场竞争、深刻变化的客户需求以及不断收紧的监管环境，保持了“稳中有进、立足于稳”的发展态势。资产实力进一步提升，2019 年末公司资产总额为 165.07 亿元，同比增长 7.40%；净资产为 128.10 亿元，同比增长 8.62%。经营业绩保持稳步增长，全年实现营业收入 35.72 亿元，同比增长 5.06%，实现利润总额 25.63 亿元，同比增长 4.74%，实现净利润 19.39 亿元，同比增长 4.92%。

公司专注主动管理能力与专业化能力培育，着力提升发展质量。2019 年末，公司管理信托资产规模为 6 658 亿元，较年初增长 5.23%，较 6 月末减少 5.65%。其中，事务管理类规模为 1 969亿元，同比下降 26.28%，占比为 29.58%；投资类规模为 2 703 为亿元，同比增长 14.87%，占比为 40.6%；融资类规模为 1 986 亿元，同比增长 52.42%，占比为 29.83%。

二、创新业务案例

（一）打造资金信托新引擎

1. 创新绿色信托做精做专

公司绿色发展观已内化至企业基因与成长血脉之中。公司自 2014 年在信托行业内首次系统提出绿色信托理念，并将其融入公司发展战略、创新业务、员工行为、企业文化各个方面，致力于打造“绿色产业 + 金融生态圈”。经过多年的深耕，中航信托的绿色产业投资已涉及天然气、光伏、建筑节能、风电、垃圾处理、固废危废、锂电池、煤改电、地热、生物质、能源互联网等众多行业，主动管理资产规模约为 325 亿元，合作伙伴包括中美绿色基金、中节能集团、中国天楹、诺客环境、中创碳投、美国苹果公司等。

2019 年，公司整合“金融 + 技术”，携手中美绿色基金、中美绿色研究院投资苹果供应链相关企业的绿色节能服务项目，推动其国内供应商的绿色供应链发展，项目采用创新性的回款账户监管模式，解决了其中下游企业融资难的问题，帮助企业快速实现投产建设。

2. 科技赋能激发新动能

公司以高度的前瞻意识与创新精神主动布局未来发展方向与路径。公司围绕数据管理、应用、经营、服务等方面开展研究，积极推进数字化在财富管理、小微金融、不动产等领域中的应用，打造在数据信托方面的领先优势；探索服务信托的无限可能，持续推进服务信托方面的理论创新和业务实践探索，设立了服务信托（数字）业务部，打造支撑新业务模式下的数字化平台，为服务信托的发展提供强劲动力；研制受托人尽责管理系统，重塑项目全生命周期管理过程；上线不动产数字化系统，为公司的不动产项目提供全流程智慧支持，成为优化公司不动产资产配置的平台，支持公司业务轻转型。

（二）服务信托以委托人意愿为本

1. 提升客户体验推出“鲲账户”财富信托

该财富信托改变了原有单一认购理财型信托产品的传统，依托线上化系统和数字化工具，以账户为载体，实现包括风险评估、信托开户、投资配置、动态调整、信息披露、到期续投等全流程服务环节，为客户提供独立的、一站式的账户管理服务。产品不仅可实现产品到期与认购的无缝对接，将产品认购流程化繁为简，而且可大幅提升客户资金的安全性和使用效率。

2. 成功落地非上市公司股权家族信托

该家族信托通过对委托人现有公司股权结构的梳理，为其构建了家族信托控股平台结构，实现了家族股权的信托化处理。不仅实现了家族其他关联公司的关系梳理和调整，还通过信托分期管理、独立核算等制度和构架优势，为后续员工股权激励、产业基金搭建提供了稳定的平台。

3. 推出“安心家族守护”特殊信托目的产品

“安心家族守护”特殊信托是公司联合外部保护人及第三方合作伙伴，针对自闭症儿童父母所设立的带公益性质的特殊目的信托。项目委托人为自闭症儿童父母，信托财产规模为 1 000 万元。产品受益人可以为自闭症儿童及自闭症儿童家长，家长可自行选择决定受益人选项。产品的核心在于受托人将依照信托文件的约定，通过信托财产的管理与信托利益的分配，为委托人子女搭建由干预康复、专业养老及自闭症看护机构、医疗健康、高质量休闲服务、心理健康咨询组成的功能完善的支持平台，并通过持续而稳健的资产配置实现委托财产的保值增值，有效保障自闭症家庭的日常生活。

（三）慈善与信托跨界合作

公司分别设立中航信托·中国扶贫慈善信托、中航信托·中扶贫临洮百合百家慈善信托、中航信托·绿色生态慈善信托、中航信托·青年返乡创业扶贫慈善信托、中航信托·天启977号爱飞客公益慈善集合信托计划、中航信托·创青春扶贫慈善信托等。通过慈善与信托的跨界合作，投身爱心扶贫、爱心助学、绿色公益等方方面面，推动慈善事业的理念创新、模式创新和机制创新，帮助高净值客户实现家族慈善和家族传承的美好目标。

三、社会责任履行情况

2019年公司秉承航空报国、航空强国的股东文化，以履行社会责任为已任，以实际行动支持决战脱贫攻坚、慈善信托、爱心公益、绿色生态、维护金融稳定等事业，践行中央企业社会责任，持续为社会创造价值。

公司充分发挥信托制度优势，以信托贷款、供应链金融模式，支持小微企业发展，公司小微金融项目的资产管理规模超过700亿元。公司积极整合慈善资源、创建慈善生态圈，以慈善信托助力中国公益慈善事业发展。坚持术业有专攻，主动与中国慈善联合会、中华环境保护基金、中国扶贫基金会、中国青年创业就业基金会等建立密切的慈善合作关系，先后成功设立了9单慈善信托，广泛开展扶贫济困、敬老助学、慈善公益、绿色信托等系列活动，其中有6单慈善信托聚焦精准扶贫，有效助力相关区域脱贫攻坚任务的落实，取得了良好的社会效益。

公司积极落实省派定点帮扶要求，助力打赢精准脱贫攻坚战。2019年公司主动契合帮扶村脱贫需求，制定和完善了2019—2020年驻村帮扶工作方案，重新选派优秀青年后备干部，驻村担任帮扶村第一书记兼驻村工作队队长，全方位帮扶贫困村“两委”开展各项脱贫工作，确保帮扶规划能够科学执行和取得实效。联合中国扶贫基金会设立“中航信托扶贫公益基金”，经过多次现场勘查和严格项目遴选，锁定出资援建浆坑村黄桃基地路基、基地水渠护坡、便民公厕、爱心路灯、自来水改造、新农人培训6个项目，进一步巩固浆坑村脱贫基础，助力打赢脱贫攻坚战，不断提升定点帮扶村群众的幸福感。

为贯彻落实中央关于消费扶贫的部署精神，按照集团公司相关要求，公司工会通过“爱心·航空”线上平台统一采购并集中下发给职工及员工食堂的方式，采买了紫云县大米、葡萄汁，采购西乡县的茶叶等滞销农产品，合计消费帮扶22.7万元，助力集团公司定点扶贫县有效解决农产品销售难问题，为打赢脱贫攻坚战贡献了一份绵薄之力。

公司积极投身社会公益实践，持续开展各类扶贫助困献爱心活动。聚焦留守儿童、孤寡老人、贫困户、一线民工和执勤交警等重点群体帮扶，连续多年开展看望和慰问活动，想方设法解决贫困群众生产生活中的实际困难。赴南昌市SOS儿童村，开展“点滴真情 呵护成长”学雷锋志愿服务活动，通过爱心捐赠、航空科普小课堂、交流谈心等方式，践行雷锋精神，弘扬社会正能量；组织“吴大观”志愿者服务队到萍乡市上栗县鸡冠山乡中心小学，开展“爱心·航空”

志愿服务活动，向该校 29 名贫困学生发放了 29 000 元助学金，开展圆梦“微心愿”活动。捐赠 300 万元，冠名支持 2019 成都、广州善行者活动，组织员工和客户参加公益徒步活动，累计筹集善款近 30 万元，多个贫困地区儿童直接受益。

公司坚持以人为本，遵循人才发展规律，努力为职工提供成长机会。一方面，加强员工日常文化理论素养培育及员工专项培训，着力提升员工建功新时代本领；另一方面，通过开展系列文化建设及落地深植工作，形成了以集团初心使命为主旋律，结合当代金融企业时代特征和公司发展实际的企业文化体系，凝聚了文化铸魂、文化制胜的战略思想，形成了朝气蓬勃、积极进取、敢于创新、勇于担当的精神风貌，形成了“一起改变、一起提升”的组织氛围和“我认同、我践行、我改变”的个人内动力，增强了组织的使命感和责任感。

四、2020 年发展规划

2020 年是全面建成小康社会和三大攻坚战决胜年，是“十三五”规划收官之年，也是公司进入下一个中长期战略周期的关键之年，2020 年，公司将坚持稳中求进的总基调，以“持续转型、优化组织、防化风险、稳健发展”为根本遵循，坚持新发展理念，坚持以服务实体经济与人民群众美好生活为主线，坚持以信息科技与数字化转型为驱动，坚持以合规管理与防化风险为保障，勇于担当、主动作为，推动持续深化转型，有效开展资本市场、家族信托及服务信托等创新业务；坚持以提升组织能力为导向，优化组织结构，激发人才活力，做实做细各项基础管理，提升公司治理能力与水平，推动创建优秀的信托文化与有自身特色的企业文化，稳步推进公司高质量发展，打造备受信赖、专业领先、广获尊重的金融整合服务商。

英大国际信托有限责任公司

一、2019 年经营概况

2019 年，面对复杂的外部环境和繁重的发展任务，英大国际信托有限责任公司（以下简称公司）上下深入学习贯彻习近平新时代中国特色社会主义思想，秉承“根植实业、服务主业”价值定位，坚持“产融结合、以融促产”战略导向，圆满完成了高质量发展开局之年的各项任务目标。截至 2019 年末，公司自有资产总额为 106.88 亿元，经营收入为 15.25 亿元，同比增长 34.8%；利润为 12.98 亿元，同比增长 68.9%；管理资产总规模达到 4 079.79 亿元，其中信托规模为 3 976.82 亿元，同比增加 791 亿元；累计为受益人分配收益 153.22 亿元，各项主要指标均创历史新高，公司行业评级连续四年获评最高等级 A 级。主要工作表现在以下几个方面。

一是坚持根植实业，助力金融供给侧改革。优化供应链金融业务模式，形成应收账款买断、资产支持证券、应收应付双下表三种主要业务模式。智慧供应链系统上线运行，纳入泛在电力物联网拓展项目序列。坚持服务清洁能源行业发展不动摇，努力保障实体企业经营稳定。充分发挥平台优势，抢占行业优质资源，已签订风资源开发协议 205 万千瓦，核准在建风电项目 22 万千瓦。积极呼吁、引领发起设立产业并购基金，以纾困基金、存量并购、新建融资等方式多途径打通低成本资金渠道。响应中央部署及监管部门政策，积极服务社会直接融资占比提升，全年发行资产支持证券 97.1 亿元，承销短期融资券及定向债务融资工具等债券合计 1.7 亿元。2019 年，公司在助力金融供给侧改革方面获得市场广泛认可，分别荣获中央国债登记结算公司“中债优秀 ABS 发行人奖”、《上海证券报》“最佳资产证券化信托产品奖”、《证券时报》“优秀资产证券化信托计划奖”三项荣誉表彰。

二是坚持服务主业，产融协同质效双升。非并表资金拓展取得新突破，引入补充医保资金、企业年金等各类长期限资金 3 亿元，全部投向电网建设。2019 年，在产融结合战略引领下，服务主业规模效益、价值创造达到历史最高水平，获得业内高度认可，荣获金融时报社“年度最佳产融结合信托公司”称号。

三是坚持回归本源，企业价值得以彰显。服务地方政府精准扶贫工程，东城阳光精准扶贫慈善信托成功设立，政府年度工作报告给予高度肯定。2016 年设立发行的国内首个光伏精准扶贫公益信托计划助力青海省玛多县成功脱贫摘帽，扶贫贡献超过 1 000 万元，惠及贫困户超过 1 000户。广泛深入开展家族信托系列调研，积极储备业务资源。

四是坚持稳健运作，固有业务收益显著。2019 年公司业务运行平稳有序，资金投放安排合理，累计实现收益 3. 97 亿元，同比增长 69. 6%。强化战略资产配置，投资绿色能源混改股权投资基金。加强同业合作，丰富投资品种，投资可转债、永续债。组建权益投资团队，短期内实现较好浮盈，创造了优良业绩。2019 年，固有业务充分发挥了稳定器和压舱石作用，为整体业绩提升作出了突出贡献。

二、创新业务案例

（一）新模式供应链业务落地

2019 年 1 月 15、17 日，公司首批新模式供应链金融业务“英大信托—联赢 32 号特变衡阳应收账款单一资金信托”和“英大信托—联赢 27 号特变沈阳应收账款单一资金信托”先后落地。公司充分发挥资源优势，研究建立基于国网应收账款买断的供应链金融信托解决方案，将应收账款质押的交易结构改变为应收账款受让交易结构，将信托项目的关注点，由供应商资信审核转变为识别还款能力强、易于控制且评估透明度高的标的资产。新供应链业务模式是公司在解决电网供应商融资难问题上作出的有效尝试，同时有效保障了电网项目建设，为搭建电网供应链互动、交流、共享、合作的平台，共同提升供应链金融产品服务实体经济的能力奠定了良好基础。

（二）创新开展“投贷联动”绿色信托

2019 年，公司持续探索清洁能源服务模式创新，成立“英大信托—蓝天 074 号许继后坡风电集合资金信托计划”，通过“股 + 债”的投贷联动模式，以 A、B 两类份额为许继后坡风电项目提供了 2. 06 亿元的资金。其中 B 类份额通过蓝天伟业清洁能源基金管理（深圳）有限公司对项目公司进行股权投资，解决资本金问题，A 类份额解决剩余建设期债权融资。该模式是公司在解决清洁能源建设项目周期与信托资金期限不匹配问题上的有效尝试，为公司进一步助力民营企业发展、培育壮大“新动能”、践行绿色发展理念打下了坚实基础。

（三）融融合作新突破，加速信托回归本源

2019 年 11 月，公司与英大人寿公司在前期战略合作框架协议的基础上，签订寿险产品与保

险金信托产品合作协议，拟针对高净值客户的金融需求，合作开发保险金信托产品。双方约定进一步明确产品要素和具体合作模式，建立健全保险金信托的业务流程及制度体系，完善保险金信托产品方案设计，积极开展客户营销及宣传推广，大力推动业务落地，通过"保险＋信托"的跨领域融合，助力财富的管理与传承，加速公司回归本源进程。

三、社会责任履行情况

2019年，公司在信托业协会的指导下，认真履行社会责任，弘扬"努力超越、追求卓越"的企业精神，积极践行"以客户为中心、专业专注、持续改善"的核心价值观，凝聚可持续发展合力，追求经济、社会、环境综合价值最大化的社会责任理念，致力于将责任理念融入企业战略和经营管理之中。

一是法律责任方面，坚持把依法合规经营摆在首要位置，注重在稳增长的基础上防风险，坚持在推动高质量发展中防范化解风险，增强全员合规意识，持续推进合规文化建设。

二是经济责任方面，依托电网股东背景，坚持产融结合，充分发挥信托制度的优势和灵活性，大力支持我国能源互联网、特高压、智能电网建设和农村电网改造升级工程。坚持服务实体经济，支持国家新基建项目建设和中小企业发展，促进相关地区经济发展和就业增加。

三是社会责任方面，积极响应监管导向，持续加大慈善信托研究和实践，在现有法规制度政策框架下积极探索，争取更多慈善信托项目落地，惠及社会。

四是环境责任方面，继续支持清洁能源发展，助推我国经济结构调整和发展方式转变。实行基金化、平台化运作，更好地为我国经济社会发展和环境保护贡献力量。

四、2020年发展规划

（一）深耕细作电网业务

打造驱动能源互联网建设的金融创新平台，依托信托制度的灵活性和综合性，搭建金融创新综合平台，聚集各方主体，集中各类资源，整合各方智慧，集成多种金融工具和管理工具，为主业提供金融支撑。在信托服务"新基建"发展上持续发力，积极发挥信托作为金融创新平台的先天政策优势，加速资源整合，加强产品创新，加快能力提升，服务特高压、新能源充电桩等重点领域的持续升级，确保金融服务主业责任不折不扣落实到位，促进金融赋能产业升级，助推能源数字经济发展。

（二）持续发力供应链金融业务

努力突破线上确权和账户变更等关键环节，继续完善智慧供应链金融系统建设，提升系统适用性和智能化。针对大型装备制造企业、大型发电集团等优质客户加大营销力度，围绕电网投资建设方向，优选合作供应商。强化产品创新研发，形成一揽子供应商金融服务解决方案，拟定标准化操作流程。

（三）加快推动清洁能源业务模式转型升级

为清洁能源国补提供金融服务、灵活设计金融产品，在风险相对可控的前提下，有序解决存量项目补贴拖欠。改变以新能源电站建设期融资为核心业务的商业模式，向以资产证券化、产业基金并购投资方向转换。在资产证券化方向，依托行业政策支持，重点推进可再生能源补贴的证券化产品。结合目标客户的分类情况和融资的特点，为不同类别企业量身设计不同的交易模式。清洁能源国补业务一方面可以适当压降两金规模，缓解企业财务考核压力；另一方面降低企业资产负债率，进一步释放企业发展的活力。

（四）拓展储备信托本源业务

以回归信托本源、重塑业务模式为发展定位，全面实现私募投行业务向资产管理业务转型、通道业务向财富管理业务转型，坚守受托人定位，有效发挥信托制度灵活性和创新基因，聚焦于提升受托服务能力，依托信托本源功能，构建专业化驱动的核心竞争力，为实体经济发展和人民美好生活提供更高质量的服务。

（五）提升固有业务收益能力

确保国有资产保值增值，加强风险防控，不断提高资产配置水平与整体风险抵御能力。坚持以固定收益类投资为主，保证收益贡献，提高权益投资规模，分享相关产业及经济增长红利，发挥固有业务应有的价值创造功能。

华能贵诚信托有限公司

一、2019 年经营概况

2019 年是华能贵诚信托有限公司（以下简称公司）重组运营第二个十年的开局之年。面对急剧变化的外部形势和日益迫切的转型发展要求，在上级部门领导下，公司领导班子以习近平新时代中国特色社会主义思想为指导，团结带领广大干部员工，不畏艰难，励精图治，压实责任，狠抓落实，以全面推进能力建设为总抓手，认真落实“5 +1 + N”各项工作措施，切实加强经营管理，全面推进公司改革发展。一是始终围绕加强能力建设，着力推动转型攻坚向纵深发展；二是始终围绕完善资产结构，着力推动优质资产挖掘；三是始终围绕委托客户重构，着力加强多层次营销体系建设；四是始终围绕穿越经济周期目标，着力推进风险管控能力建设；五是始终围绕增强服务支持，着力推进公司党建工作。经过一年努力，在确保公司安全运行的前提下全面超额完成了全年发展目标，实现了新十年发展开门红。

发展实力迈上新台阶。公司全年新增信托规模为 5 399 亿元，存续信托规模为 7 128 亿元；到期结束信托规模为 5 468 亿元，到期项目全部安全兑付；营业收入为 50.69 亿元，同比增长 45%；利润为 42.11 亿元，完成利润考核目标的 120%，同比增长 31%；年化净资产收益率为 16.49%，年末净资产达到 204.68 亿元。由于经营指标全面超额完成，公司综合发展实力位列行业第三位，成为整个信托行业增速放缓背景下为数不多的发展稳定、风险可控、前景光明的信托公司。

转型攻坚取得新突破。经过连续两年委托客户重构，公司多层次营销体系基本形成，资产结构不断优化，资产特色日益鲜明，资产资金优化配置、互促共进的特点更加突出，均衡协调的“一体两翼”资产池新格局初步形成。

发展质量得到新提升。2019 年，公司坚持“在规模上退，在质量、效益和竞争力上进”，既有效减缓了金融去杠杆对公司经营的冲击，又因主动管理能力的提升抓住了行业调整分化带来的机遇，公司工作呈现了“规模稳、效益好、后劲强”的新特点。

行业评级保持新优势。2019 年，公司行业评级“A 级”，监管评级“创新类”，公开市场主体信用评级“AAA 级”，均继续保持行业最优等级。同时，公司还获得“2019 年卓越公司奖”“最佳家族信托产品奖”“资产证券化综合创新奖”，以及中国公益节“最佳责任金融奖”等多个专业奖项。

二、创新业务案例

（一）与生猪养殖业龙头企业合作设立百亿养猪产业基金

依据对生猪养殖行业的深度研究判断以及对龙头企业需求的精准把握，公司发挥信托投融资优势，与生猪养殖行业龙头企业牧原食品股份有限公司（以下简称牧原股份）达成深度战略合作，设立百亿养猪产业基金，用于企业猪场项目建设，扩大生猪产能。2019 年当年实现产业基金投放 70 亿元，2020 年又继续投放 30 亿元，信托资金专项用于企业在河南、河北、山西、山东、安徽 5 个省份的 16 个智能猪场项目建设，预计使牧原股份新增 734 万头育肥产能和 38 万头母猪产能。牧原股份是我国生猪养殖业龙头企业，采取一体化、规模化“自繁自养”模式，拥有“饲料加工、生猪育种、母猪扩繁和商品猪养殖”的完整产业链，市场占有率排名第二。牧原股份的疫病防治能力处于国内领先水平，已先后投入 38 亿元对养殖场进行防疫升级，2019 年在国内非洲猪瘟疫情背景下牧原股份的出栏量仍实现同比增长 3.73%。此次产业基金合作，是公司基于与牧原股份的既有合作经验、积极响应国家政策导向、保障企业生猪产能恢复、切实服务实体经济的有力实践，对于推动生猪养殖行业淘汰落后产能，实现向集约化、规模化、智能化方向升级发展也具有重大意义。

（二）设立国内首单以循环资产为基础资产的消费贷资产证券化产品

2019 年 4 月，公司作为发行人设立“和智 2019 年第一期个人消费贷款资产证券化信托”。该资产支持证券是招商银行股份有限公司作为发起机构，以其表内发放的信用卡账户债权作为信托财产在银行间市场发行的信贷资产证券化产品。该产品是银行间市场首单以循环资产为基础资产的消费贷 ABS 产品，是公司与招商银行合作创新、提升管理能力的一次重要尝试。第一期产品发行规模为 101.93 亿元。截至目前，公司发行此系列资产证券化产品共 8 期，累计发行规模为 998.78 亿元。从基础资产形式看，以往市场上发行的信用卡分期债权资产支持证券以单笔消费或单个账单进行分期的债权作为基础资产，本系列产品则要求同一账户下的资产尽量全部入池。这种循环资产加入发行后将有利于扩展消费贷 ABS 的可选基础资产池，提升市场的供给动力。此外，以往产品基础资产的还款现金流和收益水平已基本确定，本产品的基础资产池构成及收益水平受账户借款人后续行为影响较大，对各参与机构提出了较高的管理要求，这也将促进公司持续提升资产证券化业务管理能力和服务水平。

（三）发行国内首单区块链应收账款绿色资产支持票据

2019 年 10 月，公司作为发行人设立“链融 2019 年度第二期绿色资产支持票据信托”。本资产支持票据由浙商银行作为委托人之代理人，以委托人在其应收款链平台上登记的清洁能源企业应收账款债权作为基础资产在银行间市场定向发行，发行规模为 0.78 亿元。此产品是国内首单区块链应收款绿色 ABN 项目，公司通过资产证券化的方式，为两家从事水电设备及资源回收利用的中小型清洁能源企业提供资金支持，降低其融资门槛，规范其经营行为，进一步促进资源节约与循环利用。同时，此产品聘请上海新世纪资信评估投资服务有限公司，对这一期发行的资产支持票据进行独立第三方绿色认证，评估机构以募投项目环境效益为出发点进行定量测算，评定其绿色等级在五级分类中位列第二位，进一步增强了产品的公信力，提高了绿色产业投资的有效性和精准性，助力绿色产业实现持续健康发展。

（四）设立“华能信托·华小智慈善信托计划”

2019 年 11 月，“华能信托·华小智慈善信托计划”获贵阳市民政局批准备案成立，成为公司 2019 年备案成立的第三单慈善信托。华小智慈善信托是由公司金融科技实验室与家族办公室两个部门联合发起设立的主动管理型慈善信托，首期委托人（捐赠人）为公司金融科技实验室及合作机构北京领带信息科技有限公司，募集资金 10.05 万元，信托财产将主要用于贵州省及其他符合慈善信托目的的贫困地区脱贫攻坚工作。华小智慈善信托是金融科技与慈善信托相结合的成果。近年来，在金融科技实验室的带动下，公司在金融科技方面不断取得新突破，先后发布华小智舆情监控系统（取得知识产权）、华小智智能 AI 面试宝（取得知识产权）、华小智资金 &资产雷达等相关金融科技产品，并于 2019 年 8 月出版金融科技相关书籍《Python 金融大数据挖掘与分析全流程详解》，相关稿酬由金融科技实验室捐入华小智慈善信托。同时，金融科技实验室的长期合作伙伴领带金融学院也一直有助力慈善事业、履行社会责任的意向。鉴于此，公司运用在慈善信托领域的成熟管理经验，为领带金融学院及金融科技实验室的公益捐赠意愿搭建信托平台，以助力教育慈善事业为宗旨，实现科技引领，以智促智。

三、社会责任履行情况

2019 年，公司在抓好经营管理的基础上，继续履行中央企业的社会责任。

一是持续支持实体经济发展。截至 2019 年末，公司向实体经济的 827 个项目投入资金余额为 5 527 亿元，占信托规模的 77%。同时，通过完善服务手段、创新服务模式、提升服务效率等措施，优化了服务实体经济的质效。

二是持续为客户提供丰厚的投资回报。2019 年，公司为委托客户创造的收益和为合作银行创造的中间业务收入合计达 439 亿元。

三是持续加大对贵州经济建设的支持力度。2019 年，公司为贵州贡献税收总额达 30.4 亿元，同比增长 39%，是全省名列前五的利税大户。全年为贵州经济建设提供投融资 802 亿元、扶贫融资 206 亿元。

四是认真推进驻村扶贫工作。按照贵州省安排，公司选派两名同志前往毕节市赫章县两个极贫村担任第一书记，开展驻村扶贫工作；公司筹集 320 万元专项扶贫资金，帮助两个极贫村发展山区特色经济，改善生产生活基础条件，使当地极贫农户收入明显增加，相当一部分人摆脱贫困，受到当地党委政府和老百姓的广泛好评。

2019 年，公司被国务院国资委、人力资源和社会保障部联合表彰为“中央企业先进集体”。

四、2020 年发展规划

2020 年，是全面建成小康之年，是公司转型攻坚的十分关键的时期。根据外部形势发展变化的特点和公司改革发展深入推进的需要，全年公司工作的指导思想是：以习近平新时代中国特色社会主义思想为指导，认真贯彻落实上级关于年度工作的总要求，遵循公司战略目标和新十年发展愿景，立足信托本源，解放思想、开阔视野、创新思路、勇于突破，推进跨界融合，进一步增强核心竞争力，推动公司转型攻坚再上新台阶，探索出一条泛信托发展之路。

按照这一指导思想，全年目标任务主要包括三个方面：全面完成公司董事会下达的经营指标，年度实现利润不低于 40 亿元；坚持具有华能特点的转型发展方向，在关键环节和重点领域取得新突破；确保不发生风险事故，监管评级继续保持行业最优等级，为公司健康发展奠定稳固基础。

围绕上述目标任务，全年的主要工作措施如下：

第一，坚持推进跨界融合，提升转型发展新优势。按照推进能力建设的思路，适应网络化、数字化融入产业发展的趋势，以大思路、大想法、大智慧破解公司发展中的难题，冲破新形势下业务发展的“瓶颈”，把跨界融合作为增强公司一体化运作的黏合剂，融入细化到“5＋1＋N”的各项工作和公司经营管理中，逐个解决制约公司发展的瓶颈问题，带动公司工作的整体推进。

第二，坚持结构优化展业方向，提升高质量发展层级。一是主动适应房地产宏观调控政策，做不动产与城市服务的先行者；二是与普惠金融头部机构实现更深层次融合，持续保持公司在普惠金融信托领域创新引领地位；三是全力铸造资产证券化行业领先品牌，引领公司服务信托本源业务发展；四是将资本市场业务作为与实体经济龙头企业合作的主攻方向，打造公司在资本市场领域的精品投行品牌；五是按照科学谋划、尽早突破的要求，加大新领域、新模式、新机会的攻关力度，培育公司转型发展新动能。

第三，坚持统筹运作总要求，提升资金资产配置效能。加强统筹协调，优化核心资产资金配置；拓展多元化渠道，加强高净值客户营销；传导赋能，实现资金资产客户“跨界”合作；夯实基础，强化营销专业能力建设。

第四，坚持价值发现与创造，提升跨越周期的风险防控能力。紧扣穿越经济周期目标，全面推进风险管控能力建设。主要是根据目前我国经济金融形势仍处于各类风险逐步暴露阶段的严峻现实，特别是重点排查和评估疫情对公司影响，保持对风险的高度敏感和警觉，未雨绸缪，做好应对最坏情形和穿越经济周期、债务周期的思想和组织准备，着力打造“学习型”“服务型”“工匠型”“价值型”风控，要突破经验和路径依赖，主动适应服务对象从“重资产”向“轻资产”转型的趋势，确保公司安全运营。

第五，坚持把关定向总要求，提升公司党建工作水平。坚持用习近平新时代中国特色社会主义思想指导公司改革发展，继续把脱贫攻坚作为全年党建工作的重要目标，按照贵州省委、省政府的部署和华能集团的要求，扎实推动公司驻村扶贫工作深入开展，确保所辖贫困户按时脱贫，为贵州贫困地区与全国其他地区同步进入小康社会作出新的贡献！

华润深国投信托有限公司

一、2019 年经营情况

（一）经营业绩稳健增长

2019 年，华润深国投信托有限公司（以下简称公司）全年取得净利润 28. 86 亿元，营业收入 30. 74 亿元，为委托人分配信托收益 333. 76 亿元，行业排名稳居第一梯队并进一步提升，体现了公司良好的业绩水平与可持续的经营管理能力。

在风险项目频发的宏观市场环境下，公司在结构金融、证券投资、资产证券化、供应链金融、普惠金融、标准基金等领域早筹划、早布局，成为行业里少数自有和代客并驾齐驱、信托业务线齐全并相对均衡发展的信托公司之一。其中：结构金融业务主动管理业务规模增长 15%，融资类事务管理规模实现了年度压降目标；证券投资业务贡献 30% 信托收入，权益 TOF、债券 TOF、QDLP、QDII 等产品规模显著提升；资产证券化业务在持续巩固市场领先地位的同时，积极创新拓展权益性 ABN、类 REITs 等业务模式，为服务中央企业“降两金”需求奠定基础；财富管理业务初步实现与资产管理互为动能，主动管理净值基金产品储备带动了财富管理中心销售规模增长 21%，人均销售规模增长 22%。

（二）转型创新卓有成效

2019 年，公司充分发挥信托模式多样、制度严谨的优势，开拓新模式、创设新产品、探索新研究、辅以新机制，扎实推进业务转型，为实体经济提供创新性、综合性、多样性的金融支持：一是普惠金融。公司成立普惠金融部，找准发展定位、把握转型趋势，逐渐成长为公司新的利润增长点。二是供应链金融。已形成相对规范的业务模式与相对稳定的利润来源，逐步发展成为服务实体经济“降两金”、脱虚向实、以融促产的重要抓手。三是家族信托。公司积极响应回归本源号召，通过高端金融家族信托与中产金融财富信托双轨并行，同时实现长期低成本资金积累与服务大众的普惠理念。

（三）协同发展共创价值

公司高度重视协同创造价值，积极践行“一个信托、一个金融、一个华润”的协同理念，在强化内部协同、做好“一个信托”的基础上，大力推动融融协同与产融协同，不断延伸业务价值链，从信托业务链到金融业务链，再到产融生态链，力争达到在融融方面实现“一个金融”、在产融方面实现“一个华润”的协同目标。

（四）科技赋能创造效益

科技是战略转型的第一生产力。公司致力于将前沿技术运用于业务开拓、客户维系、风险管控、运营管理等领域，打造金融科技护城河。在业务开拓方面，拓展了代销机构的渠道系统对接，并通过财富传承管家系统创新助力家族信托业务展业；在客户维系方面，MOM 全能管家微信版助力客户投资决策，TOS 系统采用区块链技术实现产品数据系统对接，强化客户黏性；在风险管控方面，TOS 系统实现债券投资业务事前风控并完善个性化风控，资产证券化系统优化费用控制模块降低成本支出风险；在运营管理方面，智能 RPA 技术的广泛应用提升了运营 PB 对账效率及运营网银对账销率，智能受托报告在 30 秒内一键导入生成，大幅提升了运营信息披露效率。

二、创新业务案例

（一）创新财富信托产品，开辟国内家庭信托新领域

公司与招商银行联合推出家庭财富传承服务——金葵花财富信托，以低起点和多功能解决中产阶级家庭财富传承、照顾特定家人、债务隔离等方面的难题，填补国内家庭信托的空白，开辟财富传承服务新领域。

（二）成立公司首单自然人委托人慈善信托正式生效

2019 年 12 月 27 日，由公司担任受托人的“银杏乐天慈善信托”在深圳民政局成功备案，这是公司首单由自然人担任委托人设立的慈善信托，公司将对信托财产的投资管理事项进行专业管理，实现信托财产的保值增值，同时基于完善的决策机制和流程，确保公益资金按照客户意志用于教育、社区、儿童等方向的慈善公益事业，实现公益资金的效用最大化。

三、社会责任履行情况

2019 年，公司在服务实体经济、防范化解金融风险、为投资者创造价值、引领行业发展、关爱员工成长、推动绿色发展、投身公益慈善等方面交上了一份满意的答卷。

一是坚持稳健经营，筑牢长远发展之基。公司全年开展 10 次习近平新时代中国特色社会主义思想和党的十九大精神学习会议，开展 4 次党内培训、5 次反腐倡廉培训、7 次内控管理培训、2 次治理商业贿赂培训，新制定或新修订相关内控体系制度的文件达到 54 件。

二是发挥主业优势，积极落实国家战略。2019 年，公司为 23 个战略性新兴产业项目投入金额 127. 02 亿元，为服务“三农”提供资金支持 33. 85 亿元，为中小微企业提供 190. 84 亿元支持，为“一带一路”战略 168 个项目提供 1 310. 4 亿元资金支持，为“京津冀协同发展”战略 66 个项目提供 635. 32 亿元资金支持，为“长江经济带”战略 132 个项目提供 800. 66 亿元资金支持，为“粤港澳大湾区”战略 62 个项目提供 625. 2 亿元资金支持。

三是专业财富管理，诚信为基创造价值。公司从客户角度出发，以优质服务为客户提供优质体验，全年内直销活跃客户 2 301 户，累计直销规模 324. 16 亿元；全年达成 6 423 通话务量，成交金额达到 1. 41 亿元，客户满意度达到 93%。

四是携手伙伴同行，协调联动互利共赢。公司积极加强与政府、企业的合作，与远洋集团、金辉集团等企业达成战略合作关系，加强企业间交流，积极推动行业整体发展和进步。

五是相伴员工成长，以人为本共襄未来。公司保障员工基本权益，完善“管理、专业”双通道职业发展体系，建立覆盖全面的“梦想”系列、“党建 +”和“文化 +”员工教育培训体系，关怀员工身心健康，帮助员工实现工作与生活平衡。

六是推动绿色发展，助力建设美丽中国。截至 2019 年末，公司开展绿色信托项目 18 个，绿色信托项目规模达 98. 2 亿元，其中绿色信贷 24. 6 亿元，绿色资产证券化 70. 8 亿元，绿色产业基金 2. 8 亿元。

七是倾情回馈社会，共建共享美好生活。公司积极支持抗疫工作，向湖北地区捐赠 50 万元，汇集员工捐赠 14 余万元，为武钢总院和武钢二院采购 18 台移动空气净化消毒机；发售规模为 6 600 万元的防疫抗疫专属产品，并受托设立全国首单“疫情防控 + 精准扶贫”资产支持票据，发行规模为 7. 95 亿元。截至 2019 年末，公司设立慈善信托规模近 4 000 万元。公益慈善平台——润心慈善信托，累计募集资金 286 万元，其中，内部员工捐赠近 60 万元。

四、2020 年发展规划

2020 年，公司将以“严监管、强合规、塑文化”为发展主基调，以“协同共融、创新发展”为管理主题，坚定不移地推动“平台化＋基金化”战略实施，以“领先的资产管理服务公司”为发展愿景，以粤港澳大湾区为立足支点，聚焦八大发展方向，奋力打好“十三五”收官之战，高质量谋划“十四五”发展布局。

（一）做优结构金融业务

公司将以产融协同和融融协同为基础，积极向非房多元化转型，发力供应链金融业务，拓展政信业务，探索另类融资业务，服务实体经济，提升信托业务主动管理能力。

（二）做强资产证券化业务

在确保传统业务第一梯队的基础上，公司在资产证券化业务领域将加速转型创新，通过投行服务、资产创设、债券分销、主动投资，打造新的核心竞争力。

（三）做大普惠金融业务

公司将立足普惠金融主动管理，致力于挖掘集团海量消费客户资源，打造“内部协同、外部合作”的普惠金融开放生态环境，并着力培育获客与产品、客群数据分析、贷前审批、进件支付与征信、客服与催收的“能力五环”。

（四）做实财富管理业务

在财富管理业务领域，公司将进一步完善财富管理组织架构体系，挖掘资产管理业务平台价值，打造资管产品特色，主打“标准固收＋”资管产品体系，并梳理明确直销与代销的发展策略，通过直销锻造能力、提高产能、扩大规模，通过代销深耕细作，提升效益。

（五）做精证券投资业务

公司证券投资业务将进一步拓展客户来源，巩固行业领先地位，创新业务模式，实现客户分散、下沉、多元化，产品提质、丰富、精品化，服务方案定制化与服务链条一体化，再上新台阶。

（六）提升科技赋能，迎接智能时代

公司将以智能化和信息化作为科技赋能基础，在风险管理、普惠金融、资产管理和财富管理领域尝试智能投顾、组合管理、资产配置的金融科技，拥抱金融科技智能时代的到来。

（七）深化践行“六能”思想，不断丰富内涵与外延

公司将深化践行“六能”用人指导思想，一方面盘活存量，打造内部人才市场，另一方面

优化增量，纵深扩展人才梯队，盘点第三梯队人才储备，夯实人才队伍持续发展基础，为公司中长期战略规划的达成提供增量人才。

（八）全面构建党建“大监督”体系

公司将有机融合两大股东的大监督理念，围绕“7C 体系”建设理念，丰富公司“党建 +”特色项目，探索搭建涵盖三大监督领域、十项监督职能、三个监督基点、六项工作机制的“大监督”体系框架，努力构建目标统一、步调协同、各负其责、资源共享的“大监督”工作格局，为公司持续健康经营发展保驾护航。

平安信托有限责任公司

一、2019 年经营概况

2019 年，平安信托有限责任公司（以下简称公司）经受住资管新政等内外部冲击，积极转型并主动调整业务结构。一方面，坚持服务实体经济，积极推动战略转型，压缩事务管理类资产规模，截至 2019 年末，公司的信托资产管理规模为 4 426 亿元，预算达成率为 80. 5%，同比下降 17. 1%；另一方面，进一步加强主动管理业务，截至 2019 年末，公司主动管理业务规模为 2 577 亿元，占比进一步提升为 58. 2%；同时，公司积极部署新战略，深化结构转型和推动业务创新，不断提升科技能力，全年净利润为 26. 5 亿元。

2019 年，公司秉承守正出新、行稳致远的发展理念，转型聚焦“特殊资产投资、基建投资、服务信托、私募股权投资”四大核心业务，持续助力实体经济高质量发展。特殊资产投资方面，立足于服务实体经济，致力于探索创新模式与渠道，积极构建特殊资产生态大平台，整合优质资源，助力实体经济风险化解，为企业提供特殊资产投行服务。基建投资方面，紧跟国家战略方向，聚焦城市基础设施、交通、能源等领域，为保险资金和机构投资者提供现金流稳定、风险回报合理的金融产品，支持国家基础设施建设升级。服务信托方面，加强主动管理，聚焦机构业务拓展，为机构投资者提供优质的信托服务。私募股权方面，通过积极输出长期积累的专业投资与管理经验，重点支持节能环保、高端制造、医疗健康等新兴产业领域内的优质企业，帮助企业提升经营能效和价值，助力国家产业结构升级。

同时，公司持续强化数字化、智能化建设，打造业内智能科技应用典范。一方面，运用科技手段，构建信托资金、资产、产品运营和经营分析四大智能服务平台，赋能业务与经营；另一方面，不断运用科技手段赋能风控，推进风险的全流程智能化管理平台建设，打造行业审慎经营、风险控制最佳的全面风险管理体系。

风险管理方面，公司围绕整体战略转型布局，持续优化风险管理机制，推动落实“全员参与、全流程管控、业务全覆盖”的风险管控体系。公司建立定期沟通机制，全面宣导公司各类风险管控要求，提前应对，严守风险；进一步提高业务与资产信息的透明度，强化“投前、投中、投后”全员参与及全流程管控。公司完善全面风险管理组织架构，优化风险管理类型，并搭建统一的系统、大数据平台及统一的汇报机制，进一步提升风险管理的全面性。同时，公司明确整体风险偏好，建立2019年风险偏好与限额体系，持续做到保持充足的净资本，严控资产质量水平，确保各类风险可控、可承受。

资产监控方面，持续完善和优化投中、投后制度及流程，推进精细化管理；投中进一步提升放款、押品及档案管理水平，规范审核标准及例外事项审核流程；投后对存量业务实行“分类管理，全程监控”，加大风险排查力度，建立健全科学、有效的风险信息监测及预警机制，对资产逐户明确责任人，针对项目管控难易情况，制定“一户一策”管控方案，提升项目投后日常监控的质量，通过舆情监控、定期现场检查、贷款资金使用监管、专项检查等相结合，加强投后管理的及时性和前瞻性，尽职履责，及时披露投融资项目的投后信息情况。

合规经营方面，2019年公司积极应对严控房地产、压降通道等带来的传统信托业务巨大挑战，公司合规管理工作在深圳银保监局的指导下，坚持未雨绸缪、预判风险，以引领创新、创造价值为目标，积极支持公司战略转型和创新业务发展，加强监管政策研判和业务指导，不断优化监管沟通机制和监管环境，落实服务实体经济的根本宗旨，助推公司业务可持续健康发展，并认真接受2019年中国银保监会金控现场检查，公司合规经营管理有效性得到不断提升。

公司严格遵照监管要求，定期监控与净资本相关的各类指标，包括净资本、净资本与风险资本之比、净资本与净资产之比。截至2019年12月31日，公司净资本规模为180.46亿元，净资本与各项业务风险资本之和的比例为212.39%，净资本与净资产比例为77.44%，均符合监管要求。

二、创新业务案例

公司在传统业务稳健发展的基础上，积极开展创新与特色业务。

（一）守正出新，布局特殊资产投资业务

一方面，公司通过股权投资、基建投资等“常规作战”方式支持实体经济，培育经济新引擎、新动能；另一方面，公司在战略选择上守正出新，聚焦新旧动能转换过程中资源错配、市场出清、存量资产盘活的机会，把特殊资产投资作为转型四大核心业务之一，以“特种作战”思维，解决市场存在的问题，为实体经济减缓相关风险压力。特殊资产投资业务，是聚焦困境地产和基建项目，关注困境资产流动性折价的恢复、主动管理带来的资产增值及跨周期资产价值的提升，打通资产沉淀在渠道环节的“堰塞湖”，疏通困境资产难以消化的“肠梗阻”，助力实体经济风险化解；以“智能化、生态化、投行化”的理念开展业务，打造信托行业特殊资产

经营顶尖品牌。

（二）推进特色化转型，鼓励做精做专，建立多支特色团队

2019年，公司启动战略转型，并建立了特色化工作机制，旨在鼓励业务团队聚焦细分领域，做精做专，提升主动管理能力。特色化建设推动各业务团队通过深层错位，寻找差异化的定位，形成核心竞争力，打造可持续的、富有生命力的发展模式，获得市场数一数二的领先地位，同时成为公司重要的利润支撑和转型先锋。截至2019年末，公司已经认定保险年金募资、高速公路股权投资、债券委外、持有型环保资产投资等多支特色团队。

三、社会责任履行情况

（一）发挥党委政治引领作用

2019年，公司高度重视党建工作，充分发挥党委政治引领与政治核心作用：在架构设置中，完成公司第三届党委、纪委的组建，明确党委未来五年的工作方向与工作路线，新一届党委成员与公司经营班子实现“双向进入、交叉任职”的要求；在日常管理中，公司党委会与每月经营班子重要会议“两会合一”，党委制定《党委会议事规则》，明确党委会整体工作机制与工作内容，将党委会审议纳入公司“三重一大”的决策中，确保将党的理论路线、方针政策和上级党组织的要求贯彻到公司经营管理过程中，促进公司持续、健康、稳定发展。

（二）转型升级服务实体经济

2019年，公司坚持回归业务本源，加强主动管理。数据显示，公司2019年投入实体经济规模超过3 100亿元，投向工商企业资金占比超44%，诸多信托项目涉及医疗健康、新能源、环境保护、先进制造等国家重点发展的产业。

（三）助力国家精准扶贫

公司响应国家精准扶贫和平安集团“三村扶贫工程”号召，报告期内完成产业扶贫投资近20亿元，助力西藏、内蒙古、陕西等省份贫困区域经济发展。同时，公司发挥自身专业优势，通过推出慈善信托，打造公益信托产品平台，开展精准扶贫活动，开创了“金融+公益”的崭新模式。作为国内首支集合永续型慈善信托，由公司受托管理的“中国平安教育发展慈善信托计划”累计总规模超过2 000万元。经过多年的运作管理，该慈善信托已资助包括“幕天公益·捐书助教”“中国支教2.0·远程网络教室”“蔚蓝行动·关注特殊儿童教育”等在内的10余个

教育类慈善项目，落地公益资金超过千万元，并通过定向开放募集，壮大资金规模。

（四）重视文化驱动培育信托文化

2019年下半年，公司提出“守正出新，行稳致远，打造中国信托业第一品牌”的愿景目标。一方面，公司按照专业、勤勉、尽职的要求积极培育受托文化、信义文化，严格履行受托人的义务，升级完善消费者权益保护体系，通过将消保工作纳入公司章程、完善消保工作机制、举办形式多样的宣传活动全面加强消费者权益保护工作。2019年11月，公司在深圳、上海等地举办“消费者权益保护进社区”活动，公司董事长姚贵平带领近600名员工现场宣誓，全面加强消费者权益保护工作。另一方面，公司全面加强风险管控，在公司内部开展“正风肃纪”专项行动，强化合规经营意识，改进工作作风，营造简单务实、风清气正的合规文化。

（五）倾听员工心声，解决员工诉求

2019年，公司以倾听员工心声为方向，重点解决员工诉求，促进公司“置放新机制、打造新模式”，提升员工凝聚力与归属感。公司层面，公司党委书记、董事长牵头发起“建言献策直通车”沟通协调机制，4期直通车项目共计收到调查问卷518份，解决员工关注共性问题409项，打通公司员工与管理层之间沟通交流的“绿色通道”、发现经营管理中的薄弱环节，汇集助力公司发展的“金点子”；基层员工层面，公司组织各部门代表“倾听心声”沟通会，从需求痛点、难点、热点出发，更好倾听各部门员工需求心声，加强与各部门的连接与沟通；工会平台层面，组织各部门员工推选固定员工代表参与议事，并召开两次员工代表大会，审议工作制度，维护员工权益。

四、2020年发展规划

2020年，公司将继续紧跟时代步伐，回归信托本源，聚焦“特殊资产投资、基建投资、服务信托、私募股权投资”四大核心业务，完善专业的中后台支持体系，积极践行ESG（Environment Social Governance）体系推动责任投资和可持续业务发展，持续助力实体经济高质量发展。

（一）特殊资产方面

聚焦经济新旧动能转换过程中资源错配、市场出清的机会，通过恢复资产流动性、提升资产运用效率，盘活陷入困境的存量资源，实现资产价值重新发现或提升。依托平安集团综合金融及科技优势，坚持生态化、投行化、智能化经营，全面布局股权、债权、物权等多元业务模式，打通特殊资产市场的“堰塞湖”“肠梗阻”问题，化解金融风险，服务实体经济高质量发展。

（二）基础建设方面

聚焦城市基础设施、交通、能源等领域，引入民间资本参与到国家各大领域的重点基建项目。以国家战略为指导，顺应“一带一路”建设、粤港澳大湾区、长江经济带发展等重大发展需要，继续提升现有能力与专业积累，聚焦城市基础设施、交通、自然能源等基础产业领域，支持各类企业参与国家各大领域的重点项目建设，发挥规模优势，开发大型项目，并继续重点挖掘基础设施权益类资产，为机构投资者提供长久期、大规模、收益稳定的资产组合，打造信托行业内领先的明星品牌。

（三）服务信托方面

以回归信托本源、支持实体经济为指引，聚焦机构业务拓展，为机构投资者提供专业、高效、差异化的服务。同时建立创新型、专业化的产品生态，发行业内首单“三绿”资产支持票据、新增企业跨境融资服务，助力企业降低融资成本、丰富融资渠道。

（四）私募股权投资方面

以集团战略为指导，助力集团 PE 发展，聚焦消费升级、高端制造、医疗健康、环保、现代服务五大领域，完善私募股权投资和管理链条，提供全生命周期、一站式金融服务；依托业内精英团队，积极输出长期积累的专业投资与管理经验，为被投企业提供融资、资产管理、财务顾问、并购重组等服务；助力集团全力打造涵盖金融、地产、汽车、医疗和智慧城市的五大生态圈。

上海国际信托有限公司

一、2019 年经营概况

2019 年，上海国际信托有限公司（以下简称公司）各项经营正常稳健，严格按照“资管新规”“一法三规”及其他监管要求展业，始终秉持“合规经营、稳健发展”的宗旨，不断回归信托本源，坚持服务实体经济导向，不断增强主动管理能力、创新业务模式，全力推动各类业务转型发展。截至 2019 年末，公司资产总额为 183.63 亿元，净资产为 152.28 亿元。

（一）积极落实“资管新规”要求，持续压降受托资产规模

公司严格按照“资管新规”推进转型创新，积极落实各项监管要求。2019 年，公司受托资产规模稳步压降，通道业务持续下滑，非标资产清理成效显著，净值化转型平稳推进。截至 2019 年末，公司信托资产规模为 6 926.52 亿元，同比下降 9.89%，连续两年压降受托规模。其中，主动管理信托规模达 1 981.20 亿元，同比增长 9.17%；事务管理类信托规模为 4 945.32 亿元，同比下降 15.39%。

（二）持续优化业务结构，盈利能力稳中有升

公司在加入浦发银行集团的战略机遇下，紧紧抓住信托行业转型契机，持续大力发展资产管理和财富管理业务，构建平衡的业务组合和紧密的业务协同架构，形成“投资银行、资产配置、家族信托”三大业务板块，构建“基金化、投行化、股权化、国际化、数字化”的五大发展路径，全面提升公司前台、中台、后台管理效能，打造可持续的发展模式。2019 年，公司营业收入为 26.71 亿元，同比增长 11.11%，扭转了 2018 年收入下滑的态势；净利润为 15.06 亿元，同比增长 12.80%。

（三）坚持合规审慎经营，完善全面风险管理

公司始终秉持“合规经营、稳健发展”的宗旨，建设并完善全面风险管理体系，密切跟踪

宏观调控和监管政策变化，强化项目风险尽调和审批；充分认识经济周期影响，加强贷后管理，强化业务期中运营风险控制。2019 年，公司积极贯彻落实监管要求，完成各项风险排查和专项调研任务。根据上海银保监局要求，2019 年共完成 5 次全面风险排查，对公司的流动性风险、信用风险和交叉金融风险进行了全面梳理。

二、创新业务案例

公司坚持以创新为抓手，大力推进信托业务转型，探索建立新的业务结构和可持续发展模式，努力提升核心竞争力，实现了多项业务发展的新突破。

（一）优化升级融资类，打造“贷款、股权、债券、ABS”综合融资工具

在私募投行领域，公司优化升级融资类业务，打通资产获取、产品设计、ABS 受托服务和债券承销各个环节，逐步建立综合化投融资服务平台，纵向上实现“宏观大类资产配置、中观行业资产配置、微观个体项目配置”的层级梯度化，横向上实现“债权、股权、股债联动、ABS 和债券承销”的手段多样化，打造公司私募投行业务的全新模式。

案例：中远海运租赁有限公司 2019 年度第二期绿色资产支持票据

2019 年 11 月，由上海信托作为受托机构的“中远海运租赁有限公司 2019 年度第二期绿色资产支持票据信托”成功设立，本项目获最高绿色等级评定 G－1 级，入池资产主要为西部地区水利发电租赁项目。公司坚持绿色发展理念，通过支持贫困地区的基础设施建设实现精准扶贫，壮大节能环保产业，为加快生态文明体制改革、建设美丽中国以及西部大开发国家战略作出更大的贡献。

（二）优化股权业务决策流程，支持股权投资业务进一步发展

股权业务方面，公司优化投资决策流程，建设公司投决会和投资研究部，大力推动业务转型，组建专业化股权团队，充实上信资产团队，做实子公司股权投资平台功能，并在科创母基金、金融科技基金、浦信盈科基金、文化产业基金等领域形成突破。

案例：上海信托中关村发展启航产业投资基金集合资金信托计划

公司通过成立“上海信托中关村发展启航产业投资基金集合资金信托计划”，将信托资金用于与其他专业机构共同成立私募股权投资基金，基金主要投向人工智能、新能源新材料、生物医药和高端医疗器械等战略性新兴产业领域，重点关注高端硬科技创新、产业链核心环节，支持重大科技成果落地等，投资阶段以初创期成长期企业为主。信托期限为 102 个月，规模为

3.17 亿元。项目投资决策主要由投资决策委员会制定，公司参与到投委会的投资决策中。自项目成立以来，已经投资多家科创成长期企业。基金于 2019 年第三季度开始正式投资，现阶段共投资北京灵犀微光科技有限公司、西安知微传感技术有限公司和遨天科技（北京）有限公司三家民营科创小微企业。

（三）回归信托本源，大力发展慈善信托

慈善信托方面，作为国内信托行业的排头兵，公司积极履行企业社会责任，主动承担“信托为美好生活创造价值”的历史使命，率行业之先，以慈善信托为工具，努力践行社会公益慈善事业，助力脱贫攻坚。2019 年，公司聚焦教育和医疗领域，已经形成品牌化、系列化和规模化的慈善信托产品，覆盖了云南、贵州、四川、重庆、内蒙古、甘肃、西藏、江西、新疆、上海 10 个省市，累计受益超过 10 万人次，创造了金融扶贫的“上海信托模式”，为社会发展和人民美好生活提供了“上海信托方案”。

案例：“上善”系列上信中西部地区（江西）医护人员培训慈善信托

公司于 2019 年 11 月 6 日发起设立了“上善”系列上信中西部地区（江西）医护人员培训慈善信托，于同年 11 月 9 日成功完成备案。目前，在《慈善法》框架下，上海信托完成首单医护人员培训专项慈善信托。

该慈善信托由公司发起，上海盛宇股权投资基金管理有限公司、南京均添荣益慈善基金会共同出资，提供资金保障。此次与江西合作项目总规模为 300 万元，预计覆盖受益人数为 150 人次，主要用于江西省医护人员培训项目。首期的慈善信托规模为 200 万元。该项目为江西省医护人员提供免费医疗教育再培训的学习机会，包括来沪培训和在赣培训，根据培训医护人员的来回交通费用、培训期间的食宿费、培训费用等，按实际情况进行支出。

三、社会责任履行情况

在履行社会责任方面，公司在严守风险合规底线、提升经营管理水平的同时，将社会责任理念融入发展战略、经营管理与日常工作中，在支持实体经济、支持小微企业和民营企业发展、改善民生、环境保护、客户服务、社会共建等领域积极践行社会责任。公司不断强化信托服务实体经济的力度，将小微企业和民营企业作为重要拓展方向，投向民营企业存续规模达 1118 亿元，累计发行小微企业贷款资产支持证券达 85 亿元，有效服务 29618 家小微企业。公司主动响应国家重大战略，深度参与扶贫攻坚战。持续打造“上善公益”慈善信托品牌，连续数年支持云南贫困地区基础教育，并将慈善助学项目的范围拓展至贵州、内蒙古、重庆、甘肃等七地，积极推进贫困地区医护人

员技能培训项目，与融资类客户首次实现慈善项目合作，全力塑造扶贫攻坚共同体。目前公司备案慈善信托的数量已达到上海市慈善信托备案数量的60%。公司大力支持文化公益事业，通过信托计划模式扶持艺术文化领域的各类项目和活动，连续9年对高端文化音乐会进行赞助。同时，公司保持军企共建互学传统，与“南京路上好八连”军企共建合作关系已持续14年。公司深入贯彻习近平生态文明思想，坚持自身节能减排，倡导节约资源、降低能耗，推行无纸化办公，开展垃圾减量分类、低碳生活等环保主题活动，积极支持绿色环保项目，履行环境保护职责。公司因切实践行企业社会责任，在2019年获得“2018年度精准扶贫先锋机构”“值得托付信托机构”等荣誉称号及“卓越公司奖”“最佳家族信托产品奖”等多项大奖。

四、2020年发展规划

2020年是信托公司信托文化建设的起步之年，公司将强化信托文化建设，筑牢防控风险和合规底线，加快转型创新，努力实现高质量发展目标。

（一）以新版企业文化为抓手，培育具有特色的信托文化

2020年为信托文化教育年，公司将以新版企业文化为抓手，践行“信托为美好生活创造价值”企业使命，把各项信托文化工作做扎实，努力培育具有上海国际金融中心特色的信托文化。

（二）筑牢合规底线，控制新增风险

2020年，公司将继续秉承“诚信合规”的企业精神，筑牢合规底线，提高受托责任履职能力。同时，公司将按照监管的要求，有序压降存量风险，大力控制新增业务风险，通过扎实可靠的研究和金融科技手段提前预判各类潜在风险点。

（三）坚持双轮驱动战略，加速业务转型创新

2020年，公司将继续坚持资产管理和财富管理的“双轮驱动”战略，加速公司全产品体系布局，为公司打造新的业务增长点。第一，将融资类业务升级为投行业务，打通资产挖掘、产品创设、ABS受托服务、债券承销和产品投资链条，为客户提供综合化的金融服务。第二，在投资业务方面，公司将进一步推动投研体系建设，通过扎实的研究寻找创新业务机遇，加大产品创新，搭建立体化的产品体系，强化净值化管理，推动公司投资类业务再上台阶。第三，在财富管理方面，公司将在产品体系、客户经理体系和渠道体系三方面加强建设，在2019年家族信托和慈善信托业务取得显著成效的基础上，公司将进一步大力发展两类业务，努力成为公司、浦发银行乃至上海国际金融中心建设的“信托品牌”。

中国对外经济贸易信托有限公司

一、2019 年经营概况

（一）业绩高质量增长

2019 年，面对严峻复杂的外部环境，中国对外经济贸易信托有限公司（以下简称公司）稳中求进，不畏压力，聚焦发展，坚持“聚焦、竞争、数字化”为核心的增长战略，坚持发展“以客户为中心的产品力与组织力”建设，引领公司实现高质量发展目标。2019 年，公司营业收入为 27.9 亿元，净利润为 17.9 亿元，公司综合实力不断增强。

（二）品牌形象持续提升

2019 年，公司连续第四年获得行业最高评级“A 级”，公司盈利稳定、风险稳健可控、品牌形象持续提升。公司积极参评重要奖项，获得客户、专家、专业权威机构和合作伙伴广泛认可，荣获《上海证券报》评选的“诚信托卓越公司奖”、《证券时报》评选的“2019 年度优秀信托公司”等奖项。同时，公司还荣获“中央企业先进集体”称号，在经营稳健发展、国企创新改革、服务实体经济等方面取得显著成效，获得了国资监管机构和股东的认可。

（三）聚焦业务创新转型

公司聚焦小微金融、产业金融、资本市场、财富管理四大领域，倡导创新文化，大力开拓科技、产品、模式等创新实践。在小微金融领域，加快产品创新迭代与科技能力提升，加强与头部公司的合作；同时，积极开拓场景金融业务，为中小微企业提供综合金融服务。在产业金融领域，公司探索开拓基建、环保等细分领域，以多元化金融工具为实体经济注入活力。在资本市场领域，植入科技基因，以不断提升数据质量为基础，升级自动化运管系统，开启证券业务“数字化时代”；同时，贴近市场持续创新，突破落地主动管理 FOF 产品，实现运用更多金融工具对接公开市场。在财富管理领域，公司突破首单非上市公司股权家族信托开拓引领，彰显信托传承属性。

（四）加速探索数字化转型

数字化战略是公司核心发展战略之一，公司锚定数字化转型愿景，努力以数字化战略谋篇转型制胜之道。一方面，公司强化服务能力的复用与数据价值的挖掘，支持快速创新和灵活研发，构建企业级的服务能力；另一方面，突出平台化共享思维，消除各业务系统间的壁垒，构建面向未来的数字化平台，打造链式竞争优势。2019 年，公司在科技与数字化方面投入突破亿元，金融科技团队自主研发能力不断提升。公司持续从“产品驱动”转向“客户驱动”，进行数字化再造，客户端提高界面的数字化程度，加强数字化互动，提升客户体验。

（五）持续升级管理机制

在管理机制升级方面，公司在以下四个方面稳步提升：一是立足发展战略，动态调整部门组织架构，打造公司链式竞争优势。二是公司以“科学至上，知行合一”为核心指导理念，全力推动开展全面对标工作，以对标管理为抓手，不断提升自身能力。三是公司进一步升级区域战略，优化管理模式，扩大区域布局，充分发挥区域贴近市场的优势，为客户提供全面、周到的综合金融服务。四是在风险管理方面，公司秉承“稳健思变，诚客礼才”的经营理念及“合规先行、稳中求进”的风控文化，强化合规经营，深化风险管理，全年实现监管处罚、群体性诉讼事件“零”发生，并通过增资夯实资本实力，提升风险抵御力。

二、创新业务案例

（一）资本市场产品创新

公司证券信托事业部基于 12 年服务于私募基金的积累，于 2019 年 6 月成立慧选 FOF 系列产品，推进 FOF 业务创新。慧选 FOF 以科学的投资策略和严谨的投资流程为基础，通过自上而下的宏观研究，在风险评价模型理论基础上，结合对未来策略景气度的判断，动态调整每一类资产所占的比例。同时，从国内外优秀投资机构中遴选每一类资产的管理人，帮投资者筛选出最适宜投资的基金产品，通过基金组合减少单一类别资产的波动，获取长期稳定收益。

（二）基于资金端服务的账户管理

五行添益集合资金信托计划是由公司财富管理中心自主创设、发行、投资的首个类货基型产品。该产品有效地满足了客户灵活申赎的短期理财需求，提升了客户活跃性。通过五行添益的份额转换功能，公司实现直接为客户提供资金闲置期理财工具，省却客户线下转账流程，提升客户的认购体验及资金黏性。

（三）证券自动化估值系统

公司自动化估值系统是国内信托行业率先实现全面自动化功能的估值系统。它能够进行7×24小时无人值守自动工作，通过图像识别等新技术自动完成“数据接收—估值核算—智能复核—报表发送”的全套业务流程。同时，系统能够根据事先设定的业务逻辑，实时将证券投资数据流与资金流交联融通。通过证券自动化估值系统的系统开发与迭代升级，系统精准程度显著提升，能够智能复核自动甄别问题并将问题分类处理，总体效能提升了70%，对证券业务运营提升和产品力提升起到重要作用。

（四）资产证券化业务

作为首批获得特殊目的受托资格的信托公司之一，公司不断夯实自身在资产获取、产品设计、监管沟通、承销、市场影响等多方面的能力，在信贷资产证券化业务、非金融机构资产支持票据业务（ABN）、承销业务等领域持续发力，有效盘活银行、汽车金融公司及供应链上下游企业的存量资产。

三、社会责任履行情况

（一）金融支持“三农”发展

公司坚持通过信托特有的金融服务能力支持“三农”发展，与集团农业事业部旗下的中化现代农业有限公司（以下简称中化现代农业）协同开展农业金融服务，成为“MAP战略”中的重要组成部分，为处于产业链上下游的农户和中小涉农企业提供金融服务，支持农业经济发展。

公司从2016年开始尝试支持“三农”的普惠金融业务，与中化现代农业开展产融结合业务合作，设立专业支持“三农”的信托项目。中化现代农业向农民提供专业的种植技术，公司以信托资金向农民提供便捷及低成本的农资贷款，辅以中化集团农化业务板块的种肥药销售及粮食收储等业务，向农民提供全方位的产业链服务，助力“三农”经济转型创新。同时，在2019年，公司还与中和农信合作，成立了“外贸信托—中和农信1号单一资金信托”，设立了“惠农贷”等产品。

截至2019年末，上述产品累计向农户、农业创业者及中小涉农企业发放贷款逾14亿元，有效打通农村金融“最后100米”，满足农村地区多层次的融资需求，为信托支持农业发展打开了新局面。

（二）积极开展公益慈善事业

2019 年，公司积极响应中央号召，积极开展公益慈善事业，助力打赢脱贫攻坚战。公司全额捐赠设立的北京信诺公益基金会于 2019 年 1 月经北京市民政局正式批准成立，随后信诺基金会聚焦教育扶贫，先后开展“圆梦行动”助学活动、“数字图书馆”捐赠活动等公益项目，面向内蒙古、青海和西藏等地的贫困县捐赠金额超过 150 万元，受助师生超过 11 000 名。2019 年 9 月，公司招募公益志愿者，组建“信暖扶贫”工作队前往内蒙古赤峰市阿鲁科尔沁旗开展公益扶贫活动，在阿旗先锋小学开展“金融知识进课堂”宣讲活动，发放适合青少年阅读的金融知识手册，慰问当地贫困教职工及师生。

四、2020 年发展规划

公司以实现“金融好社会”为宗旨，致力于打造“创新引领、服务实体、以人为本的现代金融公司”，积极服务实体经济发展和人民美好生活需要。公司将持续深化“服务 +”商业模式，坚持打造“以客户为中心的产品力和组织力”，强化综合金融服务能力；将继续坚持“聚焦、竞争、数字化”为核心的增长战略，聚焦于小微金融、产业金融、资本市场、财富管理四大领域，打造链式竞争优势。

小微金融领域，以构建“绿色、共享小微金融生态圈”为目标，紧抓消费金融市场发展机遇，开拓梯队客户，加快产品创新迭代，提升科技能力。同时，围绕小微企业在生产经营、销售流通等环节的上下游融资需求，积极开拓经营贷和场景金融业务，打造小微企业新型融资模式。

产业金融领域，坚持聚焦头部客户，丰富产业金融业务内涵，为实体经济注入金融活力，致力于成为细分领先的资产管理者。坚持围绕客户核心需求，同时创新探索地产股权、地产基金、ABS 等模式。持续丰富产金内涵，发力基础设施等领域，聚焦民生发展，进一步服务实体经济。

资本市场领域，坚持证券信托服务类业务加资管类业务的双翼发展体系。服务类业务以渠道客户和私募管理人客户为根基，植入科技基因，打造独立、专业、高效、领先的基金行政服务商；资管类业务持续丰富产品线，布局“固收 +”、FOF 等产品体系，夯实投研能力，打造特色化的资管业务。同时，运用多种金融工具对接公开市场，在资产证券化领域，聚焦受托规模，提升市场影响，推动核心资产转标，成为跨市场资产证券化业务解决方案提供商。

财富管理领域，公司坚持“线上 + 线下”战略，持续以客户为中心，扩展区域布局，升级线上营销，提升服务效率和客户体验，打造行业领先的财富管理平台。家族信托领域，积极拓展多层次客户，提供丰富产品线，打造成为行业领先的家族信托服务商。

中融国际信托有限公司

一、2019 年经营概况

2019 年，中融国际信托有限公司（以下简称公司）结合宏观经济形势与金融监管环境变化，积极部署战略转型发展，坚持金融服务实体企业和为委托人提供综合优质金融服务的定位，全面提升资产管理能力，推动各项业务平稳发展。

2019 年，公司合并营业收入为 53.59 亿元，利润总额为 22.08 亿元，净利润为 17.55 亿元。公司自有资产实力持续提升，截至 2019 年末，公司合并总资产为 276 亿元，合并净资产为 183 亿元。受托管理资产方面，公司合并受托管理资产为 9 031 亿元，其中信托资产为 7 655 亿元，子公司受托资产合计为 1 376 亿元。

二、创新业务案例

（一）积极响应国家重大战略

公司积极支持和参与“一带一路”倡议、“京津冀协同发展”“长江经济带”“粤港澳大湾区”等国家重大战略方面，以及在支持对宏观经济、区域经济、区域协调发展具有带动作用的重大工程；参与国有企业混合所有制改革，关注国家发展和改革委员会明确的混改重点领域，如电力、石油、铁路、民航、电信等，优选在专业领域优势明显、具备差异化竞争优势的重点企业，致力于支持国有企业通过完成混改，进一步完善公司治理，提高运营效率，提升盈利水平。

其中，中融某集合资金信托计划向江苏省盐城市某大型国有企业发放信托贷款，信托资金用于某新材料研究院项目建设。该项目总建筑面积为 9.6 万平方米，总投资约 7 亿元，项目建成之后主要用于向科研机构提供研究场地，并进行招商引资，未来将有效促进长江经济带地区的科研产业的聚集和发展，积极配合长江经济带国家战略政策，支持区域协调发展。

（二）大力支持新兴网络传媒行业发展

近年来，随着互联网视频用户持续增长，网络视频服务行业发展迅速。与传统的视频服务（如有线电视、影院剧场等）不同，新兴的视频服务具有用户选择性、交互性更强的显著特点，以网络视频为核心，主要通过视频软件与网页两种形式提供视频服务。新兴视频服务依托于互联网、移动终端等渠道，向用户提供视频内容丰富的直播、点播、搜索和下载等服务，作为新兴媒体服务行业，具有良好的发展前景。

为此，由公司全资子公司作为管理人设立了一只私募基金，通过有限合伙基金投资湖南某互动娱乐传媒有限公司。该私募基金成立于2016年，并参与该娱乐传媒公司与某上市公司的并购重组。该基金已于2019年下旬完成其投资标的股票的全部减持，投资收益已向私募基金全部投资人进行了分配，为投资人实现了较高的投资回报。

（三）助力新型清洁能源产业发展

随着世界全球气候环境恶化、石油危机加剧和人口剧增带来的挑战加剧，实行可持续能源发展战略迫在眉睫，开发用以替代传统能源的新型清洁能源，将变为环境污染问题的首要突破口。我国氢能源作为最洁净环保的能源之一，具有可再生性、燃烧效率高、转化率高的优势，越来越受到市场的关注。近年来，国家出台了多项相关政策和优惠措施，进一步助力氢燃料电池相关行业和产业的发展，未来燃料电池市场预期需求将快速增长。

为此，中融国际信托有限公司全资子公司作为管理人成立有限合伙基金，投资于广东某氢能科技有限公司股权。该基金成立于2016年，成立后标的企业完成了9SSL电堆生产线项目的实施与投产，并在自主研发方面实现了重大技术突破。该基金已于2019年下旬完成有限合伙层面的全部份额转让，投资收益已向基金合伙人进行了分配，为投资人实现了较高的投资回报。

（四）打造人性化的电子签约系统

公司积极推动从“产品需求”向“客户需求”转变的服务导向，通过加强金融科技投入和研发，持续完善产品推介及客户服务系统。从2019年7月起，中融财富面向自然人客户全面启用电子签约系统。该电子签约系统是专为中融财富客户打造的线上服务平台，目前可以进行在线开户、视频面签、在线签约等流程的线上办理。电子签约系统上线后，客户可实现视频开户、视频双录和信托合同的在线签署。公司上线的电子签约系统功能主要包含自助开户、视频推介、电子合同签署三个环节。未来，该平台还将上线更多功能，帮助客户更便捷、快速地完成财富管理与资产配置的在线操作。

三、社会责任履行情况

公司时刻铭记自身担负的社会责任，以实际行动诠释“责任中融”的目标。2019 年，公司认真履行受托人各项职责，积极调整业务结构，优化资产配置，在管理好受托资产的同时，引导信托资金服务实体企业。此外，公司通过广泛参与公益活动、设立公益信托等方式支持公益事业发展。

一是积极履行受托人职责，努力实现受益人利益最大化。公司注重风险防范，坚持合规经营。2019 年公司累计到期清算信托计划 219 个，实收信托金额为 1 387 亿元，全部实现足额、按期兑付，分配信托收益近 459 亿元。二是积极贯彻国家经济结构调整和产业转型发展政策，以多种类型的信托计划为工具，在支持地方企业转型升级、国有企业改革、高新技术产业和文化产业发展等领域，有效引导社会资金投向新兴及创新行业。三是依法履行纳税义务，积极参加各类公益活动。公司踊跃参加各类公益活动，关注教育事业，大力支持老少边穷地区发展，累计对外捐赠物资超过 2 000 万元。2019 年，公司在捐资助学、扶贫济困、爱心助农开展等方面慈善支出超过 77.6 万元；发起设立 2 单扶贫类慈善信托，总规模为 73 万元；发起设立 2 单公益类慈善信托，总规模为 70 万元。四是维护和保障员工的切身利益，为员工创造便捷的事业成长平台。公司建立了公开公正的薪酬激励及职位晋升体系，为员工打造透明的、系统的职业发展通道，构建和谐、进取的企业氛围。

四、2020 年发展规划

在新的监管环境和市场环境下，资管行业将迎来新的发展阶段。新形势下，公司将紧紧围绕“受托人”的功能定位，不断提升自身专业管理能力，为委托人和受益人提供优质的信托服务。

在合规管理方面，加强监管政策的研究和解读，对公司重点推进的业务，及时出台业务合规操作规则，保障业务合规开展。守好合规经营的底线，培育并弘扬高尚厚重的信托文化，始终以服务实体经济为出发点和落脚点。持续深化内部人员教育，强化公司全员合规意识的营造。

业务方面，坚持稳妥推进传统业务转型与扎实开展创新业务增长相结合的策略，管好存量的同时，下大力气培育新型业务和新的盈利增长点，推动公司持续稳健发展。积极响应国家政策号召，顺应产业结构调整的趋势，助力民营企业稳健发展；持续鼓励消费金融、供应链金融、不良资产收购等创新模式业务发展，提升公司业务发展整体质量；充分发挥信托制度优势，大力开展资产证券化业务，支持服务信托、家族信托、慈善信托等本源业务发展；坚持开展资本市场业务，加强与优秀上市公司的深度合作，提高资产管理和资产配置能力，为投资人分享资本市场改革红利创造条件。

中信信托有限责任公司

一、2019 年经营概况

中信信托有限责任公司（以下简称公司）坚决践行国家政策，主动调整业务策略，积极拓展保信合作业务，大力提升主动管理业务，秉持“做到极致”的企业文化，攻坚克难，提质增效，总体经营继续保持高质量平稳发展。

报告期内，公司营业总收入为 71.83 亿元，排行业第一；手续费及佣金收入为 49.49 亿元，排行业第一；净利润为 35.93 亿元，排行业第一，创公司历史新高；为受益人分配信托收益为 727 亿元，排行业第一；上缴国家税金 43.89 亿元，创公司历史新高；各效率指标继续保持行业领军水平；获评“年度卓越信托公司”“最佳慈善信托”等 23 个奖项，其中蝉联国际知名媒体《亚洲银行家》行业唯一“中国年度信托公司”奖，重点打造公司行业扶贫公益典范形象，获评“年度金融扶贫先锋机构”称号。

截至 2019 年末，公司固有资产总额为 424.03 亿元，所有者权益为 308.53 亿元。为落实监管要求，公司进一步优化资产结构，主动压降部分通道类业务规模，夯实资产质量，受托管理资产余额为 15 742 亿元，同比下降 5%，排行业第一。

二、创新业务案例

公司在资产证券化、国际业务、消费金融、家族信托与保险金信托、公益慈善等领域继续引领行业创新。

（一）资产证券化

公司持续拓展标准化资产业务，获得首批非金融企业债务融资工具承销商资格和企业 ABS 业务管理人资格；公司作为承销商与定向投资人开展 ABN 业务，承销规模超 52.68 亿元。公司在信贷 ABS 信托方面，规模为 1 111 亿元，连续 7 年居行业领先地位。

（二）国际业务

为响应国家“一带一路”倡议号召，除常规QDII、ODI境外直投和海外股权代持业务外，公司配合国内有关金融机构，践行整体开发策略，开拓欧盟、伊拉克、伊朗、南非等“一带一路”重点国别，在出口信贷、主权基金合作领域积极探索。

（三）消费金融

2019年6月，中信消费金融有限公司注册成立，注册资本为3亿元，中信股份、公司和金蝶软件分别持股35.1%、34.9%和30%。公司成为中国信托业中第一家获得消费金融牌照的信托公司，可开展个人消费贷款相关的人民币业务。

（四）家族信托和保险金信托

家族信托和保险金信托继续领跑全行业。客户达3 000名左右，受托资产规模同比增长89%，超过340亿元；同时，公司与11家保险公司合作，发布了中国大陆首个保险金信托的服务标准，奠定了行业标准化数据基础。公司通过下属公司中信信惠国际信托有限公司作为受托人，设立首单境外家族信托，实现中国信托行业零突破。

（五）公益慈善

公司继续探索慈善信托模式，包括“双受托人”、DAF捐赠人建议基金、“慈善+金融”等创新模式。报告期内，公司完成了中国大陆境内7单DAF捐赠，联合法学泰斗江平先生设立中国首只专项支持法学教育的慈善信托，联合国内著名节目主持人孟非先生设立首单慈善先行信托。截至2019年末，公司共设立慈善信托7单，规模总计为5.49亿元。

三、社会责任履行情况

公司获得7项社会责任专项奖项，包括《金融时报》“2019年度最佳服务实体经济信托公司奖”、第九届中国公益节“2019年度扶贫典范奖”、中国网第二届“金融扶贫先锋榜”“年度金融扶贫先锋机构”等，由公司推出的全国第一只专项支持法学教育的慈善信托——中信信托2019江平法学教育慈善信托成功入选“中国企业社会责任优秀案例库”。

公司坚持以服务实体经济发展为导向，继续深化产融结合，投入约7 000亿元，参与并推动“一带一路”倡议及“京津冀协同发展”“长江经济带发展”等国家战略的实施。公司还为污水处理、新农村建设、城市生态群等民生工程项目提供金融支持。在扶贫助困慈善信托方面，公司年内共完成国内 7 单 DAF 捐赠，710 名客户参与，共捐出 190.9 万元。

公司积极推动行业发展，参与起草《信托公司受托责任尽职指引》；重视员工权益保护，完善工会组织建设，支持员工俱乐部开展各类文体活动，丰富员工业余生活；积极响应国家绿色金融政策，贯彻环境责任意识，并将此作为甄选合作伙伴的关键要素。

四、2020 年发展规划

公司经营管理的风险主要取决于外部环境，但公司全员有信心，继续保持行业龙头地位，做行业生存年限最长的公司。公司将继续稳中求进，强化资本管理，加强能力建设和资源整合，继续保持和提升竞争优势，提高受托服务质量，严守风险底线，以期达成以下经营目标：在严控风险的前提下，综合实力保持行业龙头地位，给股东持续创造良好、稳定的回报。

（一）党建工作

一是加强政治建设，深入学习贯彻党的十九届四中全会精神，实施《政治生态考核评价办法》，高标准完成集团专项巡视反馈意见整改落实；二是加强基层党组织建设，建立基层党建工作巡回指导机制，试行支部书记轮值机制，继续推行“党员服务岗”活动；三是加强党管干部工作，加大对干部“德”范畴的考察考核，重视业务部门的人才梯队建设；四是组织开展“企业文化厚植年”系列活动，以修订公司《企业文化手册》为重点，提炼近年来主要成果。

（二）稳健发展

1. 持续优化业务结构

2020 年，公司将根据金融服务供给侧结构性改革的需要，大力发展具有直接融资特点的资金信托，服从国家宏观调控要求，为实体经济提供多样化金融服务。

一是在控风险的前提下，继续调整业务结构，提升主动管理能力。投资银行业务是公司传统优势业务，在资源、渠道、人才、经验等方面积累突出，未来依然是公司业务的重要基石；融资业务要以服务美好生活为宗旨，从传统业务（信政、地产）向新兴行业、实体经济转型，加速消费金融、供应链金融等创新业务发展，丰富业务品种，做好风险防范。资产管理业务是金融机构的核心能力，既能强化投资银行业务优势，又能带来长期、稳定、规模化的收入；公司将进一步加强机构合作，通过 MOM、FOF 等方式，参与二级市场投资，开展主动管理型定增业务。

二是深挖服务信托，提升价值贡献。公司将从传统通道业务向资产证券化等标准化业务转型，寻找规模化、低风险业务，重新奠定服务信托基石，同时以金融科技为驱动，为客户提供高效、安全、可靠的托管、财务和运用服务。

三是建设产品销售体系。公司将持续优化财富管理团队，提升各财富中心效能，扶持新建立财富中心的展业；努力提升客户投资体验，不断完善官方网站和APP等渠道建设；加大机构销售力度，加强信托业务端和财富管理端的联动和对接；严守合规销售底线，持续推动“信托文化中国行”系列活动在全国推广，做好消费者权益保护工作。

2. 努力推动金融创新

一是加快消费金融创新业务发展。公司将进一步加大对中信消费金融公司的支持，完成该公司新一轮增资；积极拓展与腾讯、京东、小赢科技等合作伙伴的助贷业务，提升自身风险管理及贷后管理能力，优化业务标准与模型，助力零售金融和普惠金融发展。二是努力拓展资产证券化、国际业务、家族信托与保险金信托、慈善信托等领域，进一步提升创新业务价值贡献度。三是完善鼓励创新机制，增加创新支持。公司将继续从研发投入、人力配置、绩效考核等多个维度，加大对创新业务的扶持力度；为促进创新业务的落地与成果转化，公司将继续推行“任务化”与“部门化”措施，对业绩领先的部门提出创新业务硬性要求，并与其部门年终业绩考核挂钩。

（三）信托文化

按照中国银保监会部署，2020年正式启动“信托文化建设五年计划”主题活动，公司将根据监管总体要求和后续具体部署，结合自身经营实际，依托自身品牌优势，组织开展信托文化教育宣导工作，进一步夯实公司依法合规经营的文化基础。

（四）信息技术

公司将进一步加强业务系统整合，以综合业务管理平台为依托，加强数据治理，提升数据质量，实现业务全流程管理，加强对家族信托等创新业务的技术支持。

（五）人力资本

一是探索建立人才交流任职与监督考察机制；二是加强人才培养机制建设，探索试行青年精英人才培养、应届生轮岗培养等计划；三是持续优化绩效考核、薪酬激励机制；四是推进人力资本管理信息化建设工作，促进人力资本的精细化管理。

（六）纪检工作

公司纪委将继续努力营造风清气正的环境。一是持续发挥“大监督工作体系”作用，在“治未病”上下功夫；二是持续强化执纪问责，严肃问责程序，释放越来越严的信号；三是持续强化员工廉洁从业意识，扎实开展廉洁文化月活动；四是做好对子公司的巡察，强化管党治党责任压力传导，对子公司进行分类指导；五是持续深化“三转”“三专”要求，进一步充实专职人员力量。

2020 年，公司将按照上述展业思路，主动应对外部环境变化，精细内部管控，提升经营水平，力争取得更好的经营成果。

安徽国元信托

一、2019 年经营概况

2019 年，面对复杂多变的经济金融形势，安徽国元信托有限责任公司（以下简称公司）坚持以党建引领发展，严格按照“资管新规”过渡期工作要求，严守底线防风险，强管理、拓业务、推改革、促发展，管理资产规模保持稳定，业务结构持续优化，改革措施加快落地，管理水平不断提升，实现了公司持续平稳健康发展。

截至 2019 年末，公司管理信托资产规模为 1 779.60 亿元，合并固有资产为 75.31 亿元，较年初增长 1.1%。全年各项业务收入为 6.89 亿元，较 2018 年增长 13.70%；利润总额为 5.40 亿元，较 2018 年增长 17.65%。全年为信托受益人实现收益为 109.84 亿元，以实际行动做好金融消费者权益保护工作。

2019 年，公司凭借良好的经营成绩，在省政府年度全省金融机构支持地方经济发展经营业绩考核中获评“优秀”等级，第三次荣获“优秀 ABS 发行人奖”，服务实体经济和地方发展成效明显。

二、创新业务案例

（一）不断加强资产证券化业务的创新发展

全年新增资产证券化项目 11 个，规模为 308.53 亿元，同比上升 0.29%。截至 2019 年末，公司存续资产证券化项目 22 个，规模为 304.95 亿元。在资产支持证券（ABS）方面，合作机构和基础资产不断丰富，由公司作为受托人参与的“苏享盈 2019 年第一期个人消费贷款资产支持证券”在银行间市场通过簿记建档方式成功发行，这是公司首次发行以消费金融公司的个人消费贷款作为基础资产的信贷资产证券化产品。在资产支持票据（ABN）方面，公司首批 ABN 项目正在研究推进。

（二）稳健发展家族信托业务

2019 年，“安承”系列家族信托产品新增规模 2 亿元。截至 2019 年末，存续家族信托产品 4 单，规模为 3.4 亿元。该系列家族信托为长期限不可撤销信托，在收益分配、投资管理、架构设计等方面具有定制化的特点，以实现委托人的个性化需求，帮助委托人实现“财富保值增值、财富代际传承、风险隔离、保护隐私”的财富管理目的。

（三）积极发展公益（慈善）信托业务

截至 2019 年末，公司存续公益（慈善）信托 2 个，分别为“国元爱心慈善公益信托”和“国元慈善信托”，资金用于国元安大奖学金项目、小岗村创新奖励基金项目以及安徽省教育、扶贫、自然灾害救助等。截至 2019 年末，公司存续公益（慈善）信托规模 1943 万元，同比增长 1.83%，有效支持了安徽省社会慈善事业发展。

三、社会责任履行情况

公司在开展业务的过程中，始终坚持经济效益和社会责任的统一，积极履行和实践企业社会责任的价值标准和行为准则，以开拓创新、稳健经营的专业风格积极拓展信托业务，支持企业发展壮大，服务地方经济发展，扶贫助困，积极履行社会责任。

（一）聚焦重大战略，支持经济社会发展

公司坚持“立足安徽、服务全国”，充分发挥信托功能，抢抓“长三角区域经济一体化”“一带一路”倡议、“京津冀协同发展”等重大机遇，围绕省委省政府区域协调发展战略布局，以明确的发展定位、优质的金融服务、坚实的客户基础和丰富的业务资源，开发贷款、股权投资、债权投资等多种类信托产品，支持地方建设发展。公司全年共发行支持安徽省地方建设信托项目 32 个，规模为 306.08 亿元，同比增长 59.20%，积极支持地方交通枢纽配套市政道路工程、高速公路建设等；发行支持“皖北振兴战略”项目 10 个，募集资金为 23.66 亿元，同比增长 160.57%；发行支持“合芜蚌”建设项目 14 个，募集资金为 279.39 亿元，同比增长 55.94%。截至 2019 年末，公司支持安徽省地方建设信托项目 105 个，规模为 515.01 亿元，同比增长 14.57%，资金运用方向包括基础设施建设、开发园区建设、市政设施建设等，在服务地方经济社会发展中发挥了重要作用。

（二）发挥功能优势，服务实体经济发展

2019 年，在业务发展过程中，公司高度重视发挥信托业务比较优势，推深做实金融供给侧

结构性改革，在严控风险的前提下，加快转型创新，积极研究新方法，不断改进金融服务，持续提升服务实体经济的质量和水平。全年新增支持实体经济信托项目103个，募集资金规模为439.97亿元，同比增长125.70%。截至2019年末，公司存续支持实体经济信托项目332个，募集资金规模为1 277.74亿元，募集资金被用于生产制造、交通运输等行业。

（三）突出支持重点，增强金融服务中小微企业精准性

公司高度重视做好金融服务中小微企业相关工作。根据公司2019年度信托业务发展工作指引，大力支持中小微企业发展。2019年，公司新增支持中小微企业信托项目93个，募集资金规模为558.60亿元，同比增长193.12%。截至2019年12月末，存续支持中小微企业信托项目238个，募集资金规模为963亿元，同比增长48.41%。资金投向主要包括制造业、农业、食品业、交通运输、金融业、批发零售及服务业等。

（四）着力惠企帮扶，强化对民营企业的融资支持

2019年，在业务开展过程中，公司积极把思想和行动统一到中央对民营企业的部署上，紧跟区域发展战略和产业发展趋势，结合民营经济发展特点和企业分布特点，充分发挥信托功能的比较优势，突出对先进制造业以及战略性新兴产业的金融支持，特别是加大对农业生产、节能环保、新型材料等生产型、服务型和科技型民营企业的支持力度，有效提升信贷投放精准性。全年公司新增支持民营企业发展信托项目19个，资金规模为109.37亿元，同比增长14.48%。截至2019年12月末，公司存续支持民营企业发展信托项目37个，资金规模为145.72亿元。

（五）热心公益慈善，积极履行社会责任

作为地方金融机构，多年来，公司在努力实现自身发展的同时，积极履行社会责任，大力弘扬扶贫济困的精神风尚，发挥信托功能优势，投身社会公益事业。2014年，经安徽省民政厅和安徽银保监局批准，公司发行了“国元爱心慈善公益信托”。作为安徽省首只公益信托产品，该项目运行以来，有效撬动和整合公益资源，凝聚社会公益力量，形成合力发展公益事业。2019年，该项目新增规模为33.2万元，汇聚社会各界的爱心和力量，为精准扶贫助力。截至2019年末，公司通过该项目累计募集资金为433.34万元，用于支持安徽教育事业发展、扶贫助困和抗灾救助等。未来，公司将继续发挥信托工具优势，探索创新信托推动社会公益事业新模式，促进扶贫、教育、文化、科技及医疗卫生等公益事业的发展。

公司在实现自身稳健发展的同时，积极履行社会责任，组织或积极参与社会公益慈善活动。公司连续三年帮扶金寨县沙河中心小学。截至2019年末，公司共计捐赠26万元用于该校改善教

学设施及学生活动场所；向内蒙古呼伦贝尔地区捐赠 20 万元支持脱贫攻坚，积极履行社会责任；捐款 5 万元用于合肥市蜀山区宝贝亲特殊儿童康复中心更新康复设备、教玩具、装修及增加个性化训练教室。在公司帮扶建校的同时，公司员工积极捐款捐物帮助困难学生。从 2011 年起至 2019 年末，公司员工个人累计帮扶贫困生 435 人次，累计捐赠 40.48 万元，为贫困落后地区的教育事业作出了自己的贡献。

四、2020 年发展规划

2020 年是具有里程碑意义的一年，是全面建成小康社会和“十三五”规划收官之年，也是信托行业资管新规实施过渡期的最后一年。面对严峻的外部形势和监管态势，公司要全面贯彻党的十九大精神及中央经济工作会议精神，认真落实省委、省政府部署要求，在公司党委的坚强领导下，坚持稳中求进工作总基调，围绕新发展理念，按照固有业务和信托业务双驱动的发展思路，严守风险底线，把转型创新作为主攻方向，坚持战略布局和当期效益并重，持续做强信托主业，提高固有业务质效，提升财富管理能力，强化资产管理效能，在巩固已有成绩的基础上，集聚各方面资源推动业务再上新台阶。2020 年，公司要做好以下几个方面的工作。

（一）切实守住底线，高度重视做好风险防控工作

一是严守风险底线，切实履行受托人职责，做好存续项目的运行管理。按时召开项目管理兑付会、重点项目督办会、风险项目处置会，做好风险排查工作，摸清风险底数，高度重视做好风险监测及防范化解。二是做好重点区域和存续风险项目的处置工作。进一步拧紧责任“螺栓”，高度关注融资方资金变化情况，及时与合作对手沟通反馈资金流动性状况，根据其风险特征，确定处置方案，持续蹲点催收，做好投资者沟通安抚，加强舆情监测与处置，妥善处置好风险项目。三是高度重视合规文化建设，投入时间和精力，不断加强公司制度建设，完善操作流程，强化执行落实，提升合规建设水平，积极实现公司的持续稳定健康发展。

（二）继续加快推进改革措施落地实施

全面加强公司创新研发体系建设，建立完善创新平台，设计创新产品方案，加快推进产品创新。深化营销改革，不断完善省内、省外销售网络，加强渠道建设和人员招聘，总结完善激励机制；建立销售团队之间的竞争机制，大力开发机构客户和高净值客户；提升直销能力，加快自主开发的集合产品销售，加强银行代销合作，做大自主管理信托项目规模，实现规模化收益；充实中后台力量，提升客户服务水平，打造适应“资管新规”要求的财富管理团队。强化风险合规管理机制建设，探索优化项目综合性事务管理流程规范。坚持人才兴企，持续做好人

才市场化选聘工作，加强人才队伍建设。加强信息化建设，为公司转型发展提供综合保障。

（三）加快信托业务转型发展

严格落实监管要求，主动“降规模、去通道”。加大市场开拓力度，提高主动获取优质资产的能力，保持稳健的发展速度。回归信托本源，聚焦资产管理、财富管理和受托服务的业务格局，大力发展主动管理类信托业务，优化业务结构，发挥创新的支持引领作用，开展资产证券化以及基于信托本源的家族信托、养老信托、公益（慈善）信托、知识产权信托、服务信托等新型信托业务，参与不良资产处置，积极发挥信托功能支持实体经济和安徽建设发展。不断提升客户服务水平，做好金融消费者保护工作。

（四）稳健发展固有业务

继续做好存续贷款、金融股权的投资管理和到期回收工作，防范市场风险，实现资产的保值增值。加强流动性管理，通过多元、分散、高效的投资，实现固有业务的稳健发展。

（五）加强党建带动引领

在2020年的工作中，公司党委将扎实推进党的政治、思想、组织、作风和纪律建设，为公司改革发展提供坚强的政治保障和组织保障。政治建设上，深入学习贯彻党的十九大精神和十九届二中、三中、四中全会精神，进一步压实“两个责任”和“一岗双责”，积极探索党建与业务发展相融合的有效方法。持续推进巡视整改工作的落实。在思想建设方面，公司进一步抓严抓实意识形态工作，强化意识形态主体责任，加强和规范意识形态阵地管理，进一步做好公司意识形态管控；持续巩固“不忘初心，牢记使命”主题教育成果，不断推进理论学习做深做实；加强“两学一做”学习教育常态化制度化建设。在组织建设方面，公司持续抓好基层党组织标准化建设质量提升工作；进一步落实党员创新小组相关工作，有效发挥党员在公司创新转型中的先锋模范作用。在作风建设方面，公司认真贯彻执行中央八项规定精神及实施细则，将党员领导干部联系群众落到实处，切实纠“四风”、树新风。在纪律建设方面，强化压力传导，认真落实“两个责任”；强化纪律执行，加强党内监督；不断完善纪检、内审、内控联动机制，形成监督合力；强化细化警示提醒和监督问责。在人才队伍建设方面，不断完善公司考核和晋升体系，持续优化科学的干部选拔任用评价机制；持续做好后备干部教育培养工作；根据公司业务发展实际，合理补充必要的人员，持续开展市场化人才选聘，为公司业务转型提供人力资源支持。

安信信托股份有限公司

一、2019 年经营概况

2019 年，安信信托股份有限公司（以下简称公司）在监管部门指导下，认真自查、总结和反思以往在经营管理方面的经验教训。新一届董事会聚焦防范、化解经营风险，强化清收处置力度，并以完善合规风险管理机制建设作为推动业务转型，解决当前面临问题的重要一环。2019 年公司营业总收入为 47 814.02 万元。截至报告期末，公司总资产为 2 079 366.78 万元，公司每股净资产为 1.3953 元，资产负债率为 59.90%。2019 年公司主要推进了以下工作。

（一）固有业务方面

2019 年公司固有业务收入比上年度有较大幅度下滑，主要是因为受资本市场波动的影响，公司持有的交易性金融资产公允价值下降、部分金融资产需要计提减值准备，主要资产为公司自营证券以及参与的各类定向增发类资产等，受报告期末股价下跌影响，公允价值下降。

（二）信托业务方面

截至报告期末，存续信托项目 294 个，受托管理信托资产规模为 1 940.48 亿元；已完成清算的信托项目 43 个，清算信托资产规模为 237.57 亿元；新增设立信托项目 13 个，新增信托资产规模为 30.25 亿元。上述新增均为集合类信托项目。

（三）风险化解和清收工作

2019 年，经济、金融不确定性有所上升，中国经济运行总体平稳。同时在金融强监管、“去杠杆”的背景下，市场流动性风险增加，公司面临自身和市场的双重压力。为系统性化解当前项目风险，最大限度地保障公司和投资人利益，公司对组织架构、内部管理做了大量的梳理和调整，成立了以总裁为组长的清收工作领导小组，并成立了以资产管理部为专业管理部门，合规、风控、保全及业务部门共同协作的风险化解和资产清收工作机制。

（四）加强内部管理，深入开展风险排查

公司针对内部约束和监督机制不够健全，内部控制管理薄弱，风险管理不到位等问题。在有关部门的指导下，根据现阶段状况及时调整工作重心，认真研究，制定解决方案，逐项落实，进一步调整完善相关制度，严肃内部问责。

二、创新业务案例

2019 年，公司持续推进各类创新业务的落实和开发，金融创新发展领域仍然集中于产业创新业务领域的布局。公司通过聘用综合化人才，不断提升对各个行业的业务主动管理能力，使公司持续加深经营差异化。公司坚持业务创新，继续调整并丰富业务结构，实现转型升级、业务拓展能力及业务协同发展能力不断增强。公司信托业务定位实业投行，以投贷联动、产融结合的形式服务实体经济，通过专项产业基金等创新模式支撑辅助信托业务，目前主要涉及的领域包括光伏电站、生物医药、互联网基础设施、锂电池、现代物流、高端现代农业等。

公司作为上海市唯一一家整体上市的信托公司，报告期内，面临着“资管新规”“去杠杆”等金融新政的挑战和约束，随着金融供给侧结构性改革大幕的拉开，公司意识到创新是企业发展必由之路，公司将以化解过剩产能、降低企业成本、化解房地产库存、防范化解金融风险为主要出发点，着力解决中小企业融资难、融资贵问题，努力推动信托回归本源，直接服务于实体经济。

三、社会责任履行情况

（一）加强投资者关系管理

公司继续加强与广大投资者的沟通和交流，为公司战略推进进行做了大量基础工作。自 2019 年以来，受公司信托业务流动性危机和负面舆情的影响，公司股价出现了较大波动，引起了投资者广泛的关注。报告期内，公司通过“上证 e 平台”答复投资者问询 119 次，接听投资者电话超过 500 个。对于关切问题，及时将信息传达给市场，有理有据地引导投资者合理预期，传递正能量并维护公司资本市场形象。

（二）积极参与公益事业，主动承担社会责任

2019 年 7 月，公司与中国信托业协会、中国信托业保障基金有限责任公司来到内蒙古自治

区乌兰察布市察右后旗、察右中旗，实地调研脱贫、扶贫工作开展情况，考察公司出资成立的“草原相信明天”扶贫项目落实情况。截至2020年初，“草原相信明天”扶贫项目已经在白音察干第二小学、土牧尔台小学建立全功能小书房2间，覆盖临近学校16所，为当地培养持证心理教师20名；组织“智慧家长”“智慧学生”等现场及视频系列讲座多场，覆盖教师、学生、家长逾3 000人次。

在大学生公益方面，公司成立至美公益基金会。该基金会倡导和鼓励大学生从事公益实践活动，扶植校园公益项目及个人。基金会已走进清华大学、北京大学等全国十余所知名高校，通过组织公益宣讲及实践，为各行业和慈善事业发展储备青年人才。

在文体活动方面，公司继续倡导“人生马拉松”不言放弃、勇往直前的精神。马拉松对于耐力与持久力的锻炼与激发，和公司倡导的“长期托付，稳重选择，成就卓越”的价值观高度吻合。在参与马拉松赛现场组织、志愿服务的基础上，由公司员工及客户组成的“安信跑团”踏上跑道，亲身感受马拉松的魅力。“人生马拉松”系列人物故事微视频荣获“学习强国”平台微视频大赛“全国三等奖”、上海金融总工会微视频大赛“评委特别奖”等多个奖项。

四、2020年发展规划

（一）在相关部门指导下稳妥推进风险处置工作

2020年对存量项目的风险化解仍是下一步工作的重中之重。公司高度重视，为适应市场环境的变化，下一步将不断完善风险化解的机制、流程和组织保障。

公司将继续做好项目跟踪与梳理工作，积极建立由信托项目经理、资产管理部人员、驻场或分支机构人员、律师等组成的项目处置清收小组，肩负项目日常管理及清收处置方案实施，明确目标，明确方案，集中统一处置，更好地开展清收处置工作。

结合公司工作重点和监管要求，梳理资产清收处置，资产保全，投资者应对等方面的流程，制定相关制度，避免或降低执行中的合规风险以及预防损害投资者合法权益现象的发生。探索由制度主办部门、风险管理部门、合规管理部门共同组成制度评估小组，对制度的起草、修订、解释、评估完善、清理汇编等流程环节进行充分评估、审核，整体提升制度的规范性和适用性。

（二）加强内部管理与问责机制建设

加强内部管理，厘清和压实管理职责。2019年5月，公司通过股东大会及董事会、监事会会议，完成了董事会、监事会的换届和新一届高管团队的组建。公司将在监管部门的指导下不断完善法人治理结构，确保董事有足够的精力参与董事会事务，加强董事会决策能力。公司根据相关法规对董事会专门委员会的设置及人员构成进行调整，强化董事会各专门委员会的运作机制，同时加强监事会的监督职能，引导监事会通过多方参与和介入决策及经营环节，加强与董事会联动，发挥监督作用。进一步厘清董事会与高级管理层岗位职责，明晰定位。通过强化董事会、监事会和高级管理层的风险及合规管理责任，形成对合规管理决策、执行、监督相互制约、有效衔接的机制。

公司将进一步加强对重大项目合规风控审查的力度和深度，对涉及的法律条件、法律安排、风险隐患和漏洞，以及相关的规避措施和防范手段等客观独立地进行合法合规审查，完善有关工作方案，为经营决策提供参考依据，监督业务部门对合规风险采取有效的控制措施，保障公司经营管理和重大决策的合法合规。

为适应市场环境及企业生存、发展的迫切要求，公司已于 2020 年 3 月落地执行了全新的《安信信托薪酬管理办法》。该办法中明确了薪酬标准及绩效考核执行规则，部分员工已完成降薪工作，随后公司会继续完善清收等方面的绩效考核方案，并及时执行。

公司已制定《员工违规行为处罚及问责办法》并公告，将严格根据该办法中的规定，严肃内部纪律，加强内部管理和问责，对责任人追究到底。将内部问责作为加强公司管理的一项基础性和关键性工作抓紧、抓好，解决好制度执行不到位、履职不到位、监督检查不到位、违规问题整改不到位、问责“宽松软”等制约公司长远发展的深层次问题。

（三）切实做好资产清收工作，加强底层资产回款

清收工作是公司 2020 年的工作重点，公司将全面梳理存续项目资产，同时加强对项目底层资产清收处置和维稳工作的合规性审核把关，厘清各类法律关系，采取多种手段相结合的方式对底层资产进行变现，如采取资产转让、资产重组、交易对手再融资、增强风控措施、破产债权救济、司法保全、诉讼等方案，切实落实好资产清收工作，妥善处理投资者兑付风险。对底层资产清收处置的管理，确保资产不减值、不流失，努力实现受益人利益最大化。用合规思维妥善化解和处理兑付风险，落实好各项合规要求，维护金融消费者合法权益。

（四）强化全员合规意识

全面提高合规意识，将合规文化建设作为公司文化建设的一个重要组成部分，正确处理业务发展与合规经营的关系，通过合规审查和自查检查、合规教育和培训、合规内控流程梳理、加强案件警示教育等多种形式开展合规文化建设，树立合规人人有责、主动合规的合规意识和理念。公司将合规教育和培训纳入公司培训体系，新员工入职培训中包含合规教育和培训的内容，对新员工、财富条线员工开展信托业务知识培训，增强新员工和财富条线员工对业务和合规风险的理解和感悟，进而在日常工作中注意落实合规要求。

北京国际信托有限公司

一、2019 年经营概况

截至2019 年末，北京国际信托有限公司（以下简称公司）受托管理的信托财产余额为1 997.84亿元，同比下降 11.99%，其中，主动管理类信托财产规模为 1 331.98 亿元，占比为 66.67%，同比上升 11.2 个百分点。全年累计实际向受益人分配信托收益为 169.59 亿元。2019 年公司营业收入总额为 17.13 亿元，同比增长 10.01%；利润总额为 11.61 亿元，同比增长 7.0%；净利润为 8.74 亿元，同比增长 7.0%。公司资产总额为 135.36 亿元，净资产总额为 92.62 亿元；净资产收益率为 9.7%，股本收益率为 22.6%。信托赔偿准备金足额提取，公司各项监管指标全面达标。

二、创新业务案例

（一）北京信托·文化发展投资 001 号集合资金信托计划

公司以服务首都“四个中心”建设为己任，积极推进“文化+金融”模式支持首都文化产业发展。2019 年，公司设立“北京信托·文化发展投资 001 号集合资金信托计划”，投资于弘扬社会主义核心价值观、展示国家形象、反映时代成长的主旋律影视剧。首期投资了入选北京市“记录新时代工程”重点选题规划片单、“北京市文化精品工程重点剧目”，由北京森林影画文化传媒有限公司制作的电视剧《北京以南》。该剧向观众展示了大时代背景下的中国铁路工业发展、民族爱国精神等故事及历史事件，弘扬民族文化、古都文化、工业文化、创新文化。

（二）北京市文化发展基金项目

公司着眼于北京市文化中心建设，2019 年，公司在北京市委宣传部、北京市文资中心、北京市财政局的精心指导下，稳步推进北京市文化发展基金工作，设立方案获得北京市委、市政府主要领导的批示。

（三）中轴线保护与申遗慈善信托

2019 年，公司在北京市人民政府国有资产监督管理委员会的指导下，会同北京国有资本经营管理中心，设立国内首个专注文化遗产申遗保护的北京京企中轴线保益基金会，市属企业 1 亿元的慈善资金已筹集完成，为设立中轴线保护与申遗慈善信托做好准备工作。

三、社会责任履行情况

（一）经济责任——主动服务实体经济

公司积极贯彻落实国家宏观政策和产业政策导向，充分利用信托制度的灵活性参与国家重大战略，助推国家经济结构调整，主动服务实体经济发展。

公司通过城市建设发展基金等模式，支持“一带一路”倡议、“京津冀协同发展”国家战略等的实施，以及支持雄安新区、通州城市副中心、非首都功能疏解、冬奥会等重点领域重大工程建设。

在支持战略性新兴产业、促进高新技术企业发展等方面，公司以多种方式支持节能环保产业发展，资金分别投向 LED 照明、余热发电、垃圾和污水处理、清洁能源管理机制开发等领域。

公司以切身行动支持区域协调发展、推动城乡协调发展，在江苏泰州、江苏句容、江苏镇江、江苏海安、安徽亳州、福建晋江、四川宜宾成立了城市发展基金，为地方的城市建设、产业园区开发、交通水利、保障性住房等项目提供资金支持。公司与北京海淀区、昌平区、密云区、门头沟等重点区县签署战略合作协议，积极支持北京市区县经济发展。

（二）民生责任——关注社会事业发展

为助推中小微企业成长，公司在服务中小企业的过程中积极探索创新型模式，满足中小企业个性化融资需求，在信托贷款之外，还提供股权投资、信托贷款 + 信贷资产转让、信托应收账款权益投资等多种方式加强中小企业服务创新，形成以政府政策和资源为引导，社会资金为支持，信托、担保公司、商业银行等多方互动的高效率、常态化、应用广、风险低并能互利共赢的全新融资模式。

公司积极响应北京市委、市政府关于农村“土地流转起来、资产经营起来、农民组织起来”的“三起来”号召，联合北京市农村经济研究中心，设计了针对农民个人及农村集体财富管理需求进行服务的“富民系列”信托产品以及配合土地流转信托的资金信托产品。信托方案充分体现了信托制度在服务“三农”领域的优势，有效地支持了“三农”的发展。

（三）受托责任——致力创造可靠财富

2019 年，公司继续加强对客户合法权益的保护，完善了风险合规体系建设，落实客户权益保障机制。

2019 年，公司进一步完善风控制度，优化业务审批流程，形成了完备的业务审批和中后期管理体系，进一步强化尽责，夯实风控体系。

在家族信托、小账户理财、养老消费信托以及资产证券化等业务中，公司发挥信托制度优势，不断开拓创新，更好地满足了客户的需求。

公司认真贯彻落实监管政策要求，持续完善消费者权益保护工作体制机制建设，将消费者权益保护工作融入公司治理的各个环节，重点优化了产品售前、售中和售后等关键环节管理，通过加大信息科技投入升级现有营销支持系统功能，增设了移动远程双录系统和反洗钱配套系统，进一步巩固落实了“专区双录”、受益人识别等合规要求，切实保障了消费者个人信息安全。公司认真履行国有企业社会责任，面向投资人陆续开展了“3·15 北京银行业和保险业消费者权益保护宣传活动”“反洗钱宣传月”“金融知识进万家”等多个主题的金融知识宣教活动，取得了良好社会反响，被北京市国资委微信公众号等媒体转载报道。

（四）公益责任——深度参与公益慈善

2019 年，公司与多家慈善组织加强合作，推进了不同用途和方式的慈善信托设立。这些慈善信托项目以不同的方式致力于开展慈善活动，信托目的包括扶贫济困助残、支持艺术教育、助力文化产业等。

公司设立文化类慈善信托，信托财产用于支持北京市文化类公益事业，包括但不限于支持中轴线保护与申遗的相关工作。同时，公司完成了一单纪念性慈善信托的设立准备工作，为国内纪念型公益事业的推动起到了示范带头作用，于 2019 年 12 月获得了“杰出慈善信托产品奖”。

（五）环境责任——积极投身绿色环保

公司大力开展绿色信托，成功开发相关信托计划，投资于综合利用秸秆的技术模式和科技示范基地，以点带面，系统提升全国秸秆综合利用技术水平。

四、2020 年发展规划

（一）关于 2020 年展业布局

一是稳妥推进信托主业。积极创新推进政信类业务，探索构建新型城市发展基金。综合运用“非标”与“标品”两种手段，双引擎驱动，提供金融服务。积极寻求资产证券化业务的新突破，提升专业力量。

二是继续培育涵养创新业务。公司继续完善证券平台的管理模式、激励机制和人才配备。加强投研能力建设，提升专业化水平。加强家族信托系统建设、科技投入和品牌推广，严格按照真实性、主动管理的原则拓展家族信托业务。

三是做强固有业务。进一步优化固有投资结构，提升固有业务对公司收入的贡献度。积极遴选金融股权投资标的，开展财务投资、战略投资。加强母子公司战略协同。

四是强化战略合作。深化同业战略合作，选择有良好基础的银行、保险、券商、基金公司开展深度合作。

（二）全力抓好三件大事

一是高标准完成党委换届工作。二是力争年内完成增资扩股工作。三是高质量完成五年发展战略规划的编制工作，并推动落地实施。

（三）坚决推进四项重点改革

一是坚定不移推动财富管理向利润中心转型。加快完善以客户为中心的营销体系建设，加快财富管理人员业务能力和团队建设，针对不同人群、区域制定差异化的客户开发策略，做好客户的开发维护，推动财富管理向利润中心转型。

二是推行事业部制试点。按照“选取试点、分步实施、统筹管理、平稳推进”的原则，探索准事业部运行机制，引导业务部门聚焦专业领域深耕细作，形成专业特色。

三是深化中后台部门和固有业务部门改革。围绕公司转型发展需要和中后台部门现有职责，进一步研究调整中后台部门和固有业务部门的定位，更好地发挥在业务发展中的作用。

四是改革考核激励机制。改革现有考核制度，研究建立与公司现阶段转型发展相适应的考核激励机制，按照定量与定性相结合的原则，发挥绩效考核对业务发展的指挥棒作用。

（四）切实提升五大关键能力

一是风险管控能力。持续健全完善风险管理体系，实现一体化运作、专业化分工、多层次协调、多角度防范的风险管理职能。公司结合行业信托文化建设的要求，开展信托文化教育；强化风险意识，提高风险识别能力，将防范和化解风险作为开展业务的根本出发点。

二是人才保障能力。建立与公司转型发展相匹配的人才队伍，加大领军人才的引进力度。推行虚拟团队工作模式，研究建立虚拟团队组建、运行及考核管理办法。

三是信息科技能力。在公司整体战略框架下，制订五年信息科技发展战略子规划。加大信息科技投入，加快建设新一代信托业务系统平台。

四是创新能力。建立公司推动创新的工作机制、容错机制，以及前台、中台、后台创新联动机制；明确创新的方向，引导业务部门开展高质量的创新业务，推动形成可复制的业务模式。

五是综合管理能力。树立与公司市场化高效运营相匹配的管理理念，按照高标准、重实效、规范化的原则，加强基础工作，提升内部管理效能。

（五）全面加强党的领导

一是要坚持用习近平新时代中国特色社会主义思想武装党员干部头脑，推动学习贯彻往深里走、往心里走、往实里走。

二是要始终把党的政治建设摆在首位，充分发挥公司党委把方向、管大局、保落实的核心作用。

三是贯彻落实《中国共产党国有企业基层组织工作条例（试行）》《中国共产党宣传工作条例》。

四是持续加强领导班子建设和干部队伍建设。

五是持续加强党支部规范化建设。

六是落实全面从严治党主体责任和监督责任，严格执行中央八项规定精神和市委有关规定，坚定不移纠“四风”。

长安国际信托股份有限公司

一、2019 年经营概况

2019 年信托行业在经济下行压力持续、实体经济去杠杆化、经济发展方式转变、资本市场不确定性增加等多重因素下，依然取得了一定的发展。从信托行业的经营表现来看，整体营收较 2018 年有明显的改善，2019 年信托业营业收入总额为 1 143. 44 亿元，同比增加 11. 89%；信托业务收入方面，2019 年总额为 811. 33 亿元，同比增长 5. 4%，扭转了 2018 年行业负增长的局面；固有业务收入方面，总额为 332. 37 亿元，同比大幅增长 31. 69%。

2019 年，长安国际信托股份有限公司（以下简称公司）在信托行业回归信托本源、服务实体经济、强化主动管理能力的大趋势下，积极通过业务转型紧跟行业发展新形势。在宏观经济增长降速的背景下，公司结合自身的发展状况和优势，积极开展各项业务，克服不良因素影响，在 2019 年依然实现了稳健发展。

（一）营业收入

截至 2019 年末，公司营业收入为 26. 92 亿元，同比增长 27. 61%，在已公布的 66 家信托公司年报中排名第 18 位。其中：手续费及佣金净收入为 19. 84 亿元，同比增长 9. 31%，位列第 16 位；投资收益为 4. 28 亿元，同比大幅提升 79. 39%。

（二）盈利水平

截至 2019 年末，公司实现净利润达到 5. 15 亿元，同比增长 44. 49%，位列第 40 位。在净资产收益率方面，公司净资产收益率为 13. 98%，位列第 44 位。2019 年，公司计提资产减值损失 12. 47 亿元，信托项目风险带来的资产减值损失对公司的盈利带来一定的不利影响，不过在收入可以支撑的情况下，加大计提减值损失的力度，可提高公司资产质量的真实度，有利于夯实未来的发展基础。

（三）资产规模

在宏观经济复苏缓慢、监管强化以及竞争越来越激烈的背景下，信托公司的管理资产规模普遍被动压缩，主业增长的压力非常大。在此背景下，2019 年公司信托资产管理规模为 4 656. 80亿元，同比下滑 10. 54%。截至 2019 年末，公司资产总额为 103. 10 亿元，同比增长 15. 12%，排名第 34 位；在净资产方面，公司净资产规模为 74. 67 亿元，同比增长 14. 76%，排名第 35 位。

二、创新业务案例

公司在保持原有业务的基础上，积极探索和推进创新业务的发展。2019 年，公司新设立慈善信托 3 单，截至 2019 年末，共存续慈善信托 12 单。在 2019 年 10 月，公司成功备案了国内首单环境公益诉讼资金设立的慈善信托“长安慈—大气保护慈善信托”，该单慈善信托资金来源于北京市第四中级人民法院审理的由环境保护社会组织自然之友作为原告的环境公益诉讼案件，该案件于 2019 年 5 月 21 日调解结案。该单慈善信托的成立标志着我国环境公益诉讼资金的管理难题取得了历史性的突破。

在这之前，公益诉讼资金如何管理和使用一直是一个问题。作为公益诉讼后续机制安排，关系着诉讼最终目的的实现。慈善信托制度契合于公益诉讼判决或调解资金使用所要求的公益性、独立性、透明性的要求，无疑是管理公益诉讼判决或调解资金的最优机制安排。该单慈善信托的设立，解决了环境公益诉讼资金的归属和使用问题，在国内属于首创。

“长安慈—大气保护慈善信托”以大气保护为目的，采取信托方式管理大气保护资金，受托人设立各利益相关方代表组建的信托决策委员会，对信托资金的管理及使用进行决策，并通过决策委员会评选出执行机构负责执行大气保护项目，该慈善信托设立监察人监督信托运营，通过结构设计以达成财产独立、决策及时合理、执行专业、第三方监督以及公开透明的效果。

凭借“长安慈—大气保护慈善信托”，公司荣获国内主流财经门户金融界主办的“第四届智能金融国际论坛暨 2019 金融界领航中国年度评选颁奖盛典”中的“2019 领航中国年度评选杰出慈善信托产品奖”奖项。

三、社会责任履行情况

公司秉持“长安心、百年业”的可持续发展理念，始终坚守对股东的回报之心、对客户的诚挚之心、对员工的关爱之心、对社会的奉献之心，坚定履行受托责任、经济责任、员工责任、环境责任等，坚持把积极履行企业社会责任作为实现战略愿景的重要路径和依托。2019 年，公司在诚信纳税、服务实体经济、公益慈善事业、环境保护等方面积极履行社会责任，回馈社会。公司始终以国家利益为重，在谋求自身稳健、创新发展的同时，恪守诚信之道，合法经营，坚持依法按时缴纳税款、积极履行扣缴义务人代扣代缴税款的义务，连续多年被税务机关评为“纳税信用 A 级纳税人”，树立了诚信纳税的良好企业形象和品牌信誉。

公司一直以来积极践行绿色发展理念。在日常运营中，通过采用先进成熟的信息化技术，推行无纸化办公和低碳会议，在员工中，提倡绿色出行、绿色生活，努力实现多领域的绿色环境。同时，公司主动发挥信托功能优势，积极推进绿色信托。

四、2020 年发展规划

2020 年，一场突如其来的新冠疫情从武汉向全国扩散，成为袭击中国经济的“黑天鹅”。此次疫情采取的各项防控措施力度之大、实施范围之广是前所未有的，对社会经济活动造成了巨大影响。展望 2020 年，考虑到我国已经取得抗击新冠疫情的阶段性胜利以及新冠疫情对我国经济和金融市场的影响，2020 年也是全面建成小康社会的决胜之年，是打好三大攻坚战的收官之年。中央经济工作会议定调“稳字当先”，货币政策、财政政策将继续发挥逆周期调控的作用为经济托底，宏观杠杆率将适度扩大，去杠杆带给金融机构的缩表压力会大大缓解。不过，针对信托行业的监管仍将保持从严态势，从银保监会印发《关于开展“巩固治乱象成果促进合规建设”工作的通知》（银保监发［2019］23 号）后，监管的手段越来越具有针对性、具体化，信托公司的发展空间与政策的关联度进一步提升。

2020 年 5 月 8 日出台的《信托公司资金信托管理暂行办法（征求意见稿）》（以下简称《办法》）对信托公司未来的发展产生深远影响该《办法》对信托公司传统业务冲击巨大。信托公司的存量非标债权集合融资类业务要大规模压缩，集合融资类业务的规模将取决于投资类集合业务的规模。投资类业务的规模越大，融资类业务的额度才能越大。对于信托公司而言，获得及扩大融资类业务额度的唯一途径就是做大集合投资类业务的规模，这将对信托公司开展业务提出了巨大的考验。但是，我们也看到《办法》中利好的一面。其一，《办法》首次明确了服务信托的定义。对于以受托服务为主要服务内容的信托业务，无论其信托财产是否为资金形式，均不再纳入资金信托，包括家族信托、资产证券化信托、企业年金信托、慈善信托及其他监管部门认可的服务信托，服务信托将成为公司业务发展新方向。其二，《办法》明确了信托公司可以通过在公开市场上开展标准化债权类资产回购或者国务院银行业监督管理机构认可的其他方式融入资金，这将有助于信托公司发展固定收益类业务。

公司将以《办法》为开展业务作指引，后续将积极推进服务类信托业务，其中公司在公益

（慈善）信托领域一直走在全国的最前沿，多次创新性地落地新的慈善信托模式。针对资产证券化信托，涉及非标转标业务，只有将标准化业务规模做大，与之匹配的传统业务才能继续做大，为此公司已经成立了资产证券化业务部，大力发展相关业务。随着我国养老金体系的快速发展，企业年金信托是未来信托公司发展的核心业务之一。公司将积极申请开展企业年金信托业务资质，结合公司自身的资源禀赋，做好企业年金信托业务的前期准备工作。《办法》明确了信托公司可以开展债券回购业务，这将使信托公司产品与基金公司、证券公司产品具有同样的竞争优势，公司将会大力布局“固收+”策略产品线，扩大直接融资规模。

2020年的资本市场正处于制度红利期，监管层积极推进创业板注册制改革，实施新的定增新规，“新三改”市场制度改革也在加快推进，未来资本市场的直接融资功能将获得实质性提升。资本市场在居民资产配置中的重要性也将逐步显现。

从2020年《信托公司资金信托管理暂行办法（征求意见稿）》和创业板注册制改革等重磅政策的出台，我们可以看出，监管层正在大力发展直接融资，推进金融市场改革。只有发展好直接融资尤其是股权融资，才能够减少对银行债权融资的过度依赖，从而实现在稳住杠杆率的同时，保持金融对实体经济支持力度不减的目标。结合相关政策要求和在做“高净值客户的最佳金融生活服务商”的战略目标指引下，公司在2019年成立了资本市场事业部、金融同业事业部、创新业务部和股权投资部等部门，同时与之匹配的是完善中后台项目审批及运营与处置，成立了四大业务审批中心。公司将积极布局投资银行、资产管理和财富管理三大板块。以资本市场为依托，利用现有外汇额度资源，满足客户多元化的投融资需求，以及居民的资产配置需求，公司将积极探索这其中的业务机会。

重庆国际信托股份有限公司

一、2019 年经营概况

2019 年，是中华人民共和国成立 70 周年，是决胜全面建成小康社会、实施“十三五”规划承上启下的关键一年，也是迈向高质量发展新征程的重要一年。2019 年，重庆国际信托股份有限公司（以下简称公司）秉承“诚信、稳健、创新、求精”的经营宗旨，在保持传统信托业务规模稳健增长的基础上，科学研判经济金融形势，进一步加强风险控制，坚守本源业务，加大业务创新力度，强化自主管理能力，提高核心竞争力，各项业务稳步发展。2019 年归属于母公司净资产为 257.84 亿元，营业收入为 78.79 亿元，利润总额为 55.99 亿元，净利润为 32.28 亿元，同比增长超 15%，人均净利润为 2 076.07 万元，人均净利润多年保持行业首位。

二、创新业务案例

（一）资产证券化业务

2019 年，公司继续在资产证券化领域积极探索，大力发展 ABS、CMBS、ABN 等资产证券化业务，不断拓宽资产证券化业务的广度与深度。2019 年 10 月，携手重庆三峡银行成功发行西南地区首单微小企业贷款资产支持证券（微小企业贷款 ABS）兴渝 2019 第一期。通过微小企业贷款 ABS 盘活金融机构存量小微企业信贷资产，打通银行信贷和资本市场，为广大小微企业源源不断提供资金“血液”，在缓解小微企业融资难题领域进行了有益的探索。2019 年，公司先后设立了“长融 2019 年第一期个人汽车抵押贷款资产证券化信托”“长融 2019 年第二期个人汽车抵押贷款证券化信托”，受托财产规模合计 70 亿元，通过在银行间市场发行信贷资产支持证券，帮助银行盘活汽车抵押贷款资产，间接为社会民众提供信贷资金，帮助企业获得低成本资金，促进信托业务回归服务实体经济本源。

（二）慈善信托业务

为响应国家脱困扶贫政策，助力打好精准脱贫攻坚战，2019 年，公司在发行和管理“金色盾牌・重庆人民警察英烈救助基金公益信托”等基金的基础上，继续开展“重庆信托・春蕾圆梦慈善信托”。同时积极探索与重庆慈善总会等慈善机构建立合作关系，不断扩大慈善信托业务覆盖领域。2019 年 1 月 4 日，“重庆信托・隘口镇扶贫济困慈善信托”正式成立，委托人为重庆市慈善总会，信托初始规模为 180 万元，存续期为 5 年。该慈善信托将重点着力于支持我国精准扶贫事业，信托资金主要用于对重庆市秀山县隘口镇的产业项目支持、扶贫资助和救济。该信托是目前重庆市规模最大的慈善信托，也是重庆市慈善总会首次以慈善信托的形式推进精准扶贫工作的开展，形成了良好的社会示范效应。

（三）消费信托

2019 年，公司在消费信托业务领域的坚守获得了市场与同业的认可。“尊享 3 号消费信托”在 2019 中国信托业峰会暨第十二届“诚信托”奖颁奖典礼中荣获“诚信托・最佳消费金融信托产品奖”。投资者通过认购该系列产品成为信托项下的专属会员，不仅能获得现金收益，还能获得重庆融汇温泉及重庆融汇丽笙酒店的专属消费权益，它将定制化的会员权益与信托交易原理相结合，能够有效刺激会员消费，并为投资者获得最优的消费收益，是公司服务消费、贯彻普惠金融、满足广大人民群众多样化需求的有效尝试。

（四）家族信托

2019 年，公司经过前期向行业优秀的家族财富团队进行学习，向高净值客户的财富传承需求进行更深入的了解，在对产品定位、交易架构、法律文本进行调研和完善后，设立了第一款家族信托，将回归信托本源，满足客户多元化资金配置需求，将个性化金融服务的宗旨落到实处。2019 年共设立 3 单家族信托。未来会进一步丰富家族信托业务的产品线，将保险金信托、慈善信托加入家族信托业务板块，并围绕客户的个性化需求，设计多周期、多种类的里程碑分配方式、条件分配方式，以满足客户多元化的财富和精神传承的需求。

三、社会责任履行情况

公司始终坚持党的领导，积极贯彻落实国家宏观经济和产业政策，以助力经济发展和服务民生为己任，在深化“供给侧”结构性改革背景下，以“十三五”时期经济社会发展的主要目标和基本理念为指引，利用信托制度的灵活性服务国家重大战略，助推国家经济结构调整，主动提高服务实体经济发展质效，在新资管时代发挥信托制度更大效能。

截至2019年末，公司累计为地方经济建设募集资金近1 800亿元，为人民群众创造财产性收入近710亿元，为促进重庆长江上游经济中心建设和成渝地区双城经济圈建设发挥了重要作用。公司主动响应“一带一路”倡议，主动对接京津冀协同发展、长江经济带建设、粤港澳大湾区建设等国家重大战略部署，提供综合金融支持，大力拓展公司服务社会、服务实体、服务民生的广度与深度。截至2019年末，公司服务实体经济的存续信托业务规模为1 278.10亿元，其中服务成渝双城经济圈、京津冀地区、粤港澳大湾区建设存续信托规模分别达418.81亿元、658.68亿元和148.45亿元。

为积极响应国家支持中小微企业发展，纾困民营企业，打通融资难点的问题，公司在强化风险控制的基础上，集中金融资源成立了多个信托产品，以支持科创及中小微企业转型发展。2019年1～12月，公司新增服务实体经济信托业务规模为597.25亿元，其中新增服务民营及小微企业信托业务规模为313.45亿元，为大批小微企业提供了资金支持，帮助其改善经营，升级产品技术，充分激发小微企业发展活力，持续为区域经济发展、稳民生、稳就业、促转型作出积极贡献。

公司在自身平稳健康发展的同时，从未忘记企业的社会责任和使命，将践行企业社会责任作为重要的工作，坚持开展扶贫助困活动，打造品牌化慈善活动项目，积极投身公益事业，用心回馈社会。截至2019年末，公司累计向各类慈善活动捐款超2.30亿元，主要包括“金色盾牌·重庆人民警察英烈救助基金公益信托”慰问救助捐款、“春蕾圆梦行动”、酉阳县扶贫捐款、奉节县扶贫捐款等。截至2019年末，公司发起设立的“金色盾牌·重庆人民警察英烈救助基金公益信托”已累计拨付慰问救助金1.59亿元，共救助慰问公安干警及其家属和相关人员近13 000人次；2019年8月，公司继续设立慈善信托“重庆信托·春蕾圆梦慈善信托”，将“春蕾圆梦行动”打造成公司另一个品牌化慈善活动，已累计资助210多名重庆当地贫困女大学生。此外，公司作为重庆市政府办公厅扶贫集团成员，累计为酉阳县脱贫攻坚捐款超160万元。公司还积极探索与慈善机构的合作，于2019年1月成立了“重庆信托·隘口镇扶贫济困慈善信托”，该慈善信托为重庆市规模最大的慈善信托项目，规模为180万元，委托人为重庆市慈善总会，信托资金主要用于对重庆市秀山县隘口镇的产业项目支持、扶贫资助和救济。

2020年面对突如其来的新冠疫情，公司广泛动员、连续奋战，为抗击新冠疫情共设立了两单慈善信托，即“重庆信托·三峡银行疫情防控慈善信托”“重庆信托·万众一心共抗疫情慈善信托”，截至2020年4月末，两单慈善信托共捐赠资金超800万元。

根据监管要求，公司2019年度消费者权益保护工作有序开展，结合公司实际，加强组织领导，健全制度机制，强化执行落实，创新方式方法，提升产品和服务质效，切实保护了消费者的合法权益。公司按照监管部门的统一要求，积极开展2019年“金融知识进万家”“普及金融知识万里行”等多项消费者宣传教育活动，在活动开展过程中突出重点、紧抓节点、攻克难点、打造亮点，旨在通过开展常态化、经常性金融知识普及宣传活动，切实提高广大消费者的金融意识和金融素养。2019年度未发生负面舆情及重大突发事件情况，未发生消费者诉讼及仲裁情况，未产生侵害消费者基本合法权益的情形。

四、2020年发展规划

2020年是全面建成小康社会和“十三五”规划的收官之年，如期全面打赢脱贫攻坚战，顺利完成“十三五”各项战略规划是2020年工作的重点。公司将以习近平新时代中国特色社会主义思想为指引，不断加强党的领导与基层党组织建设，顺应供给侧结构性改革趋势，进一步提升服务实体经济质效，积极对接粤港澳大湾区、京津冀协同发展、成渝地区双城经济圈建设及长江经济带建设等国家重要战略部署，紧抓市场机遇，持续回归本源，加大业务创新力度，为社会经济发展作出更大的贡献。

（一）全面加强党的领导，深化基层党组织建设

认真贯彻新时代党的建设总要求，深入推进“5+2”党建总体布局，全面推进思想政治建设、党的组织建设、人才队伍建设以及纪律作风建设，为实现整体战略目标保驾护航。不断加强思想建设，深入推进党的十九大精神学习宣传贯彻工作，用习近平新时代中国特色社会主义思想武装头脑、指导工作。融入“互联网+”思维，充分利用学习强国APP、支部微信群等网络学习工具，让全体同志在学习的过程中给精神注入新动力，给思想注入新能量，让劳动创造新价值；广泛开展劳动竞赛，营造“比学赶超”的浓厚奋斗氛围。

（二）强化风险管理，严控项目风险

在监管趋严、全行业防范系统性金融风险的背景下，公司将坚守“宁可错过，不可做错”的风控原则，坚持贯彻全面风险管理战略，以深化整治银行业市场乱象为抓手，以全面风险排查工作为契机，依法合规经营，严控项目风险，严守风险底线。查漏补缺、举一反三，梳理内部业务流程与制度建设情况。采取包括但不限于合规知识竞赛、合规专题培训等方式，持续提升制度执行力与内控有效性。加强对国家宏观经济政策、货币信贷政策、财政政策、监管政策等领域的研究，密切关注市场及政策变化，准确判断行业发展趋势，着力加强风险防范的前瞻性；进一步完善风险控制组织架构与管理流程，提高审批效率，全面梳理重点行业和重点项目管理情况，确保不发生重大项目风险；认真从近年来行业发生的风险事件中吸取教训，做到警钟长鸣，加强公司项目尽职管理能力，提升风险防范意识；加强风险项目管控，通过多种措施

多种渠道化解项目风险。

（三）落实监管及行业新规，进一步提升公司治理水平

严格按照监管部门及监管法律法规的最新要求，不断明细合法合规展业边界，积极补齐治理短板、堵塞治理漏洞，制定有效措施。根据《公司法》《信托公司治理指引》等法律法规的规定，梳理《信托公司股权管理暂行办法》等监管新规要求，加强股权管理，优化股权结构，规范股东行为；完善履职考评体系，推动“三会一层”依法合规科学履职。梳理、修订相关制度，进一步规范和完善履职方法、路径和流程，提升董事会的运行效率与效果，促进公司治理水平再上台阶，加快实施中长期战略调整与转型发展。

（四）持续回归信托本源，坚持服务实体经济

公司积极落实监管政策，进一步深化市场乱象治理，主动调整业务结构，坚持信托本业为主体、固有和其他中间业务为补充的总体思路。深入研究市场需求，适应行业发展趋势，提升资产管理的专业化水平，用好用足信托公司综合经营优势，融合各类业务模式和工具，为企业提供一揽子、一站式金融服务，满足企业全生命周期需求，打造共赢发展模式，切实提高服务企业质效，为信托业的根深本固发展贡献力量。坚持金融是服务实体经济的血脉、服务实体经济是金融天职的宗旨，以更好地服务实体经济为出发点和落脚点，以提升实体经济发展的质量和效益为中心，以深化供给侧结构性改革为主线，实现公司与实体经济的良性互动、协调发展。

（五）培育壮大新动能，创新发展新路径

公司主动创新适应市场需求的业务和产品，积极响应国家号召，坚持政策导向，在新能源汽车、节能环保等领域主动作为，践行绿色信托导向。为各类企业提供贴身化的融资服务，创新普惠金融服务，不断优化产品设计，在消费金融领域积极打造个性化的产品，为国家发展增添新动能。

（六）精耕财富管理市场，提升财富品牌内涵

依托信托制度在所有权及收益权分离重构、财产独立性及风险隔离上的特质，信托公司具有开展高端财富管理业务的独特优势。公司将借助在财富管理领域积累的经验，利用在资产端、客户端及专业人才等方面的资源优势，为高净值及超高净值人群在风险隔离、灵活传承、慈善运作和综合投融资配置等提供服务。同时，配合公司财富管理整体营销需求，完善营销服务模式，强化品牌渠道建设与管理，进一步提升公司品牌的认知度，增强客户黏性，最终实现财富管理业务的转型升级。

（七）加强信托文化建设，打造行业标杆企业

以全行业信托文化建设为契机，结合公司实际，统筹规划、建章立制、分步实施，通过在公司治理环节、战略引导环节、考核机制环节的不断完善，持续提升信托文化在公司的普及性、重要性，在受托文化建设、合规文化建设、创新文化建设、品牌文化建设领域不断加强。建立符合监管规定和适应公司发展需要的信托文化。在公司内部形成人人倡导信托文化，事事融入信托文化的良好氛围。在行业内部将公司打造成引领信托文化建设的标杆企业。

国投泰康信托有限公司

一、2019 年经营概况

国投泰康信托有限公司（以下简称公司）是经中国人民银行批准设立、中国银行保险监督管理委员会监管的非银行金融机构，注册资本金为 26.705 亿元。公司主要股东为国投资本控股有限公司、泰康保险集团股份有限公司、悦达资本股份有限公司。

2019 年末公司营业收入为 15.58 亿元，同比增长 33.96%。其中，手续费及佣金收入为 10.34 亿元，同比增长 17.61%。公司净利润为 9.19 亿元，同比增长 46.40%。2019 年公司盈利水平位居行业前列，净资产收益率（ROE）达 15.13%，比 2018 年高出 3.32 个百分点。在金融市场整体收益率下行的背景下，公司全年累计向受益人支付信托收益为 136 亿元。

此外，公司的净资产规模也在持续增加，抵御风险的能力进一步提升。年报数据显示，截至 2019 年末，公司净资产为 65.36 亿元，同比增长 18.11%。同时，公司 18 亿元增资已于 2020 年 3 月中旬全部完成。此次增资完成后，公司净资产超过 85 亿元。

2019 年，公司积极落实监管要求，压降通道业务，不断提升主动管理能力，优化业务结构。数据显示，2019 年末，公司管理型信托规模为 2 002.3 亿元，其中主动管理型信托业务规模达 880.88 亿元，占比为 43.99%，比 2018 年度提高了 15.32 个百分点。主动管理型信托资产占比的明显提升充分表明公司在业务转型方面已初见成效，高质量发展的基础进一步夯实。

2019 年，公司各项创新业务稳健发展，特色化经营成果显现，业务发展呈现积极态势。公司首次担任资产服务机构发起设立的银行间市场非金融企业债务融资工具成功落地；在标准化投资领域，公司启动并设立多只净值型证券产品，同时把握时间窗口推出科创板打新产品，投资业绩良好；公司还积极拓展战略性股权投资业务新模式，发起设立供应链产业基金。

在推动业务创新的同时，公司还大力推进财富管理板块建设，从产品销售向资产配置和财富管理转变，为客户提供个人和机构理财、境外配置、家族信托产等多元化金融服务，以及融资类、证券投资类、私募股权类等多样化产品。

同时，公司坚持“以客户为中心”，不断进行产品和服务创新，满足客户多元化、定制化的信托理财需求；不断加大科技赋能，通过“国投财富”APP、微信公众号、微官网等渠道，满足客户线上金融服务需求，进一步提升服务的便捷性和易得性。

二、创新业务案例

案例一：公司担任受托机构的首单信贷资产证券化产品成功发行

2019年11月25日，由公司担任受托机构和发行载体管理机构的“安逸花2019年第一期个人消费贷款资产支持证券”（以下简称“19安逸花ABS”）已顺利完成簿记建档及公开配售，发行规模为20.9亿元，优先A档票面利率3.8%，优先B档票面利率3.8%。“19安逸花ABS”是银行间市场持牌消费金融公司发行的单体规模最大且利率最低的一单信贷资产证券化产品。

此次资产支持证券的成功发行是公司在消费金融业务领域的一次积极有效的探索。未来，公司将通过专业化的金融方案、科技化的系统服务能力为合作伙伴提供最专业、最完善、最便捷的金融服务。

案例二：科创板打新和盈1号净值获佳绩

2019年，备受关注的科创板在上海证券交易所登陆，首批25只科创股票全线大幅上涨。公司资产管理总部通过精准的判断，及时把握住了科创板打新的市场机会，在经过充分的市场调研和严密的投资价值分析后，弥补现有市场上已有的各类产品的不足，取长补短推出了专门针对科创板打新的、能为客户带来更稳健收益的产品——和溋1号集合资金信托计划（以下简称和溋1号）。和溋1号通过优选公募基金，寻找打新能力、底仓配置和基金规模综合实力较强的品种，选择合适的入场时点，确保客户能获得科创板打新的收益。和溋1号配置的全部产品日收益都在2.5%以上，和溋1号的单日净值增长率为2.57%，取得了较好的打新成绩。未来，公司仍将密切关注市场走向，寻找科创板中的潜在价值品种，为投资者提供更稳健、更高的收益。

案例三：车险分期贷款产品助力小微企业

2019年，公司从物流行业入手，重点支持地方性物流/货运公司、客运公司、汽车运营公司等小微企业。公司以车辆保险场景为切入点，设计了车险分期贷款产品。该产品采用一次贷款、分期还款的模式，有效缓解了小微企业资金压力。在该创新模式下，资金支付方式为受托支付给保险公司，直接实现了资金用途监管，防止小微企业资金挪用。

目前，公司已成立相关产品两只。其中一只产品投放企业数量为346个，合计贷款金额为349 758 564.15元；另一只产品投放企业数量为347个，合计贷款金额为232 466 493.50元。

三、社会责任履行情况

作为中央企业控股的信托公司和中国信托业协会理事单位，公司始终秉承“有道而正、信则人任”的核心价值观，以务实的精神、稳健的作风以及细致的服务，为客户、为员工、为股东、为社会创造最大价值。公司严格遵守国家法律法规、监管部门规章、规范性文件及《信托公司社会责任公约》《公司章程》的规定，依法合规稳健经营，所有主动管理产品均实现平稳运行，树立了良好的社会形象，2019 年荣获“优秀管理团队奖”“年度金牌风控力信托公司”“卓越财富管理品牌大奖”和“2019 年度信托业新媒体影响力 Top10”等多个重量级奖项。

公司积极履行社会责任，主动投身公益慈善事业，将开展公益信托、慈善信托作为重要的战略方向，已成为全国领先的慈善信托业务践行者。

2019 年，公司顺利结束“国投泰康信托 2016 年真爱梦想 1 号教育慈善信托”项目。此外，公司仍有 3 单慈善信托存续运作。其中“国投泰康信托 · 2018 甘肃临洮产业扶贫慈善信托”支持甘肃临洮县扶贫开发，资助购买巨灾指数保险，有效降低干旱和强降水的负面影响；“国投泰康信托 2017 年真爱梦想 2 号教育慈善信托”建设真爱梦想教室，支持全国素养教育研究和推广。

同时，公司存续的“国投泰康信托 2016 年国投慈善 1 号慈善信托”（以下简称国投慈善 1 号）在 2019 年将信托资产总规模由原合同中的 3 000 万元整变更为 5 000 万元整。国投慈善 1 号 2019 年发生慈善支出 1 038 万元。其中：支持贫困县甘肃省宁县定点帮扶项目合计金额 500 万元，用于教育资助、产业帮扶、劳务输转、基础设施建设四个方面，惠及 350 余户贫困户及 200 名贫困学生；支持贫困县甘肃省合水县定点帮扶项目合计金额 500 万元，用于教育资助、产业帮扶、就业扶贫、基础设施建设等方面，惠及 300 余户贫困户及 400 名贫困学生；支持贫困县贵州省平塘县定点帮扶项目合计金额 38 万元，用于教育资助，受益人群为 100 名贫困学生。作为唯一一单荣获“中华慈善奖”的慈善信托项目，国投慈善 1 号自成立至 2019 年末，累计发生慈善支出 4 017.25 万元，成为了国企扶贫的一面鲜明旗帜，有力地支持了扶贫事业发展。

在经营过程中，公司还高度重视利益相关方的权益保护工作，高度注重风险管控，依照诚实、信用、谨慎、有效的原则，审慎管理信托资产，切实维护客户权益，年度内所有到期项目均实现正常兑付，存续项目运转良好，为客户投资理财的安全性、稳定性提供了必要保障。公司不断健全客户服务体系，以实际行动践行“普惠金融”的理念；公司高度重视客户投诉，持续完善客户投诉受理机制，客户投诉得到妥善处理；公司重视和保护员工合法权益，定期组织职业培训与相关技能培训，关心员工成长；公司按照监管部门要求，积极、有效地开展反洗钱、治理商业贿赂、案件防控和消费者权益保护工作，为维护社会安定和金融秩序作出努力。

四、2020 年发展规划

2020 年，公司将继续坚持稳中求进的总基调，全面加强风险管控，深入推进转型落地，不断加大科技赋能，强化财富条线建设，推动公司持续稳健发展。根据监管导向，公司将加强业务创新和转型发展，回归信托本源，积极发展以资产证券化、证券服务信托、家族信托等为代表的服务类信托业务及公益慈善信托。

华宝信托有限责任公司

一、2019 年经营概况

华宝信托有限责任公司（以下简称公司）成立于 1998 年，是中国宝武钢铁集团有限公司（以下简称中国宝武）旗下的产业金融业板块成员公司，中国宝武持股 98%，舟山市国有资产投资经营有限公司持股 2%。公司注册资本金为 47.44 亿元（含 1 500 万美元），旗下控股华宝基金管理有限公司（中美合资），管理华宝都鼎（上海）融资租赁有限公司和华宝（上海）股权投资基金管理有限公司。

公司始终以“受益人利益最大化”为经营理念，以专业化和差异化发展为基本战略，以资产管理与信托服务为两大主业，立足资本市场，不断强化能力建设、渠道建设和品牌建设。2019 年，公司立足钢铁生态圈专业化信托服务，为上下游机构和高端客户提供差异化财富管理和综合金融解决方案，公司受托管理信托资产规模达 4 892 亿元（不含企业年金），全年实现净利润 11.30 亿元。

2019 年，公司共新增信托计划 398 个（含现金增利分期发行），涵盖证券业务、现金管理类、QDII、投融资等领域。主动管理型新增信托 240 个，占新增总量的 60%，其中组合投资类 192 个、融资类 37 个、股权投资类 2 个、证券投资类 9 个；被动管理型新增信托 158 个，占比为 40%，其中事务管理类 128 个、融资类 26 个、证券投资类 3 个、组合投资类 1 个。

自 1998 年成立以来，公司为投资者创造了较高收益，1998—2019 年累计为客户实现收益 1 994 亿元。公司也为股东创造了较高收益，自 1998 年成立以来，公司连续 22 年都实现盈利。

目前，公司产品利用多种结构和工具，覆盖了资本市场、货币市场、实体经济等各大投资领域，并在现金管理、金融市场、境外投资、产业金融深度服务、薪酬福利、家族信托等业务领域不断探索创新。同时，在风控方面，公司形成了由董事会及管理层直接领导、以风险管理部门为依托、相关职能部门配合、与各个业务部门全面联系的三级风险管理组织体系，公司治理结构及风险控制水平行业领先。

近年来，公司在各类外部评选中多次荣获各类奖项。其中 2019 年，公司荣获“浦东新区金融业突出贡献奖”“上海市五一劳动奖状”、《上海证券报》第十二届“诚信托·卓越公司奖”、《21 世纪经济报道》第十二届“金贝奖·最佳产业扶持信托公司奖”等重要奖项。

展望未来，公司将继续立足钢铁生态圈专业化信托服务，为上下游机构和高端客户提供差异化财富管理和综合金融解决方案。我们将进一步丰富产品线及提升信托服务能力，为客户打造更好产品，提供更好的服务，让更多的市场主体参与信托，享受信托制度的优势。

二、创新业务案例

2019 年，公司在进一步加大风险控制力度的基础上，继续推动特色业务发展。

钢铁生态圈是公司依托股东背景所特有的信托展业领域。公司作为中国宝武产业金融板块的主要企业，承担着生态圈金融平台搭建各类金融产品架构的基础构架和主要服务商角色，定位于立足钢铁生态圈专业化信托服务，为上下游机构和高端客户提供差异化财富管理和综合金融解决方案。2019 年，公司致力于建立多维度、强有力的产业金融发展体系和钢铁行业产业链生态圈，根据欧冶云商电商平台的业务特点，开发欧享系列信托计划，协同欧冶云商向宝武产业链生态圈客户提供融资服务，并逐渐形成成熟的各项产业融资模式。同时，公司钢铁生态圈业务荣获多个媒体奖项，如《证券时报》第十二届中国优秀信托公司评选的“2019 年度优秀创新信托计划”奖、《21 世纪经济报道》第十二届“金贝奖”、2019 最佳产业扶持信托公司奖，业内认可度进一步提升。

在薪酬福利及年金信托业务领域，公司在行业内独树一帜。由于公司的先发优势，自 2005 年取得人社部颁发的企业年金受托人、账户管理人资格后，已形成企业年金业务、员工福利管理业务、员工持股业务三大核心业务，并在受托管理、账户管理、投资管理等方面具备市场领先实力。2019 年末，薪酬福利事业部受托管理的资产规模超过 200 亿元，并被人力资源和社会保障部、国务院国有资产监督管理委员会授予“中央企业先进集体”称号。

在国际信托业务领域，截至 2019 年末，公司获批 QDII 额度 19 亿美元，业内领先。一方面，公司通过持续升级境外产品，聘请海外投资顾问，为投资者提供多元化海外资产配置选择；另一方面，公司向主动管理类、创新型发展，结合自身资源及规模优势不断提升资产管理水平。

公司在开发产品拓展业务的同时，也致力于风险控制、中后台运营能力提升及公司品牌建设。2019 年，公司主动拥抱金融科技，围绕监管需求、互联网金融、公司治理等方面积极开展信息化建设，并在业内率先通过 ISO/IEC 27001 国际权威认证，信息安全行业领先。在客户服务方面，公司着力推动线上交易平台的建设，已实现部分产品的 APP 线上签约，并在 2020 年初新冠疫情期间，通过线上交易保障客户服务“不下线”。

经济是肌体，金融是血脉。在中国经济转向高质量发展、经济结构不断优化的大背景下，公司将牢记初心使命，践行金融报国，发挥信托制度优势，履行金融企业社会责任，为实体经济发展提供更高质量、更高效率的金融服务，为打通金融“血脉”、激活经济“肌体”贡献华宝力量。

三、社会责任履行情况

在社会责任履行情况方面，公司每年根据相关要求，分别向上海银保监局、中国信托业协会、中国宝武报送社会责任报告。公司在履行社会责任方面，主要包括以下内容。

（一）主动服务实体经济

钢铁生态圈是公司依托股东背景特有的信托展业领域。通过产业金融深度融合业务，实现公司客户、股东及员工利益，充分发挥信托支持产业的金融功效，进而实现中国宝武和公司的战略发展和转型目标。公司作为中国宝武产业金融业板块的主要企业，承担着生态圈金融平台的基础构架和主要服务商角色，定位于立足钢铁生态圈专业化信托服务，为上下游机构和高端客户提供差异化财富管理和综合金融解决方案。

（二）履行受托人义务情况（受托责任）

公司遵守信托法和信托文件对受托人义务的规定，为受益人的最大利益处理信托事务，管理信托财产时，恪尽职守，履行诚实、信用、谨慎、有效管理的义务，没有损害受益人利益的情况。公司无自身责任而导致的信托资产损失情况。

（三）坚持依法合规经营（法律责任）

公司根据自身业务特点和内部控制要求设立了科学、规范的机构及岗位。综合管理部负责组织协调内部控制的建立实施及日常工作。审计稽核部作为内部审计机构对内部控制的有效性进行监督检查。内部审计机构对监督检查中发现的内部控制缺陷，按照内部审计工作程序进行报告；对监督检查中发现的内部控制重大缺陷，有权直接向董事会及其审计委员会、监事会报告。

公司明确界定各部门、各岗位的目标、职责和权限，建立相应的授权、检查和逐级问责制度，确保不相容岗位的相互分离及其在授权范围内履行职能；公司控制架构完善，并制定各层级之间的控制程序，保证董事会及高级管理人员下达的指令能够被有效执行。

四、2020 年发展规划

公司作为中国宝武产业金融业板块的主要成员企业，承担着生态圈金融平台的基础构架和主要服务商角色。公司定位于立足钢铁生态圈专业化信托服务，为上下游机构和高端客户提供差异化财富管理和综合金融解决方案。

公司立足专业化信托服务，在中国宝武钢铁生态圈中成为连接产业和金融的关键组成，实践国家、行业、股东、客户、员工五个维度的共建共享，推动整个钢铁生态圈的金融服务升级。

国家维度，通过产业金融深度融合，真正实现金融支持实体经济；

行业维度，实现特色化、综合化经营，资产管理规模和利润位居行业前列；

股东维度，尊重并保护股东的主体地位和利益，创造协同价值；

客户维度，“受人之托、代人理财”，为客户创造价值；

员工维度，激发员工潜能，在生态圈建设中实现员工与企业共成长。

华融国际信托有限责任公司

一、2019 年经营情况

2019 年，华融国际信托有限责任公司（以下简称公司）资产总计为 171.62 亿元，负债为 84.11 亿元，所有者权益为 87.51 亿元；实现营业收入为 8.05 亿元，产生营业支出为 11.46 亿元。

截至 2019 年末，公司管理存续信托项目 203 个，实收信托规模为 1 344.59 亿元。全年新增项目 72 个，新增规模为 467.91 亿元。从行业分布来看，2019 年 12 月末，存续项目主要投向金融业，房地产业，水利、环境和公共设施管理业，租赁和商务服务业，四者合计金额占比超过 80%；从信托项目属性来看，存续主动管理项目规模为 575.38 亿元，占比为 42.79%，被动项目规模为 769.21 亿元，占比为 57.21%，主动被动比例保持相对稳定；从资金投向上来看，投向金融机构、房地产、工商企业、基础产业项目占存续项目占比分别为 19.23%、20.80%、27.08%、17.09%，分布相对较为均匀。此外，公司注重发掘在绿色信贷领域的投融资业务，2019 年 12 月末，公司存量绿色信贷业务规模约为 6.98 亿元，在光伏扶贫、清洁能源领域有所作为。

公司各项监管指标符合要求。截至 2019 年 12 月 31 日，公司净资本为 61.82 亿元，远高于 2 亿元的监管要求；净资本/各项业务风险资本之和为 143.89%，达到净资本不得低于各项风险资本之和的 100% 的规定；净资本/净资产为 71.44%，达到净资本不得低于净资产 40% 的规定。

二、创新业务案例

2019 年公司对中国华融集团定点扶贫四川宣汉县的 14 个项目进行了实地调研，结合慈善信托安全、灵活、高效、透明、持久的特点，最终拟定就“白内障贫困患者手术救助项目”成立“华融信托·定点扶贫 1 号”慈善信托，主要内容为协同宣汉县人民医院开展“白内障贫困患者手术救助项目”，委托宣汉县人民医院根据其医学专业知识及国家扶贫系统建档立卡标准筛选贫困白内障患者作为本慈善信托受益人，助力贫困白内障患者复明，该项目于2019年末完成备案工作并于2020年初落地，信托规模为20万元，期限为1年。

三、社会责任履行情况

（一）开展定点扶贫，积极助力脱贫攻坚

在支持和保障欠发达地区、少数民族地区民生方面，公司致力于以下工作：一是积极开展新疆维吾尔自治区塔什库尔干县马尔洋乡布候其拉甫村定点帮扶工作。截至2019年，累计投入帮扶资金78万元，支持村里基础设施建设，改善人居环境和生产生活条件，主要用于布候其拉甫村贫困户庭院改造、新建围墙和大门、自来水入户、标准化牲畜棚圈建设和发展庭院经济，帮助贫困户发展养殖业，形成长效产业，为贫困户提供稳定、可持续的经济收入来源。2019年布候其拉甫村26户贫困户106人全部脱贫，实现贫困村整村脱贫摘帽。二是开展消费扶贫活动，帮助四川宣汉县贫困户解决农产品“销售难、销路愁”等困难，带动当地农业特色产业发展。2019年公司组织全体员工积极参与脱贫攻坚事业，采购宣汉县漆碑乡红茶25 200元。三是公司多名员工参与中国华融对宣汉县贫困学生的“一对一”爱心助学活动，与宣汉县贫困学生匹配结对，持续资助贫困学生完成学业。四是推进“华融信托·定点扶贫1号”慈善信托，助力宣汉贫困白内障患者复明，该项目于2019年末完成备案工作并于2020年初落地，信托规模为20万元，期限为1年。

（二）提高“三农”服务水平

公司注重服务“三农”领域，先后成立多只服务“三农”的产品。截至2019年12月末，公司“华融·宁夏上陵集团信托贷款集合资金信托计划第3号”存量规模为0.80亿元。上陵牧业主要从事牛场运营、奶集约化养殖种畜繁育优质生鲜乳供应肉牛屠宰、加工及销售，2014年在全国中小企业股份转让系统挂牌。上陵项目主要服务于传统畜牧农业的产业升级，进一步扩大牲畜养殖量，扩大养殖基地规模，提升企业经营效益。另外，公司2019年新成立“三农”相关项目1个，截至2019年末规模为3亿元。该项目主要支持广西地区的扶贫移民、农村基础设施建设、农村生态建设、农业现代化建设、生态农业、农业产业化、农业园区基础设施投资开发等。

（三）积极支持绿色产业发展

公司2017年成立信托计划，规模为15亿元，截至2019年12月存续规模为6.98亿元，用

于支持A公司发展。A公司致力于清洁能源领域，多次公开发行绿色债券，根据发债评级报告，A公司符合绿色产业标准，主要经营范围包括投资、开发、建造、营运及管理光伏发电业务、风电业务、清洁供暖、储能及地热相关业务。

（四）进行金融知识普及，宣扬信托文化

2019年，公司积极开展“金融知识进万家”“3·15银行业和保险业消费者权益保护教育宣传咨询服务月”等宣传教育活动，加大动员力度，全体员工均积极参与到此次活动中来，主动走入群众中间开展宣传，取得了一定的宣传效果，提升消费者金融意识与能力，宣扬信托文化，构建和谐的金融消费环境。

（五）积极提升专业技能，服务监管数据监测

2019年4月，人民银行乌鲁木齐中心支行对乌鲁木齐地区的金融机构进行了全面的综合考评。在此次考评中，公司凭借专业的工作技能、务实的工作态度和认真负责的工作精神，荣获“货币监测分析工作二等奖”，信托财务部胡诗颖同志荣获“优秀个人奖”。结合金融统计的内容和外延，公司能够在货币监测分析工作中严格按照货币监测分析要点要求，结合当前经济金融形势对数据变动原因进行全面、深入分析和总结并及时反馈。同时，公司针对经营发展中出现的新业务、新情况、新问题，展开调查并持续跟踪变化情况并顺应分析变化要求，切实提高了检测分析工作的深入性。作为非银行金融机构，公司将进一步提高数据统计水平，为人民银行执行货币政策、宏观审慎管理、维护区域金融稳定作出了应有的贡献。

四、2020年发展规划

（一）围绕集团新战略和行业新趋势，聚焦“信托本源、经营协同”积极发展

切实将回归信托本源作为转型发展方向。一是按照“受人之托，代人理财”的专业受托机构定位，遵循信托目的，开展定制化、系统性的受托服务。公司充分发挥在账户管理、财产独立、风险隔离等方面的制度优势和服务水平，除资产管理服务以外，为委托人提供资产流转，资金结算，财产监督、保障、传承、分配等本源服务，将服务信托业务培育成为新的利润增长点。二是继续压缩银信合作的通道类业务规模，加强与银行、保险等金融机构在事务管理类业务合作。三是积极开展家族信托、慈善信托等信托本源业务，大力开展资产证券化业务等服务型信托业务。

围绕集团“大不良”经营格局构建特色业务，增强服务实体经济效能。一是发挥信托横跨

货币市场、资本市场和实体经济的优势，通过融资支持、客户资源、资源整合、资产重组等综合性金融服务，与集团不良资产主业进行承接和协同，有效延长不良资产主业业务链。二是强化与分子公司协同，以存量不良资产为切入点，紧紧围绕问题机构和问题资产，按照市场化、法制化原则探索开展企业兼并重组。三是积极探索债转股、股权投资基金等股权投资业务模式，积极探索不良资产证券化业务，培育新业务增长点。

（二）完善风险防控体系，提高风险防化水平

一是进一步优化业务评审流程，提升业务审查科学性与风险控制有效性；定期制定业务策略指引，不断完善尽职调查指引，强化展业的科学指导。

二是进一步提高投后管理科学性、有效性，建立多维度项目监测体系，对存续项目进行分类风险监测，因项目施策，加强重点项目现场走访，严防新增风险。

三是完善风险项目处置流程机制。持续推动风险项目评审流程，加快出台公司的不良资产处置办法，健全风险处置制度建设。加大不良资产推介和诉讼保全执行力度，加强正向激励，在资金、审查、人力等各个方面向风险化解倾斜。

（三）完善选人用人机制，加强队伍建设

一是优化调整内设机构和人员，为经营工作打下组织和人员基础，目的是强化公司管控、服务公司战略、满足发展需要。公司设立资产保全中心，下设 5 个资产经营部，集中科学管理处置风险项目，设立 7 个信托业务部，不再按业务领域范围设置业务部门，更好地适应监管要求和公司实际；同时对其他内设机构进行精简合并，撤销除新疆业务管理部之外的其他异地机构；调整后公司内设机构由 43 个精简到 31 个。

二是坚持正确的选人用人导向，匡正选人用人风气，根据新修订的《中国华融员工职务任免管理办法》，结合信托实际情况制定实施细则。

三是加大培训力度，促进队伍结构优化和素质能力提升，为公司高质量发展提供人才保障。

四是构建符合集团薪酬总体要求的激励机制，深入推进绩效管理工作，持续发挥绩效管理指挥棒作用。

建信信托有限责任公司

一、2019 年经营概况

2019 年，建信信托有限责任公司（以下简称公司）坚持转型创新，守牢风险底线，较好地完成了年度经营计划。

2019 年，公司全年净利润为 22.08 亿元，同比增长 8.8%。信托资产规模为 1.39 万亿元，与上年基本持平。核心信托规模为 1.09 万亿元，较 2018 年增加 973 亿元，增幅为 9.8%。公司完成增资，资本实力明显增强，固有资产规模达到 246 亿元，同比增长 55.7%。全年所有信托项目均按期足额兑付，为受益人兑付本金及收益 1 155 亿元；固有资产不良率保持为零。

（一）切实发挥党建工作引领作用

公司深入开展“不忘初心、牢记使命”主题教育和向张富清同志先进事迹的学习活动；严格落实中央八项规定精神，坚决纠治“四风”，开展“增强责任心，提升执行力”专项活动；结合组织机构改革，优化党组织设置及管理；践行信托文化建设，有效提升干部员工思想政治水平，以坚强的政治保证引领公司高质量发展。

（二）为服务集团三大战略作出新贡献

一是住房租赁业务取得新进展。“存房”业务从 C 端向 B 端延伸取得突破，与亦庄开发总公司、北京房地集团等机构客户推进合作“存房”业务，规模为 4 亿元；创新开展集中式长租业务，投资北京大兴机场 1629 套长租公寓 30 年的租赁权项目进入落地环节；探索开展长租公寓 REITs、ABN、CMBS 业务，形成一定积累。

二是助力建设银行供应链业务成效显著。公司协同建设银行集团供应链业务，打通“最后一公里”，有效地释放了供应链金融服务的生产力。2019 年，建信融通公司与建设银行联动发放供应链贷款超过 12 万笔，较 2018 年增长 4 倍，投放贷款 2 200 亿元，年末余额为 1 500 亿元，较上年增长 281%，其中全年投放普惠贷款 760 亿元，服务民营和小微企业客户 3.3 万户。

三是为农民工提供综合服务取得新成效。公司创新推出“劳务通”产品，投放农民工工资专项信托贷款1.5亿元，惠及2万余名建筑农民工；依托建信开太平公司，助力建行“民工惠”业务，定向精准发放农民工工资；为山西等省市搭建农民工实名制监管平台，得到人力资源和社会保障部及当地政府的高度认可；为建筑企业建立劳务管理系统达到2 300余家，累计覆盖1.7万个项目工地；搭建“农民工互联网生态平台”，实名注册用户数达到56万人；设立开太平公益基金会，开展针对农民工的系列公益活动，惠及3 400多个农民工家庭。

四是扶贫攻坚发挥信托特色。扎实做好结对共建，通过教育扶贫、消费扶贫、联合培训等多种形式帮扶陕西安康汉滨区大竹园镇粮茶村，支持当地脱贫攻坚取得突破，入选“陕西省美丽宜居示范村”。公司设立和参与多个扶贫慈善信托，总规模为685万元，向陕西安康、内蒙古呼伦贝尔等贫困地区捐赠255万元。

（三）业务转型创新呈现良好局面

2019年，公司抢抓机遇，加大力度推进重点城市业务发展，制定出台了11类重点产品策略，明确业务拓展方向，通过试点和重检后，推向全国区域，有力推动各类业务的项目落地，取得比较好的效果。

一是传统融资业务“老树发新芽”。抓住政策、市场窗口期，快速推进新设项目落地，加强价格管理，提高议价能力，传统固收业务当年增量收入大幅提高，并为未来发展打下坚实基础。同时，业务创新取得可喜成绩，地产股权投资业务落地3单，与美国信安集团合作的物流地产基金业务，取得实质性进展；成功发行两笔“飞驰系列ABN”，设立“如意生金”产品，打通“非标转标”全业务链条，拓宽传统业务空间。

二是股权部门业务发展加快。成功设立首期科创新兴基金、龙头产业基金，规模合计16亿元；投资的10个股权项目实现上市，投资收益率接近100%；11个投资项目预计2020年登陆资本市场；跻身清科—国资投资机构20强；成功运作千方科技、龙帆、狮桥等大型并购项目，蝉联中国并购公会“最佳并购管理奖”。

三是证券市场主动管理类业务进步明显。主动管理业务规模突破550亿元，新设立7个系列共12只主动管理产品，产品种类、管理规模、业绩表现等明显提升，货币通宝、盛景通宝、安心收益等产品，在可比基金中名列前茅。

四是优势业务领先地位进一步巩固。财富管理业务大幅增长，2019年末规模突破500亿元，增幅为80%，服务超高净值客户近1 600人，新增637人，其中榜单级客户新增46人，达到84人，蝉联《亚洲银行家》“中国年度家族信托”奖，规模、产品、客户、品牌影响力等均领先同业。

资产证券化业务市场占比保持第一。2019年新发行信贷资产支持证券32单，规模为2 345

亿元，累计发行超过 7 000 亿元，存量规模超过 5 000 亿元，三项指标均以明显优势蝉联市场第一。

国改业务成为建设银行集团“金字招牌”“国改通”“撮合通”等产品，是建设银行国企客户营销的重要抓手。国企混改基金规模超过 20 亿元，投资 18 家中央企业及地方国有企业，总规模近 15 亿元。

五是业务创新成果亮点纷呈。创新产品的数量和质量均明显提升，涌现出多笔原创性业务。例如：首单省属国企跨境并购项目——山东水发集团跨境收购；跨境基础设施投资基金；资产配置类、FOF 类证券投资产品；家族基金、永续型家族信托、股权（股票）信托等定制化财富管理产品；与渤钢集团合作设立财产权信托，作为全国首笔破产重整服务型信托，其受到中国银保监会高度肯定；债券承销业务也实现了零的突破。

（四）运营管理水平有效提升

公司成立风控委员会，推进全面风险管理，风险防控和化解成效明显，在建设银行集团全面风险评价中保持 A 档；加强内控建设，全年新制定制度 15 项、修订 8 项，涉及股权投资、金融市场、联动营销等业务运营机制改革，以及下属企业、IT、授权等管理短板的加强，2019 年末规章制度达到 268 项，制度体系进一步完善。在建设银行集团内控评价中，保持一类第一名。

公司成立创新委员会，有效促进业务创新；优化业务评审差异化政策，推进投研一体化，业务评审质量和效率明显提升。

公司成立数据治理委员会，通过数据治理完善管理，明确 300 余张报表的汇总管理部门、5 000余项数据的归口管理部门及口径，完成全要素报表流程化改造。

公司加强下属企业管理，重检和升级“四集中一垂直”管理体系，全面提升下属企业在机构设置、授权、财务、信息化管理等关键事项管理的规范性、计划性。

公司提升信托业务会计核算水平，及时、准确地完成 2 743 个独立核算单位的核算工作。

公司持续推进内部组织架构优化，引进专业人才 120 余人；进一步夯实关联交易和反洗钱管理基础，建立完善消费者保护工作体系，强化印章、档案等基础管理，推进品牌建设等均取得良好成效。

二、社会责任履行情况

公司认真贯彻国家经济金融政策和监管要求，积极支持和服务实体经济，满足客户多样化金融需求；坚持依法合规、稳健经营，有效履行受托人职责义务，维护受益人利益最大化，所有到期信托产品均实现了按期清算、足额兑付。

2019 年，公司积极发挥信托功能优势，多种形式助力精准扶贫。受托管理的“建信联合精准扶贫慈善信托”募集资金 246 万元，向陕西省安康市所辖医院捐赠“云巡诊车”价值 240 万元；积极参与中国信托业协会统筹协调的精准扶贫工作，捐赠 15 万元助力呼伦贝尔扶贫慈善信托落地；与上海市儿童基金会继续合作“智者择善”慈善信托，捐赠 187 万元为贫困家庭儿童提供医疗救助。此外，组织员工捐款 8 万余元，资助陕西省安康市汉滨区大竹园镇粮茶村的贫困学生和爱心扶贫超市。

三、2020 年发展规划

经营管理总体思路：坚持以习近平新时代中国特色社会主义思想为指引，认真贯彻落实建设银行工作会议精神和公司党委、董事会的工作要求，深入落实总行“三大战略”，加强与集团业务协同，加大转型发展力度，迎难而上，抢抓机遇，加快向一流全能型资管机构迈进。

（一）抓好“八项重点工作”

深化落实建设银行总行“三大战略”，加强与总分行业务协同；大力加强客户营销，扩大基础优化结构；加强消费者权益保护，切实提升客户体验；加大业务创收力度，努力提升公司盈利水平；强化产品创新与管理，构建多元化产品体系；加强重点区域业务发展，挖掘区域发展潜力；充分协同共享，通过集团化作战产生 1 +1 >2 的协同效应；完善风险管理体系，切实守牢风险底线。

（二）提升“七项能力”

完善党建工作体系，提升党建与经营管理深度融合的能力；完善战略管理和落地机制，提升战略执行能力；完善金融科技体系，提升数字化运营能力；构建“网络化”研究体系，提升投资研究能力；优化项目全流程管理体系，提升运营管理能力；完善下属企业管理机制，提升下属企业经营管理能力；加强基础管理工作，提升综合管理能力。

江苏省国际信托有限责任公司

一、2019 年经营概况

2019 年，江苏省国际信托有限责任公司（以下简称公司）坚持“发展、创新、高效、稳健”的经营理念，积极按照新两规要求，发挥“受人之托、代人理财”的特点，立足信托本业，完善治理结构，改善经营机制，探索业务创新，加强人才开发，经济效益稳步增长，切实维护了委托人的最大利益。公司以建立良好的内部治理为目标，以树立合法合规经营的理念和风险控制优先的意识为前提，形成业务不断发展和风险有效控制的运行机制，建立起公司员工职业道德规范和诚信记录，营造良好的合规经营文化环境。

（一）经营方针

公司的经营方针是发展、创新、高效、稳健。

（二）经营目标

大力发展金融股权投资，形成多元金融投资的格局，提升公司经营控制力和影响力；以客户需求为导向，以服务实体经济发展为根本，大力发展财富管理和资产管理能力，提升公司竞争活力和抗风险能力；大力推动市场化转型，提升公司治理水平和管理能力，形成与市场化发展相适应的组织结构、经营决策机制与人力资源体系。

（三）战略规划目标

以适应新常态经济发展规律为指导，顺应不断变化的内外部环境，抢抓发展方式转变和区域发展的战略机遇，深化公司体制机制改革和经营管理创新，构建完善的法人治理结构，加大业务创新和转型，保持稳健良好的资产质量，全面履行社会责任，实现公司向市场化一流金融企业的跨越。

（四）经营情况及业绩

一是经营业绩再创新高。2019 年，公司营业收入为 32.35 亿元，同比增长 43%；信托手续费收入为 11.53 亿元；固有业务收入为 20.9 亿元，同比增长 70%；利润总额为 29.51 亿元，同比增长 36%；净利润为 24.19 亿元，同比增长 30%。公司人均净利润为1 374万元。主要经营指标再创历史新高，在业内 68 家信托公司中继续保持前列。

二是信托资产规模有效控制。截至 2019 年末，公司受托管理信托资产规模为 3 677 亿元，其中，单一信托资产规模为 2 563 亿元，集合信托资产规模为 1 032 亿元。信托资产规模呈现逐年下降趋势，其原因主要是受到监管政策变化的影响。在“去通道”“去嵌套”、控地产的严监管氛围下，传统银信合作通道业务规模、房地产信托规模进一步收缩。

三是主动管理占比不断提升。截至 2019 年末，公司存续主动管理类信托规模为 1 136 亿元，较 2019 年初增加 528 亿元，主动管理类信托规模占比为 30.89%，较 2019 年初提高了 16 个百分点。存续被动管理类信托规模为 2 542 亿元，较 2019 年初降低了 924 亿元。主动管理类信托规模占比持续提升，被动管理类信托占比有序下降，一降一升体现了公司专业管理能力不断增强，发展质量不断提高。

2019 年，公司在用益金融信托研究院主办的信托公司 2018 年度排名中，综合实力位列 68 家信托公司中第五名，跃居信托行业第一方阵，并获得《上海证券报》颁发的“诚信托 · 卓越公司奖”、《证券时报》颁发的“突破成长奖”。

二、创新业务案例

（一）家族信托取得突破性进展

作为“资管新规”鼓励的信托本源业务，2019 年以来公司加大了家族信托业务的拓展力度。截至 2019 年末，与江苏银行合作开展的“圆融致远”系列家族信托已上线 85 单，受托规模达到 9.5 亿元。

（二）开发落地固收类标品投资信托

为更好地顺应“资管新规”要求，提升标准化领域的投资能力，满足投资者多样化现金管理需求，对标行业领先机构及产品，公司采取内部孵化研发、外部引进专业团队并行的策略，均完成落地了多个具有差异性优势的基金化现金类标品投资信托，实现了标品基金化业务零的突破，完善了公司财富端产品线。截至 2019 年末，“安鑫添利”系列产品已发行规模超过 10 亿元，实现较高年化收益率，初步打出了公司标品固收类基金产品品牌。

（三）新设并启动消费信托业务

引入消费信托领域的专业化、市场化团队，新设消费信托部门，并完成了三大步跨越：建立运营体系、搭建IT金融科技平台、业务突破发展。一是积极推进业务印章、个人征信和数据报送等方面的基础运营设施建设，并牵头建立相关流程、制度，运营体系逐步完善。二是搭建金融科技平台，基本完成了业务承接平台、运营管理平台、数据风控平台和基础服务平台等四大业务平台的搭建。三是重点布局各领域头部客户，全年实现新增消费信托业务规模22亿元，项目交易对手包括易鑫、360和百度等头部机构。

（四）证券类信托取得创新突破

一是公司首单信贷资产证券化业务正式获批。经过不懈努力，公司首次中标了江苏银行100亿元住房抵押贷款资产支持证券（RMBS）业务，该信贷资产证券化业务的开展为公司后续此类标准化业务拓展打下了基础。二是证券投资信托业务调整提升。公司抓住科创板这一历史性机遇，创设了科创板1号，采用固收加权益的混合型设计模式，项目规模约2亿元，已顺利发行。科创板1号的发行是公司进一步拓宽产品线、丰富权益类产品、满足投资人不同层面的需求而进行的有益尝试。

三、社会责任履行情况

公司秉持“利国敦行”的价值理念，将社会责任履行作为国有企业应尽的义务、企业追求的价值之一、信托文化建设的关键一环。公司充分发挥信托制度优势和主动管理能力，积极投身公益活动，履行社会责任，打造优质的金融企业公益慈善平台。

（一）参与爱心捐款

积极参与各类捐助活动，连续多年为江苏省红十字会、南京市玄武区慈善协会、泗洪县雪三小学等捐资援助，帮扶社会困难群体。

（二）助力慈善事业

公司积极对接慈善组织及社会慈善需求，正在研发慈善信托；参与中国信托业抗击新型肺炎慈善信托；与公募基金会合作，助力社会公益事业。

（三）受托管理公益财产

为江苏省慈善总会、江苏省扶贫基金会、江苏省老区开发促进会、南京大学教育基金会、唐仲英基金会等多家公益慈善机构长期提供资产管理服务，实现公益财产稳健增值。

（四）开展志愿服务

公司建立了完善的志愿者服务体系，开展了形式丰富的志愿者活动，打造了一支优秀的志愿者服务团队。一是开展金融知识宣传活动。向社会公众义务宣传金融知识，邀请专业人士为金融消费者举办讲座，以生动的案例提升消费者投资安全意识。二是开展义务献血活动。定期组织员工参与无偿献血活动，展现公司关爱社会、回馈社会的企业形象和全体员工健康向上、乐于奉献的精神风貌，获得江苏省红十字会颁发的“博爱”奖章。

四、2020 年发展规划

公司以监管政策为导向，以业务创新为核心和根本动力，不断提高公司业务能力，不断提高公司合规风控水平，不断强化公司后台部门支持保障能力。

一是积极发展资本市场业务。加强基础能力建设，着手研究标品投研体系，建立标品投研能力；加大股权、股票等权益类资产的投资能力开发。二是进一步开拓服务信托业务。继续拓展资产证券化信托业务，扩大信贷资产证券化（CLO）、资产支持票据（ABN）业务规模；继续拓展家族信托业务，深入研发个性化家族信托业务体系，研究保险金信托和慈善信托。三是进一步引进市场化、专业化团队，以“引进为主、内培为辅”，为业务转型、创新提供智力人才支撑。四是固有业务是公司的特色业务和优势业务，金融股权投资给公司带来了长期稳定的投资回报。要进一步巩固固有业务金融股权投资，研究投资与业务联动，充分发挥金融股权投资的优势，持续推进“信托＋银行＋保险平台”建设。五是坚持管控前置，持续强化风险防控能力。坚持从严要求，持续增强合规经营能力。坚持集成创新，持续提高信息化建设水平。六是完善“奖、惩、防”三位一体的内控制度。进一步完善市场化薪酬体系，丰富除薪酬激励外的其他激励手段及措施；加强公司党建及纪检监察，内审与外审结合。

交银国际信托有限公司

一、2019 年经营概况

2019 年，交银国际信托有限公司（以下简称公司）坚持以习近平新时代中国特色社会主义思想为指导，以打造“最值得信赖的信托资产管理机构”为战略定位，强化党建引领，加快转型创新，深入践行国有金融企业责任担当，服务实体经济力度持续加大，全年经营计划任务全面达成，主体经营效益指标稳中有进，信托与固有资产质量保持稳健，经营管理工作取得明显成效，推动公司高质量发展再上新台阶。

（一）服务实体经济力度不断加大

坚守国有金融机构服务实体经济的初心和使命，积极对接“长三角一体化”“粤港澳大湾区”“长江经济带”等国家战略，通过科创基金、军民融合基金、永续债权信托、资产证券化、信托融资等模式精准发力。2019 年投向实体经济资金信托规模为 1 114.01 亿元，同比增加 257.96 亿元，在新增资金信托规模中占比为 98.24%。2019 年入库税收 23.79 亿元，同比增长 124.82%，较上年翻一番，为地方经济发展作出了突出贡献。

（二）经营效益主体指标稳中有进

2019 年营业收入为 18.77 亿元，同比增长 8.65%，高于行业 3.43 个百分点；净利润为 11.38 亿元，同比增长 7.62%，高于行业 8.27 个百分点。净利润行业排名第 16 位，较 2018 年上升 5 位；人均净利润排名第 11 位，较上年上升 5 位。公司连续 5 年在信托业协会行业评级中被评为“A 级”（最高级），综合竞争力跻身信托行业第一梯队。

（三）回归本源创新转型进程加快

坚持创新引领，加快信托转型专业能力建设。截至 2019 年末，公司主动管理信托规模为 1 955.24亿元，同比增长 92.27%。2019 年发行公募信贷资产证券化规模为 670.54 亿元，位列行业第五位；成功落地大同煤矿全国首单能源企业供应链 ABN 和川投航信停车场全国首单 PPP 储架式 ABS；成功发行“2019 适老宜居暖巢”湖北省首单备案慈善信托；推出了“臻承 2 号”保险金信托产品。

（四）风险防控能力持续增强

加强全面风险管理体系建设，合规管理、反洗钱管理、消费者保护、征信管理等工作取得长足进步。全年清算和兑付信托规模为 2 457.53 亿元，信托与固有资产质量保持稳健，整体业务风险可控。连续 4 年荣获《证券时报》评选的“优秀防控信托公司”奖，荣获《金融时报》评选的“2019 年度最佳风险管理信托公司”奖，年度消费者权益保护考核评价被监管机构评为最高等级一级，整体风险水平获得监管机构“低风险”肯定评价。

（五）优化机制管理水平持续提升

完善专业部门设置，充实证券投资部等专业团队建设。创新人才选拔机制，成功组建两个“举手制”业务团队，业务稳妥起步。优化考核机制，突出价值创造和人均贡献，实施差异化考核。用好业务预沟通机制，试点预审批机制，着力提升项目审批效率。建立房地产、风险资本、集合贷款比例等合规指标监控机制，用好资源，业务效益得到进一步提升。

二、创新业务案例

（一）工商企业信托创新

ABS 业务方面，2019 年公司成功设立“聚通 230 号集合资金信托计划”，信托规模为 27 亿元。该信托计划创新业务模式，有效满足了租赁公司资产证券化前端融资与优化财务结构的双重需求，是公司与租赁公司 Pre - ABS 业务合作的有益探索，具有较好的综合效益和较高的推广价值。

（二）供应链信托创新

2019 年公司在银行间市场成功发行能源企业供应链 ABN“前海结算商业保理（深圳）有限公司 2019 年度第一期大同煤矿供应链资产支持票据（ABN）”，该项目首期规模为 10.01 亿元，期限 360 天，优先级票面利率 5.50%，有效地满足了能源类企业上游供应商的融资需求。

（三）保险金信托

2019 年公司成功成立保险金信托业务——臻承 2 号保险金信托。该业务由保险金请求权作为基础资产设立信托，根据客户家庭情况和生命周期情况，通过委托人指令，实现与定期定额、升学和婚嫁等特殊事件有机结合的收益分配方式。保险金信托兼具保险保障功能和信托财富传承、风险隔离及家族成员利益保障功能，丰富了家族财富管理内涵，可为高净值客户提供更多样化的财富保障和家族传承服务。

（四）慈善信托

2019 年公司成立湖北省首单备案慈善信托，用于资助武汉市慈善总会 2019 年适老宜居暖巢计划项目，向武汉市江汉区困难老年人家庭实施适老化改造服务，对照明系统、防滑系统、可穿戴系统、智能安全系统等进行改造，帮助困难老年人家庭改善居住条件和生活质量，减少老年人居家养老存在的风险，提升老年人居家生活品质，增强老年人的幸福感、获得感、安全感。

三、社会责任履行情况

公司重视发挥企业社会价值，积极履行社会责任，践行国有金融企业责任担当。一是助力脱贫攻坚，累计投入扶贫资金 276.8 万元。其中：引进 100 万元消费扶贫资金购买国家级贫困县甘肃省天祝县农产品，引进 50 万元帮扶资金资助当地教育事业；发挥党建扶贫优势，投入 76.8 万元，在甘肃天祝、四川理塘、四川色达等贫困地区开展党建扶贫，联合湖北省交通投资集团有限公司投入 50 万元，在湖北鹤峰建设党员教育实践基地。组织公司员工在“六一”儿童节期间向天祝县打柴沟镇打柴沟小学捐赠图书 1 000 余册。二是发挥信托构建证券化基础资产的特点，盘活存量资产，降低企业融资成本，落地同煤供应链、川投航信停车场 PPP 储架式等企业 ABN 项目。三是出资并设立湖北省首单备案慈善信托“2019 适老宜居暖巢慈善信托”，关爱老年人生活健康。四是注重员工关爱，为员工解决“小事、实事、具体事”，开展丰富多彩的员工活动，推动企业与个人共同发展。

四、2020 年发展规划

以习近平新时代中国特色社会主义思想为指导，围绕“打造最值得信赖的信托资产管理机构”战略目标，稳中求进，顺势而为，切实提升服务实体经济能力，着力推进“转型提速、深化改革、风险防控、从严治党”四项重点工作，平衡好延展长板与补足短板、信托业务与固有业务、传统业务与创新业务、风险防控与转型发展的关系，实现公司高质量发展。

（一）践行新发展理念，以系统化思维加快业务转型

一是以客户至上的理念引领业务转型，由“做产品”向“做客户”转变，根据客户需求确

定自身业务转型方向，深化战略落地；二是以聚焦问题的导向补齐能力短板，着力提升专业管理、资源整合和复制推广等三大能力，力争使资本市场、资产证券化和家族财富信托等转型业务在2020年取得突破性进展，加快结构调整。

（二）坚持深化改革，激发发展动能与创业活力

一是深化组织创新，以最适合的组织架构助力创新业务做大做强；二是深化人才工程，激活人力资源存量；三是优化资源配置，实现公司效益最大化；四是强化科技赋能，提升运营管理效率；五是深化集团协同，着力发挥集团资源优势。

（三）筑牢风险底线，坚持走高质量发展之路

一是坚决落实监管政策要求，坚持合规经营；二是加强重点领域、重点项目风险监控力度和专项排查，全力以赴守住信用风险防线；三是继续做好案件防控工作，健全案防管控体系。

（四）加强党建引领，全面推进从严治党

坚持以习近平新时代中国特色社会主义思想为指导，深入贯彻落实新时代党的建设总要求，落实中央关于党建和党风廉政建设的各项部署，将加强党的领导和全面从严治党不断引向深入，深度融合、双向发力，为公司深化改革、转型发展提供保障。

山东省国际信托股份有限公司

一、2019 年经营概况

2019 年，山东省国际信托股份有限公司（以下简称公司）在经济下行持续、资管竞争加剧、实体风险向金融传导等多重困难背景下，主动作为，调结构，控风险，整体高质量发展取得一定成效。

（一）资产收入稳步提升

截至 2019 年末，公司合并资产总额为 145.72 亿元，同比增长 7.06%；所有者权益总额为 98.10 亿元，同比增长 2.83%；全年营业收入为 18.87 亿元，同比增长 11.34%；实现信托报酬收入 10.38 亿元，同比增长 16.43%；拨备前利润总额为 15.80 亿元，同比增长 14.4%；拨备后利润总额为 8.78 亿元，同比下降 22.10%。总体来看，在 2019 年全行业资产规模继续回落、风险暴露有所上升、经营压力依旧较大的情况下，公司部分指标趋势与行业一致。

（二）信托业务提质增效

2019 年，公司持续发力回报率高的主动管理型业务，信托规模实现了稳中有升，业务结构、收入比重不断优化。截至 2019 年末，公司受托管理信托规模余额为 2 576.64 亿元，同比增长 11.10%。其中主动管理型信托规模首次突破 1 000 亿元大关，年末达到 1 096.77 亿元，同比增长 22.33%；占信托总规模比重为 42.57%，同比提升 3.91 个百分点；主动管理型信托全年贡献信托业务收入为 7.97 亿元，同比增长 27.11%，占信托报酬总收入比重为 76.78%，同比提升 6.41 个百分点。主动管理型信托延续了近两年规模及比重、收入及比重“四提升”良好态势。

（三）自有资金统筹运作有所提升

固有资产配置兼顾安全性、流动性和收益性，主要用于支持信托业务创新、股+债项目以及流动性风险化解等。截至 2019 年末，认购公司信托计划存续规模 53.28 亿元。以 LP 身份参与的新旧动能转换母基金、鲁信泰禾基金运作顺利，目前已投资8个项目，合计金额为3.12亿元。金融投资运作稳健，股票、基金等金融产品投资全年实现收益约1.24亿元，股权投资实现收益为2.40亿元。

二、创新业务案例

一是标准化领域探索亮点纷呈。天禧盈现金管理类产品顺利上线，2019年末产品规模为5.8亿元，7日年化收益率达4.79%。消费信托规模不断扩大，融易系列信托年末存续规模为15.88亿元，在金融门户网站“金融界”组织的评选活动中获评“杰出消费信托产品奖”。首单标准化ABS信托顺利落地，财产权信托本金规模为70.01亿元，对接上海证券交易所标准化ABS证券。债券业务持续发力，落地首单主动管理项目“债券增利4号”。

二是资产资金两端联动屡有突破。与工银理财达成总规模为60亿元的结构化债权投资信托业务合作意向，2019年落地14亿元。与战略客户深度合作，2019年内落地11个股权或投贷联动项目，落地规模合计51.66亿元。设立国内最大规模在役飞机售后回租信托计划。支持投拍两部改革开放40周年献礼剧，取得良好的社会效益和经济效益。

三是创新客户服务模式。智慧信托一键式操作，开启客户便捷“云服务”，完成了App客户端、网上信托的线上销售平台搭建，提供自助式智慧信托服务。基于账户管理的财富业务落地，为1 000万元以上的高净值客户实现客户个性化理财服务及专属增值服务。

三、社会责任履行情况

（一）强化社会责任理念

公司社会责任理念涵盖四个方面的内容：为客户提供全方位金融服务；为员工提供全方位发展平台；为股东创造持续的财富增值；为社会创造持续的发展动力。

（二）健全社会责任机制

公司结合自身业务性质和发展战略，将社会责任管理理念与公司经营管理相结合，形成了由决策层、管理层、执行层构成的社会责任管理组织架构。2019年，公司发布2018年度环境、社会及管治报告（简称ESG报告）；网站设置“社会责任”专栏，披露公司勤勉尽责、支持实体和赈灾救助、爱心捐赠、扶贫帮困等各项公益活动情况；通过线上、线下联动和“请进来”“走出去”结合的方式，面向社区、学校和企业开展“金融知识进万家”等系列活动；参与2019年信托业协会年度重点课题“信托公司与慈善组织合作机制研究”，探索慈善信托展业思路。

（三）服务实体经济

一是服务新旧动能转换战略，全力提升十强产业金融供给质效。截至2019年末，投向高端化工、现代高效农业、文化创意、精品旅游、现代金融业五大优势产业的信托资产余额合计为163.67亿元；投向信息技术、高端装备、新能源新材料、智慧海洋、医养健康五大新兴产业的信托资产余额合计149.75亿元；以LP身份参与的新旧动能转换母基金、鲁信泰禾基金运作顺利，目前已投资8个项目，合计金额为3.12亿元，率先支持了省内高端装备制造等新兴产业发展。二是支持大众创业，服务万众创新，着力践行普惠金融。截至2019年末，成立29单消费信托项目，累计放款67.75万笔，规模约23.42亿元，通过美团、秦苍科技等多家主要合作伙伴满足了46万人次资金需求，获评“杰出消费信托产品奖”；“智慧信托”于2019年5月入选山东省首批“现代优势产业集群+人工智能”试点示范项目，后续将依托智慧信托系统，更精准地服务广泛的中小微企业；设立弘德信系列信托，累计融资近3亿元扶持新一代信息技术科创类中小企业发展等。三是放眼持续长远发展，探索开辟绿色金融业务。向山东光伏太阳能综合利用民营龙头企业力诺集团提供2.9亿元融资支持，助力新能源行业加快发展。四是运用多元化方式助力服务行业稳定持久发展。与江苏大搜车合作的汽车金融项目——信泽车金融1-N号集合信托1期顺利落地，规模为2 340万元；设立了国内最大规模在役飞机售后回租信托计划。

（四）服务人民美好生活

家族信托构建“定制化+标准化”成熟发展模式。首创非上市公司股权型、自主管理型和二代培养系列家族信托，创设“立学”教育金、“红妆”婚嫁金等标准化产品，定制化、专业化的服务能力进一步提升。

（五）支持公益事业

2019年，公司共成立3单慈善信托，累计规模合计3 012.13万元，支持了助学、扶贫、社会公益事业等多个慈善领域发展。公司“鲁信义工”分别赴济南市社会福利院、济南星神特殊儿童关爱中心及山东港湾公益学校开展爱心帮扶活动，荣获济南市历下区历山名郡居委会授予的“名郡公益单位”荣誉称号。

四、2020年发展规划

2020年公司制定发展思路“135”规划，强化一个战略，打造三个行业特色，聚焦五个着力点。

（一）强化一个战略，打造山东国信特色信托文化，加快提升省内发展首位度

一是筹集省外资金加大支持省内发展力度，围绕山东省新旧动能转换重大工程，加大基建信托业务拓展力度。二是下大力气开展信托文化建设。三是大幅提升省内理财发展首位度，使“专业财富管理就选山东国信”的品牌认知在全省上下形成深刻烙印。

（二）打造三个特色，不断培育壮大行业内核心竞争力

一是科技引领，强化智慧信托战略发展，完成智慧信托3～5年战略规划编制。二是回归本源，挖潜彰显受托人职责的专属业务，巩固扩大家族信托业务优势，推进资产证券化及类资产证券化业务。三是国际化发展，加快实现境内外业务联动。

（三）聚焦五个着力点，精准施策凝聚高质量发展新动能

一是向党建要凝聚力，抓实党建引领发展。二是向风控要定力，管住守牢风险底线。坚持风险“可测可控可承受”，加大不良资产处置清收力度，强化合规文化建设。三是向创新要生命力，巩固和拓新“双轮驱动”。持续优化传统优势业务商业模式，真正以股权投资思维开展主动管理项目；持续做大创新业务规模。加快推进债券业务、现金管理类业务、家族信托、消费信托、财产权信托和资本市场业务；着力增强自主营销能力，加快财富管理转型。四是向改革要活力，构建综合金融服务平台。重点推动泰信基金完成增资并实现稳健发展，推动公司现有金融牌照整合，争取退出一个非核心金融股权。五是向人才要创造力，持续深化“三项制度”改革，引入三方机构合作，推动组织架构调整和薪酬绩效体系优化，对2020年入职应届毕业生实施首次“雏鹰计划”，制定针对性培养方案。

四川信托有限公司

一、2019 年经营概况

2019 年，四川信托有限公司（以下简称公司）在监管部门的指导下，在公司党委、董事会的领导下，坚持以“立足本源、防控风险、合规经营、稳健发展”为指导，认真贯彻国家经济金融政策，坚持以服务实体经济和支持社会经济发展为己任，积极应对市场变化，主动谋新求变，克难奋进，重点抓好风险资产处置和业务转型升级，确保了公司持续平稳运行。

（一）资产情况

截至 2019 年末，公司本部总资产为 98.91 亿元，较 2019 年初下降 1.03%；净资产为 80.12 亿元，较 2019 年初增长 6.77%。

（二）收入利润情况

2019 年，公司累计收入总额为 23.23 亿元，利润总额为 6.95 亿元，净利润为 5.21 亿元。

（三）固有业务情况

截至 2019 年末，公司自营资产总额为 98.91 亿元，其中，货币资金为 15.53 亿元，占比为 15.7%，投资信托产品净值为 45.76 亿元，占比为 46.26%，投资股票为 3.08 亿元，占比为 3.11%，自营贷款净值为 7.7 亿元，占比为 7.78%，长期股权投资为 8.45 亿元，占比为 8.54%，应收款项净值为 11.45 亿元，占比为 11.58%，固定资产及其他为 8.1 亿元，占比为 8.19%。净资本对风险资本覆盖率为 186%。

（四）信托业务情况

截至 2019 年末，公司存续信托项目 803 个，管理型信托规模余额为 2 275.33 亿元，比 2019 年初减少 872.3 亿元，降幅为 27.71%。年内共清算信托项目 407 个，涉及信托规模合计

1 861.86亿元，全部平稳兑付。

二、创新业务案例

（一）慈善信托

2019 年 5 月，公司与浪速体育共同出资成立“浪速体育产业慈善信托”，这也是全国首单体育产业慈善信托，慈善资金主要投向成都市“小铁三”（小铁人三项）公益赛事等青少年公益体育赛事。成都市“小铁三”公益赛事是由巴塞罗那射击飞碟奥运冠军张山、皮划艇世界冠军赵晓俐共同发起的成都市赛艇运动协会主办的一场公益性质的赛事，至今已成功举办三届，旨在为成都市大力推广普及皮划艇、赛艇等水上运动项目，并为广大少年儿童提供一个竞技比赛平台，通过打造传统公益性赛事，让青少年植入体育精神。

2019 年 5 月，“慈联慈善信托”一期在成都市民政局成功备案成立，该项目一期规模为 600 万元，是国内目前成立资金规模最大的保险金慈善信托，信托资金将全部为四川、新疆等地贫困县建档立卡户 0 ~ 17 周岁患重大疾病的未成年人实施保险救助。该项目搭建了“政府 + 慈善 + 信托 + 保险”的跨界合作创新机制，打破了直接给救助者经济补偿的传统模式，采取按病种实施救助的方式，凡是符合规定内的病种即可申请救助，减少人为操控，公平救助，同时救助金去向清晰明了，为之后追踪与评估提供依据。项目借助信托公司保值增值的资产管理能力和保险公司的专业技术优势，救助方式更规范、更高效。

（二）家族信托业务

2019 年，公司与国内大型财富管理公司联合成立“四川信托—宜安传家 150 号”家族信托，信托初期规模为 1 000 万元，成立规模不低于 30 年，主要是解决客户家族财富传承的问题，通过合理设置受益人的分配条款，将委托人计划传承的家族财富提前规划，在避免后代一次性获得大量财富的同时，还从源头上解决了子女后代相处不和，未来可能会争产等问题。

三、社会责任履行情况

（一）支持实体经济

公司充分发挥信托制度优势，大力拓展服务实体经济的广度和深度。截至 2019 年末，公司累计投向实体经济领域资金规模逾万亿元；全力支持省内经济发展，累计投入逾 5 800 亿元；为助力中小企业发展提供资金支持逾 6 200 亿元。

1. 响应国家战略。公司积极响应国家战略，大力支持国家供给侧改革，助力“一带一路”、京津冀一体化、长江经济带建设，支持基础设施建设，促进区域协调发展等。截至 2019 年末，累计投入逾 1 万亿元。

2. 繁荣地方经济发展。面对成渝经济区域建设、成都西部金融中心打造、城乡统筹规划、天府新区建设等历史机遇，公司充分发挥信托制度优势，大力拓展信托业务，繁荣地方经济发展，截至 2019 年末，累计投入逾 5 800 亿元。

3. 扶持中小企业发展。公司积极响应国家、四川省委省政府关于做深做实中小企业金融服务的号召，充分发挥信托投融资金融功能，持续加大对中小企业的支持力度，为中小企业的发展提供长期、稳定的资金支持。在传统贷款、投资模式的基础上，通过创新服务模式，提升服务效率，加大信贷投放等方式，助力中小企业发展，同时也为扩大城乡就业、促进经济增长、维护社会稳定作出积极贡献。截至 2019 年末，公司为支持中小企业发展，累计投入逾 6 200 亿元。

4. 依法诚信纳税。公司始终以国家利益为重，在谋求自身稳健发展的同时，恪守诚信，合法经营，坚持依法按时足额缴纳税款。自开业以来，公司已连续七年荣获“四川省纳税大户”称号，树立了诚信纳税的良好企业形象和品牌信誉；截至 2019 年末，公司纳税总额逾 70 亿元，为四川经济社会的发展作出了积极贡献。

（二）服务人民美好生活

1. 忠实履行受托责任。2019 年，公司严格落实监管要求，以客户为中心，不断强化营销管理，通过健全教育培训机制、修订完善消保相关制度办法、充分做好产品风险提示、健全优化业务流程、金融知识宣传普及常态化等，确保消费者权益保护工作落到实处。

2. 服务人民财产保值增值。2019 年，公司始终坚守以服务为核心，以金融为本质，以数字化为有力支撑，持续深化财富管理业务转型升级。2019 年，公司发行产品 368 款，发行规模为 816.89 亿元，为客户创造收益逾 150 亿元。截至 2019 年末，公司个人高净值客户约 3 万名，机构客户近 3 000 家，累计为客户创造收益逾 1 600 亿元。

3. 推进信托消费者权益保护工作。2018 年，公司严格落实监管要求，持续推进信托消费者权益保护工作：一是为有效提升全员消保意识和专业素养，组织开展全员消保专题培训；二是修订完善相关制度办法，从制度上规范消保工作流程、要求等；三是客户可通过 400 贵宾专线、官网、邮箱、信函、现场等多种渠道反馈意见和建议，对公司消保工作开展情况进行监督；四是积极组织开展“3・15”消费者权益日、防范非法集资、“金融知识万里行”、征信专题宣传、“金融知识进万家”等 80 余场公益专题宣传教育活动。

（三）支持公益慈善事业

1. 推动慈善信托创新发展。2019 年，公司陆续发起成立“慈联慈善信托”“浪速体育产业慈善信托”等与公益事业深度结合的信托产品，将信托价值深入社会事业领域，进一步增强了社会慈善资源对慈善信托的理解，激发和调动了社会各界力量对慈善信托参与扶贫济困工作的支持和投入，积极发挥了慈善信托这种新型资产管理模式在促进慈善事业发展中的作用。

2. 拓展脱贫攻坚资源渠道。2019 年，公司在对口扶贫的康定市持续开展“贫困家庭收入增长奖励计划”“青少年教育促进计划”“乡村振兴计划”，有效激励在校学生自发成才和贫困户家庭劳动脱贫的内生动力，对水桥村脱贫攻坚工作给予了大力支持，取得了显著成效。同时，积极开展“以购代捐”、扶贫捐款等活动，助力凉山、德格、炉霍等贫困地区扶贫攻坚工作，以实际行动为精准扶贫和社会发展作出了应有的贡献。

3. 倡导信托行业志愿服务。2019 年，公司在注重自身快速稳健发展的同时，积极开展扶贫赈灾、捐资助学、尊老护幼等公益活动，量身定制了“两个计划”，不断完善“授人以渔”的造血扶贫机制；适时启动慈善信托救助计划，缅怀抗洪救灾英烈；主动认养沙漠治理林地，将爱与希望播种在万里戈壁；持续开展“暖冬行动”，用爱和关怀收获欢笑和感动；着力打造“锦绣 · 爱心之家”，为城市文明建设贡献绵薄之力；积极弘扬“奉献、友爱、互助、进步”的志愿服务精神，不断推动公益慈善事业持续健康有序发展。

四、2020 年发展规划

2019 年中国信托业年会以“弘扬信托文化，强化合规建设”为主题，提出以回归信托本源为指向，全方位地支持实体经济发展，明确了发展资金信托、服务信托、公益慈善信托的主要方向，在全行业推动信托文化建设。2020 年，公司将结合中央经济工作会议要求和信托业年会有关工作部署，认真贯彻落实“弘扬信托文化，强化合规建设”的精神，围绕“3 年、5 年、8 年战略目标”，以“加强文化建设，防范化解风险，稳健合规经营，创新转型发展”为工作方针，确定 2020 年发展规划。

（一）抓住机遇加快发展，推进业务升级转型

一是发展具有直接融资特点的资金信托。发展以受托责任为核心的融资类业务，积极服务实体经济，精耕细作房地产业务，规范发展同业合作业务，积极发展资本市场业务，合规稳健开展基础设施业务，探索开展消费金融业务。二是创新发展以受托管理为核心的服务信托。从信托受托服务功能、信托制度优势角度，总结信托公司服务信托业务在缓解实体经济“痛点”、

难点问题中发挥的作用。积极发展家族信托，探索发展以账户管理为基础的各种服务信托，发展资产证券化业务，发展体现社会责任的慈善信托。三是持续推动体现社会责任的慈善信托。加强慈善信托与家族信托联动，丰富家族产品体系，探索推出标准化家族信托产品，引导部分家族信托客户与慈善信托客户相互转化。

（二）提升财富管理能力，扩大管理规模与影响力

一是专业化财富管理团队建设。继续引进一批具备资源优势、专业能力的成熟财富团队。二是加强机构客户拓展。积极拓展金融机构代销和投资信托产品渠道。三是不新增并维护个人高净值客户。继续打造“锦绣财富”俱乐部，通过举办更具针对性、更细化客群的客户活动，和“锦绣云财富”APP 平台，为客户提供全方面、多维度增值服务

（三）抓好风险防控与合规管理，严防新增风险项目

全方位提高项目风险防控水平，坚持严格的风控标准，加大存量风险项目处置清收力度，全面防范新增风险项目。

（四）加强精细化管理，促进内部管理提质增效

一是持续引进高素质人才，加强专业化培训，建设人才梯队。二是进一步夯实财务管理基础工作，增强财务管理的战略性和主动性，促使财务管理围绕公司战略提供支撑。三是提高内部运行效率，加强运营管理。四是完善制度建设，提高制度的全面性、有效性、可操作性，切实加强制度执行。五是加大信息系统建设投入，以科技赋能业务和管理发展。六是加强审计纪检监督，进一步加强廉洁从业教育及监督警示，增强员工自我管理和自我约束。

苏州信托有限公司

一、2019 年经营概况

2019 年，苏州信托有限公司（以下简称公司）不断深化学习贯彻习近平新时代中国特色社会主义思想和党的十九大精神，不忘初心，牢记使命，在国发集团等股东及公司党支部正确领导下，2019 年营业收入为 79 531 万元，利润总额为 61 165 万元，净利润为 46 568 万元。2019 年公司新增信托项目 154 个，其中集合类项目 133 个，单一类项目 18 个，财产及财产权项目 3 个。增加信托规模 517. 46 亿元，其中集合类信托项目为 355. 53 亿元，单一类信托项目为 85. 97 亿元，财产及财产权信托项目为 75. 96 亿元。

公司在《证券时报》主办的优秀信托公司评选中获评“2019 年度区域影响力信托公司”、在苏州市地方金融监管局主办的 2019 财富苏州 · 金融科技创新先锋榜评选中荣获“创新服务”奖、在网易网主办的评选中获“普惠金融服务典范”称号。公司“慈心”“善举”系列慈善信托获评苏州市优秀慈善项目（苏州市慈善总会主办）、最佳慈善信托产品奖（《上海证券报》主办第十二届诚信托评选）等。

二、创新业务案例

（一）慈善信托案例

1. 苏信 · 源溶慈善信托（善举 3 号）。公司于 2019 年 3 月成立苏信 · 源溶慈善信托（善举 3 号），规模为 100 万元。该慈善信托委托人为苏州市相城区慈善基金会，资金来源为苏州市某企业在苏州市相城区慈善基金会设立的冠名基金，是公司首单资金来源于外部的慈善信托，标志着公司成功将慈善信托业务推向市场。该项目由苏州市相城区慈善基金会作为委托人、工商银行苏州分行作为保管人、江苏新天伦律师事务所作为监察人，信托目的为教育、扶贫、助残等。为了在解决资金捐助企业税收抵扣问题的同时，使其充分参与到慈善信托的运作、监督中，公司与委托人、资金捐赠企业签订三方协议，通过协议框架保证捐赠企业能参与、监督慈善信托运作。目前该项目运作正常，已累计捐赠近 10 万元用于教育、扶贫、助残等项目。

2. 苏信·苏州致公慈善信托（善举 4 号）。公司于 2019 年 4 月成立苏信·苏州致公慈善信托（善举 4 号），规模为 180 万元。该慈善信托委托人为苏州市慈善基金会，资金来源为致公党苏州市委员会在苏州市慈善基金会设立的冠名基金。该项目是公司首次与民主党派合作成立慈善信托。该项目由苏州市慈善基金会作为委托人、工商银行苏州分行作为保管人、江苏瀛元律师事务所作为监察人，信托目的主要为扶贫与教育。公司与委托人、致公党签订三方协议，通过协议框架形成了民主党派积极参与和探索慈善组织从中指导监督、信托公司利用信托制度优势进行运作的创新模式。目前该项目运作正常，已累计捐赠近 12 万元用于贵州省铜仁市的扶贫工作。

3. 苏信·善举 2 号慈善信托。公司设立的苏信·善举 2 号慈善信托是与苏州市吴中区民政部门合作的。成立的目的是为吴中区东山镇的失能半失能贫困老人提供专业的护理服务，解决个人卫生、饮食、居住环境清洁等问题。该项目 2019 年捐赠 30 万元，累计捐赠 55 万元，惠及 30 余名失能半失能贫困老人。该项目不仅仅局限于传统的捐钱捐物，还切实帮助老人们解决日常护理问题，使其生活质量大大提高，生活得更有尊严。该项目中，公司不仅参与慈善资金的运用，还投入慈善信托的设计、合作方的筛选，以及定期回访中去，受到了媒体的好评与推广。

（二）家族信托案例

公司自 2017 年起开始对家族信托业务进行深入研究，经过一年多的探索，于 2018 年成功将产品推向市场，2019 年公司设立家族信托办公室，并协助落地公司首单家族信托业务——福鑫悦享家族信托 1 号。该家族信托总规模为 2 000 万元，2019 年已募集约 1 000 万元，投资信托项目 3 个，完成信托收益分配两次。

公司还与银行机构沟通家族信托代销业务，提交公司家族信托相关业务信息，2020 年将正式开展合作业务。

三、社会责任履行情况

2019 年，公司贯彻落实“三重一大”决策制度，进一步完善法人治理结构、内控体系及风险管理，有效控制各类风险；积极发展主动管理类信托业务，完善客户服务体系，优化产品结构；紧跟政策指引，顾全大局，充分发挥国有金融机构功能，积极支持实体经济发展；支持苏州地方经济转型发展，提供优质的信托金融服务；加强党风廉政建设；保障员工基本权益，提供各类专项培训、健全的保险保障和丰富的活动；推行绿色金融，支持低碳环保经济；积极投身金融知识宣传和消费者权益保护工作，构建立体化投教体系，切实保障投资者各项合法权益。开展金融知识普及月、扫黑除恶、防范非法集资和反洗钱等主题宣传；积极发展公益信托，致力精准扶贫和教育事业；积极有效地开展案件防控和反洗钱工作。

四、2020 年发展规划

2020 年，公司将继续学习贯彻习近平新时代中国特色社会主义思想和党的十九大精神，以及人民银行和银保监会相关政策法规和指引要求，推进公司各项转型创新，加强与国家宏观调控政策、产业政策、监管政策的协调配合，紧紧围绕战略规划，扎实做好基础工作，切实加大产品创新投入。有效捕捉市场机会，加快资源能力建设，努力通过自身的发展转型，提升信托服务的专业性、多样性和有效性。

（一）扎实做好党建工作

2020 年，公司将紧紧围绕年度目标，进一步总结和利用好主题教育成果，切实找准党建工作与业务工作的切入点，探索金融企业基层党建的有效抓手。一是以争优创先为抓手，强化党员示范作用；二是以围绕业务为抓手，强化党建引领作用；三是以人才队伍建设为抓手，强化党员培养工作；四是以载体建设为抓手，丰富“党建 +”形式；五是以党风廉政建设为抓手，强化从严治党常态化。

（二）加快业务的转型和提升

公司积极应对业务挑战，做好新形势下业务结构调整：一是以服务实体经济为出发点，以金融创新为手段，积极把握实体经济中的业务机会，实现公司业务发展与支持实体经济完美结合。二是加大业务转型的力度，要积极开展各类主动管理类业务和财富管理类业务，积极推进家族信托和慈善信托。

提高财富管理团队主动投资配置管理能力，加快推进家族信托业务。继续通过多种渠道加大信托产品销售，通过开展有针对性的客户活动，夯实客户忠诚度，挖掘高净值潜力客户，加强客户价值提升管理。加强客户营销工作，搭建客户拓展平台，增进客户的沟通。以提升销售人员能力作为重点，加强团队管理。积极优化金融服务工作，提高客户满意度。

（三）持续改进中后台管理

一是加强内部管理和风险控制。进一步明确规范各职能部门和各岗位的分工职责，权责明确充分授权；加强市场研究，科学制定风控政策。完善风险管理体系建设，重点加强问责制的建立与落实。把全面提升工作质量贯穿到项目推进的全过程；进一步建立健全“事前防范、事中控制、事后监督和纠正”的动态风险管理机制，支持业务快速发展。

二是加强人才团队建设。进一步优化绩效考核和完善问责体系。继续加强团队建设的力度，重点加强业务团队建设。提升公司人员专业化水平，加强人才梯队建设的力度，积极搭建平台加快青年人才的培养的力度。要继续加大对现有员工的培训，加快团队成长和成熟的进程。

三是加强企业文化建设。全面加大公司品牌宣传的力度，加大品牌在市场的知名度和美誉度；加强投资者教育工作，探索运用新形式、新手段；积极倡导公益行动，继续探索慈善信托的发展路径，充分展现企业积极承担社会责任的良好形象。

五矿国际信托有限公司

一、2019 年经营概况

（一）主要经营成绩

2019 年，五矿国际信托有限公司（以下简称公司）营业收入为 41.57 亿元，增长 41.67%，其中信托手续费及佣金收入为 35.27 亿元，增长 47.42%，利润总额为 28.01 亿元，增长 22.59%，净利润为 21.04 亿元，增长 22.32%，超额完成全年经营目标。公司全年未发生重大经营风险。

公司管理信托资产规模存续信托资产规模为 8 849.76 亿元，增长 47.64%。其中，主动管理业务规模达到 6 500.22 亿元，占比提升至 73.45%，高于行业平均水平近 26 个百分点，居行业前列。集合资金信托规模为 6 877.55 亿元，占比提升至 77.7%。存续信托项目平均报酬率为 0.54%。全年无新增主动管理类风险项目。

（二）主要经营举措

狠抓风险管理，高标准风控取得积极进展。公司明确提出“四个常怀、四个确保”风险观，开展“风险管理加强年”活动，夯实了风险管理的基础。一是推动建立统一展业标准。制定 10 余项业务管理规范和操作指引，完成 30 余篇业务研究报告，发布 60 个区域地产政策，有效统一了授信标准。二是加强过程风险把控。按照“专业人做专业事”的理念，实行评审小组专业化分工，同步成立专业咨询组，提升中介机构使用效能，提高了项目评审和合同审查工作的效率。三是持续强化项目中后期管理。在新设重点项目跟踪机制的基础上，推动项目季度风险排查工作常态化。加强风险项目动态跟踪督办机制，保证责任落实到人。

狠抓两大平台建设，高度统筹取得积极进展。一是持续拓展大运营管理平台服务边界。以项目预审、资源协调、资产管理、专项事务、数据治理、登记托管、股权管理、资产保全八大职能条线为立足点，形成“八纵三横”的网状治理服务结构，实现了全类别管理、全过程管控和全数据支撑。二是持续实施人才发展计划。部署实施“翔雁”人才培养计划，行业领军人才、精英人才和基石人才三个层次的人才体系初见成效，业务和管理核心人才占比为10%，骨干人才占比为33%，基础人才占比为56%，符合长期可持续发展的梯队建设需求。打造“三纵五维”人才培养体系，开展外部培训、内部培训、拓展培训，全面提升员工学习能力、协调能力、决策能力、执行能力和表达能力等五个维度的能力。

狠抓两大工程建设，高效率服务取得积极进展。一是启动“天骐工程”，资金资产的匹配效率大幅提高。设立资源协调管理委员会和资源协调条线，通过建立全景数据库、统一流动性管理、制定产品价格体系等举措，在极大提升业务拓展效率的同时，实现了公司利益最大化。公司新增主动管理类信托规模6 108.51亿元，29个业务部门参与内部协同，有效推动业务部门优势互补、资源共享。二是启动“T+工程”，公司综合服务效率持续改善。践行科技赋能，加强协同办公、营销服务、资产管理、运营管理、数据及基础服务五大系统群建设，有效提升公司资金获取、资产把控和运营管理等方面的综合质量和效率，上线五矿信托APP，实现对客户“7×24小时”服务，上线6个月注册用户突破1万人，累计交易规模突破160亿元，签单效率提升20倍。

狠抓使命担当，高水平党建引领取得积极进展。一是扎实开展“不忘初心、牢记使命”主题教育。严格按照“守初心、担使命、找差距、抓落实”的总要求，将“学习教育、调查研究、检视问题、整改落实”贯穿始终，并将发现的问题与中央巡视、集团公司巡视整改的要求结合起来，真刀真枪整改落实。创新党建模式。与招行北分签署党建共建协议，挖掘合作资源、拓宽合作领域，实现互学互鉴、合作共赢。二是深入推进党风廉政建设。认真贯彻落实中央八项规定及实施细则精神，持之以恒纠治“四风”，全力打造廉洁、高效的内部经营环境。出台《员工行为规范》，加强员工八小时之外的行为管理，确保员工严守党纪国法，坚决杜绝任何违法违纪等影响公司声誉的行为。

二、创新业务案例

2019年，公司积极推进业务创新，探索转型升级，业务创新能力持续提升，创新业务亮点纷呈，实现规模为4 186.61亿元，占比达到47.60%；在基建领域、慈善信托、财务线上销售等多个领域取得创新突破。

在基建领域方面，公司设计推出“五矿信托—恒信国兴35号—曲江大道PPP项目投资基金集合资金信托计划”。该项目针对基础设施建设领域存量PPP项目的资本金进行投资，创新“远期认缴制产业基金接续性投资”模式，由信托计划与建筑类央企以同比例认缴额度共同组建产业基金，双方以“2年+3个月”的远期实缴约定共同对底层资产进行接续性投资，帮助建筑类央企客户解决了 PPP 项目资本金期限长、投资难的核心问题。

在慈善信托方面，公司设计推出“五矿信托—三江源精准扶贫 3 号慈善信托计划”。该项目委托人为五矿资本旗下四家机构，是五矿信托成立的首单集合慈善信托计划，也是公司开展慈善信托业务以来规模最大的项目，项目规模为 1 000 万元。该项目充分发挥央企集团内部协同优势，在合作模式上进行创新，极大拓宽了精准扶贫的新渠道与新思路，可以作为集团内部扶贫事业和信托机制结合的样板工程。同时，项目资金覆盖面广，主要投向产业、教育、环境保护、住房、基础设施等方面，使精准扶贫受益群体更为全面。项目全部用于支持云南省镇雄县、威信县、贵州省德江县、湖南省花垣县的扶贫开发事业，极大地改善了当地人民群众的生产生活条件，直接受益贫困人群人数达 1 102 人。

在财务线上销售方面，五矿信托 2019 年上架“五矿信托 APP”，开启了线上财富版图。五矿信托 APP 创新推行了全面 O2O 的营销模式，在销售过程中每一环节都可以线上线下 O2O；在信托行业内率先推出人工智能自助双录方式，双录解决方案的集成度在信托行业达到前所未有的高度。APP 的推出极大提高了公司财富线上销售的效率，签约过程从以前的平均 2.5 天缩减到现在 10 分钟以内，为客户带来了便捷。五矿信托 APP 荣获了中国五矿集团有限公司信息化优秀案例奖。

三、社会责任履行情况

2019 年，公司深入贯彻习近平新时代中国特色社会主义思想，筑牢“四个意识”，坚定“四个自信”，做到“两个维护”，将信托业的责任和使命扛在肩上，积极履行社会责任。

全面加强党的领导。公司始终坚持党对各项工作的绝对领导，强化党委在企业治理中把方向、管大局、保落实的政治地位，细化党员领导干部工作责任，提升基层党建规范化水平。

有效防控金融风险。公司以党的十九大精神和十九届四中全会精神为指导，主动配合监管检查，认真组织自查自纠，全面提升风险把控能力。

服务实体经济发展。公司立足行业、回归本源，紧扣国家战略，积极服务“一带一路”、京津冀协同发展和长江经济带建设，加快融入粤港澳大湾区城市群发展；积极布局新一代信息技术、新材料、生物医药等领域，通过业务创新不断优化服务实体经济的手段。

服务人民美好生活。公司坚守“受人之托，忠人之事”的本源理念，坚持满足人民群众日益增长的财富管理需求。公司联合国家金融与发展实验室发布了《家族财富管理调研报告(2019)》，通过研究实践，积极探索符合我国国情的家族信托业务。

投身精准扶贫事业。2019 年，公司根据集团公司与五矿资本的统一部署，从集团公司“双挂钩”扶贫县采购的十余种农副产品，“以购代捐”消费扶贫采购金额近 160 万元，助力贫困县夯实发展基础。与此同时，累计成立13单扶贫类慈善信托，总额约1 464万元，精准支持四川、云南、甘肃、湖南、贵州、青海、陕西、河南八省脱贫事业。

大力发展慈善信托。公司将慈善信托作为践行社会公益的重要平台，截至2020年4月30日，公司已累计成立25单慈善信托项目，项目总规模超过2 600万元。其中2019年成立慈善信托7单，覆盖扶贫济困、生态环保、教育人文、中医药文化等多个领域，项目数量及规模均位于行业前列。其中五矿信托—三江源思源2号、3号、4号慈善信托专门用于三江源地区生态保护建设，进一步加大对“中华水塔”的保护力度，积极探索绿色金融模式创新，积累绿色金融服务经验。

持续强化社会责任。公司坚持经济效益和社会效益相统一，积极履行依法纳税责任，2019年，全年纳税为20.31亿元，在青海省金融法人企业中位列第一。

四、2020年发展规划

2020年是公司转型发展和深化改革的关键时期，公司发展面临的机遇与挑战并存。公司2020年总体发展思路是：深入贯彻落实中央经济工作会议精神和集团公司、五矿资本的各项部署，坚持“稳中求进”的工作总基调，以“弘扬信托文化 强化合规建设”为主线，深入推进党建与业绩相融合，深入推进质量与速度相统一，深入推进资金与资产相协调，深入推进管理与服务相平衡，在做好风险管理的前提下稳健发展，发挥党建引领作用，全力打造公司“一核”“两翼”“四大体系”的新发展格局，扎实推动公司高质量发展。“一核”指以深入推进信托文化建设为核心。“两翼”指打造资产与资金两翼齐飞新局面。“四大体系”指建设全面风险管理体系、全流程服务支撑体系、全覆盖金融科技体系和全周期创新生态体系。总体经营目标是在不发生经营风险的前提下，顺利完成公司的年度考核任务。

（一）筑根强魂，充分发挥信托文化转型动力作用

一是强化文化建设的政治保障。坚持以习近平新时代中国特色社会主义思想为指导，坚持社会主义先进文化前进方向、坚持社会主义核心价值观。二是制订企业文化建设五年规划。坚持服务实体经济，坚持满足人民群众日益增长的财富管理需求，深入推进信托业务与信托文化的融合，力争成为行业文化建设的排头兵。三是提炼和践行具有公司特色的信托文化建设。挖掘、提炼和发扬“脊梁精神”，丰富“水之五德”的人才培养标准，激发员工尽职尽责、奋力拼搏。四是加大品牌宣传力度。

（二）优化升级，打造资产与资金两翼齐飞新局面

一是持续优化业务结构，把稳守牢优质资产。以坚持回归信托本源、服务实体经济为导向，

以提升资产把控能力为核心，持续压降事务管理类业务，加速向主动管理转型。二是持续开拓资金获取渠道，广纳并包优质资金。以资金获取为核心，开展客户分层管理，提升客户服务水平，推进资金渠道“三足鼎立”有序发展局面。

（三）统筹全局，积极构建“四大体系”

守牢“受托人责任”，深化提质增效改革，坚决打破部门壁垒，深入推进“纵横”管理机制在公司各个领域的应用延伸，将“共生 共荣 共赢”的理念贯彻到公司管理服务的各个环节，推动公司持续健康发展。一是构建“一体六面”的全面风险管理体系。一体是指以“四个常怀、四个确保”风险观为主体。“六面”是指以覆盖合规风险、信用风险、流动性风险、传导风险、操作风险和声誉风险六大方面的风险管理机制。二是构建全流程服务支撑体系。充分运用“经分纶合”管理理念，实施“经纶工程”，全面提高管理效率。三是构建全覆盖的金融科技体系。以实用主义为导向，持续推进“T+工程”做实做细，提高公司金融科技水平。四是构建全周期创新生态体系。以公司增资工作为契机，做大资本金规模，做强公司实力，持续改革经营管理方式，全面加强创新环境建设，提升创新能力。

（四）锐意进取，充分发挥党建压舱稳舵作用

深入落实党建业务相融合，完善党建工作的顶层设计，充分发挥公司党建引领作用，争取干出特色，创新出亮点。一是推进党建融入决策。遵循“三重一大”制度落实好公司党委研究讨论这一根本要求，使公司党委的意见在经营决策中得到充分实现。二是推进党建融入执行。把党建目标与经营目标紧密结合，在业务拓展方面，充分借鉴与招行北分的党建合作模式，和其他企业增强党建纽带，以党建促互信、促合作。三是推进党建融入监督。认真贯彻上级党委要求，推动党风廉政建设与反腐败工作，做好对公司员工的宣传教育警示工作。四是推进党建融入制度。把党建工作制度纳入公司管理制度体系，成为公司管理体系中不可分割的关键构成。

兴业国际信托有限公司

一、2019 年经营概况

2019 年，兴业国际信托有限公司（以下简称公司）积极应对宏观经济金融形势变化，牢牢坚持“效益优先、严防风险、聚力创新、深化转型”的工作主线，不断增强战略定力，坚决贯彻落实各项监管要求，主动回归信托本源，不断深化风险管理，大力发展主动管理业务，稳步压缩通道业务规模，持续推动业务转型和结构调整，公司总体经营继续呈现稳中有进、稳中向好的良好态势，高质量发展成效进一步显现。

截至 2019 年末（合并口径），公司固有资产为 421.45 亿元，较 2018 年末增长 12.07%；所有者权益 195.20 亿元，较上年末增长 11.27%；实现营业收入 44.61 亿元，利润总额 21.88 亿元，净利润 16.64 亿元。经营业绩实现逆势增长，圆满完成董事会下达的年度经营任务目标。

（一）加快提升主动管理能力，持续优化业务结构

贯彻落实监管部门“去通道”政策要求，主动压减事务管理类业务规模。截至 2019 年末，公司集团管理资产规模为 6 729.36 亿元，较年初下降 24.13%。全面发力主动管理业务，主动管理业务已成为支撑公司信托业务收入增长的绝对支柱。截至 2019 年末，公司存续信托业务规模 5 499.59 亿元。其中：主动管理信托业务存续规模 1 284.57 亿元，较年初增长 17.51%；主动管理业务规模占比 23.36%，较年初提升 8.29 个百分点。全年累计新增信托业务规模 1 508.81 亿元，其中主动管理业务新增规模 873.15 亿元，同比增长 6.61%。全年累计实现信托业务收入为 24.68 亿元，同比增长 15.59%，其中主动管理业务收入为 17.66 亿元，同比增长 38.43%，占比较上年进一步提升，达 71.55%。

（二）着力深化创新发展，特色业务质效双升

资产管理业务竞争力显著提升。按照“资管新规”净值化管理要求和市场需求，构建形成以“元丰”T+1 产品为核心的固收类资管产品体系。积极创设以二级市场股票直投为主的权益

类资管产品，不断丰富证券类主动管理产品线。

资本市场业务得到稳步推进，全面丰富证券信托业务产品线，完善业务支持配套体系，积极响应国家关于金融支持服务实体经济发展的号召，以全资子公司——兴业国信资产管理有限公司（以下简称“兴业国信资管”）为主体发起设立股权基金，通过受让三安集团持有的三安光电股份，为三安集团提供10亿元股权投资资金，积极为优质上市民营企业解难纾困。资产证券化业务保持较快发展势头，积极推进全链条资产证券化业务落地，业务规模稳步提升，被中债登评为八家“优秀ABS发行人”之一。

股权投资业务取得新进展，房地产真实股权投资业务从无到有，建立起较为成熟的业务风控体系，多种业务新模式得到快速推广，形成良好的产品竞争力和品牌效应，成为服务战略级客户的有力产品工具。依托兴业国信资管私募股权投资专业化平台，深耕医疗健康、人工智能、节能环保等高新技术行业，私募股权投资价值判断能力和品牌效应不断增强。2019年，已投企业福光股份成为福建省首家、全国第四家过会的科创板企业，并在上海证券交易所首批挂牌上市交易。

财富管理业务体系进一步完善，大力推进财富直销团队和区域财富中心建设，成都、福州财富中心相继建成开业。持续完善财富人才、渠道、产品集中统一管理体系，优化网上信托功能，提升客户服务体验。

（三）风控基础更加坚实，资产质量安全稳定

持续完善风险管理体制机制，调整风控与审批部门设置，提升风险管理工作的整体性和有效性，逐步形成由一线经营部门自我管理、风险管理部门监督控制和内控审计部门独立评价所组成的职责明确、完整高效的风险管理三道防线，实现风险管理流程全覆盖。资产质量总体保持良好水平，拨备覆盖率大幅提升，风险抵御能力显著增强，各项监管指标均符合监管要求。得益于自身的稳健发展，在中国信托业协会组织的行业评级中，公司连续四年被评为最高等级“A级”，并在各类权威机构组织的评选活动中荣获“优秀资产管理机构奖”“优秀ABS发行人奖”“最佳家族信托机构奖”“2019年度优秀财富管理品牌”“2018年度最值得信赖金融机构资管股票策略奖”等多个奖项。

二、创新业务案例

2019年公司认真贯彻落实国家宏观政策和金融监管要求，以推动业务转型与结构调整为契机，开展实施多项创新信托业务。其中典型创新产品和特色业务如下：

（一）资产证券化业务保持较快发展

截至2019年末，公司存续公募资产证券化业务规模为708.24亿元，较2019年初增长24.14%，全年新增信贷资产证券化受托管理业务规模为426.88亿元，同比增长13%，被中央国债登记结算有限责任公司评为“优秀ABS发行人”称号。2019年9月，公司作为发行人成功发行“兴银2019年第四期信贷资产证券化信托”，这是自2019年8月人民银行宣布改革完善贷款市场报价利率（LPR）形成机制以来市场上首单依据LPR定价的信贷ABS产品。

（二）绿色信托业务继续保持领先

截至2019年末，公司存续绿色信托业务规模为658.04亿元，全年累计新增绿色信托业务规模237.85亿元，其中主动管理类业务占比为65%，较2018年同期显著提升。

（三）股权投资业务取得新进展

旗下兴业国信资管参投企业福建福光股份有限公司成为福建省首家、全国第四家过会的科创板企业，并在上海证券交易所首批挂牌上市交易。

三、社会责任履行情况

公司大力倡导“可持续发展为导向，实施社会责任管理，提升核心竞争力”的发展理念，注重发挥信托制度功能优势，加强金融创新与履行社会责任相结合，积极承担信托公司的经济功能和社会责任，将社会责任工作融入企业价值观、企业文化、战略规划和经营管理当中，推动公司积极服务国家战略导向、服务实体经济，并在推动开展社会保障事业、社会公益事业发展等方面积极发挥作用。截至2019年末，公司信托资产规模为5 632.91亿元，其中信托资金投向实体经济规模为3 612.27亿元，占比为65.68%。2019年，公司在注册地缴纳各类税费20.95亿元，积极支持地方经济社会发展。

公司始终致力成为信托行业绿色金融业务的探索者和引领者，积极探索运用多元金融工具创设丰富的绿色信托产品，通过绿色非标债权融资、绿色产业基金、绿色资产证券化等业务模式，为绿色环保企业发展提供综合金融服务。截至2019年末，公司绿色信托存续规模为658.04亿元，涵盖清洁取暖、天然气、固废处理、绿色供应链等领域。

公司坚持以受益人利益为根本出发点，坚持依法合规经营，守住风险底线，规范信息披露，组织做好消费者权益保护工作，切实保障受益人的利益，为维护金融市场稳定和行业稳健发展切实承担好主体责任。2019年，公司为自然人投资者提供的信托产品服务规模达1 040.14亿元，全年共向投资者分配信托收益315.08亿元。

公司秉承回馈社会的发展理念，积极与对口捐助的希望小学开展年度“优秀教师”和“三好学生”评选活动，向64名优秀师生发放奖励4.05万元。积极探索和创新公益助学模式，积极开展扶贫扶智活动，携手上海星河湾中学与浦城县官田希望小学共同开展“公益远程视频教学”项目，通过远程视频形式，由星河湾中学针对山区学校在英语、音乐艺术等较为薄弱的学科方面提供公益帮扶支教。

四、金融支持地方实体经济发展

2019年，公司围绕国家金融支持实体经济发展的政策导向，在“走向全国、打造福建金融新名片”的同时，始终牢牢坚持“扎根福建、服务八闽”的发展战略，持续增强信托服务实体经济能力，充分运用多元化金融服务手段，切实发挥金融支撑引领作用，大力支持省内实体经济发展和重点项目建设。公司持续提升自身盈利能力和对注册地的纳税贡献水平，年内累计在省内上缴各类税费达20.95亿元，连续7年被评为“福建省纳税百强企业”称号。

公司充分运用“集团优势”，发挥子公司牌照功能，增强综合金融服务能力。一是继续保持公司健康稳健的经营发展态势，2019年经福建银保监局同意，将公司注册资本由50亿元变更为100亿元，完成增资事项有关的工商变更登记和备案手续，并换发营业执照，壮大自身资本实力，扩大福州金融体量。二是以全资子公司——兴业国信资产管理有限公司为平台，系统梳理行业领域，持续提升投研能力，重点围绕汽车及高端制造、节能环保、医疗健康及人工智能四大投资方向，探索新机会，拓宽新路径，集中精力关注福建省内具有一定行业影响力和科创板上市潜力的投资项目，加大股权投资业务布局，助力福建科创企业发展。积极在中国（福建）自贸试验区各片区及平潭综合试验区注册设立产业基金、有限合伙企业，推动闽台经济合作，促进国际业务发展。三是支持控股子公司——福建交易市场登记结算中心股份有限公司不断强化辅助地方金融监管职能，在交易场所辅助监管和全省地方金融监管综合平台建设方面发挥积极作用，为维护地方金融稳定，促进地方金融规范有序发展作出积极贡献。

五、2020年发展规划

为有效应对挑战、把握机遇，2020年，公司将深入学习贯彻党的十九届四中全会、中央经济工作会议和银保监会2020年信托监管工作会议等有关决策部署，继续坚持稳中求进工作总基调，强化风险底线思维，紧紧围绕“效益优先、严防风险、聚力创新、深化转型”的工作主线，大力实施信托文化建设，加快提升主动管理能力，持续优化信托业务结构，继续夯实客户基础、业务基础和管理基础，在有效防范风险的前提下，确保公司主要经营指标稳居行业第一方阵，开拓公司高质量发展的崭新局面。在具体经营策略方针上，坚持“一二三四五”的发展路线：“坚持一条主线”，即以创新转型为主线；“做实两端客户”，继续坚持资产、资金两端客户“双轮驱动”；“做好三个加强”，加强福建业务总部建设，加强服务集团工作成效，加强渠道建设力度；“实现四化并举”实现收入多元化、业务专业化、风险可控化、管理精细化；“升级五大联动”加强与兴业银行等股东单位在资产、资金、产品、投贷以及业务等方面的五大联动。

中诚信托有限责任公司

一、2019 年经营概况

2019 年是中诚信托有限责任公司（以下简称公司）三年（2017—2019 年）规划战略的收官之年，面对国内外复杂的经济形势及监管环境变化，公司在集团党委和公司党委的领导下，贯彻“创新、规范、效率、精细化”经营方针，按照“12345”的总体思路，坚持稳中求进工作总基调，努力回归信托本源，提升主动管理能力，各项重点工作取得阶段性成效，为该轮三年规划画上了圆满的句号。

（一）落实“稳中求进”1 个总基调要求，实现经营业绩总体平稳，转型发展有序推进

公司坚持稳中求进总基调，妥善处理“稳”和“进”的关系，公司在“稳”的方面主要进展：一是实现了经营业绩的总体平稳。截至 2019 年末，公司管理信托财产规模为 2 480.4 亿元，固有总资产为 225.52 亿元，净资产为 176.41 亿元，全年累计实现营业收入为 23.55 亿元，利润总额为 10.97 亿元，净利润为 9.67 亿元，取得了良好的经营业绩。公司加强顶层设计，通过转型创新业务目录指导、绩效考核政策引导等综合施策，稳步推动业务结构调整。“进”的主要体现是着力推进创新转型、加强对标管理工作、加快弥补短板、适应新发展要求。

（二）紧紧围绕“转型发展提升”工作主线统筹布局，取得较好成效

一是成立小微金融事业部、家族信托办公室，在标品信托事业部内设资本发展部，在战略研究部下设慈善信托工作室，新业务平台更加丰富。二是大力拓展主动管理类信托业务，压降通道和地产业务。截至 2019 年末，主动管理信托规模达到 1 062.6 亿元，同比增长 6.7%，信托总规模占比较 2018 年提高近 11 个百分点；严格执行监管政策要求，加强房地产业务规模余额管控。三是业务布局更加多元化。在新能源领域进行了业务尝试；银行间市场交易商协会的承销业务取得实质性进展；债券分销业务获得 20 余家主承销商的参团资格；在国际业务中，开创与

中国银行线上代销合作等。

（三）围绕工作主线任务要求，不断夯实人力资本、资金支持、机制政策“三大保障基础”

一是推动部门岗位设置和职责优化调整，继续促进内部人才合理流动，通过岗位竞聘制方式，激活组织活力；组织开展多层次、多类型培训，创新培训方式，以培训促进重点任务开展。二是设立财富中心华东分中心，继续加快直销团队建设。三是优化资金调配中心运作机制，坚持转型创新和效率优先，确保公司平稳运行。四是发布转型创新业务目录，出台近 10 项新业务指引和标准，为转型发展指明方向。

（四）巩固和提升传统业务，重点突破资本市场、小微金融、国际业务、财富管理等“四类转型创新业务”

一是房地产信托业务积极延伸服务链条及领域，同时尝试股权投资、供应链保理、PRE - ABS 等新业务方式，加强与保险机构在商业不动产领域的合作。二是资产证券化重新布局，落地个人汽车抵押贷款证券化、消费金融公司 Pre - ABS 项目，努力恢复公司传统优势。三是资本市场业务以债券投资、股债混合类产品为突破口，积极探索主动管理业务，完善估值业务标准和系统功能。四是小微金融业务以房抵贷业务为核心拓展业务，实现业务系统（一期）上线运营。五是国际业务新增主动管理规模超过 3 亿元，QDII 集合信托产品首次投资于境外结构化票据，投资市场、品种、币种上都有所突破。六是财富管理业务加快布局，直销能力有较大提高；设立家族信托办公室，创立“中诚家办”品牌；新落地 2 单慈善信托项目，受托管理慈善资金取得突破。

（五）切实抓好“四项重点工作”，推动公司向高质量发展转型

一是成立信保合作工作小组，积极参与人保集团投资与保险一体化区域对接和业务联动机制，加强与集团资源和业务协同。二是升级项目红黄灯预警管理系统功能，加强项目动态全过程风险监测。三是开展三轮全面风险排查，加强中后期管理，守住风险底线。四是持续加大 IT 投入，启动实施了小微金融、财富双录、支付平台（一期）、产品查询平台等重点项目，助力转型发展。

公司始终坚持以党的政治建设为统领，充分发挥党建在公司改革发展中的独特优势和重要作用，不折不扣地落实党中央和上级党委的各项决策部署，牢固树立“四个意识”，坚定“两个自信”，坚决做到“两个维护”，认真组织开展“不忘初心、牢记使命”主题教育，为公司向高质量发展转型提供坚强政治保障。

二、创新业务案例

2019 年，公司加大了转型创新、回归本源力度，同时在切入新基建领域、地产业务模式转型升级、与更多头部机构合作资产证券化业务，以及专业化开展慈善信托和家族信托业务等多个方面都持续取得进展。2019 年，公司新开发的特色业务和产品如下：

一是切入新基建发展领域，为新能源汽车产业提供金融支持。该类业务与我国知名新能源汽车企业合作，信托资金全部用于该新能源汽车企业下属车厂的建设和生产线设备采购，有力地支持了国家重点产业的发展。

二是传统地产业务转型升级，与头部房地产投资基金公司合作房地产股权投资业务。该类业务与国内排名前列的地产基金管理人合作设立房地产股权投资基金，最终投向多个地产项目。该类业务既与知名专业机构实现强强联合，又通过分散投资降低风险。

三是与更多头部机构合作，开发落地更多 Pre - ABS 及资产证券化项目。2019 年，公司 Pre - ABS 及资产证券化业务实现与更多市场头部流量机构、大型汽车金融公司的长期合作，通过提供 Pre - ABS 服务解决其旺季资金需求，并通过提供资产证券化服务满足其融资和节约资本等诉求。

四是设立专门机构促进慈善信托和家族信托等本源业务的专业化发展。为促进财富管理及本源业务发展，2019 年 4 月公司设立慈善信托工作室，提升慈善信托业务专业化管理水平，巩固公司慈善信托行业地位；8 月公司设立家族信托办公室，加强家族信托业务培育发展力度，为家族信托业务专业化开展提供组织保障。

三、社会责任履行情况

公司始终注重回报社会，努力服务实体经济，积极响应并践行金融扶贫，参与定点扶贫、精准扶贫工作，关心和支持公益事业发展，开展慈善信托试点，支持贫困地区教育事业，履行受托人义务，保障受益人权益，关爱员工发展，切实履行社会责任。

（一）推进定点扶贫工作

定点扶贫工作是贯彻落实党中央、国务院关于定点扶贫工作的指示精神，切实增强责任感、使命感、紧迫感的重要举措，公司领导班子高度重视，自 2010 年以来已累计捐赠资金 370 万余元，调动资源积极开展定点扶贫、精准扶贫。2019 年，公司荣获中国网 2019 年度“优秀扶贫先锋机构”称号。

（二）大力推进慈善信托落地

2019 年新成立 2 个慈善信托项目，分别是中诚信托·2019 中国信托业呼伦贝尔扶贫慈善信托和中诚信托·中国信托业保障基金公司·2019 和政扶贫慈善信托，信托规模分别为 145 万元和 100 万元。这是公司在扶贫慈善信托领域的新实践，标志着公司运用慈善信托支持脱贫攻坚工作不断走向深入。此外，公司积极延伸慈善信托业务链条，争取受托管理慈善资金并取得重要突破。2019 年 8 月，公司担任受托人的“阿拉善生态基金会慈善财产管理单一资金信托”正式成立。这是自 2019 年 1 月 1 日《慈善组织保值增值投资活动管理暂行办法》实施以来，中诚信托推出的首单为慈善组织提供慈善财产保值增值服务的信托产品。

（三）积极拓展社会公益活动

公司工会组织、员工自发踊跃参加各项公益活动。2019 年春节前夕，公司书法家协会远赴太原向进城务工人员开展“送万福　进万家”公益活动，冒着严寒书写春联，为这些辛勤的城市建造者们送上春节的祝福，为城市建筑务工人员送温暖。2019 年 5 月，公司联合中国发展研究基金会发起第二届“中诚爱心公益跑”，调动全体员工积极参与，并向“中等职业教育赢未来”慈善项目捐赠 20 万元，用于支持国家职业教育事业。

四、2020 年发展规划

2020 年公司将继续加大业务结构调整力度，进一步提升转型创新业务规模和收入占比；深化与人保集团投资、保险板块一体化工作，提高信保合作项目的落地数量和规模；继续加强风险管控，增强风险抵御能力，坚决守住风险底线。

一是统筹做好疫情防控和恢复经营工作，变压力为动力，统筹安排全年工作节奏，把疫情影响降到最低，努力实现全年经营任务目标。二是着力加快业务结构调整和转型发展优化商业模式，下大力气推动业务结构调整，加快财富管理业务发展，打造公司新的业务和盈利增长点。三是着力强化与股东的业务协同，积极参与人保集团投资与保险一体化区域对接和业务联动机制，主动与人保集团其他成员单位交流合作。四是着力推动风控体系建设，完善公司风控体系、相关工作机制和业务风控标准体系，加强风险管控的信息化建设，健全内控管理体系。五是扎实推进基础保障体系建设，进一步完善销售布局，统筹安排年度信息化建设计划，持续优化组织架构，提升管理效能。六是切实抓牢夯实党建工作，将党建工作贯穿经营管理全过程；持之以恒正风肃纪，加强从业人员行为管理，提升受托履职能力，弘扬信托文化。

中海信托股份有限公司

一、2019 年经营概况

2019 年，中海信托股份有限公司（以下简称公司）全面贯彻党的十九大精神和十九届二中、三中、四中全会精神，坚持稳中求进总基调，全力以赴，扎实工作，夯实风险管理基础，深挖传统业务潜力，主动转型创新，积极布局财富管理，大力推动产融结合，坚定服务实体经济，保持了高质量发展态势。

（一）资产状况

截至 2019 年 12 月末，公司资产总额为 71.03 亿元，较 2019 年初减少 0.73 亿元，减幅为 1.01%；净资产为 63.40 亿元，较年初增加 0.63 亿元，增幅为 1.01%。公司业务稳健发展，不良资产已连续 16 年保持为零，资产继续保持高质量。

（二）收入利润情况

2019 年，公司营业收入为 11.24 亿元，利润总额为 9.17 亿元，净利润为 7.39 亿元。公司在确保业务发展需要的前提下，加强成本管控，努力降本增效，公司业务及管理费用为 2.01 亿元，较上年同比减少 2.15%，费用率为 17.90%，发展效益和质量显著。

（三）信托主业开展情况

按照“降通道”“去嵌套”的监管要求，公司持续大幅压降事务管理类信托项目规模，增加主动管理类业务规模。截至 2019 年末，公司存续信托资产总规模为 3 063 亿元，较年初下降 17.24%，其中事务类资产规模下降约 41.80%，主动类资产规模较年初增长 14.99%。事务类资产规模占比由年初占比 38.73% 下降为 27.24%。主动管理类业务规模占比由年初占比 28.66% 上升为 39.82%，近年来首次超过事务类信托业务资产占比。

（四）自有资金业务开展情况

公司通过密切跟踪宏观经济发展趋势，优化自有资金投资策略，把握住了较好的市场收益机会，积极投资结构化证券信托优先级、主动管理类证券信托与融资类信托产品。2019 年，公司自营业务实现收入 4.52 亿元，占营业收入的 40.25%。

二、创新业务案例

2019 年，公司充分发挥信托制度优势，于 2019 年 12 月成立“伴你成长慈善信托”，信托资金 25 万元，主要向重病儿童以及贫困失学儿童进行爱心捐赠。作为公司首单慈善信托，公司将专业与慈善相结合，服务民生福祉，切实承担起国有金融企业社会责任。

2019 年，公司成立两期中海油供应链金融债权投资集合资金信托计划，向中海融供应商提供高效便捷的资金融通，解决其长期存在的“融资难、融资贵”问题，助力中国海油搭建紧密联系的石油供应链生态系统。供应链金融项目的落地，使公司在这一领域实现了产品“零突破”，对日后大力发展供应链金融项目奠定坚实基础，为今后推进产融结合、金融服务实体经济探索出“新蓝海”。

三、社会责任履行情况

公司始终坚持把维护受益人的合法权益放在首位，切实履行诚实、信用、谨慎、有效管理的义务，把好风险关，承担起了国有金融企业维护金融稳定的社会责任。自 2004 年以来，公司累计管理信托资产规模达到 62 000 亿元，未发生一笔因公司违反信托目的处分信托财产或者因违背管理职责、处理信托事务不当而损害委托人、受益人利益的情况，未新增任何不良固有资产。同时，公司发挥信托制度优势，成立了一批规模大、期限长的信托项目，有效支持了实体经济发展。

公司深入贯彻落实全国金融工作会议、中央经济工作会议以及习近平总书记关于大力支持民营企业发展壮大的讲话精神，致力于缓解小微企业金融服务供给不充分问题，自 2017 年落地首单服务于小微金融的项目“小微之星 1 号”起，持续耕耘小微金融业务。2019 年，公司落地小微企业主经营贷项目 16 个（累计 21 个），累计发放贷款 50.54 亿元，支持小微企业主 6 348 户，业务遍及江苏、广东、重庆、河南、陕西、湖北、天津、四川等多个省市，以优质金融服务履行信托公司社会责任，有效促进了地方经济可持续发展。

公司深入践行中央企业使命和担当，积极参加上海市“结对百镇千村，助推乡村振兴”行动，与崇明区建设镇富安村党支部开展党组织结对帮扶，助力富安村实现乡村振兴，为崇明区建成世界级生态岛作出应有贡献。同时，公司积极组织“衣暖人心，旧衣捐赠”公益捐赠活动，开展“蔚蓝力量”青年志愿服务活动，进社区、进企业、进乡村开展垃圾分类科普工作，切实承担起央企社会责任。

四、2020 年发展规划

一是压实疫情防控责任，确保有序复工复产。全方位认真安排疫情防控工作，确保不出现复工复产导致的聚集性疫情风险。在做好实质性风险防控基础上，积极推动员工复工，加强信托业务拓展。同时，针对受疫情影响暂时失去收入来源的个人或企业，灵活调整还款安排，强化金融支持，保障民生和支持实体经济发展。

二是严格落实党建工作责任制，推动党建生产融合发展。认真学习并严格贯彻落实党的十九届四中全会精神及习近平总书记重要指示批示精神，发挥领导班子核心作用，推进公司治理体系和治理能力现代化，推动公司改革发展；深入落实基层联系点和谈心谈话制度，强化以党建引领落实公司年度各项工作任务，推动公司高质量发展。

三是坚持守正创新，业务发展稳中求进。抓住国家加大新基建投入的有利时机，加大资金供给，切实服务实体经济。加紧研究服务信托业务，加快小微金融业务、供应链金融等创新转型业务发展。大力发展证券投资类信托，努力提高稳盈、稳健等固收产品投资收益，做大稳健六号、海盈丰益等现金管理产品业务规模，做强以远航系列为代表的权益类主动管理业务。

四是强化合规建设，弘扬信托文化。持续做好项目风险合规审查。不断优化完善风控指导意见，统一业务发展思路。加大数字风控平台建设，持续提升项目评审效率。深入开展存续项目的风险排查，确保风险早发现、早处理。将“诚信、合规、专业、勤勉、尽责”的信托文化建设与企业文化建设、品牌宣传相结合，为转型发展增添持久动能。

五是服务海油主业，加强产融结合。深度挖掘股东的优势资源，在进一步为海油系统做好资金管理业务的同时，在合规的前提下服务海油主业，加强业务协同，大力推进产融结合业务。深挖供应链金融需求，进一步完善风控措施，规模化开展供应链金融服务。探索海油销售产业基金的业务模式，助力海油零售网络终端建设。

六是提升财富管理能力，补齐财富管理短板。引入成熟销售人员，拓展新的高净值客户与机构资金。继续拓展银行、券商代销渠道，切实增加资金来源。开发完善财富中心综合管理平台系统，精准为客户提供各类服务，提高客户转化率及客户满意度。加强客户认购信托产品的历史数据分析，细化客户群，为未来提供个性化服务打好基础。

七是持续推进科技赋能，提升项目运营水平。结合业务发展需要，继续推进信托项目一体化系统、小微业务管理系统深化应用、家族信托业务管理系统、人行二代征信配套系统等建设，助力公司数字化转型。建立业务全流程数据流转机制，加强各环节数据质量管控，制定并完善数据标准，提高公司整体基础数据质量。

百瑞信托有限责任公司

一、2019 年经营概况

截至 2019 年末，百瑞信托有限责任公司（以下简称公司）资产总额为 101.23 亿元，较年初增加 8.56 亿元，净资产为 92.64 亿元，较年初增加 10.70 亿元；管理信托规模为 2 364 亿元，较年初增加 517 亿元。公司收入总额为 16.31 亿元，利润总额为 11.17 亿元，净利润为 10.93 亿元。

（一）业务开展情况

1. 固有业务。2019 年固有业务资产规模突破了 100 亿元，公司自有业务审慎开展各类投资管理业务，提升主动管理能力，重点加强长期资产配置与策略研究，提升长期资产投资效能，在深耕核心客户的同时，积极拓展新客户，探索新的业务发展方向。

固有业务通过与长期战略合作方共同开展的系列项目，重视对核心客户的服务品质提升，综合融入对行业的深入理解、项目风险的控制以及资源的优化组合。对于新的投研方向，重视分析、研讨，并通过海量项目可行性分析，进一步提升资产配置能力，不断优化资产配置结构。

2. 信托业务。2019 年公司坚持回归信托本源这一业务导向，继续强化主动管理能力，以现金管理类业务、普惠金融类业务和资产支持票据业务等新兴业务为抓手，业务结构转型初见成效。

基础设施领域，坚持河南市场为重点，省外优质项目为补充，紧跟监管政策向高信用平台集中，新增的业务中 AA + 及以上交易对手合作规模占比超过一半。同时，以长期合作为目的，主动为客户寻找低成本资金，赢得资金与资产双方信任。

房地产领域，通过不动产投资基金的形式，发挥金融与地产各自优势，最大化变现专业价值。与国内知名房企合作搭建投资运作平台，在精选拿地、运营管理、开发风险控制等方面，挖掘房企经验价值；在平台旗下不动产项目的现金流管理运用和后续融资安排上掌握主动权，发挥有效资金的最大作用，防止资产价值与价格脱节，为公司创造稳定收益的同时，锁定未来超额回报。

工商企业领域，围绕头部企业优质资产开展合作，为公司业务的长期稳定发展提供保障。以招商银行、平安银行、中国人寿等大型银行代销和保险资金直投为突破口，落地平安租赁、武汉地铁、泸州老窖等龙头企业或大型国企项目，存续规模超过700亿元，期限大多为3~5年，有效提升了公司资产的抗风险能力。

公司持续深挖现金管理、资产证券化、普惠金融、证券投资领域业务机遇。现金管理业务方面，逐步完善投资管理机制，增加债券产品投向，收益稳定，合计规模增长至56亿元。资产证券化业务方面，成功落地国家电投集团可再生能源补贴ABN和中原金控—建业ABN，存续规模约49亿元。普惠金融业务方面，以“广泛接触，审慎开展”为原则，落地3单，成立规模为12.25亿元。证券投资业务方面，升级机器学习的量化择时产品，发展专注基金市场全方位研究的FOF产品，投资回报表现优于绝大部分同类竞争产品。全年创新业务新增规模为691亿元，占全部新增规模的50.61%，存续规模为937.42亿元，占全部存续规模的39.65%。

二、创新业务案例

2019年，公司与国家电力投资集团有限公司加强在产业端协作，作为发行载体，在银行间市场发行“国家电力投资集团有限公司2019年度第一期资产支持票据信托”，将新能源电费补贴款作为基础资产发行资产证券化产品，总规模为100亿元，首期发行规模为26.91亿元，为国家电力投资集团有限公司在“两金”压降方面作出贡献。“国家电力投资集团有限公司2019年度第一期资产支持票据信托”项目，国家电力投资集团有限公司将其新能源产业应收的可再生能源电价附加补助应收款委托公司设立财产权信托，并在银行间市场发行资产支持票据。该项目实现了应收账款的出表转让，为国电投集团降低应收款规模的同时增加现金资产。

百瑞恒益711号集合资金信托计划（兴业贷1期），2019年9月20日成立，累计成立规模达22 986万元，向208名小微企业主提供金融支持。信托计划做结构化设计，由贷款服务商认购劣后份额并向信托推荐合格的小微企业主客户，同时辅助信托开展合同签署、抵押登记、贷后管理等方面的工作。

三、社会责任履行情况

2019年，公司积极承担社会责任，在为交易对手和合格投资者提供专业金融服务的同时，致力于成为合格企业公民，并从支持地方经济发展、保护投资者权益、关爱员工成长、参与公益慈善活动等方面着手，开展了一系列企业社会责任实践活动，取得了良好的经济和社会成效，为推动社会和谐、民生改善和行业发展作出了一定贡献。

（一）保持稳健发展，助力地方建设

1. 经营业绩表现稳健。2019 年，在监管趋紧从严和经营风险加大的双重压力下，依托雄厚的股东资源和行业领先的研发创新实力，公司在社会各界的共同关心帮助下，在公司股东会及董事会的大力支持和监管部门的监管指导下，顺应行业发展趋势，积极推进自身业务转型升级，不断夯实可持续发展基础，有序推进各项工作开展，努力履行金融机构社会责任。在经营业绩实现稳中有升，保持了持续稳健的发展势头，并在支持实体经济发展、优化地方金融生态环境、增加地方财政收入等方面发挥出应有的作用。

2019 年，公司收入总额为 16. 17 亿元，利润总额为 14. 10 亿，净利润为 10. 93 亿元。截至 2019 年 12 月末，公司资产总额为 100. 25 亿元，比年初增加 8. 76 亿元；净资产为 92. 64 亿元，比年初增加 10. 70 亿元；管理信托规模为 2 433. 51 亿元，较年初增加 525. 89 亿元。

2. 风控体系不断优化。作为经营风险的专业金融机构，公司一直坚持“风控优先”的理念，着力构建和完善可以覆盖全部业务环节的立体化风控体系。2019 年，公司以“守住合规底线、不越风险红线、不碰法律高压线”为原则，进一步推动了风控体系的优化。

一是优化风控标准。根据监管政策要求、行业发展和自身实际，及时调整各类业务风控指引，进一步提高房地产业务准入标准和对客户的集中度要求，提高地方平台企业融资业务风控标准，逐步建立起合规风险指导标准动态化调整机制。二是完善内控合规体系建设。以股东单位组织的“风险合规年”为契机，全面排查公司在制度建设及执行方面存在的问题，结合监管导向和自身实际，推动 2019 版规章制度升级工作，如期完成公司内控合规体系建设。三是宣贯风控文化。风险管控文化是风险管理体系的灵魂，是金融机构内部控制中的“软因素”。公司历来重视公司内部合规与风险管控文化的宣贯，不仅建立完善各项内控制度保证日常业务操作的合规性，也通过定期合规风险知识培训以及合规知识竞赛等活动让员工充分认识到金融机构各类合规风控要求，时刻将合规风控意识摆在首位。

截至 2019 年末，公司累计发行信托项目 1 702 个，发行信托规模为 7 924 亿元；累计清算信托项目 1 418 个 ，清算信托规模超过 5 345 亿元，累计向投资者分配信托利益超过 5 000 亿元。

3. 支持地方经济发展。2019 年，公司继续发挥金融工具职能，通过为基础设施建设和实体经济发展提供综合化金融服务的方式，全面参与地方经济建设，并作为郑东新区重点税源单位，较好地履行了纳税人的义务。截至 2019 年 12 月 31 日，公司对实体经济进行支持的存续信托规模为 1 351. 89 亿元。同时，2019 年公司全年纳税总额达到 4. 32 亿元，为地方经济建设和财政收入水平的持续提升作出了积极贡献。

4. 积极助力民生改善。公司充分发挥金融资本和社会资源在民生建设领域优势，力求切实履行社会责任，提高金融专业化水平，通过信托产品及服务的功能延伸，积极助力改善地方民生的痛点。2019 年，公司大力拓展地方公共交通、医疗卫生、绿色建筑、市政建设等民生领域的信托项目，新设立了包括“百瑞富诚 497 号集合资金信托计划（新乡投资集团二期）”“百瑞富诚 437 号集合资金信托计划（西安大明宫）”“百瑞富诚 435 号集合资金信托计划（开封新区建投）”等民生领域的信托项目。

（二）履行托付责任，维护客户权益

忠实履行受托责任，持续开展维护客户权益工作。2019 年，公司紧紧围绕“守初心、担使命、找差距、抓落实”总要求，坚持以服务受益人为己任，持续完善消费者权益保护工作。产品销售方面，建立信托产品风险等级评定标准，在有效评估投资者风险承受能力和投资需求的基础上，销售与其风险识别能力和风险承担能力相匹配的信托产品，充分保障委托人权益，同时 2019 年公司所管理信托项目中所有清算项目均按合同约定兑付信托利益，所有信托利益均及时划付到账，划付差错率为零；投资者教育方面，携手郑州地铁集团、居民社区、多家养老机构开展“送金融进企业/社区”“防范非法集资和反洗钱”等主题宣传教育活动，普及金融知识、介绍公司品牌及信托理财工具，共举办活动 12 场，效果良好；在信托受益权开户方面，公司全力落实中信登关于受益权账户开立工作，为 400 余位合格投资人代理开立了信托受益权账户，有利于向受益人提供份额登记与查询等服务，切实保护受益人合法权益。

以金融科技赋能财富管理，全面提高服务能力。一直以来，公司秉承“以客户为中心”的发展理念，坚持以创新谋发展，在继续完善内部控制、提高综合服务品质的基础之上，积极打造线上综合服务平台。第一，2019 年公司的 APP 已全面启动，为客户提供线上“一站式”财富管理及增值服务，一键式服务安全高效便捷，获得客户一致好评。第二，公司依托官网和“百瑞信托”“百瑞财富”两个官微等渠道，普及宣传金融知识，分享金融热点新闻，让客户全方位了解公司动态，拉近与客户距离，2019 年百瑞信托和百瑞财富官微粉丝量环比增长率分别是 43% 和 280%，证明了客户的认可度。第三，公司在客户增值服务项目上有了一定程度的改善。2019 年，公司进行了宣传品的批量采购工作，提升了重点客户群体的整体体验，同时先后举办了“春季财富管理私享会”“财富管理与传承高端论坛”“汝州金庚康复医院公益行”“保诚高端客户沙龙”等专项客户服务活动，增加了存续客户的黏性，也为公司创新业务的发展提供了一定的客户基础。

（三）完善保障机制，促进员工成长

切实保护员工权益。经过多年努力，公司逐步建立起完善的员工权益保障机制。在制度层面，切实做到与所有正式员工依法签订劳动合同，建立了符合自身特点的薪酬管理体系和员工

工资正常增长及支付保障机制，设立了补充医疗保险、企业年金计划和较为灵活的带薪休假及奖励休假制度，并及时足额为员工缴纳各项社会保险费、住房公积金等。在运营管理层面，不断完善职工全程参与制度，进一步畅通职工民主参与、民主管理、民主监督的渠道。

2019 年，公司持续推进 EAP（员工帮扶计划）项目，组织开展 EAP（员工帮扶计划）驻场咨询、特邀心理专家开展《积极减压与情绪管理》专题讲座、组织开展趣味户外拓展活动、夏日送清凉活动等一系列专题活动，多策并举纾解员工工作和生活压力，提升员工身心健康，增强公司人文关怀，落实“快乐工作”理念。

拓展员工成长渠道。公司不断推进员工队伍专业化、人才储备前瞻化、激励机制市场化和用工模式多元化，推动公司人力资源管理水平持续提升。全年组织开展包括新青年、启航班、领航班等在内的多层次、多种类专题内训 69 场、外派培训 26 场、公开课 117 人次，累计受训人员超过 2 770 人次，培训内容涵盖宏观经济分析、创新业务模式探讨、通用素质技能培养、心理调试和压力管理等多个方面。

（四）发展慈善信托，履行受托义务

作为慈善信托的专业受托人，公司致力于推动慈善信托的发展，并严格履行受托人义务。2019 年，公司成立了“百瑞仁爱·百年慈善信托”“百瑞仁爱·瑞祥慈善信托”和“百瑞仁爱·天爱慈善信托”三单慈善信托，慈善目的涵盖教育、科学、文化、体育、帮助和激励高校人才培养、心智障碍人群及其家庭救助等《慈善法》认可的公益事业。2019 年在集团内部开展了“百瑞仁爱·春晖慈善信托”的二期募捐，募得善款 338 800 元，累计 1 082 200 元。

在公益活动方面，2019 年公司两次赴汝州金庚医院开展慈善活动。“雷锋日”青年员工们赴金庚医院开展“关爱脑瘫儿童、传承雷锋精神”公益活动。2019 年 11 月公司开展了“善行百瑞·与爱同行”慈善公益活动，邀请爱心客户一同看望脑瘫儿童。同时，将百瑞仁爱·金庚慈善信托 19 万元善款捐赠给金庚医院，用于支持脑瘫儿童救助事业。

2019 年，“百瑞仁爱·瑞祥基金 1 号”分别向北京大学、对外经济贸易大学、南开大学教育基金会各捐赠 20 万元用于为品学兼优的学生设立奖学金。“百瑞仁爱·甘霖慈善信托”为落实国家精准扶贫，捐赠 10 万元用于贫困、特困家庭幼儿大病救助。

2020 年，公司将在进一步深化对自己的社会角色全面认知的基础上继续全面履行合格企业公民职责，努力承担更多的社会责任，力争在实现自身可持续发展的同时能在推动地方经济发展、民生工程建设、金融生态改善和社会慈善事业进步等方面作出更大贡献。

四、2020 年发展规划

公司始终坚持服务实体经济的本源初心，精耕主业，夯实风险管理，践行对客户、股东、

员工和社会公众的责任担当，致力于构建与利益相关方多主体共赢的“命运共同体”。

在党建责任当面，要积极发挥党建优势，引领公司履行社会责任。社会责任既是企业应尽之责，也是党组织发挥政治核心作用的具体表现。公司需要把社会责任的履行纳入企业日常党建工作中，促进企业与社会的和谐共进，保持企业的可持续发展。

在经济责任方面，公司将根据属地特性进一步支持本地经济发展，积极履行纳税人义务。除了在全国乃至国际上拓展业务，立足本地发展也是公司应该履行的社会责任。公司将充分利用地区资源，支持地方战略发展，将金融服务投入本区域最迫切需要的地方，最终实现与地区社会经济的共同腾飞。

在受托责任方面，公司将进一步明确受托人责任，同时加强投资者教育，加大“卖者尽责，买者自负”的理念宣导力度。受托责任的明确有助于控制信托公司不当行为给受益人造成的损失，同时也有助于信托公司落实尽责免责。通过寻找受托人义务与受益人权利的平衡，保护客户利益，实现信托行业和社会的和谐发展。

在民生责任方面，公司将进一步加强绿色发展、精准扶贫、普惠金融等领域的创新支持力度。除了信托贷款、慈善信托，还可以通过发展资产证券化、股权投资、投贷联动、产业基金及服务信托等业务模式，为上述领域提供综合化、多元化的金融服务，充分发挥信托灵活的制度优势，助力实体经济的绿色、可持续发展以及满足人民群众美好生活的要求。

陕西省国际信托股份有限公司

一、2019 年经营概况

2019 年，陕西省国际信托股份有限公司（以下简称公司）全年营业收入为 17.56 亿元，同比增加 7.28 亿元，增幅为 70.89%；信托主业手续费及佣金净收入为 9.55 亿元；利润总额为 7.60 亿元，同比增加 3.35 亿元，增幅为 78.83%；净利润为 5.82 亿元，同比增加 2.62 亿元，增幅为 82.03%。截至 2019 年末，公司总资产为 146.67 亿元，净资产为 109.77 亿元，营业收入、净利润等多项指标创历史新高。全年新增省内投融资为 328.23 亿元，公司在省国资委系统年度评优中成为唯一一家荣获“稳增长贡献企业”的金融企业。

（一）信托主业稳健发展

2019 年，面对信托行业整体规模下降、风险持续暴露、转型创新困难、监管政策收紧的严峻形势，公司积极把握政策导向，主动调整业务策略，深耕精耕传统业务，积极布局创新业务，双管齐下，确保了信托主业的总体稳定。

传统业务方面。一是作为公司传统优势业务领域，证券信托业务逆势进取，创新模式，全年新成立项目 36 个，新增规模为 172.35 亿元，实现了受托人报酬 1.02 亿元。二是房地产信托控量提效，不断提高风险管控、期间管理等标准，大力探索房地产股权业务，提升信托报酬，确保高收益。三是平台融资业务稳拓展，甄选优质地区、优质主体，深化与平台公司所在地金融机构业务合作，有效扩展了市场份额。四是灵活展业服务工商企业。公司积极运用贷款、股加债、基金等方式积极服务实体经济，全年为工商企业提供投融资 700 多亿元。五是坚决去通道，除嵌套。公司主动收缩事务管理类业务规模，不断优化业务结构。

创新转型方面。一是强化创新转型事业部制布局体系。设立了证券信托事业部、普惠金融事业部、房地产投资事业部、固定收益事业部、财富管理事业部，不断优化管理体制，加强转型探索。二是积极构建信托业务创新支持体系。设立了公司领导牵头的六个创新攻关小组，建立了前台、中台、后台联合攻关机制，各小组全年共落地五大类创新业务近 20 单，落地规模为

17.42亿元。三是构建了有针对性的创新业务培训体系，加强行业内沟通交流和业务创新专题培训，为创新探索创造良好条件。

经过努力，2019年全年实现信托业务收入9.27亿元，与2018年基本持平；在全行业信托规模下降的大趋势下，公司信托业务总资产为2 887.13亿元，同比减少8.11亿元，减幅为0.28%；信托规模为2 932.46亿元，同比减少153.51亿元，减幅为4.97%；全年实现信托营业收入248.15亿元，同比增加458.37亿元，增幅为218.04%，信托营业利润为228.21亿元，同比增加459.30亿元，增幅为198.75%；主动管理类业务占比由50.21%上升至55.49%。总体上看，信托主业实现了规模稳降、收入上升、结构优化、质量提升、转型有效，整体发展势头良好。

（二）固有业务贡献突出

紧抓固有业务多元运作提升效益，对固有业务管理运作体制机制、业务策略等进行了改革调整，两个固有业务部门收益亮眼。一是分拆投资管理总部，单设证券投资部，分类开展专业化、集中化运作。同时，加强制度建设，健全监督监控机制以完善内控。二是及时动态调整自有资金运作策略，大幅压缩垫缴信托保障基金资金，用于高收益项目投融资。同时，进一步加强短期资金运作提升效益。三是继续加大对信托业务的支持力度，全年累计使用自有资金配置16个信托产品。四是抢抓证券市场机会，精心运作，证券投资收益亮眼。五是大力支持省内经济发展，全年新增17.3亿元贷款，省内存续贷款39.8亿元，有力地支持了省内经济建设。六是加强长期权投资项目管理，促动各被投企业强化经营管理为股东创造价值。同时，围绕公司战略目标，积极开发潜在投资标的，以求实现新突破。

（三）财富革命跨步升级

公司将财富管理革命作为转型发展的重要发力方向，紧抓财富条线服务质量水平提升，大力推动财富革命跨步升级。一是发行募集资金规模创新高，全年共募集472亿元，目标完成率达到157%。二是同业合作取得突破。财富和业务条线携手发力，积极拓展代销渠道及直投业务，项目发行去化效果显著提升。三是全国布局成效明显。公司现设立省外财富中心15个，省外财富管理人员99人，发行规模达到225亿元，占到总发行规模的47.67%，发展后劲十足。四是财富品牌价值不断提升。全年顺利兑付客户收益74.35亿元，有效维护和增加了消费者权益。同时，通过组织省内外51场次高端论坛、客户沙龙、慈善活动等系列活动，“陕国投财富”品牌在省内外影响力持续提升。

（四）强化风控严守底线

面对行业风险高发、清理整顿的严峻形势，公司坚决摒弃规模、速度、暴利情结，全力推进全面风险管理体系建设，持续强化内控机制，指导业务部门稳健展业，为公司可持续发展转型升级创造了良好条件。一是深入推进全面风险管理体系建设。聘请中介机构协助构建更加完善的全面风险管理体系，完成风险诊断及流程梳理，明确牵头责任部门对照问题落实整改。二是不断完善公司管理制度和操作规程，制定修订相关制度29项，制度体系进一步完善。三是常态化开展行业及市场调研。对绝大部分项目，风险管理相关部门亲赴现场考察调研。同时，积极与金融同业、业务部门等就市场情况、行业热点等进行座谈交流，紧贴市场动态调整业务指引和风控条件，指导业务安全开发运作。四是进一步强化风险排查工作。建立“差异化、重实质、走出去”的风险排查工作机制，对存续项目进行分类排查，并针对排查重点进行清单制管理。五是持续开展合规文化建设和市场乱象整治，积极开展扫黑除恶排查、案件警示教育等活动，进一步强化了合规文化和合规机制建设。

（五）深化改革提质增效

持续深化内部改革，提升管理质量。一是以换届为契机，新一届班子成员以新作风、新作为展现新形象，积极推动经营管理提质创效。二是组织完成第五轮机构改革和全员竞争上岗工作，引入了新思路、新机制，搭建了引领和保障转型创新的事业部制体制平台，选拔了一批年轻骨干人才，优化了人才结构，增强了公司发展后劲。三是加强人才资源开发，全年共招聘员工121人，有力保障转型发展。四是实施“信息化”战略。全力推进数据质量管理体系建设，上线公司管理驾驶舱，完成普惠金融业务全流程支持系统，实现数据管理平台个人征信上报功能，搭建财富管理综合服务平台系统，完成TA系统升级、IPV6改造工作等，通过科技赋能提升公司经营管理质效。五是切实改进作风。针对工作作风、工作纪律等问题进行了多次监督检查、警示通报，公司内部工作作风、精神风貌等都有了明显改观。

（六）党建引领促经营

公司积极落实党建与业务融合发展要求，努力以经营成效体现党建成果。一是按照公司党委出台2019年公司经营管理工作意见，有效指导推动经营管理工作。二是以接受省委巡视、落实审计厅审计问题整改、整治市场乱象、防范化解重大风险等内外部监督治理为重点，切实整改问题，举一反三补齐制度短板，强化管理。三是坚持一手抓改革发展、一手抓廉洁从业，有效落实“一岗双责”，主动配合推进纪检监察体制改革，严肃实施监督执纪问责。四是将创建省级精神文明单位与日常经营管理有效融合，开展丰富多彩的主题活动、文体活动等，积极弘扬先进文化。公司年终考核评分，在全省文明单位创建工作中名列前茅。五是大力强化定点扶贫、合力团产业扶贫工作，再次被省国资委评为产业扶贫优秀单位，驻村扶贫工作也获得省市县高度肯定。

二、创新业务案例

公司回归本源，以创新推动高质量发展，取得明显成效。推行事业部制改革，培育专业化、创新性专业团队，深耕创新业务，相继落地股权信托业务、普惠金融业务多笔，成功落地 4 单资产证券化业务，合计规模为9.29 亿元；三个家族信托相继发力，年内落地13 单家族信托，合计规模为2.08 亿元；先后落地泾渭茯茶、国美电器 2 单消费信托；公司积极践行社会责任助力公益慈善，落地 8 单公益慈善信托，提高退役军人、贫困人口等弱势群体福利。

案例一：陕国投·泾渭茯茶消费信托系列信托

陕国投·泾渭茯茶消费信托立足于消费信托“消费” + “理财”的双重特性，发掘茯茶的消费属性和金融属性，以信托的方式销售泾渭茯茶雪域·Ⅲ。

信托期限 1 年，消费信托募集不超过 2 000 万元。每份信托份额为 5 万元，消费者（委托人）可按份进行叠加购买。信托资金用于购买咸阳泾渭茯茶雪域·Ⅲ的消费权，消费权价格为 1 万元/箱（市场销售价格为 2 万元/箱）。同时约定剩余未消费部分信托到期由陕西苍山秦茶集团有限公司及控股股东进行溢价回购，实现信托退出。

具体交易结构如图 1 所示。

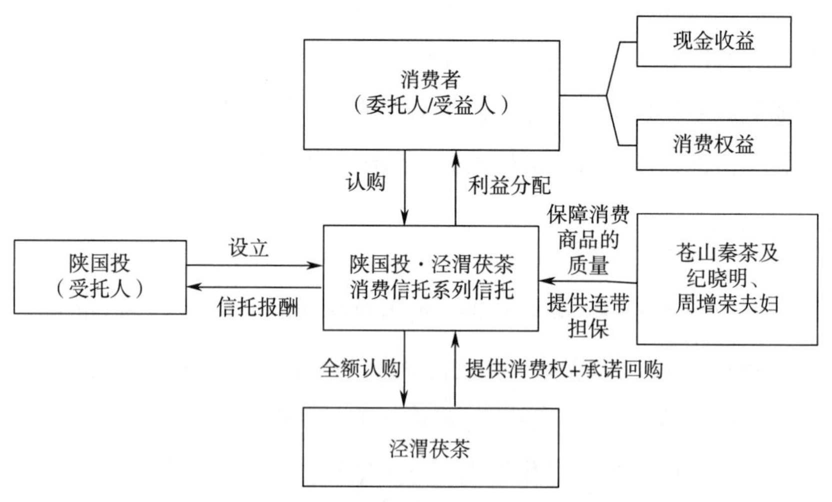

图 1　陕国投·泾渭茯茶消费信托交易结构

该信托以“分担、共享”为核心理念，打通“产、融、需”隔阂，实现产业方（泾渭茯茶）、资产管理者（陕国投）、消费者（委托人）三方共赢，共享泾渭茯茶企业发展和优质产品带来的利益。

案例二：陕国投·博爱园慈善信托计划

2019年第四季度成立陕国投·博爱园慈善信托计划，规模为5.25万元。陕国投·博爱园慈善信托计划总规模不超过50万元，可分期成立，信托总期限为5年。该信托为集合信托，委托人为自愿捐助和参与慈善事业的社会各界爱心人士和机构，资金来源为委托人向公司的捐赠。公司将信托资金捐助给公益机构西安博爱园，用于西安博爱园教学设施采购及园区环境建设等日常经营使用。信托期限内，该慈善信托闲置资金可投资于流动性较好、风险较低的金融产品，在风险可控的前提下追求收益最大化。信托终止后，受托人经在信托监察人的监督下对信托财产进行清算，并对清算后的信托财产在扣除信托费用后全部用于与原慈善目的类似的慈善组织或其他慈善信托。公司通过项目发动全社会的力量，让自然人、法人和其他组织践行社会主义核心价值观，弘扬中华民族传统美德，关注爱护特殊儿童，保障特殊儿童的安全，提升他们的生活自理能力，为特殊儿童提供一个健康成长与获得尊重的环境。

案例三：陕国投江铜国际商业保理有限责任公司2019年度第二期首创置业供应链资产支持票据

江铜国际商业保理有限责任公司2019年度第二期首创置业供应链资产支持票据项目为事务管理类其他财产权信托，该交易的委托人江铜国际商业保理有限责任公司将首创置业股份有限公司下属若干全资子公司的供应商（以下简称债权人）因申请保理服务而转让予江铜国际并同意江铜国际以其设立资产支持票据信托的应收账款债权及其附属担保权益作为基础资产，采用特殊目的载体机制，将基础资产信托予陕西省国际信托股份有限公司（以下简称受托人）并设立“江铜国际商业保理有限责任公司2019年度第二期首创置业供应链资产支持票据”（以下简称ABN），受托人以受托的基础资产所产生的现金流为支持在全国银行间债券市场发行资产支持票据，该ABN按99:1分为优先级及次级两部分，投资者通过购买并持有该资产支持票据取得财产信托项下相应的信托受益权。ABN能够拓宽非金融企业的融资渠道，有利于降低企业的融资成本、盘活企业的存量资产；对于投资人而言，ABN丰富了银行间市场的投资品种，能够满足投资者多元化的投资需求，信托型的ABN可以实现破产隔离，对投资者提供有效保障。ABN的发行方式非常灵活，既可以公开发行，也可以定向发行，充分满足发起机构、投资人的多元化需求。

案例四：陕国投·兴隆12号集合资金信托项目

截至2019年末，公司已通过发放经营性贷款12.80亿元向2 930名小微企业主或个体工商户提供普惠金融服务。以陕国投·兴隆12号集合资金信托项目为例，该项目由合作机构广州合富金控企业服务有限公司（以下简称合富金控）向受托人公司推荐符合贷款标准的借款人，公司独立审核后向中小微企业主或个体工商户等自然人发放经营类贷款。优先级份额由公司向合格投资者募集，次级份额由合作机构合富金控以自有资金认购，自然人将名下房产抵押至公司为贷款提供担保，并将本息还款直接付至信托专户。截至2019年12月末，该项目累计放款规模1.95亿元，累计放款笔数248笔，单笔平均放款规模为78.3万元，平均年化贷款利率16.74%，贷款平均期限11个月。放款城市分布于广州、成都、南宁、重庆、长沙、东莞、佛山、中山、珠海等。

三、社会责任履行情况

1. 打造公益服务、家族信托与慈善信托一站式平台。公司积极发挥信托制度和专业管理能力优势，不断创新公益信托实践，主动投身扶贫、赈灾、慰问等公益活动和志愿者活动，为促进公益慈善事业发展、构建和谐社会作出积极贡献。

2. 爱心捐赠送温暖。公司坚持开展“送温暖”活动，自购米面油等慰问物资支持对口扶贫村“爱心超市”建设，按照“以奖代补、多劳多得”的激励导向，扶贫扶志，激发贫困户脱贫致富的内生动力。

3. 公益支持体育事业。公司积极为陕西省唯一的职业足球队——长安竞技足球俱乐部提供赞助支持，助力陕西省足球事业和群众体育运动发展。长安竞技在取得了2018赛季中乙联赛第三名的队史最佳成绩后，以中乙第三名递补冲入中甲联赛。

4. 积极参加社区活动。公司积极参与社区活动，与业界及不同社团保持良好沟通，充分发挥公司内部政协委员的作用，多渠道主动收集地方政府和社区意见，实现企业与社会的和谐互动。

四、2020年发展规划

公司以习近平新时代中国特色社会主义思想为指导，全面贯彻党的十九大和十九届历次全会精神，中央经济工作会议及省委全会、信托业年会精神，增强“四个意识”、坚定“四个自信”、做到“两个维护”，紧盯“十三五”收官和“十四五”奠基目标，坚持稳中求进工作总基调和新发展理念，勇敢迎接新挑战，越有艰险越向前，固本培育“信”文化，奋力开发新机遇，坚决推动新转型，构建发展新模式，切实促进公司向高质量发展目标不断追赶超越。

云南国际信托有限公司

一、2019 年经营概况

云南国际信托有限公司（以下简称公司）2019 年营业收入为 8. 84 亿元，同比增长 30. 16%，其中信托业务收入为 6. 17 亿元，同比增长 10. 64%，自营业务收入为 2. 67 亿元，同比增长 119. 98%。公司净利润为 4. 03 亿元，同比增长 36. 37%。信托资产规模为 2 008. 49 亿元，净资产为 30. 23 亿元。按照资金来源划分，单一资金信托为 1 220. 28 亿元，集合资金信托为 419. 83 亿元，财产权信托为 368. 39 亿元。按照投向来看，五大投向所占比例分别为基础产业为 9. 72%、房地产业为 6. 62%、证券为 10. 29%、金融机构为 0. 43%、工商企业为 32. 03%、其他为 40. 91%。

2019 年，公司顺应强监管态势，严格执行聚焦之后的差异化战略，在战略重点业务领域如服务信托、普惠金融业务、资产证券化等继续深耕，顺应战略发展需求及内外部变化，提高了公司管理效能，落实战略配套措施。

（一）捕捉到传统业务向服务信托升级机会

《中国银保监会信托部关于进一步做好下半年信托监管工作的通知》（信托函［2019］64 号），要求信托公司立足信托本源加快转型，优化信托业务结构，坚决遏制信托规模无序扩张。面对外部环境变化，在银信合作业务方面，公司及时捕捉到供应链业务 Pre - ABS 业务机会，升级传统的银信合作业务。证券投资信托业务也从传统的证券配资业务向服务信托转型，强化对于银行理财资金的资产管理需求的服务能力。

（二）推动普惠金融业务核心竞争力持续提高

2019 年，公司完善了普惠金融业务制度建设，明确客户准入，建立资产服务顾问评级、准入及分级分数、季度评级、退出方案全周期管理制度。风控策略方面，公司强化了借款人贷前、贷中及贷后风险防御能力及预警机制。从结果看，公司 2019 年普惠金融业务开展保持稳定发展，实现较好业绩，维护市场地位，保持行业龙头位置。

（三）扩展 ABS 业务多元服务内容，向前端和后端延伸

2019 年以来，在资产证券化业务外部竞争激烈背景下，公司资产证券化业务面临很大压力。对此，公司拓展了 ABS 业务的多元服务内容，除充当 SPV 角色外，将资产证券化业务向前延伸至 Pre－ABS 业务，后端延伸至 ABS 业务的发行。

截至 2019 年 12 月 31 日，公司下设 25 个部门，其中前台业务部门 11 个，中后台部门 14 个，员工 320 人，与 2018 年持平，本科及以上人员占比为 94.38%。

二、创新业务案例

2015 年末，公司成立了首个投资于可交债的信托产品，之后一直密切关注这一市场，并于 2017 年中旬引入了专业团队，强化可交债、可转债业务的系统化研究。公司在原有的资本市场业务基础上建立了完整的可交债、可转债服务体系（如信息跟踪体系、投研体系和投资决策体系）。

像普通债券一样，可转债能为持有人提供固定的票面利息，但当股市走牛的时候，可转债的价格又会跟随正股一同上涨。对于低风险偏好、投资时间至少在三年以上的长线资金来说，可转债具有较高的投资价值。A 股整体处于低位，长期来看并不悲观，但当短期的不确定性增加时，较适合布局可转债。据此，公司选择可转债作为多个差异化竞争路线之一。公司选择可转债作为差异化转型路线之一，特别是在资管新规后，进一步加强净值化标准资产投资的系统、投研和销售实力，其投资于可交债、可转债的产品规模超过 10 亿元。

数据显示，截至 2020 年初，公司已退出的可交债项目在 2018 年、2019 年均取得了年化 10% 以上的投资回报，存续可转债产品 2019 年全年累计涨幅 15.77%，存续可交债产品虽然尚未换股，但也为委托人创造了理想的回报。

三、社会责任履行情况

公司以履行社会责任为重要导向，不仅利用信托制度优势向实体企业提供金融服务，还在信托法律文件的签署过程中履行社会责任告知义务。同时，将履行社会责任纳入内部控制体系，从制度层面、业务开展层面确立其重要地位。报告期内，公司在多方面践行企业的社会责任。

公司严格遵守国家法律法规、监管部门规章、规范性文件以及《公司章程》，并主动接受监管部门和社会公众的监督。积极按照国家货币政策、财政政策、产业政策及其他政策适时调整

经营战略，关注社会整体利益，维护国家金融秩序和金融安全。

公司坚决履行反洗钱义务，报告年度公司进一步完善了反洗钱数据报送管理、完善监测模型、完善反洗钱系统功能建设，并强化可疑交易数据人工分析工作。2019 年累计完成 2 212 名自然人客户、509 名机构客户身份识别工作。报告年度累计发现 78 个委托人客户证照过期。客户的过期证照均已补正。

公司主动开展案件防控工作，报告年度累计完成项目案件风险排查 2 881 个，规模共计6 698亿元；累计开展 4 次员工异常行为排查，全体正式员工均接受了排查并填写“员工行为排查表”。

公司诚信经营，自觉履行纳税义务，依法及时足额纳税，为国家及地方财政收入和经济发展作出贡献。

公司作为专业化财富管理机构，充分发挥信托制度优势，积极开发符合社会和市场需求的信托业务及信托理财产品，不断创新服务方式，积极探索盈利模式，以信托功能满足社会理财需求，秉承“受人之托、忠人之事”的原则开展信托业务，恪尽职守，履行诚实、信用、谨慎、有效管理的义务，维护受益人的合法权益。2019 年公司向受益人兑付的信托本金及收益共计 2 136. 53亿元，其中信托收益为 126. 03 亿元，涉及信托项目 1 267 个。

公司积极强化资本金管理与运用，努力创造利润，提高投资回报，为股东创造合理投资价值。2019 年公司实现营业收入为 8. 84 亿元，同比增长 30. 16%，实现净利润为 4. 03 亿元，同比增长 36. 37%。

公司始终把消费者权益保护工作作为公司经营发展的重要战略，近年来已逐步建立起了较为完善的消费者权益保护体系。董事会消费者权益保护委员会带领高级管理层组织协调，消保职能部门落实开展消保工作。报告年度加强了消保制度建设，妥善处理了客户投诉，积极开展了多项内容丰富、形式多样的金融知识宣传与教育活动，取得了较好的社会反响。

公司坚持以员工为本，构建企业文化。培育了一支高素质、高学历、年轻化、专业化的人才队伍。积极开展员工培训，提高员工职业素质和从业技能，为员工提供充分的职业发展机会。

公司每年开展“大爱星火”主题公益活动。“大爱星火”不仅带去大家需要的物资，教会大家学习基础金融知识，也带去公司对社会弱势群体的关爱，提高公司职工对于社会的责任感和认同感。同时，公司通过专业的投资管理经验与信托制度完美结合，自 2006 年开始与云南省青少年发展基金会合作，推出了“爱心稳健收益型集合资金信托计划”，并运营至今。2019 年 9 月，公司和云南省青少年基金会担任共同受托人，成功设立了“扬梦助学慈善信托”，成为我国慈善法正式实施以来首只在云南省落地的慈善信托，该项目的信托本金及收益全部用于捐赠，促进云南教育事业的发展。

2019 年公司继续推进系统化办公，创建节约型社会。在全社会树立节约意识、节约观念，倡导节约文化、节约文明的大背景下，公司积极创建节约型企业，推进无纸化办公，节约成本，降低能耗，提高效率。

四、2020 年发展规划

（一）财务指标目标

2020 年公司实现净资产收益率不低于 8%。

（二）业务发展规划

国务院金融稳定发展委员会成立和运行，加速建立有力、高效的现代金融监管框架、监管规则、监管标准；经济发展长期向好，新经济发展迅速；随着经济发展和财富的积累集中，2019 年个人可投资资产突破 200 万亿元，“高净值人群”数量的高速增长，直接导致高净值人士可投资金融资产的规模随之迅猛增长，财富管理领域涌现新机遇；金融科技发展迅猛，促进资产管理能力提升。2020 年，公司将继续进行战略转型，通过深耕消费金融、大企业资产证券化业务等投行业务，培育固定收益业务等资产管理业务、积累财富管理客户、围绕服务 + 对传统业务如金融同业信托业务等进行改造升级，并在此基础上不断提升公司主动管理能力，为搭建卓越科技金融服务平台、实现聚焦后的差异化战略谋篇布局。具体策略如下：建立消费金融生态圈，大力拓展机构和标准化资金渠道，公司将进一步培养消费金融业务的核心竞争力，继续打造数据化消费金融资产服务平台；围绕战略性行业开展 ABS 业务，谋求市场领先地位；顺应行业转型趋势，围绕服务 + 提升传统业务竞争力，传统业务下一步的转型趋势向托管运营类服务的服务信托转型，公司对主要传统业务进行系统改造和业务升级，以提升服务信托业务的竞争力水平；开展主动性资产管理业务，培养标准化资产投资能力，公司将围绕构建资产管理业务，打通境内外市场并提高资产流动性为目标，建立主动管理能力和机构销售交易能力；调整财富管理业务商业模式，积累客户数量和打造内部能力；自有资金继续强化业务协同，坚持保值增值目标。

（三）管理工作规划

公司管理工作的战略规划将以服务战略目标、提升公司核心竞争力、优化内部管理效能为主，具体内容包括：围绕公司战略规划调整，严格做好战略配套措施落地；按照客户中心主义和专业化原则，调整组织架构及激励机制；按照重塑型战略需求，对人才进行减脂增肌；以服务和科技为中心，提升公司运营服务能力；建立全面风险管理体系，适应新阶段战略需求；发挥信息科技部职能，为发展科技金融提供 IT 保障；强化公司品牌宣传，提升公司舆情管理能力；坚持履行社会责任，肩负服务实体经济责任；加强消费者权益保护，落实到各个考核环节中。

中铁信托有限责任公司

一、2019年经营概况

（一）公司运行稳中向好，主要指标圆满完成

2019年，中铁信托有限责任公司（以下简称公司）全年营业收入为（合并）22.65亿元，净利润为（合并）10.32亿元，连续7年实现净利润超过10亿元。其中信托母公司实现营业收入为18.26亿元，净利润为8.37亿元。

公司合并资产总额为187.80亿元，净资产为97.57亿元。信托母公司资产总额142.21亿元，净资产90.57亿元，已计提拨备与预计负债合计38.87亿元，无不良资产。

（二）监管指标全面达标

公司坚持监管导向，严格贯彻落实监管指标任务，确保经营稳健合规。截至2019年末，公司净资本为73.31亿元，净资产为90.57亿元，公司净资本与各项业务风险资本之和的比为241.81%，公司净资本与净资产的比为80.94%，均远高于监管标准；贷款比及集中度管理符合监管要求；实时管控房地产及通道业务规模达到监管要求，各项报表时点均符合监管要求，较好地实现了资产端求稳的目标，为公司高质量发展奠定了基础。

（三）管理资产规模保持适度

2019年，基于监管持续从严从紧要求和公司发展的需要，公司把稳规模作为保持企业盈利水平和行业影响力的重要指标，密切关注规模指标变化，进行每周跟踪推进，相关部门狠抓落实。2019年公司管理信托资产规模为4 254亿元，保持在行业平均以上水平，较上年同期4 266亿元减少约12亿元，下降幅度为0.28%。控股的宝盈基金管理有限公司（以下简称宝盈基金）综合管理资产规模377亿元，其中公募基金净值规模302亿元，专户产品净值规模13亿元，基金子公司管理资产规模62亿元。

二、创新业务案例

近几年，公司响应股东中国中铁股份有限公司（以下简称中国中铁）号召，积极开展立体经营，通过探索产融结合新模式，以融促产，以产带融；同时，公司积极开展以应收账款等财产权利为基础资产的ABN业务，努力为系统内成员单位提供综合金融服务。2019年，具有代表性的创新案例如下：

（一）中铁信托·山西优质企业流动资金贷款项目集合资金信托计划

1. 项目概述。该项目总规模为5亿元，交易对手为晋豫鲁铁路通道股份有限公司（以下简称晋豫鲁股份）。晋豫鲁股份是瓦日铁路的建设单位和项目法人。

2. 交易结构。该项目信托资金用于向晋豫鲁股份发放流动资金贷款，用于补充其营运资金。信托期限24个月，可提前结束。信托资金还款来源主要为晋豫鲁股份经营收入及其他可调剂资金。风控措施为晋豫鲁股份全资子公司日照铁运房地产开发有限公司将其持有的“日照铁运广场”项目土地使用权为晋豫鲁股份按期还款提供最高额抵押担保。

公司通过给予晋豫鲁股份融资支持助其成功推进项目，同时协助中铁建工集团有限公司取得“日照铁运广场”项目施工总承包权，公司也因此拓展到央企类型的低风险交易对手。这样一个“三赢”的局面依托于中国中铁产融结合、立体经营的发展理念，依托于中国中铁产业板块与金融板块的协同优势。

（二）中铁四局集团有限公司2019年度第二期资产支持票据

1. 项目概述。中铁四局集团有限公司（以下简称中铁四局）作为发起机构/信托委托人，将其合法所有的工程应收账款作为基础资产委托给中铁信托，指定中铁信托作为发行载体管理机构/信托受托人设立“中铁四局集团有限公司2019年度第二期资产支持票据”信托，中国光大银行股份有限公司作为主承销商对资产支持票据以簿记建档、集中配售的方式在银行间市场发行。

资产支持票据划分为优先级和次级，资产支持票据发行成功后，公司将所募集资金净额转付给信托委托人中铁四局，委托人将资金用于补充运营资金。

2. 主要参与主体。

（1）发起机构/信托委托人：中铁四局集团有限公司；

（2）发行载体管理机构/信托受托人：中铁信托有限责任公司；

（3）优先级差额支付承诺人：中国中铁股份有限公司；

（4）主承销商：中国光大银行股份有限公司。

参与主体还有保管银行、律师事务所、评级机构、登记托管服务机构等。

3. 基础资产。该项目的基础资产涉及发起机构12家子分公司（初始债权人）与32家债务人产生的36笔应收账款。截至初始起算日（2019年8月31日），债权总金额为17.32亿元。

4. 交易结构图（见图1）。

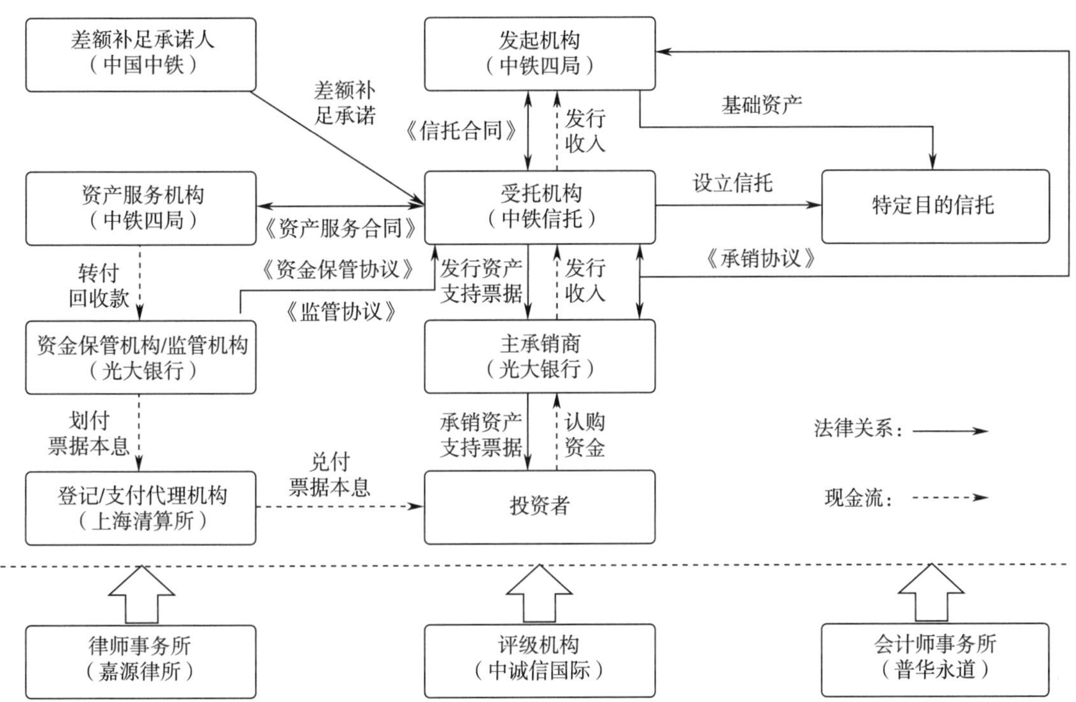

图1 中铁四局集团有限公司2019年度第二期资产票据信托交易结构

5. 风控措施

（1）优先次级分层，超额覆盖，基础资产规模对优先级本息存在一定的超额覆盖。

（2）中铁四局作为资产服务机构，负责基础资产应收账款的回款监管、催收等工作。

（3）若出现不合格基础资产，委托人应对不合格基础资产予以赎回。

（4）中国中铁为优先级受益人提供差额支付承诺。

（5）信用触发机制：设置权利完善事件、循环期提前结束事件等投资者保护措施。

总体来看，项目的实施为中铁四局盘活存量资产超过17亿元，同时项目每半年进行循环购买，项目存续期的回款资金将继续用于购买中铁四局的应收账款，可持续盘活存量资产，压降“两金”，将进一步撬动中铁四局扩大经营，承揽更多施工项目。

三、社会责任履行情况

（一）积极服务实体经济

公司始终坚持服务实体经济的根本方向，发挥信托优势，助推地方经济发展。一是服务四川经济发展，与天府新区、成渝统筹城乡实验区等重大战略部署和民生工程全面对接，积极参与轨道交通、旧城改造、水电能源及节能环保、生物医药等工程建设和新兴产业发展。2019 年，公司引导社会资金投向四川各类工商企业总额 627 亿元，投向省内中小企业信托投融资规模 444 亿元，有力地支持了四川实体经济发展。二是服务国家重大战略和地方经济建设。一方面，积极参与支持码头建设、物流园基础设施等民生项目；另一方面，通过不同交易结构为科技产业园建设、文旅项目等产业提供资金支持。2019 年，公司引导社会资金投向全国工商企业总额 1 186亿元，支持河北、福建等多个省市实体企业的发展。

（二）助力脱贫攻坚

公司积极响应党中央坚决打赢脱贫攻坚战的号召，先后精准扶贫帮扶泸州市叙永县、西藏班戈县、甘孜州德格县、阿坝州金川县，以及阆中市二龙镇等贫困地区，累计捐款捐物超过 200 万元，并通过中铁信托爱心基金募集善款近 300 万元，惠及了一大批困难群众。帮助叙永县贫困农户、农业合作社、专业大户等提供有关市场信息，助推产销衔接。公司助力地方脱贫攻坚工作得到肯定，连续三年获评“四川金融扶贫工作先进单位”。

（三）热心公益慈善

公司积极参与四川省慈善总会组织的“百企扶贫”活动，通过中铁信托爱心基金累计募集善款共计 272. 45 万元，先后实施了德格县小学食堂、青羊区居家养老、蒲江助教助学等十余个项目。2019 年，公司出资 80 万元修建的泸州市叙永县枧槽乡九龙村的防洪排水工程也竣工。以上慈善活动，惠及了当地群众，产生了良好的公益示范效应。公司高度重视消费者权益保护工作，不断加强员工培训，开展宣传教育活动，帮助员工和公众提高风险识别和防范能力。

（四）慈善信托资助情况

截至 2019 年 12 月 31 日，“中铁信托 · 明德 1 号宜化环保慈善信托”按照慈善信托合同约定并经决策委员会决定对四批合计 44 个环保慈善项目进行资助，协议资助金额合计 5 766 100. 00 元，已实际划拨资助金额合计 4 078 420. 00 元。

2019年4月19日，慈善信托决策委员会审议通过了公益顾问推荐提交的11个环保类公益项目（含注册类，为第四批资助项目），协议资助金额合计1 300 000.00元。截至2019年12月31日，已实际划拨资助金额合计1 260 000.00元。

四、2020年发展规划

2020年公司以“稳中求进，推动高质量发展”为总基调，协调推进传统业务拓展和创新业务转型，围绕项目管理质量、风险管控、规范运作、文化建设四个重点，做好以下六项工作。

一是全面加强风险管理。加快推进存量风险化解，提高资产处置能力和效率；加强风控体系建设，通过优化评审会、加强项目过程稽核和贷后管理、加强法治建设，确保企业稳健可持续发展。

二是持续推进企业改革。完善创新发展体系，协同推进业务创新；做好资管新规过渡期各项工作，建立支持新业务发展的考核激励机制；做强做优做大区域经营主体，推进财富管理总部建设，深化部门机构改革。

三是着力补齐三大短板。深化财富管理体系建设，提升产品开发、资产配置和综合服务能力；突出加强人才队伍建设，确保人才数量和质量都能满足企业发展需要；大力加强信息化建设，提升信息科技的支撑保障能力。

四是抓好业务优化布局。注重业务发展的协调性，重点是做精传统业务，稳步布局新兴业务，积极构建与自身能力与资源禀赋相匹配的业务组合。

五是提升服务主业水平。大力拓展产融投三合一、资产证券化、项目融资等产融结合模式，通过组建联合体、设立产业基金等方式，提高与各成员单位的融合度，服务中铁主业发展。

六是大力加强内部管控。持续加强制度适应性建设，促进管理效率全面提升；加强公司治理体系建设，推动企业规范决策和高效运行；加强对宝盈基金管理，推进母子公司治理协同与管理协同，提高企业整体管理水平和发展水平。

北方国际信托股份有限公司

一、2019 年经营概况

截至 2019 年末，北方国际信托股份有限公司（以下简称公司）信托资产总额为 1 694.26 亿元，较年初减少 690.64 亿元。其中：主动管理类信托规模为 188.13 亿元，较年初增加 78.09 亿元；事务管理类信托规模 1 506.14 亿元，全年累计压降 768.73 亿元。公司管理的信托产品全部安全兑付，累计为受托人实现收益 107.14 亿元。

2019 年，公司始终坚持党的集中统一领导，以党建促发展，坚定不移推进混合所有制改革，大力推进业务转型，加强风险管理体系建设，完善舆情管控体系，不断提升内部管理水平，主动管理业务能力持续增强，主动管理资产规模创历史新高，切实履行社会责任。

二、创新业务案例

随着脱贫攻坚进入收官期，为助力打赢脱贫攻坚战，公司在做好驻村帮扶工作的同时，充分发挥信托制度优势，积极探索研究利用慈善信托开展扶贫工作。2019 年，先后成功设立了“信扶 1 号（助困）”“信扶 2 号（助学）”“南开大学 EMBA90 班爱心助学”三笔慈善信托，累计募集扶贫助困资金 170 万元，有效填补了公司在慈善信托业务领域的空白。其中，“北方信托—南开大学 EMBA90 班爱心助学慈善信托”获得“2019 年南开大学教育贡献奖”。慈善信托项目的相继落地，不仅对北方信托推进业务转型、回归信托本源的探索实践具有重要的战略意义和积极的示范效应，也为更深入、精准地开展扶贫攻坚工作积累了经验。

三、社会责任履行情况

（一）发挥信托优势，服务实体经济，助力经济社会发展

1. 回归信托本源，服务实体经济。2019 年，公司认真贯彻落实监管要求，持续优化业务结

构，提升主动管理和服务实体经济的能力。公司利用信托灵活制度优势，全力支持区域经济发展，加大力度向大型商贸企业、上市公司、地方国有优质企业等非房业务领域拓展，努力为客户提供多样化的产品与服务，客户结构进一步优化。

2. 自觉履行纳税义务。公司始终坚持诚信经营原则，自觉履行纳税义务，依法足额缴纳各类税费，积极支持国家财政税收和地方经济建设。2019 年，公司自觉履行纳税义务，为增加国家和地方财政收入、促进地方经济发展和社会进步作出了积极贡献。

（二）坚持恪尽职守，履行受托责任，忠实受益人利益

1. 信托产品全部安全兑付。2019 年，公司管理的信托产品全部安全兑付，累计为受益人实现收益 107. 14 亿元。

2. 加强公众金融教育，宣传信托文化。公司持续、深入开展公众金融教育，积极宣传、培育“卖者尽责，买者自负”的信托文化。2019 年度，开展了“打击治理电信网络新型违法犯罪”“银行保险业消费者权益保护教育宣传”“天津银行业普及金融知识万里行”“防范和打击非法集资宣传”等一系列活动，通过线上和线下相结合的立体化宣传模式和进社区、进乡村、进学校、进家庭、进机关、进企业、进网点的“七进”推进方式，向广大金融消费者普及维权、信托、理财等金融知识，提高重点群体的风险防范意识。

3. 保障客户权益，履行保密义务。完善《资金信托客户服务管理办法》及《客户投诉管理办法》等制度体系，严格执行客户接待及服务要求，并将客户投诉纳入销售部门的绩效考核；提升 400 客服热线服务质量、延长服务在线时间，保证了消费者投诉建议渠道的畅通；通过信息技术升级改造，增加多个独立的 VIP 专属区域、身份识别权限设置、双重备份保存等功能，确保消费者个人金融信息得到有效保护。

（三）强化风险管理，依法合规经营，守住风险底线

1. 完善风控体系建设，强化风险管理。公司始终将业务的合规性、风险的有效防控作为持续稳健发展的前提和保证，已建立了完善的风险管控机制。2019 年，公司加强信托项目准入管理，完善业务评审决策机制，强化项目后期管理和审计，增设项目检查部，扩展审计覆盖面。公司加强舆情监测，引入舆情监测系统，梳理舆情管理工作制度，细化舆情管控工作流程，形成舆情风险前置、舆情监测、舆情响应、舆情处置的闭环管理机制，提升舆情风险管控效率。

2. 持续推进合规建设，培育良好的合规文化。公司将确保国家法律法规和公司内部规章制度的贯彻执行作为内部控制最主要目标，已建立较完备的合规管理制度和操作流程。公司积极倡导和培育良好的合规文化和价值理念，公司员工的合规风险意识、合规责任感有效增强。2019 年，按照监管要求，公司认真开展“巩固治乱象成果　促进合规建设”专项工作、通道业

务压降与房地产业务规模管控工作、资管新规整改工作等，相关工作对公司业务的持续健康发展具有重要意义。

3. 加大落实、培训和宣传力度，履行反洗钱义务。公司参照《法人金融机构洗钱和恐怖融资风险管理指引（试行）》《银行业金融机构反洗钱和反恐怖融资管理办法》等法规的相关要求，持续完善公司反洗钱内控制度体系，做好客户身份识别和客户身份资料及交易记录保存，提高异常交易人工甄别水平，落实可疑交易上报工作。同时，公司全力配合人民银行的主题宣传工作要求做好反洗钱宣传工作；积极参加人民银行组织的各项培训，并邀请中国人民银行天津分行反洗钱处相关领导到公司进行反洗钱培训；积极征订、学习反洗钱相关书籍材料，切实提高全体员工反洗钱意识和反洗钱工作管理水平。

（四）坚持以人为本，保障员工权益，促进员工职业发展

1. 加强员工民主管理。2019 年，公司先后召开了 7 次职工（会员）代表大会，充分发挥了职工（会员）代表大会作用，加强员工民主管理，构建和谐劳动关系。全年公司工会共召开了 18 次工会委员会会议，充分发挥集体决策的作用，专题讨论研究涉及职工利益方面的重大事项。

2. 保障和维护员工合法权益。公司严格执行《劳动法》《劳动合同法》等相关法律法规，建立完善的培训、薪酬和考核体系，保障员工的合法权益。2019 年，公司通过搭建知识管理、人才赋能平台，提升全员职业知识，为员工职业素养和专业技能提升提供平台；进一步完善薪酬福利政策，保障员工利益，持续提升员工的幸福感；加强劳动用工契约化管理，完善市场化用工机制，激发员工干事担当作为。

3. 注重员工关爱。结合新中国成立 70 周年，公司先后开展了改革开放 40 年为主题的春联征集活动、“我爱祖国”——庆祝中华人民共和国成立 70 周年摄影作品征集、“我的祖国”知识竞答、“我与祖国”征文、录制“新中国 70 年光辉历程”宣传栏及视频等系列活动。

公司积极推动“智慧工会”平台落地，落实《关心员工生活实施办法》《慰问员工实施细则》，对员工生日、结婚生育、本人及家属生病住院及时慰问。通过开展专题座谈会、职业安全知识培训、文体活动等方式，丰富员工业余文化生活，构建健康、和谐的文化氛围。

（五）践行国企担当，发展慈善信托，履行公益责任

1. 助力脱贫攻坚，实现精准扶贫。2019 年，公司以高度的政治责任感和使命感，践行“以人民为中心”发展思想，坚决贯彻落实中央关于精准脱贫重大决策部署。公司党委领导多次到武清区王庆坨镇蔡家地村、四合庄村进行帮扶工作调研，与镇、帮扶村、帮扶组进行工作对接，研讨帮扶工作中的重点难点问题。公司累计拨付 120 万元用于帮扶村党支部办公用房建设；拨付 100 万元专项用于和田地区对口支援工作；捐款 50 万元用于落实市委、市政府确定的 2019 年扶

贫协作和支援合作重点任务，在2018年划拨7万元的基础上，又划拨2.5万元用于帮助村民危房翻建。公司在扎实做好帮扶村党建、帮扶困难群众、发展村集体经济、加强帮扶村基础设施建设及消费扶贫等方面，取得了明显成效，在打赢精准脱贫攻坚战中展现了国有企业的政治担当。

2. 利用信托制度，开展慈善信托。公司积极发挥信托制度优势，探索脱贫攻坚新模式。随着脱贫攻坚进入收官期，为助力打赢脱贫攻坚战，公司在做好驻村帮扶工作的同时，充分发挥信托制度优势，积极探索研究利用慈善信托开展扶贫工作。2019年，先后成功设立了"信扶1号（助困）""信扶2号（助学）""南开大学EMBA90班爱心助学"三笔慈善信托，累计募集扶贫助困资金为170万元，有效填补了公司在慈善信托业务领域的空白。其中，"北方信托—南开大学EMBA90班爱心助学慈善信托"获得"2019年南开大学教育贡献奖"。这不仅对公司推进业务转型、回归信托本源的探索实践具有重要的战略意义和积极的示范效应，也为更深入、精准地开展扶贫攻坚工作积累了经验。

四、2020年发展规划

公司始终秉承"诚信、稳健、创新、高效"的企业精神，以"做可信赖的信托公司"为目标，贯彻"立足天津、深耕京津冀、辐射全国"的经营方针，抢抓行业转型发展机遇，大力发展主动管理业务，升级营销服务，稳步推进混合所有制改革，着力提升内部管理水平，致力成为内部治理完善、盈利能力强、业务特色鲜明的创新型信托公司。

2020年，公司将继续坚定不移加强党的建设，继续全力推动混改工作。内部管理方面，公司将夯实人才、制度、文化根基，提升管理质效：务实优化组织架构，构建全面风险管理体系，优化全过程风险控制；加强人力资源管理，夯实人才基础，持续优化制度体系和工作流程，加快企业文化建设。业务方面，公司将发扬优势，创新发展动能、扎实推进信托主业和固有业务发展：持续提升主动管理能力；提升资金募集能力和募集资金质量；坚持价值投资理念，提高固信协同质量和效率。

渤海国际信托股份有限公司

一、2019 年经营概况

2019 年，渤海国际信托股份有限公司（以下简称公司）以合规为前提，以发展为主线，主动灵活调整经营策略，积极有效抢抓市场机遇，公司当期经营保持健康稳定，未来高质量发展的基础进一步夯实。截至 2019 年 12 月 31 日，公司总资产为 158 亿元，实现营业收入 29.24 亿元，实现净利润 11.16 亿元。

（一）稳固基础，审慎经营，业务结构持续优化

面对严峻的市场和监管态势，公司在巩固传统优势业务的基础上，主动调整业务结构。截至 2019 年末，公司管理信托资产规模为 5 966 亿元，未新增信托风险资产；主动管理类业务规模 2 420.06 亿元，同比增长 135.76%；主动管理类业务占比 40.56%，同比增长 145.08%。

（二）坚守底线，加强研判，风险防范与化解有力有效

以平衡风险与发展为目标，公司一方面大力抢抓业务机遇，结合市场形势，对合同模板进行了 3 次系统性、全面性的修改，对房地产、小微金融、政信、信保等 10 余项业务指引进行了动态调整，有效促进了信托业务的开展；另一方面公司牢牢守住安全底线，先后完成了 3 件遗留 20 余年资产及案件的处置，有效化解了个别风险征候项目，维护了投资者权益，展现了公司专业、尽责的业务素养，得到了社会各界的认可。同时，强化监督预防，通过增加审计频次、提升审计效能，进一步增强了内部审计在揭示风险、增强制度执行力等方面的作用。

（三）规范运作，提质增效，运营支持能力持续提升

公司以支持业务开展和防范操作风险为切入点，对业务开展中涉及的合同用印、合同打印、开销户等事务性工作进行统筹安排，进一步减轻了业务部门的事务性工作负担；围绕受托责任的履行和落实，对基础材料收集、合同归档、信息披露、用印材料销毁等进行了规范，并持续

开展了有限合伙企业清理、差异项目压降等专项工作，进一步规范了工作流程；提升信托登记工作质量，形成了信托登记工作月报制度，信托登记一次性通过率明显提升。

（四）精益精细，严谨创效，管理与后台保障成效明显

坚持向管理要效益，以保障促发展。持续推动“岗位能上能下、薪酬能增能减、人员能进能出”的人力资源管理体系改革，切实提升队伍素质，增强干部员工的危机感和紧迫感；全面落实“控成本，增利润”的管理理念，对外抢抓国家减费降税，支持民营经济发展的有利机遇，对内实施精细化管理，推行节俭办公，严控人工成本，严格费用管控，做实增收节支；大力打造信息平台，在业内率先推出了网银机器人，完成了二代征信系统，上线了发票验证系统，进一步提升了公司的智能化、自动化水平。

（五）凝聚共识，提振信心，党建与文化建设成效明显

公司认真贯彻“守初心、担使命，找差距、抓落实”的总要求，制定了“不忘初心、牢记使命”主题教育活动实施方案，各党支部累计组织开展集中专题理论学习 33 次，参与党员 495 人次；组织开展“党员先锋岗”评选工作，鼓励党员围绕创新转型、增收节支等争当先锋，作出贡献；开展了覆盖全员的企业文化教育和宣传活动，通过周例会宣贯、日常培训、张贴海报等方式，引导干部员工学习、领悟企业文化精髓，进一步增强了员工的归属感、认同感。

（六）主动发声，塑造品牌，发展成就赢得广泛赞誉

公司持续推动品牌创建工作，进一步提升整体形象，助力业务发展。2019 年，中央人民广播电台、《经济日报》、新华网、《中国证券报》《证券时报》《上海证券报》等权威媒体累计刊发公司正面报道 39 篇。此外，国家通讯社新华社和中央级对外媒体 *China Daily* 还针对公司创新服务实体经济成效发布了 2 篇权威英文报道。

二、创新业务案例

2019 年，公司立足实际，注重效果，有序推动业务的创新转型。小微业务以提升主动管理能力为重点，研发了个人征信直连解析系统，探索推出了“双 SPV”公募资产证券化等新型业务模式，公司对底层资产的把控能力进一步增强，荣获《金融理财》评选的“金貔貅·数字金融金榜公司风控力”奖；产业链金融业务聚焦细分领域，做精做专，核心运营管理能力持续增强，研发推出的胖猫鲲鹏项目荣获《上海证券报》评选的“诚信托——最佳创新信托产品奖”；债券业务在服务内涵上持续深化，形成了纯债、标准化、混合型等多个净值型产品系列，公司

的标准化业务能力得到了有效提升。此外，公司还结合资管新规要求及监管导向，在养老信托、家族信托、TOF结构化业务等多个领域进行了布局，其中操作的公司首单家族信托项目荣获《金融界》评选的“杰出家族信托产品”奖。

三、社会责任履行情况

2019年，公司坚持以优质高效的金融服务回馈社会，不断提高社会责任意识，丰富社会责任内涵，履行社会责任义务，逐步形成了全面的社会责任体系。

（一）大力支持实体经济发展

公司始终牢记金融服务实体的责任担当，充分发挥信托制度优势，广泛协调各方资源，不遗余力支持实体经济发展。截至2019年12月31日，公司管理信托资产规模中投向实体经济领域的规模为3 711.3亿元，占总规模的63.13%，同比增长13.19%，年度新增支持实体经济项目的数量及规模位居行业前三，涉及民生保障、基础设施、新兴产业等多个领域。

（二）积极参与扶贫慈善信托

公司作为行业代表，参与了中国信托业协会组织的呼伦贝尔脱贫攻坚活动，与6家信托公司共同出资设立了“2019中国信托业呼伦贝尔扶贫慈善信托”支持当地产业扶贫、精准扶贫项目，开启了“慈善信托”产品扶贫的新思路和新模式。

（三）主动投身社会公益活动

秉持“为他人做点事，为社会做点事”的企业理念，公司以关爱贫困学生为主题，组织举办了“点滴善举，爱在渤海”慈善义卖活动，助力学子成长；扎实做好金融消费者宣传教育工作，组织开展了“金融知识普及月”“金融知识进校园”等各类主题活动10余次，受众2万余人，进一步提升了广大金融消费者的风险责任意识和风险管理能力。

四、2020年发展规划

2020年，公司将主动适应新形势下的监管要求和市场竞争要求，以“控风险、稳发展、提质量”为基本主线，审慎经营，稳中求变，努力推动各项工作继续保持平稳健康发展。

（一）突出“稳健经营”，进一步稳定业绩业务

及时调整风控策略，提升风险管控的前瞻性和敏锐性，增强项目预审的有效性，积极防范

各类风险；以监管视角为方向，以内部审计为手段，以体系建设为抓手，找准合规与展业的平衡点，树立合规意识，培育合规文化，严控合规风险。

（二）突出“安全合规”，进一步防范经营风险

在充分结合公司实际的基础上，按照监管要求，继续稳妥有序地推动存续业务整改，确保在最大限度满足合规要求的同时不产生新的风险；及时对监管动态进行解读研究，调整公司的风控策略，加强对业务地域分布、客户集中度的统一管控，强化风控与托管、运管、审计之间的衔接配合；聚焦重点业务、重点领域、重点岗位，专项审计与常规审计相结合，静态检查与动态监控相结合，事后检查与全过程监督相结合，进一步增强审计的预警、纠错和威慑作用。

（三）突出“高效规范”，进一步提高管理水平

持续深化人力资源管理。进一步强化激励约束机制，继续推动业务人员、营销人员的差异化引进与考核，进一步完善人才评价体系，促进优秀人才脱颖而出。不断强化信息支撑能力。在确保信息系统安全、合规的基础上，进一步提高现有 IT 系统的使用率，完成核心业务系统的优化升级，推进新系统的开发建设。扎实优化管理服务能力。形成规范统一、高质高效的支持服务体系；控制运营成本，减少虚耗，提高产能；推动管理创新、管理变革，破除束缚业务发展的机制障碍。

（四）突出“新风正气”，进一步凝聚发展合力

以党建和企业文化建设为抓手，切实增强干部员工的自律意识、担当精神，提升队伍的凝聚力、执行力；提炼宣传亮点，做好对外宣传，服务地方、融入地方，努力争取地方政府的支持，为公司发展创造良好的外部环境。

长城新盛信托有限责任公司

一、2019 年经营概况

2019 年，长城新盛信托有限责任公司（以下简称公司）积极应对错综复杂的外部形势，主动适应监管政策变化，坚持“稳中求进、顺势而为、量力而行、质量为先”的工作总基调，以风险防控和合规建设为全年工作重点，实现自身稳健发展。

（一）业务发展稳健

截至 2019 年末，公司全年实现营业收入 39 019. 40 万元；实现净利润 23 060. 77 万元。公司资产管理规模 178. 55 亿元，总资产 15. 37 亿元；净资本/净资产比例为 87. 87%，超过 40% 的监管要求，净资本/风险资本比例为 638. 64%，大于 100% 的监管要求。

（二）风险管控扎实

一是全面扎实做好项目风险管理，防患于未然，通过前台业务人员项目现场蹲守、中后台部门帮扶等多种方式努力维持项目稳健运行；二是深刻认识和准确把握外部环境变化，适时调整审核标准，严格把控审核关口，确保公司业务发展稳健；三是严格落实银保监会“巩固治乱象成果　促进合规建设”“加强规范资产管理业务过渡期内信托监管工作”等系列工作要求，开展内部自查整改工作；四是全面合理优化合规规章制度，结合最新的外部监管相关要求，对《同业拆借业务管理办法》《员工违规行为处理办法》等十余项规章制度进行修订。

（三）内控管理严格

2019 年，公司持续加强内部审计工作力度，进一步提升内控管理水平。一是扎实开展常规审计工作。制订年度审计工作计划，先后开展常规项目档案审计、反洗钱审计自查、内部控制评价检查等。二是组织开展全面专项审计。重点关注企业重大决策、经营合法合规性、资产质量、内部控制、账外资金及“小金库”、执行中央“八项规定”、廉洁从业等方面，对公司近年来的工作进行了一次全面体检。三是进一步完善审计制度。对《员工离职审计管理办法》进行了修订，将离职人员审计重点集中到任期内业务开展合规性等内容。印发《风险项目责任认定及处罚办法》，强调对于因违规违纪造成项目风险的人员，必须进行严肃追责问责。

（四）党建工作到位

公司切实把党的政治建设摆在首位，始终坚持"党对国有企业的领导是深化国有企业改革必须坚守的政治方向、政治原则"，把全面从严治党引向纵深。一是强化理论学习。深入学习贯彻党的十九大和习总书记系列重要讲话精神，以"两学一做"常态化、制度化教育和"不忘初心、牢记使命"主题教育为契机，扎实做好党委中心组理论学习、党课教育、基层党支部"三会一课"、主题党日活动，2019 年共组织召开党委中心组理论学习 14 次，公司党委班子成员和各党支部书记共讲党课 4 次。二是强化基层党建工作。公司各党支部共组织"三会一课"等组织生活 74 次，主题党日活动 45 次。公司党委班子成员以普通党员身份参加各自所在支部组织生活会 41 次，参加各自所在支部主题党日活动 28 次。三是扎实做好反腐倡廉工作。以讲政治的高度，在全公司范围内开展系列警示教育工作，并对重点领域和关键节点逐项进行深入排查，从制度完善、机制建设角度出发，堵塞管理漏洞，巩固薄弱环节，切实消除隐患、铲除腐败滋生的温床。

二、创新业务案例

2019 年，公司将慈善信托作为转型创新的重要方向，探索金融助力慈善的新模式。

2019 年 11 月，长城新盛·筑爱长城扶贫慈善信托落地实施，该信托受托人为中国长城资产管理股份有限公司，经乌鲁木齐经济技术开发区（头屯河区）民政局备案批准成立。该信托受益人为符合中国长城资产管理股份有限公司陇县精准扶贫条件的帮扶对象以及其他符合《中华人民共和国慈善法》规定的慈善行为的帮扶对象。信托初始规模为 200 万元，存续期限为 3 年。信托存续期间闲置资金主要用于投资银行存款、货币市场基金等低风险资产，信托报酬为 5 万元/年。

该慈善信托属于单一信托直接捐赠模式，首期计划运用于陇县三个扶贫产业项目，后续该慈善信托资金还可根据当地经济发展情况及相应扶贫政策，运用于其他扶贫产业，推动当地农业产业和文旅产业发展，从而实现"造血式"扶贫。

截至 2019 年末，该信托先后支出 10 万元为陇县温水镇等 16 所学校购置了 16 台自动烧水器，支出 20 万元用于陇县铁塬村中蜂养殖项目，支出 398 240 元用于陇县关山草原旅游扶贫项目。

三、社会责任履行情况

（一）维护委托人利益

2019 年，公司恪尽职守，严格履行受托人诚实、信用、谨慎、有效的管理义务，依托自身在资产管理、风险控制等方面的优势，为投资者创造信托财富，为企业提供全面金融服务。截至 2019 年末，公司已向投资者分配信托利润 14.88 亿元，为全国多家企业提供全面的金融服务。

（二）助力公益事业

公司自觉秉持守法经营、照章纳税、公平竞争、合作共赢等理念，积极参与社会公益活动。公司积极贯彻落实中央关于维护社会稳定和长治久安的总目标，2019 年共向新疆地区捐款 10 万元，用于扶贫和助学工作；认真落实精准扶贫政策，向股东长城资产定点扶贫县陕西陇县捐赠扶贫款 50 万元。

（三）开展员工关爱活动

公司不断完善员工关爱体系，推动员工与企业共同成长。2019 年，公司工会、团委积极开展节日慰问、困难职工情况摸查、文体活动、主题团建活动等，不断增强职工获得感、幸福感、安全感，提升员工队伍的凝聚力，引领广大职工为公司的发展建功立业。

四、2020 年发展规划

2020 年，公司将主动适应监管政策新要求和外部经济环境新变化，夯实内部管理，积极稳妥展业，实现公司持续健康发展。

（一）积极推动各项业务转型升级

公司将根据政策导向、监管方向和市场动向的变化，结合自身资源禀赋和经验能力，适时调整展业方向，做到顺势而为，因势而动，抓住机遇，积极稳妥开展各类业务。一是在依法合规的前提下，不断提高主动管理能力，夯实公司利润持续增长的基础；二是认真贯彻落实中央对金融服务实体经济的要求，顺应国家宏观调控方向，将业务拓展的重心逐步转向非房类实体经济企业，主动对接“一带一路”、京津冀一体化、粤港澳大湾区等国家重大战略和区域发展战略，积极助力供给侧结构性改革。三是积极探索创新业务。认真落实中央打好精准脱贫攻坚战的要求和部署，加大对慈善信托的投入力度，发挥信托财产隔离功能，实现慈善资金保值增值，践行公司社会责任，提升公司品牌形象。

（二）进一步强化风险管控能力建设

公司将进一步践行“风险管理是公司经营的基础、效益的前提和核心竞争力的保证”的价值理念，不断完善风控管理制度，强化合规文化建设，确保公司各层级、各业务流程、各关键操作环节均依法合规，以实现公司的稳健持续发展。一是进一步强化项目风险防控。牢固树立“三分投七分管”的项目经营理念，严格落实投后管理责任和措施，继续实行项目现场蹲守，持续加强表内存量项目的风险监控，做到早发现、早预案、早处置。二是全面优化公司规章制度，对公司人事、合规、业务等方面的制度进行全面梳理和优化完善。

（三）用优良的机制和作风打造优秀团队

公司将继续坚持以人为本，持续优化体制机制，着力强基固本。一是进一步加强党的建设。全面深入学习党的十九大精神，扎实开展“不忘初心，牢记使命”主题教育活动，以习近平新时代中国特色社会主义思想武装头脑，统领工作。二是持续加强作风建设。扎实推进“两个责任”落实，聚焦监督执纪问责，深入推进“形式主义、官僚主义”整治，不断提高全体党员干部思想认识，积极转变作风，为公司平安健康稳健发展提供坚强保障。三是进一步加强企业文化建设。重点引导员工在业务拓展和客户开发中充分发扬狼性精神、工匠精神、创新精神，在内部管理和风险防控中牢固树立忠诚意识、规矩意识、敬畏意识，多组织开展符合公司核心价值观的活动，丰富企业文化建设载体，营造和巩固公司良好工作氛围，持续激发公司发展的内生动力。

大业信托有限责任公司

一、2019 年经营概况

（一）财务状况及经营指标完成情况

2019 年，金融市场违约频发，监管力度不断趋严，大业信托有限责任公司（以下简称公司）遇到了极大的经营压力和困难，业务规模一度大幅收缩。面对外部宏观经济下行压力和金融市场的复杂形势，公司上下凝心聚力，克服困难，强化内控，改善风控，加强队伍建设，重塑企业文化，保证了公司的相对平稳运行。

2019 年，公司营业收入为 4.83 亿元，同比减少 38.00%；实现净利润 1.07 亿元（拨备后），同比减少 31.69 %。

（二）信托业务开展情况

在业务发展方面，公司紧跟宏观政策和市场变化，主动调整信托业务结构，以提升专业能力和主动管理能力为核心，积极求新、求变，回归信托本质，坚持“受人之托，代人理财”的市场定位，充分发挥自身优势，积极探索创新信托产品，在资本市场业务、资产证券化业务、慈善信托、家族信托等业务领域取得开创性进展。

2019 年公司新成立项目 44 个，累计新增信托规模为 143.71 亿元，截至 2019 年末公司存续信托规模 748.17 亿元，较 2018 年末下降 46.92%。

二、社会责任履行情况

公司以“盛德大业、至诚信托”的立业宗旨和“忠诚、专业、进取、务实”的价值观作为公司实现社会价值、股东价值、员工价值和客户价值的精神内核，通过加大对地方经济发展的支持，加大服务社区和社会捐助力度，打造环保型公司形象等措施，对股东、客户、员工、商业伙伴、社区、环境等利益相关者承担责任和义务，维护和增进社会利益，实现公司和社会协调发展，努力将公司建设成为富有社会责任感的受人尊重的公司。

公司本着为投资客户负责的专业态度，以卓越的管理能力和专业的理财水平与广大投资客户携手并进，到期的信托产品均实现了100%的兑付率，2019年度共清算信托项目150个，全年清算信托规模合计891.46亿元（含部分清算项目），累计共向各类受益人分配信托净利润50.17亿元，正常兑付150个已清算项目信托本金891.46亿元。在为广大投资者提供优质信托产品以满足其理财需求方面发挥了独特而积极的作用。

三、2020年发展规划

2020年，公司将努力落实以下主要工作重点：

（一）建立行稳致远的企业文化，为长远发展筑牢制度根基

公司将建立行稳致远的企业文化。一是提升风控合规意识，公司上下都要严格按照公司法和公司章程履职，减少个体、人为因素对风险判断、管控的影响；二是加强职业道德教育，营造风清气正、廉洁从业的良好氛围；三是建立激励有度、约束有效的激励约束机制，对于出了风险不担当不作为的行为严厉处罚并录入监管信息系统；四是队伍建设上要求新进的人和留下的人与企业文化吻合，三观一致，人品正，专业强，有责任心，敢担当，在公司内部，全员上下形成行稳致远的共同格局和认识，最终把公司打造为在市场有一定口碑、在同业中有良好声誉、员工有较强的归属感和获得感的信托公司。

（二）全力以赴开展风险项目的追收工作

风险资产处置清收依然是未来一段时间的重点工作。公司将汇集骨干力量，明确分工，综合运用多种风险资产化解方式，针对不同项目风险特征及可供处置时机和价值的不同，按照一个项目一个处置思路的原则，争取尽快处置，并力争实现较优的处置结果。

（三）回归信托本源，做实信托主业

2020年，公司将继续优化深化精细化经营模式，探索转型升级竞合协同发展道路。信托行业过去单打独斗、自下而上的展业模式已让位于依靠团队协作和体系管控、依托平台协同和同业合作的展业模式。要建立总对总对接机制，通过竞争合作协同拓展业务，鼓励支持公司内部部门之间的竞争合作，主动融入集团体系，加强与股东单位的协同合作，大力推进金融同业之间的互利合作。

在传统业务方面，公司将精选交易对手，精选区域和项目，在精细化贷后管控的基础上做优做强，同时把合规证券投资信托业务作为一项长期稳定业务予以支持。

在创新业务方面，公司将按照监管导向，积极探索标准化业务、股权投资信托、服务信托等业务类型，推进公司转型。在标准化业务方面，公司拟借当前降息周期下债券市场的牛市窗口期，迅速搭建团队，尽快完成业务制度、IT 系统和考核机制建设，依法依规开拓标准化业务，作为公司发展的战略重点。在股权投资业务方面，公司将在监管部门的指导下有序推进，近期将上报相关项目。在增资到位的情况下，公司将积极申请资产证券化、QDII 等创新业务资格。

在财富管理业务方面，公司将依托国有股东的信用背景，做强财富管理业务，把直销能力打造成公司的核心竞争力之一；同时布局家族信托业务，为公司发展提供长期资金来源；拓展金融同业资金渠道，形成稳定的金融同业“朋友圈”。积极筹划，尽快把财富管理板块打造成公司的利润中心。

（四）坚持风险为本，稳健经营，切实加强风险管控

未来一段时间，公司防风险、控风险的形势和任务仍然紧迫。在内控体系和企业文化建设的基础上，公司将持续加强全面风险管理，按照“架构清晰化、制度健全化、流程规范化、队伍专业化、手段科学化”的要求不断夯实风险管理基础，明确风险偏好和容忍度，调整风险管理方式，完善风险报告路线；公司将进一步建立健全案件防控管理体系，推进案防长效机制建设，保持案防高压态势，增强案防工作能力，着力提升内部控制有效性，多创利润添后劲，严控风险保安全，实现更加安全稳健的发展。

（五）有计划、有步骤地推动增资扩股

公司注册资本仅 10 亿元，属于信托行业中排名靠后、规模较小的少数几家信托公司之一。注册资本规模过小直接制约了公司申请新业务资质，并影响公司的市场地位、与大型金融机构的合作以及监管评级工作。风险项目集中爆发后，公司也需要增加拨备计提，资本压力变得更为突出。未来一段时间，有计划、有步骤地进行增资扩股仍将是公司非常迫切和突出的任务。

东莞信托有限公司

一、2019 年经营概况

2019 年，东莞信托有限公司（以下简称公司）在巩固优化原有业务的基础上，积极探索业务转型方向，不断提升公司可持续发展能力。截至 2019 年末，公司资产总额为 60.94 亿元，管理信托资产规模为 736.89 亿元；全年实现利润总额为 6.63 亿元，同比增长 7.47%；净利润为 5.01 亿元，同比增长 7.91%；为客户实现收益 38.67 亿元，同比增长 28.77%；缴纳税金 2.67 亿元。公司成为推动供给侧结构性改革、支持实体经济发展的重要力量。

二、创新业务案例

2019 年，信托业加速驶入转型“快车道”，信托同业纷纷在创新业务上重点发力。在此背景下，公司积极探索业务转型，在房地产、政府类信托、服务信托、证券投资、文旅产业、普惠金融等领域创新业务模式，并取得了一定的成效。

（一）房地产业务

公司积极推动城市发展基金业务发展，深度参与房地产领域的拿地、开发、销售、持有运营等环节，取得了较好的市场效果。截至 2019 年末，公司已成功发行“鼎信—武汉菱角湖城市更新一期”“鼎信—昆山港佳名苑”“鼎信—天誉安宁”“鼎信—天津 1 号”“鼎信—城市发展基金 1 号（华策）”“鼎信—惠州 1 号”“鼎信—安盈 1 号”和“鼎信—安盈保利千灯湖项目”等产品，项目规模合计 63.75 亿元，信托实收规模为 41.26 亿元。2020 年公司将继续深耕城市发展基金业务，加大房地产业务创新转型力度，回归本源。

（二）政信业务

为助力优化城市形态与产业布局，解决城市更新过程中面临的资金来源及土地收储等问题，公司成立“东莞信托·鼎信—中堂镇城市更新集合资金信托计划”，创新推动城市更新业务的发展。截至2019年末资产规模已达8 300万元。为打造高品质配套基础设施，为滨海湾新区的建设提供资金保障，拓宽村组资金参与市政项目的渠道，公司成立“东莞信托·鼎信—滨海湾新区建设集合资金信托计划”，创新打造“金融平台+产业资源”的优势互补格局，截至2019年末已成功募集资金26.18亿元。为助力城市轨道交通的建设和运营，公司积极创新探索“以地筹资”市政建设项目信托服务模式，以保障资金需求。2020年公司将积极探索研究更多城市更新、基础设施建设等领域投融资业务模式，全面布局各镇街，进一步提升服务实体经济的能力。

（三）服务信托业务

2019年，公司创新成立了“东莞信托·惠信—1+X医学健康管理服务信托项目”，遵循财产权信托的模式并融入服务信托的理念，根据委托人的意愿，将委托人合法为其客户提供的医学管理服务所收取的服务对价作为信托财产，以公司的名义，为受益人的利益及特定目的管理和处分信托财产。该项目是业内首单医学健康服务信托，开辟了医疗机构与信托公司间的合作路径，为公司乃至业内构建了医学健康与服务信托的合作范式。截至2019年末，该项目信托资产规模为46.23万元。未来，公司将集中优势资源，着力于市政工程项目农民工工资信托保管业务、公共服务类预付款保管业务等，以更好地利用信托制度优势，践行社会责任，加快信托业务转型，回归信托本源。

（四）证券投资业务

经过前期大量的系统设置与申赎测试工作，2019年6月，公司创新成立了首单债券自主投资类信托项目“东莞信托·聚富稳进1号集合资金信托计划”，初始规模为2 500万元，投资范围涵盖国债、金融债、企业债、债券型基金等固定收益类金融工具。截至2019年末，该系列产品累计资产规模达13.86亿元，取得了较好的市场效果。未来，公司将继续提升主动投资管理能力，在风险可控的前提下为投资者创造更丰厚的稳定回报。

（五）文旅产业业务

2019年8月31日，公司积极参与2019年广东文化和旅游投融资对接会，牵头与7家意向战略合作伙伴签订100亿元规模的“湾区文化旅游产业投资基金”框架协议，并深度参与对接会项目洽谈。2019年成立了舟山“文旅1号”文旅项目，信托总规模为4.9亿元，截至2019年末，已放款3.51亿元，为文旅企业创新注入信托资金。2020年，公司继续深挖文旅系列项目，成立“鼎信—湾区东保文旅”等项目，规模超过10亿元。未来，公司将发挥自身在行业及区域中的优势，通过产业基金、资产证券化、科技金融+普惠金融、艺术品信托四大业务模式对文旅产业进行创新性支持，拓宽文化和旅游企业的投融资渠道，推动文旅产业发展。

（六）其他业务

在普惠金融业务方面，公司针对个人、小微企业的金融业务需求，开展对车贷、个人经营性贷款类等特定消费金融业务的探索，并成功落地广发小贷股权投资、长安新生、大搜车等数个项目，业务加速布局。非上市公司股权投资业务方面，公司积极推动创新业务落地，开展“鼎信—汉河氢盛”项目、北京普纳股权投资项目等业务拓展。慈善信托方面，公司设立了“善信—莞慈1号”和“善信—丰泰”两单慈善信托，并实现了首笔捐赠资金的发放。

三、社会责任履行情况

公司将社会责任与整体发展战略相结合，使社会责任管理与公司经营发展紧密融合，不断深化落实供给侧结构性改革要求，服务社会经济，推动公司可持续发展。

（一）支持经济建设

面对我国在更高起点上实现高质量发展的历史机遇，公司不忘初心，强化作为国有企业的担当意识，充分发挥信托公司具备的综合金融服务优势，借助粤港澳大湾区建设发展的契机，通过拓展优化城市发展空间、助力湾区转型升级等形式，致力服务于湾区建设，奋斗于新时代。截至2019年末，公司投向实体企业的资金余额424亿元，其中，投向工商企业领域317亿元，投向基础产业领域6.98亿元，投向房地产领域100.2亿元。

（二）提升服务能力

公司严格遵守《消费者权益保护法》的要求，坚持“诚信立业、稳健务实”的经营理念，恪尽职守为委托人处理信托事务，在金融市场上逐步树立起良好的口碑。公司在完善内部风险控制体系的基础上，不断提升服务水平，保护消费者权益，保障金融安全。

（三）维护员工权益

公司根据《劳动法》《劳动合同法》和《社会保险法》以及地方基本福利制度，与全体员工签订劳动合同，及时足额为员工缴纳各项社会保险费、住房公积金、大病医疗保险等；建立起企业年金计划，保障员工带薪年休假等权益。此外，公司不断完善考核机制和加强职业培训，截至2019年末，全年开展内部培训69次，外出培训78次，总计参训人数约5 000人次。

（四）热心社会公益与慈善

公司一贯重视履行企业社会责任，积极作为，勇于担当，响应国家坚决打赢脱贫攻坚战的号召，支持对口帮扶欠发达村经济发展，提高资金运作效益，对村优质项目、基础设施建设项目等给予支持和帮助。公司大力举办和参与公益活动，通过捐款捐物、植树造林等方式，向社会传递爱心。2019 年，公司慈善捐赠数额合计近 600 万元。

（五）倡导环境保护

公司积极倡导绿色环保的工作方式，号召全体员工将节能环保理念融入工作、生活的每一个细节，努力打造低碳金融机构。公司通过开展徒步活动、摄影展览、健康讲座等方式，向员工传递绿色、健康的生活理念，在潜移默化中引导员工践行环保理念。此外，公司积极推进科技运用，加强内部管理，推动节能环保，努力构建节约型机构。

四、2020 年发展规划

2020 年是公司“三年规划”的关键之年，为了更好地应对国内风险挑战明显上升形成的复杂局面，公司坚持稳中求进的总基调，推进高质量发展。公司在发展过程中看清大势，聚焦重点，把握节奏，实现平衡发展的经营目标。

（一）固有业务条线，加强固有业务经营管理，强化成本考核

通过合理配置自营资产，补充流动促进增值。完善公司预算管理工作，及时分析全面管控，将预算下达、执行、落实的情况及时反馈到各执行部门中，形成公司全面的预算管控。建立固有业务考核，完善资金定价管理。

（二）信托业务条线，“保收入，增规模，抢转型”

信托业务部门和条线管理部门早行动，层层压实考核指标，按月推动各项工作，确保任务指标完成。适度开展单一主动管理业务，增加规模。前台、中台、后台协调联动，积极探索创新转型业务。

（三）财富条线，“深耕湾区、提升产出”

财富条线深耕湾区，一方面，东莞地区财富部门做强做大；另一方面，公司加快组建广州、深圳、佛山、中山的财富团队，尽快形成资金募集能力，并适时拓展到珠海、惠州地区。建立团队培养体系，对新理财师从入职、财富管理制度、流程、考核体系、基本营销要求等方面形成一整套服务和培训体系，帮助理财师尽快融入公司，熟悉制度流程，完成客户转化，提升营销效率。

光大兴陇信托有限责任公司

一、2019 年经营概况

2019 年，光大兴陇信托有限责任公司（以下简称公司）坚持以习近平新时代中国特色社会主义思想为指导，认真落实中央经济工作会议、全国金融工作会议部署，严格按照光大集团打造价值创造年的总体要求，扎实开展“不忘初心，牢记使命”主题教育，回归信托本源，服务实体经济，加快改革创新，强化精益管理，拥抱金融科技，防控金融风险，努力构建高质量发展模式。

截至 2019 年末，公司主要经营指标继续逆势增长，屡创新高，管理资产规模达到 7 372.86 亿元，营业收入实现 41.85 亿元，上缴税金 25.03 亿元，实现净利润 20.78 亿元，兑付投资人收益 384.94 亿元，公司行业综合排名由 2014 年重组时的倒数第三跨越式进入行业前列，行业评级实现了由最低的 C－级到 B＋级再到 A 级的巨大跨越。2019 年，公司凭借突出的增长能力和优异的业绩荣获权威媒体评出的“杰出信托公司奖”“中国诚信托·成长优势奖”“年度最具创新性普惠金融信托公司”“社会责任标杆企业”“2019 年度信托业品牌建设”等十余个荣誉称号，并被甘肃省人民政府授予“省长金融奖”；公司党委书记、董事长闫桂军同志荣膺第八届中国财经峰会“行业影响力人物奖”和 21 世纪亚洲金融年会“2019 年度信托业领导人物”荣誉称号，公司良好的社会形象得到进一步巩固。

（一）以党建为统领，全面加强信托公司党的建设

公司党委始终将政治建设摆在首要位置，把党的领导贯穿到日常工作的各个方面和全部过程，认真贯彻光大集团“三三五”党建工作总体思路，深入落实“五个深度融入”的工作要求，围绕中心工作两手抓、两促进，不断完善党建体系；严格按照光大集团巡视工作部署安排，积极配合，狠抓落实，扎实推进巡视工作顺利进行；高质量开展“不忘初心，牢记使命”主题教育，赴革命圣地延安开展主题教育培训，公司党委书记在全体党员领导干部大会上四次讲授专题党课，进一步夯实主题教育成果。

（二）以战略为引领，全力聚焦战略落地

2019年，公司积极推进战略优化工作，通过与咨询机构的共同努力，加紧落实“全方位领先，成为以高端财富管理和企业综合金融服务为特色的中国一流信托公司”的战略目标，构建围绕业务组合、运营模式、支撑体系、发展方式的四大战略发展主线；积极拓展“资产管理、财富管理、投资管理、消费金融、投资银行”五位一体的业务布局，强化核心能力建设，打造综合化、特色化、国际化的一流资产管理机构；公司将战略规划分解为战略指标体系以及9大项战略关键议题，细分为50个具体战略关键子议题，由17个部门具体负责，以绩效考核为手段，全面推动战略规划落地。

（三）以改革为使命，持续增强发展动力

公司以改革促发展，进一步提升公司价值创造能力，将深化改革作为经营发展的重中之重。公司深入落实光大集团全面深化改革的工作要求，并结合自身实际情况制定了“光大信托2019年度改革任务清单”，从目标运营模式建设、人力资源管理改革、风险管理改革、信息科技改革和创新体系改革五个方面，制定《公司组织架构和管控体系改革方案》，建设完善培训体系和薪酬激励机制，建立公司风险偏好政策制度，构建风险监测信息系统，开展IT战略规划咨询和推动慈善信托业务创新规模化发展等改革工作。

（四）以创新为驱动，不断培育业务发展新动能

在严控业务风险的前提下，公司持续提升新兴业务展业能力，已形成百花齐放之势，转型发展成效明显。一是产品创新的体制机制实现新的突破。公司设立了博士后流动站和创新研究院，建立了基于政策研究的产品创新团队，家族信托、慈善信托、资产证券化业务均取得了较大突破：截至2019年12月末，家族信托项目累计管理规模12.64亿元，累计签约单数128单；完成备案慈善信托25笔，资金规模接近6亿元，慈善信托数量、金额均实现全行业第一；发行落地资产证券化类项目19笔，规模271.77亿元，储备资产证券化项目超850亿元。二是拥抱金融科技，以信息化、数字化转型为总要求，持续提升科技水平。公司通过持续增强智能化和平台化建设力度，依托云计算、云平台等科技手段，完善科技体系建设，筑牢数字化发展根基，不断优化系统、再造流程，不断提升信息科技对于价值创造的支撑作用。一方面，加强战略引领，聘请IBM做科技战略整体规划；另一方面，加大资金和人员投入，构建30余人的信息科技队伍，以每年投入不少于5 000万元支持信息科技建设，为更好地服务客户、打造平台、提升管理效率提供有力科技支撑。

（五）以质效为关键，加大战略型业务布局力度

一是公司的展业布局始终以服务实体经济为己任，服务国家重大战略，服务实体经济，加大对重大基建项目的融资力度。目前，投向交通、水利、市政工程、安居工程等基础设施建设领域的信托资金余额约为2 000亿元。充分发展资产证券化，帮助实体经济盘活存量资产，提高运营效率，降低融资成本。二是公司年初确定了战略型业务发展重点，即“五战”：第一，决战消费金融市场，大力开展普惠金融业务。截至2019年12月末，公司累计普惠金融类项目新增规模136.96亿元，并申请3项消费金融业务系统专利，申请专利数量位于行业首位。第二，选战住房金融市场，适度布局住房金融业务。截至2019年12月末，公司主动管理类住房金融业务新投放规模537.68亿元。第三，转战基础设施金融市场，重点布局“长三角”“珠三角”及中心城市群。截至2019年12月末，公司主动管理类基础设施业务新投放规模464.14亿元。第四，再战资本市场，公司通过进一步提升投研能力，紧紧抓住资本市场一季度交易性机会，获取了超过市场平均水平的投资收益。第五，激战财富管理市场，将家族信托作为践行“财富管理”战略的核心支柱，打造公司在家族财富管理领域的核心竞争优势。截至2019年12月末，公司累计销售规模748.18亿元，同比增长816.1%，远超2018年同期水平。

二、创新业务案例

案例一：纯债宝现金管理类集合资金信托

该产品是光大信托首单净值型标准化的现金类产品，在完全符合资管新规要求的前提下，主动投资管理标准化债券类资产，符合标准化、投资型、净值化、破刚兑的监管趋势。该产品主要投资于交易所或银行间市场流通的各类债券类资产。该项目采用组合投资方式，按照安全性、流动性、效益性原则进行信托财产的多元化动态资产配置，实现按周申赎与净值化管理。

“纯债宝”项目实施了严格的风险管理举措。在信用风险管理中，采用独立的信评体系和严格的入库流程把控信用风险，建立了独立的债券池制度，债券投资均在债券池制度框架下进行；在流动性风险管理中，设置兑付集中度、流动性监控、风险准备金等；在市场风险管理中，实行投资管理分级授权制度，对不同水平风险进行分层控制，加强对宏观经济和投资品种的研究、监测和分析，及时根据市场变化调整投资组合；在操作风险管理中，健全自上而下的业务决策授权体系，通过逐级授权控制业务风险，规范投资决策流程，进一步完善和细化业务规范和操作流程。

案例二：光大·助业 2 号集合信托计划

光大·助业 2 号集合信托属于房抵贷业务类型，信托资金用于向符合特定条件的小微企业主发放信托贷款，最终用于融资人企业日常经营。

该项目利用阳光财保为该信托计划项下每笔贷款提供信用保险，并且信托资金独立运作、闭环使用，房产足值抵押，安全性相对较高。通过该类房抵贷业务，为小微企业主提供企业日常经营贷款资金，助力实体经济的发展；通过与保险公司合作，落实双重审核义务，提升产品风控措施，降低企业融资成本。

案例三：光信·光乾·优债泰享 1 号集合资金信托计划

光大信托联合信托计划委托人太平保险集团、光大永明保险，设立光信·光乾·优债泰享 1 号集合资金信托计划，于 2020 年 1 月向融资人湖北省科技投资集团有限公司发放融资 10 亿元，帮助企业补充流动资金，部分融资资金用于支付武汉光谷地区农民工工资，维护了社会稳定，向社会民生领域提供了金融服务。

三、社会责任履行情况

2019 年，面对复杂严峻的国内外经济金融形势，公司以金融供给侧结构性改革为主线，将防范和化解金融风险与服务实体经济和人民美好生活有效结合，切实履行社会责任，为美好社会的繁荣发展助力同行。

（一）不断提升公司经营效益，努力实现国有资产保值增值

公司积极落实金融供给侧结构性改革要求，严格服从监管要求，主动调整业务发展规模与速度，依托光大集团综合金融服务优势，以国有资产保值增值、股东利益回报稳定为目标，充分发挥信托制度优势与创新理念，不断提升投资效率和效益，公司经营发展再上新台阶，主要经营指标继续逆势增长，屡创新高，行业综合排名和评级取得新突破。

（二）充分发挥信托制度优势，大力支持公益慈善事业

截至 2019 年末，公司向民政部门完成备案的慈善信托产品为 25 笔，规模合计 5.80 亿元，慈善信托新增数量、金额位居行业首位。公司慈善信托业务不仅从规模上实现了突破，而且在业务开展的深度、广度、与光大集团及各类公益机构间的协同合作等方面也取得显著成效。截至 2019 年末，已累计支出慈善资金 6 449 万元，支出资金用于帮扶支持中央“脱贫攻坚”重点

区域甘肃省和政、临洮、迭部县和湖南省新化、新田、古丈县，以及广东省粤北贫困山区的扶贫济困、助老助残、社会公益设施等，使20万户左右的贫困家庭受益。

（三）彰显中央企业使命担当，积极开展扶贫工作

公司按照党中央、国务院、光大集团关于精准扶贫有关工作要求，紧紧围绕“精准精细、稳中求进、进中求新”的原则，积极开展信托扶贫创新，促进扶贫资源精准对接，加快农村贫困人口脱贫致富步伐，助力脱贫攻坚事业稳步推进。2019年，公司通过产业及民生扶贫、教育扶贫、党建扶贫、消费扶贫、爱心捐款等多种方式，对甘肃省临夏回族自治州临夏县、和政县、甘肃省定西市临洮县、湖南省永州市新田县、湖南省娄底市新化县等多个地区开展帮扶，共为定点扶贫地区提供援助近500万元。

（四）坚持多措并举，助力民营企业更好更快发展

公司坚持“四个一致、四个不一致”原则，聚焦民企融资服务痛点和难点，多方面积极化解民企和中小微企业“融资难、融资贵”问题，为民企提供投融资全产业链的金融服务。公司还对民营企业战略客户实行整体授信，在项目审批、资金对接等方面建立绿色通道，已服务民营企业资金规模近3 000亿元，占全部信托存量规模的30%左右，努力以光大信托之为，助力民营企业发展。

（五）坚守绿色发展理念，积极推进绿色信托实践

2019年，公司通过组织业务专项研究，贯彻绿色发展理念，融入公司可持续发展战略，制定并印发《关于推动公司绿色信托业务发展助力美丽中国建设的指导意见》，为公司全面开展绿色信托业务，支持绿色产业发展提供政策引领。截至2019年末，公司存续绿色信托类项目合计规模为649.74亿元，新增投放绿色信托类项目合计规模为281.55亿元，为积极推进绿色信托的业务实践贡献了自己的力量。

四、2020年发展规划

2020年，公司以习近平新时代中国特色社会主义思想为指导，深入贯彻落实党的十九大和十九届二中、三中、四中全会及中央经济工作会议、全国金融工作会议精神，认真学习光大集团年度工作会议精神，面对复杂严峻的经济金融形势，进一步增强紧迫感和危机感，坚持以精益管理为主线，做好强基固本；坚持以创新谋变为突破，增强发展动能；坚持以“双主双优”为核心，有效管控风险；坚持以金融科技为关键，全面加快数字化转型，奋力开创回归信托本

源、服务实体经济的高质量发展新局面。

（一）全面加强党的建设

公司将始终坚持以习近平新时代中国特色社会主义思想为指引，持续深入开展“不忘初心，牢记使命”主题教育。要认真落实全面从严治党主体责任，结合自身实际，压实“五个责任制”，完善相应制度规定，细化措施办法，建立工作台账，进一步严格规范各项工作、各项任务、各个环节，确保落实主体责任经常化、制度化、规范化；要以党委中心组理论学习规范化和制度化为重点抓手，加强中心组理论学习，提高领导班子的管理能力和管理水平；要进一步夯实基层组织基础，开展创新型、服务型党组织建设；要进一步推进全面从严治党，严格执行党风廉政建设要求，督促各级班子成员认真落实“一岗双责”，管好分管范围内党风廉政工作，认真贯彻党委各项决策要求。

（二）切实推动战略执行

公司将围绕“三化”战略和“投行、资管、投资、财富、消金”业务体系，进一步明确“转化金融服务方式”的具体实施路径，聚焦战略业务板块，强化与优质机构客户的战略资源整合，根据中长期战略实施方案，分析研判2020年实施战略的内外部环境、资源配置因素及风险因素，制定年度战略目标和落实举措；持续推进战略贯宣培训，通畅战略沟通渠道，保障部门的日常运营与战略发展有机结合；努力在发展中逐步实现规模领先、收益提升、综合布局、业务多元，打造综合金融服务能力，为争创中国一流信托公司奠定基础，严格将光大集团及公司的战略思想和理念落实到日常工作中，推动公司战略目标的早日实现。

（三）加快创新驱动转型发展

公司将继续聚焦创新转型，从上至下推动完善创新机制体制，培育创新文化，塑造发展新动力，以实现稳中求进，进中求新；持续完善机制体制，为业务创新保驾护航，以公司产品创新委员会为驱动核心，进一步优化创新业务审批流程，推动创新业务审批的信息化、移动化改造，设置绿色通道，做到专人对接，以提高创新业务运作效率；围绕公司中长期战略发展需要，充分营造“鼓励创新、宽容失败、允许试错、责任豁免”的创新容错氛围，鼓励大胆创新的有益尝试，以培育明确的业务发展增长点。

（四）全面加强风险管理体系建设

公司将进一步增强对宏观经济形势的研判，全面贯彻光大集团对于加强风险管理的要求，坚持底线思维，管好存量、优化增量，加强压力测试的力度和频度，全面梳理业务存量问题，抓紧制定解决方案，完善风险防控机制；明确各层级的风险责任，由董事长承担公司战略管控职责，由总裁承担公司全面经营职责，各分管领导承担各分管领域的主责任职责，各主办部门负责人承担部门管理职责，各主要经办人承担主办职责，进一步完善激励约束机制，努力将全面压实五个责任落到实处。

（五）坚决提高精益管理能力

公司将围绕价值管理、运营管理和转型管理的根本要求，构建全景式精益管理体系：一是大力增强信息科技水平。以构建“多元开放、高度集成、资源整合、简致敏捷”的科技管理体系建设模式为核心，以“去中心化”为目标，进一步完善公司科技建设体系。二是努力提高运营管理能力。进一步推进监管报送电子化和信托登记电子化建设进程，大力优化工作流程，在风险可控的前提下，缩短流程审批链条，节省流程审批时间。三是不断提升财务管理能力。坚持以效益为中心，全面提升资源配置与运营支撑能力，推进信托业务与自营业务在“规模增长、质量提升、结构优化、业务创新”等方面的健康高质量发展。四是切实提升品牌宣传能力。加大品牌建设投入力度，聚焦“光大道路、光大精神、光大力量”，把习近平新时代中国特色社会主义思想、光大集团重大决策部署和工作成效、公司在新时代的新风貌阐释好宣传好，巩固壮大主流思想舆论。

广东粤财信托有限公司

一、2019 年经营概况

2019 年，广东粤财信托有限公司（以下简称公司）在股东单位的正确指导和全体员工的共同努力下，积极推进业务转型，发力资产管理、私募投行和财富管理业务，全面提升专业化能力，加强主动管理业务拓展，取得了较好业绩。

截至 2019 年末，公司管理资产规模合计为 2 875.01 亿元。其中：信托资产规模为 2 787.94 亿元，较年初增加 80.68 亿元，增长 2.98%；自营业务资产总额为 75.57 亿元，比年初增长 16.11%；其他资产规模 11.50 亿元。经营收入方面，营业收入 12.13 亿元，同比增长 27.39%。其中：手续费及佣金净收入 5.67 亿元，同比增长 17.33%；投资收益 6.23 亿元，同比增长 37.97%；利息收入 0.21 亿元，同比增长 123.20%。利润方面，实现利润总额 9.80 亿元，同比增长 23.49%。企业所得税费用为 1.42 亿元，同比增长 25.67%；实现净利润 8.38 亿元，同比增长 23.12%。

公司以习近平新时代中国特色社会主义思想为指导，紧紧围绕“一带一路”倡议和“军民融合”等国家战略、广东省沿海经济带综合建设、战略性新兴产业、中小微企业等四大领域，通过实施综合金融战略，丰富金融产品供给，大力支持实体经济。截至 2019 年末，公司服务实体经济项目规模达 1 548.58 亿元。除聚焦服务实体经济外，公司加大对广东地区实体经济的投入，服务广东地区实体经济项目规模为 789.97 亿元。公司把握粤港澳大湾区建设的发展机遇，聚焦投入粤港澳大湾区项目，推进粤东西北协调发展。公司积极参与国有企业股权改革，2019 年公司发行了规模为 80 亿元多彩木棉项目，支持广州市城市建设投资集团有限公司参与南航集团股权多元化改革，这是第一家采取央企和地方合作模式，推进中央企业集团层面股权多元化改革的创新样本。

为提升业务专业化能力，更好布局业务发展方向，2019 年，公司针对基础事务类信托业务、资本市场业务、房地产信托业务、资产证券化业务、绿色金融信托业务、投资银行业务、家族信托业务进行专业化分工，根据专业化分工进行组织架构调整，以提升公司整体业务专业化水平。

公司积极推动主动管理转型，2019 年末，主动管理类信托项目规模同比增长超过 35%，累计主动管理类信托项目报酬占总报酬的 68.41%，同比增长 43.14%。

二、创新业务案例

（一）资产证券化及类资产证券化业务种类丰富，行业知名度提升

截至 2019 年末，公司资产证券化类业务余额为 578.68 亿元，其中 2019 年新成立 37 个（类）ABS 项目，新增规模为 383.31 亿元。资产证券化作为公司近年主要的业务发展方向，2019 年初公司成立了专业开展资产证券化业务的结构金融部，资产证券化业务专业化水平不断提高，也得到市场的认可。其中，公司在北京金融资产交易所发行了多款资产证券化产品，而在银登中心发行的 2019 年天津银行第一单联合贷银登流转，则为市场首单联合贷的出表。此外，公司对标准化市场也实现了全部产品的发行，分别发行了金辉大厦 CMBS、湖北科投 CMBS、九州通 ABN 和萃不良资产 CLO 等各类证券化类产品，在银登中心、北金所的业务也实现了突破，意味着公司已经具有全面资产证券化的实操经验。同时平安银行信贷、民生银行信用卡、微众银行微粒贷、建行重庆同业资产、厦门国际存档质押资产、天津银行联合贷等典型业务案例也打响了行业知名度。

（二）创新“服务信托+供应链”，服务小微在行动

以受托管理为特点的服务信托业务是近年行业转型发展的重要方向，2019 年公司落地首笔“服务信托+供应链”创新业务——“普惠供应链 1 号服务信托项目”。该项目基于深圳某大型电子通讯企业与其上游数百家中小微企业供应商之间的真实贸易背景，以提升中小微企业应收账款管理效率为出发点，由公司发起设立单一系列财产权信托，供应商将持有的对核心企业的应收账款交付信托财产；信托存续期间，公司通过特有的账户系统、供应链管理系统，提供信托财产的登记、保管和信托利益分配服务，满足中小微企业对应收账款的权利保管、权益流转和到期托收需求，助力中小微企业解决财务管理不规范、账期管理不科学、回款难度偏大等问题。该项目是服务信托与供应链业务结合的有益尝试，在行业内具有一定的示范效应。

（三）家族信托回归本源，财富体系建设快速推进

公司于 2019 年初搭建了专业化的家族信托团队，在团队专业能力优势互补的基础上，公司与外部机构深入合作，借助外部专业机构的力量，合力为家族信托客户提供专业、高效、定制

化的综合服务方案。2019 年，家族信托团队以非上市公司股权类家族信托、保险金信托为核心产品，持续进行产品研发和业务拓展。公司于 2019 年 5 月联合大成律师事务所主办了“大湾区财富管理服务机构研讨会”，与来自私行、律所、信托、保险、家族办公室等 200 多家专业机构共同探索家族财富管理整体解决方案，研讨家族财富管理生态联盟构建。

2019 年，公司财富管理体系建设取得突破进展，财富条线总计完成 42.86 亿元的直销规模，存量客户 1 209 户，较 2018 年分别增长了 229% 和 139% 。其中个人客户 30.59 亿户，机构客户 12.27 亿户，直销能力和服务客户能力有了明显进步。此外，2019 年财富管理总部完成了总部组织架构优化调整，已将总部的管理职能与经营职能完全分开，明确管理与支持等职能，实行精细化管理；另新增设了广州财富三部、机构客户部、战略客户部，并成立了上海财富中心，营销能力进一步增强。

（四）发展绿色金融，支持绿色企业

绿色信托是公司履行社会责任和服务实体经济的主要方式之一，近年来随着社会对环保日益重视，公司加大绿色信托业务拓展。2019 年，公司发行了粤财信托·珠光绿色鼎能一期集合资金信托计划。该信托计划通过入伙环保投资合伙企业，再由该环保投资合伙企业对节能科技公司进行增资扩股的方式实现绿色股权投资，节能科技公司运用增资资金购买节能设备为合同客户提供中央空调系统及配电设施的敷设和运营服务，通过先进绿色冷源新技术及智能能效管理技术的应用，有效降低能耗与减少碳排放。每年预计可节电 650.54 万千瓦时，节约 2 682.16 吨标准煤，减少 1 823.87 吨碳排放，减少 5 263.74 吨二氧化碳排放，体现信托行业服务实体经济产生的环境效益和社会效益。

三、社会责任履行情况

公司严格遵守国家法律法规，认真贯彻国家经济金融政策以及监管要求；始终坚持诚信经营，自觉履行纳税义务；不断推动信托产品创新，全力支持实体经济发展；有效履行受托人职责与义务，充分维护受益人利益最大化；2019 年，公司信托业务为投资者创造投资收益 265.23 亿元。

公司按照《银行业消费者权益保护工作指引》《中国人民银行金融消费者权益保护实施办法》等文件要求，大力推进消费者权益保护工作。公司消费者权益保护委员会切实发挥职能，将消费者权益保护文化嵌入公司发展战略，不断完善消费者权益保护制度体系，加强金融知识宣传教育，配合监管部门、行业协会开展了“3·15 消费者权益日”“金融知识普及，守住‘钱袋子’”“金融知识万里行”“广东省金融联合宣传教育活动月”等宣传活动，2019 年开展多次

金融知识进社区活动，落实消费者权益保护考核及培训，规范营销行为并按要求认真开展产品销售录音录像工作，充分尊重并自觉保障金融消费者八项权利，消费者权益保护工作取得较好成果。

2016 年《慈善信托法》颁布后，公司积极探索“慈善 + 金融”的创新与改革，为委托人与公益慈善事业搭建桥梁，于 2016 年设立了广东省首单慈善信托计划——德睿慈善信托计划。自设立省内首单慈善信托以来，公司加快推进慈善事业的步伐，2019 年新成立“金侨教育助学慈善信托”“小蜜蜂乡村阅读公益助学慈善信托”“青少年发展基金会公益助学慈善信托”“定点帮扶 1 号慈善信托”，已成立慈善信托计划规模总计 1 418. 5 万元，信托计划投向包括扶贫、助学、医疗公益研究等领域，用金融为慈善事业贡献坚实力量。公司严格按照《信托法》《慈善信托管理办法》等监管制度规范进行业务开展和存续期管理，并定期走访慈善项目了解慈善信托资金运用效果，出具慈善信托管理报告，做好信息披露工作。

四、2020 年发展规划

2020 年是全面建成小康社会和“十三五”规划收官之年，公司将秉承“客户至上，风控增效，科技赋能，管理专业，运营高效”的经营方针，立足粤港澳大湾区，服务实体经济发展，坚持风险控制与合规文化建设升级，提升资产配置与资金运筹能力，实现社会、企业、投资者、股东多方共赢。

（一）优化资产端与资金端匹配，同步提升配置能力

做大做强财富管理体系。一是建立长期可持续营销战略，加强直销能力、协调能力、服务能力、协同能力、品牌能力等“五项”能力建设；二是推进全国核心区域网点布局，继续优化组织架构改革；三是推进机构客户与战略客户开发；四是转型净值化产品销售。

大力提升标准化资产供给能力。根据资管新规要求，以资本市场业务为核心的标准化业务是资管机构转型的最主要方向，公司将大力加强标准化资产管理能力建设，提升权益类业务、固定收益业务、私募投行、资产证券化等主动管理能力，把握资本市场改革开放的重大机遇。

积极推进业务创新，扶持战略性新业务发展。一是推进家族信托业务建设，培育超高净值客户；二是积极拓展绿色金融业务，通过多种方式服务绿色低碳及节能企业发展；三是稳步推进业务创新。

（二）聚焦粤港澳大湾区，把握实体经济发展机遇

粤港澳大湾区建设将带来投融资、并购、基金以及财富管理的机遇。公司将充分发挥“主

场”优势，发挥信托的制度优势和股东背景优势，构建业务平台引入低成本资金，服务湾区建设；在此基础上稳步拓展全国市场。

（三）全面推动科技赋能，深入推进数字化转型

2020 年，公司将做好数字化规划，明确中长期的信息化发展方向，深入推进数字化转型，为公司业务发展、风险管理、运营管理、内控建设等全面赋能。

（四）推进风险与内控管理升级，促稳健合规经营

强化全面风险管控体系建设，推进标准化建设，提升产品力，加强对投后管理的监督，充分发挥风险管理“三道防线”的作用；促进风险控制与合规文化建设升级；认真落实产品运营管理日常事务，打造专业团队，为公司业务发展转型提供保障性、专业化服务。

国联信托股份有限公司

一、2019 年经营概况

2019 年，国联信托股份有限公司（以下简称公司）主要经营指标及主要工作如下。

（一）主要经营指标

2019 年，公司营业收入为 109 731 万元，同比增加 79 530 万元；利润总额为64 311万元，同比增加 39 566 万元；净利润为 42 900 万元，同比增加 23 344 万元。

其主要变动因素有以下几点：第一，由于投资的无锡农商行股价变动大，原核算方法导致公司净资产、净资产收益率变化幅度大，2019 年对无锡农商行股权投资会计核算方法进行了调整，由可供出售金融资产并以公允价值计量调整为长期股权投资权益法核算，调整后，增加投资收益 87 154 万元，增加净利润 58 021 万元。第二，公司对和富基金承接的闽兴医药等风险项目计提了风险准备。

2019 年末，公司自营资产规模为 53. 96 亿元，较年初增加 27 276 万元，同比增长 5. 32%；信托资产规模为 733. 14 亿元，同比下降 9. 34%，主要是因监管压降通道业务的要求带来的信托规模下降。

（二）主要工作回顾

2019 年，公司围绕目标任务，努力抓好党建根基，积极推动引战混改，深入推行机制改革，重建系统助力发展，大力推动业务创新，攻坚克难风险处置，全面整改深刻反思，围绕行业态势和监管要求，组织开展各项工作。重点有以下几个方面。

1. 强抓党建夯实根基，把握公司发展大局。公司始终把党及政治责任摆在经营管理工作的首位，2019 年，公司继续将党的领导融入经营管理各个环节，实现党组织把方向、管大局、促落实。

结合改革，公司进一步明确党组织在法人治理中的法定地位，明确党组织在决策、执行、监督各环节的权责，确保有效贯彻执行党的各项决策部署，在谋划全局、把好发展方向上实现深度融合；进一步加强基层党建工作，提高党建工作站位，拓宽党建工作思路，丰富党建形式内容，发挥党组织的战斗堡垒作用，认真履行党风廉政建设的主体责任和监督责任，筑牢思想防线。

2019 年，公司加强各类教育学习，开展“守初心、悟初心、践初心”各项专题学习活动、庆祝中华人民共和国成立 70 周年系列活动等，全面贯彻落实“不忘初心、牢记使命”主题教育，党员领导干部从实际出发发挥表率作用，做到甘于奉献，勇挑重担，以“围绕发展抓党建，抓好党建促发展”为目标，不断提高公司业务能力和管理水平。

2. 全力推进引战混改，改革方案获批通过。公司一直把引入战投作为重要工作积极推进。2019 年第三季度，公司初步确定了意向方，并就其资质问题与江苏银保监局、无锡银保监分局进行了汇报，但因监管要求对于互联网企业要保持审慎态度，故该项工作暂缓。

除引战外，2019 年，公司着力在“改”上实现突破，推进机制体制的市场化改革。作为江苏省首批混合所有制改革试点企业，公司按要求组织开展了改革工作，从推进公司治理体系优化、职业经理人制度设计、市场化薪酬机制改革等方面建立了全面的改革方案，于 2019 年 12 月末获无锡市国资委审批通过并报江苏省发展和改革委员会、省国有资产监督管理委员会备案。

3. 主动调整业务结构，力推业务创新转型。2019 年，为贯彻落实“资管新规”中“去嵌套”“去通道”的监管精神，同时，积极应对市场环境变化，提升主动管理能力，公司主动调整业务结构，压降通道规模，在控制风险的基础上，大力开展主动管理业务并力推创新转型。2019 年，公司回归信托本源，服务实体经济，并实现了新领域的布局。

第一，压降通道业务。根据监管部门“严禁开展通道业务且对存续通道业务必须大力压降”的窗口指导意见，2019 年 6 月至 12 月末，合计压降通道业务规模为 105.08 亿元。同时，公司着力开展主动管理业务，年内新增主动管理信托规模占新增规模超过 90%。

第二，支持实体经济。围绕无锡市委市政府产业强市的要求，结合自身资源禀赋，思考在国联集团“综合金融第三方服务商”战略中的角色定位，服务和支持实体经济，与华西集团、红豆集团、天奇股份等深度合作，助力实体经济发展；协助中超控股、银邦股份等解决资金困境，维护了区域金融稳定。

第三，业务创新突破。回归“受人之托，代人理财”的本源，公司家族信托业务再突破，一单总规模 5 000 万元的家族财富信托落地，成为江苏省内信托公司成立的单笔金额最大的家族财富信托。此外，与国联人寿合作的保险金信托落地，借助国联综合金融的优势，实现了“保险 + 信托”组合“1 + 1 > 2”的效果。

第四，加强渠道开拓。鉴于发行是公司目前较大的瓶颈，2019 年，公司着力资金渠道建设，继续加强与银行、证券、保险等金融机构合作的深度和广度。在以银行为主的渠道建设上，落实“1+1+N”战略，公司与无锡农商行加强项目对接，与江南农商行签订战略合作协议，并在与已合作银行推进具体项目的同时，继续开拓与其他金融机构的合作。

第五，布局新的领域。经董事会批准，公司引入具有较丰富行业从业经验的副总经理一名并新设资产管理部，主要负责开拓标品信托领域，公司计划以该业务为创新转型的重要突破口，并与其他业务协同合作，提升业务拓展的广度和深度，在传统业务面临萎缩的背景下提前布局。

目前，公司的标准化固收产品——“添惠系列”已经成立，相关配套制度、人员、IT系统等方面工作也有序推进，正在和托管银行探讨上架发行，和有资金运用需求的大型机构积极沟通。

4. 全力处置风险项目，深刻反思全面整改。2019年5月，因遭遇合同诈骗，公司闽兴医药项目出险，项目规模总计32 715万元。公司立即宣布了协和医院的债务到期，向无锡中院申请对闽兴医药、协和医院进行诉前保全，向公安机关报案。无锡中院对闽兴医药、协和医院的相关财产进行了查封；向无锡仲裁委提起仲裁，要求协和医院偿还债务、闽兴医药承担保证责任。为维护地方金融稳定，保护广大投资者合法利益，公司提前结束了该信托项目，向投资者足额分配本息。

2019年6月24日，公安机关以公司被合同诈骗予以立案；由于该案涉及的金融机构众多，数额巨大，相关的涉案人员及资金流向不明，2019年9月下旬，公安部成立专案组，对该案件全面彻底追查。目前，该案处于侦查阶段。

在闽兴项目风险发生后，公司高度重视，第一时间启动内部调查程序，对项目全方位、全流程进行排查。以案为鉴，第一时间分条线召开了各部门反思会议，要求切实增强敬畏意识，深刻反省；启动了全面的后续管理检查，并要求各部门从制度、操作、流程等各方面进行了全面排查，找出风险隐患，堵上安全漏洞，优化操作流程，强化制度执行。

结合闽兴项目出险，公司从经营理念、制度流程等各方面深刻剖析，横向到边，纵向到底，全面整改，构筑全面风险防控体系，切实提升合规管理和风险管理水平。

5. 业务信息系统重建，科技赋能后续发展。随着业务发展和监管要求的不断提高，公司原有业务系统架构和功能已无法满足需求，从公司未来发展的角度，在对行业使用情况、系统供应商情况进行充分调研后，2019年，公司对原有信息系统进行了改造，更换了恒生一体化信息系统。在保证现有系统平稳运行、日常工作不受影响的前提下，新的系统建设工作有序开展，2020年1月2日正式上线运行。

二、创新业务案例

（一）家族信托业务实践

2019年，公司一单总规模为5 000万元的家族财富信托落地，这是江苏省内信托公司成立的单笔金额最大的家族财富信托。

随着中国高净值人群不断扩大、财富不断增多，作为财富管理和置产配置的重要工具，家族财富信托近年来越来越受高净值人群的欢迎，成为助力其实现财富传承、保值增值、风险隔离的最佳方式。

此次公司成立的该笔家族财富信托计划，是公司深挖当地高净值客户家族财富领域的一次新的探索，是在家族财富信托业务上的进一步开拓。该笔家族财富信托计划总规模约为 5 000 万元，在省内信托公司所管理的家族信托规模中居首位。结合国联集团综合金融优势，该笔家族信托还具有资金规模大、灵活性强、个性化服务程度高、金融服务多元化等特点。不仅如此，该信托在满足家族财富保值增值的前提下，本着家族财富传承与家族治理的目的，设立了多个受益人，委托人可根据意愿通过调整受益人间的信托利益分配比例起到对家族成员正向激励的作用，以促进家族成员自身发展为驱动力推动家族财富传承。

今后，公司将在家族财富信托领域不断深耕，回归信托制度本源，为广大高净值客户提供全面的资产配置及家族财富传承服务。

（二）保险金信托业务实践

2019 年 4 月 18 日，公司与国联人寿合作的“世承系列”保险金信托正式落地，这是公司在业务创新转型上的又一次突破，也是公司在家族信托业务领域的又一次开拓。

作为家族信托的重要“支流”，保险金信托以相对较低的门槛和灵活的产品设计正受到越来越多的关注。借助国联综合金融优势，公司与国联人寿共同研究探索了该创新业务开展。

高净值客户的资产配置具有多样化的特点，单纯以货币资金设立信托的方式已经不能很好地满足客户需求，在“保险 + 信托”的组合下，保险金信托可以充分利用信托的风险隔离、专业管理、财富传承等功能，同时也可以利用保险的风险管理、保障等功能，实现“1 + 1 > 2”的效果。

在此次与国联人寿合作的保险金信托落地后，公司将继续在家族信托市场精耕细作，为高净值客户提供全面的资产配置及财富传承服务。

三、社会责任履行情况

公司自成立以来，始终坚持合规经营、诚实守信的基本原则，根据地区经济发展的要求，发挥信托联结三个市场的优势，积极投身地方经济建设和社会事业的发展，为地方经济和社会事业发展提供了有力的金融支持，助推无锡“产业强市”战略实施，在无锡乃至长三角地区建立了一定的品牌和声誉。

一直以来，公司坚持稳健投资的经营风格，将风险控制放在第一位，发行的所有已到期集合信托产品均按合同约定顺利兑付，实际收益率均达到预期，有效保护了投资者和受益人的合法权益不受损害。

公司始终秉承客户价值优先理念，强调以客户为中心，不断努力提升服务水平，依托国联综合金融平台，在为企业量身定制一揽子金融产品和服务的同时，为地方百姓的财富收入增长提供了重要的投资渠道。

2019 年，公司立足地方，支持实体经济，将自身成长与地方经济发展紧密结合，大力促进经济结构调整和产业转型升级，用实际行动响应无锡“产业强市”的战略号召。

四、2020 年发展规划

2020 年，公司将在培育信托文化、全面机制改革的背景下，夯实以引战混改为契机完善法人治理结构的体制基础、以实施职业经理人制度为先导的市场化机制基础、严控风险前提下创新转型发展的增量基础，以产品创新、能力提升、全面风控、渠道多元、科技赋能为五大抓手，推进各项工作。

（一）以党建统揽全局，推动实现高质量发展

公司将继续坚持以党建统揽全局，把每个环节的党建工作抓具体、抓深入。在具体工作上，将拓宽党建工作思路，坚持党建服务发展不偏离，发挥好党建在公司发展中的凝心聚力和引领示范作用，把党组织的政治优势转化为公司持续发展的竞争优势，以高质量党建推动实现高质量发展。

（二）积极寻找战投，引战取得实质突破

《信托公司股权管理暂行办法》已经出台，公司将一方面与接洽中的意向战略投资方努力推进沟通洽谈；另一方面根据监管关于信托公司股东的最新要求，寻找符合公司发展需求、符合监管规定、符合混改目的的战略投资者，力争早日完成引战工作，完善公司治理。

（三）全面实施改革，建立市场化机制

2019 年，公司根据国家对国企混合所有制改革的指导意见和要求，组织开展了混合所有制改革的方案制定工作。2020 年，公司将根据改革方案，从优化公司治理体系、实施职业经理人制度、实施市场化薪酬和绩效激励体系优化等方面，全面开启市场化改革。

（四）筑牢风控体系，保障健康稳定发展

公司以闽兴医药项目的深刻教训为诫，全面反省，增强敬畏意识，行动上严格落实。对于闽兴项目，公司将根据案件侦查取得的证据，推进案件仲裁进程，积极向闽兴医药、协和医院等相关责任方追偿，并对内扎实做好问责整改工作。

随着新一轮的信托业整顿，信托业的发展环境将发生改变，公司将进一步提升内控管理，加强合规和风险管控，坚守合规红线和风险底线，强化尽责管理，保障稳健持续发展。

（五）优化业务结构，回归本源培育信托文化

结合公司发展实际以及改革创新布局，2020 年，公司将围绕回归信托本源、培育信托文化、继续调整优化业务结构、提升服务实体经济能力、坚决防范化解风险等，全面提升公司信托业务发展的能力和水平。

资产端，公司将抓住最后的时机，在全面严格管控风险的前提下，夯实传统业务基础。同时，着力推动金融创新，在标品信托、权益类信托、服务信托等方面取得突破，并重点加大服务实体经济的力度，回归本源。资金端，公司将着力解决发行瓶颈，进一步开拓资金渠道，加强与金融机构等的合作，努力寻找低成本资金，并通过资产端、资金端资源的有效整合，提升多元、综合的服务能力。

根据信托文化建设的要求，公司将坚守受托人定位，按照专业、勤勉、尽职的要求培育信托文化，以服务实体、服务人民为宗旨，以成为综合、专业、信义的信托公司为目标，培育坚守服务实体经济的使命文化、满足人民群众需要的宗旨文化、推动社会进步的责任文化、依法合规经营的底线文化、坚持职业操守的品质文化，努力实现高质量发展。

2020 年，信托将面临更大的转型要求和更严峻的发展环境。公司将以实干笃定前行，在全面市场化改革下，切实提升业务能力和水平，奋斗“十三五”规划收官年，布局“十四五”规划开局年，擘画发展新气象。

国民信托有限公司

一、2019 年经营概况

2019 年，国民信托有限公司（以下简称公司）迈出改革、转型、发展的第一步。以合规经营、着力转型、防化风险、稳步前行为方针，巩固经营管理形势，提升风险管理水平，积极转型主动管理业务，回归信托本源，建立责任、合规、创新、研究的企业文化，以国家宏观政策和监管指导为指引，坚决走出过往舒适区，提升自身主动管理水平，力求以专业和创新能力引领业务开展，从而实现公司的高质量长远发展。

截至 2019 年末，公司资产总额为 32.38 亿元，总收入为 7.03 亿元，净利润为 1.89 亿元，资本充足率达 307.35%。公司经营水平和盈利能力得到显著提升。

（一）转型主动管理类业务　回归信托行业本源

公司响应监管部门要求，结合实体经济发展需要和公司自身情况，稳步推进业务结构升级工作，由新增业务入手，推动业务结构向主动管理类转型。报告期内，公司新增主动管理类业务规模 163.46 亿元，同比增长 520%，占全年新增业务的 47%。在力推主动管理和“去通道”的指引下，截至 2019 年末，公司存量业务中主动管理类业务规模较 2018 年同期上升 191%；银信通道业务规模同比下降 51%，减少 1 392.03 亿元。其中，其固有业务规模达到 32.38 亿元，在股权投资、货币基金投资、信托计划投资、资管计划投资等领域的基础上，进入 ABS 领域，并实现年内固有业务不良率清零。

（二）发挥自身特色　服务实体经济

公司充分发挥信托服务实体经济的功效，以信托业务提高资源配置效率。2019 年，公司加大在重庆、四川、陕西、甘肃、湖北、湖南等中西部省份的业务开拓力度，助力当地基础设施和民生公共服务建设水平的提升。公司通过主动管理类业务向基础设施领域投入 51.71 亿元，向工商业投入 46.79 亿元，占新增主动管理业务规模逾 60%。同时，主动压缩地产类信托资产金额至159.02亿元，同比下降46.38%。

在巩固原有优质业务的基础上，公司还加大证券投资类业务展业力度。通过广泛参与一级、二级资本市场，搭建资本服务实体经济的纽带；创立普惠金融事业部，稳步开展消费业务，助力国家普惠金融政策落地；重启自营销售渠道建设，为更好地开展服务类信托、加速回归信托本源奠定了良好基础。

二、社会责任履行情况

公司积极践行企业社会责任，严格履行《信托公司社会责任公约》规定的各项内容，致力于成为让客户信赖、政府认可、社会尊敬、员工认同的企业公民。

坚守自身法律责任，坚持依法合规经营。公司不断优化治理结构，健全内控体系，完善追责机制，加强制度和流程建设，调整和完善体系，设立统一的运营管理部，全面防范化解重大风险，加强项目全周期管理，推动流程优化，夯实事前审批、事中控制和事后审计三条风险防线，实现年内信托项目全清算、监管无重大处罚、流动性充裕。

实现业务开展与服务国家宏观政策的统一。公司致力于通过信托业务开展，响应国家号召，服务实体经济，推动社会经济发展，继续将基础设施建设领域作为展业重点，为促进地方建设，改善当地民生作出积极贡献。同时，公司还大力发展普惠金融业务，设立了专业信托事业部和专项业务部门，助力经济发展方式转型升级，增进社会公平和社会和谐。

诚信为本，积极践行信托企业经济责任。公司秉持“卖者尽责”的理念，深耕信托主业市场。作为中国信托业协会、北京银行业协会、中国慈善协会的会员单位，公司全力履行金融企业责任，以身作则，严格遵循监管机构指导，维护市场和行业秩序。2019年，公司全面启动业务结构优化工作，主动回归信托本源，增加主动管理类业务规模，大幅度主动压缩事务管理类项目和通道类项目规模。同时，公司深入强化自身诚信体系建设，打造以合规文化、追责文化为核心的企业文化，积极开展监管信息传达和要求落实，密切关注与行业相关的法律法规、监管政策等信息，及时向员工传达，提高员工的合规风险识别能力；通过举办专项培训、组织考核、网站专栏等方式，进一步提升公司从业人员的合规理念，加强对公司内控合规文化的建设和培养；加强员工管理，开展员工行为排查，与全体员工签订诚信承诺书，提高员工的诚信意识，促进公司健康、稳定、长期发展。

实践信托公益职能，助力打赢脱贫攻坚战。公司致力于通过慈善信托等业务履行金融企业支持国家精准扶贫的责任。2019年，公司在陕西延安、湖南宁乡、四川甘孜州设立了3个慈善类信托项目。信托规模合计超过4 000万元，信托资金由公司实施投资管理，每年将投资收益用于奖励陕西延安、四川甘孜州及湖南宁乡的优秀乡村教师及优秀湖湘文化工作者，预计每年将产生投资收益150万元，奖励对象150人。以上慈善类信托为信托企业通过自身业务常态化参与国家精准扶贫进行了有益探索，受到了当地政府部门、学校的广泛赞誉。

以人为本，关爱员工生活发展。公司一贯维护员工合法权益，关心员工福利和成长。公司通过调研并结合公司实际情况，制定具有市场竞争力的薪酬激励政策，吸引并留住优秀人才，持续提高人才队伍质量；继续坚持激励与约束并重原则，逐步调整和完善薪酬体系和激励机制，提升全员的合规风险意识。通过人才培养机制，帮助优秀员工实现职业发展目标和规划，鼓励员工接受在职继续教育，培育学习型员工精神，从业务发展需要和工作实际出发，推动员工专业知识的更新。支持员工开展各类文体活动，丰富员工的业余文化生活，增进同事间的交流与了解，培养员工之间的合作精神，促进公司和谐发展。

守护行业市场环境，维护金融消费者合法权益。公司秉持公益性、实效性、服务性和持续性的原则开展公众金融知识宣传教育活动。日常业务推广过程中，公司营销人员积极引导消费者树立合理的投资观念，根据自己的风险承受能力选择适当的信托产品。公司开展投资者教育，让金融消费者更多地了解金融知识和自身合法权益，懂得行使权利和保护自身金融安全。报告期内，公司先后组织了四次“金融消费者权益保护　国民信托在行动”的宣传教育活动，参与的社会公众累计约800人次，通过现场宣讲、传单推广等形式，积极宣传金融消费者权益保护理念。

三、2020年发展规划

2020年，公司将继续扎实、稳妥推进“改革转型发展”各项工作，努力实现营业利润稳中有升，风险管控严谨有效，展业能力显著增强，中后台管理职能高度专业化。在严格遵守监管机构各项规定指引的前提下，力争在创新业务、机构评级和股东增资等方面取得突破。

为实现上述目标，公司将在坚持依法合规、稳健经营的原则下，进一步争取监管支持，争取在增资扩股、机构评级等方面提升综合实力；大力拓展主动管理类业务，提高主动管理的专业化水平；积极拓展销售渠道，提高产品销售速度；强化存量风险项目的处置力度，全力防范新增风险；推动自营业务发展，提高自有资金使用效率等。

（一）巩固改革阶段性成果　夯实长远发展基础

2020年，公司将在增强资本实力、强化内部合规管理、全面提升专业化能力等方面充分巩固自身经营能力，为公司长期稳定发展打好基础。

第一，通过合理处置旗下长期股权资产、以经营利润增资等途径，合理增强自身资本实力，优化资本结构，为公司稳健提升展业力度打好基础，发掘公司发展潜力。

第二，进一步优化改革内部组织架构，提高人员队伍素质，提升风险管理水平，强化中后台职能部门专业化能力，优化配置公司内部资源，发掘公司整体运营潜能，强化盈利能力、风险管理能力和服务实体经济的能力。

第三，强化对自有资金的运用和精细化管理，在确保自身流动性和资产安全的同时，支持信托业务发展和战略转型布局。充分发挥自营资金调配灵活的优势，支持符合公司战略转型需求和长期发展利益的创新业务和主动管理类业务。高度重视自营投资风险，综合行业、地区、企业等要素，合理配置资产，控制潜在风险。

第四，加强与监管部门、协会和业内先进同业公司的沟通交流，不断学习行业前沿发展理念和业内先进管理经验，指导公司改善自身经营管理，提升业内评级。

（二）稳妥推动展业布局　积极转型主动管理业务

公司将继续大力推进积极转型主动管理类业务，回归信托本源，加大业务创新力度，从而更好服务实体经济和国家重点战略。

第一，提升业务转型创新能力。探索服务信托和家族信托发展模式，依托信托账户特点，将财富管理、慈善信托、分红保险等商业模式加以整合，借鉴国外信托业的成熟模式和定位，以客户为中心，从客户需求出发，发挥代人理财的本源效用。稳步推进各类传统业务，继续发挥地方政府平台类、工商企业类等业务对实体经济的输血作用，响应国家号召，支持地方基础设施建设、纾困优秀中小工商企业。同时，以支持优质地区的刚需住宅项目为指导，审慎开展房地产类业务。

第二，拓展多渠道服务实体经济，提升人民生活水平。发挥连接资本与实体经济的纽带作用，根据投资者需求和偏好合理设计证券类信托产品，加快向主动管理型证券投资业务转型；有序开展消费金融业务，重点拓展白名单内以及与白名单外优质助贷机构进行合作，及时关注合作助贷机构的潜在风险。

第三，大力拓展产品营销渠道，提高直销能力，加快公司产品发行速度，减少对渠道代销的依赖程度。继续搭建有较强营销能力和客户资源的理财经理队伍，加大营销活动力度，增加客户黏性，维护核心客户，快速响应客户需求并为其提供个性化、专业化的服务。加强合作机构的沟通，在大机构客户合作上取得积极进展，并争取在主流金融机构代销合作上有所突破。

国通信托有限责任公司

一、2019 年经营概况

2019 年在监管要求趋严、行业整体下行的环境下，国通信托有限责任公司（以下简称公司）经营业绩整体稳健，各项监管指标均符合监管要求。

截至 2019 年末，公司总资产为 81.52 亿元，总负债为 20.96 亿元，净资产为 60.56 亿元；公司存续信托项目 483 个，规模为 2 063.35 亿元，比 2018 年同期下滑；加权年化信托报酬率为 0.49%。全年实现营业收入为 11.65 亿元，实现利润总额为 6.71 亿元，净利润为 5 亿元。

公司财富管理在发行总规模、客户数量等各项指标均实现较大增长，一般集合销售总规模 259.4 亿元，同比增长 44%，其中直销规模同比增长 65%。

二、创新业务案例

（一）慈善信托

作为国企背景金融机构，国通信托一直强调承担社会责任，经过多年来的研究积累和几个月的不懈努力，2019 年 6 月 27 日，国通信托首单慈善信托——国通信托“关爱成长”第一期慈善信托计划顺利签约，这也是湖北省首单慈善信托，首期规模 20 万元，委托人为国通信托工会，资金用于资助咸宁华家村大病家庭及其贫困学生。华家村位于咸宁通城县，全村 12 个村民小组 3 512 人，有建档贫困户 387 户 1 605 人，是一个重点贫困村。这单信托计划不设定存续期，可以永续存在，这意味着 20 万元只是一个起点，未来的发展规模还有很大的潜力和空间，更为重要的是，它是一单开放式的信托计划，可以面对社会募集资金，可以动员更多社会资源实现做慈善的心愿。

相较于传统的慈善方式，慈善信托可以依托信托制度优势灵活地定制慈善项目，可以借助信托公司专业的资产管理能力实现慈善资产的保值增值，还可以与家族信托等业务相结合，在实现家族财富传承的同时，为社会公益事业发展提供支持。未来公司将积极推动成立规模更大、惠及面更广的慈善信托，践行社会责任担当，做人民美好生活的服务者。

（二）服务信托

在金融服务实体经济的背景下，面对监管趋严、竞争加剧的新环境，信托行业已面临转型发展的关键时刻，而受托服务是信托公司本源业务的重要方向之一。服务信托的核心之一是保管、运营，即管财产、管账、管报表。其中，保管服务是基础，再结合不同的场景满足多样化事务服务的需求。自 2018 年以来，公司与中顺易携手积极探索服务信托，在银保监部门的支持下，经过近 1 年的探索，公司终于在 2019 年末成功落地首单服务信托——国通信托·服务信托系列单一事务管理信托计划。该产品是国通信托在服务信托领域的有益尝试和创新突破，这意味着公司在服务信托方面走在了行业前列。

此次落地的服务信托项目正是基于"保管＋消费者权益保障"的信托目的设立的，委托人（消费者）在购买优选商品或享受商品折扣等专属权益时，可选择预付款的形式，并将其委托国通信托设立单一服务信托，以确保预付款不被商城非法侵占挪用。在业务实践中，国通信托为每个交易主体开立信托账户作为其在商城内的结算工具，并为客户提供预存资金保管、交易安全保障、支付结算等服务。公司根据委托人指令和合同约定进行信托财产的管理、运用与处分。未来公司仍将紧密围绕客户需求，积极履行社会责任，充分发挥信托制度优势与资金管理能力，大力拓展账户管理性质、财务管理性质等发展潜力巨大的服务类信托业务。

预付款保管及清结算服务信托是信托公司致力于解决社会生活领域中受托人缺失问题的重要尝试，是信托公司在服务信托业务的创新应用。服务信托由于具有核心类本源功能，包括资产隔离、破产保护和事务管理，在解决上述领域的难题上，具有相对其他金融制度安排所不具备的天然的独一无二的优势，存在很大的市场机会。

三、社会责任履行情况

报告期内，公司重视发挥企业社会价值，履行社会责任。一是积极响应国家政策，继续加大实体经济支持力度，成立纾困基金，新增拓展慈善信托、服务信托，进一步拓展普惠金融、资产证券化等信托本源业务，引导资金优先投向实体经济。二是始终秉持持续为客户创造价值的理念，切实履行"受人之托，代人理财"的受托责任，为合格投资者提供丰富多样的信托产品和个性化定制式的财富管理服务，有效满足客户财富保值、增值需求，成为众多高净值客户的投资首选。三是积极参与公益慈善事业，设立湖北省首单慈善信托——国通信托·"关爱·成长"第一期慈善信托计划，资助咸宁华家村大病家庭及其贫困学生，践行社会责任担当。四是高度重视员工培养，将人才视为企业最有价值的财富，组织丰富的活动和培训，帮助员工提升个人价值，实现公司、客户、员工利益的共同增长。

2020 年，国通信托将继续全面履行合格企业公民职责，努力承担更多社会责任，在实现自身可持续发展的同时，持续回报股东、客户与员工，力争在推动地方经济发展、民生工程建设、金融生态改善和社会公益事业等方面作出新的更大贡献。

四、2020 年发展规划

2020 年是全面建成小康社会和“十三五”规划收官之年，公司总体经营思路是：在金控集团领导下，坚持党建引领，聚焦目标任务，以“聚精会神抓管理、一心一意谋发展”为主线，坚定发展信心，抢抓转型机遇，奋力实现经营业绩企稳回升。2020 年，公司将着重做好以下几个方面的工作。

（一）加强党建，引领全面发展

事业兴衰，关键在党。党建工作抓实了就是生产力，抓细了就是凝聚力，抓强了就是战斗力。公司始终坚持“党建引领、转型创新”这条主线，始终把党建作为解决经营管理中诸多矛盾和问题的重要法宝，在党建中聚力，在转型中发展，在创新中提升，推动党建与经营深度融合，提升全员“精气神”。

（二）固本强基，打好业务拓展攻坚战

经营业绩是检验和评价公司一切工作的根本标准。虽然业务经营受到新冠肺炎疫情的冲击，但公司发展目标和规模要求不能放松，要以目标为导向，充分调动干部员工工作积极性，提高工作效能。坚持业务发展是第一要务，要通过发展解决经营中面临的诸多问题，全力提高公司营收和利润水平，奋力完成公司全年核心经营指标。

（三）再接再厉，打好财管销售攻坚战

业务发展，资金为基。财管是资金来源，是决定业务能否顺利开展的关键因素。公司要坚持“以客户为中心”的理念，抓好队伍建设和渠道建设，做好营销策划与合规，保障底层资产安全，着力实现财管客户数量、募资规模稳步上升。

（四）迎难而上，打好风险防控攻坚战

有效驾驭风险是公司基业长青的关键。公司始终把风险管理作为生命线，坚持“宁失效益、

不失风控”的基本原则，一手抓新增风险防控，一手抓存量风险化解，持续完善风控机制，明确责任归属，关口前移把住风险入口，加大风险压降力度，坚决守住风险底线。

（五）凝心聚力，打好内控合规攻坚战

没有规矩，不成方圆。金融是经营风险的行业，只有合规经营，方能行稳致远。始终坚持落实法律法规和监管要求，建章立制，梳理岗位职责，明确工作要求。严格事权划分，做好事前预防、事中控制、事后纠错，逐步形成有评价、有问责、有考核的工作机制，实现内控机制建设全覆盖。

杭州工商信托股份有限公司

一、2019 年经营概况

（一）主要经营指标

截至 2019 年末，杭州工商信托股份有限公司（以下简称公司）总资产为 51.91 亿元，净资产为 44.30 亿元。2019 年，公司实现营业收入为 11.33 亿元，同比增长 0.12%。其中：信托业务收入为 7.26 亿元；实现利润总额为 8.47 亿元，净利润为 6.38 亿元。2019 年末，公司资本利润率为 15.22%（合并口径）。

（二）受托管理信托资产规模

截至 2019 年末，公司受托管理的信托资产规模为 500.57 亿元。其中：集合资金信托计划 79 个，合计规模为 465.58 亿元；单一资金信托 11 个，合计规模为 22.99 亿元；财产权信托 1 个，规模为 12.00 亿元。

（三）信托业务清算情况

2019 年，公司共清算信托计划实收信托规模合计 332.74 亿元。其中：完全清算兑付 32 个集合资金信托计划，合计规模为 149.39 亿元，受益人加权平均实际年化收益率为 8.93%；完全清算兑付 6 个单一资金信托，合计规模为 7.25 亿元，受益人加权平均实际年化收益率为 11.77%。已清算信托计划均为投资者实现了良好收益。

（四）推进战略实施

2019 年，公司坚持“投资化、中长期化、基金化、产品化”的业务战略，推动资产管理业务稳步发展；明确提出将财富管理业务作为战略业务板块，加快财富管理业务转型。

（五）加强内部管理

2019 年，公司认真落实监管机构各项要求，以合规为前提，推动存量风险处置工作；全面加强制度体系建设，完善风控制度，优化舆情管理；持续加强党建工作力度，为公司持续健康发展提供政治保障。

二、创新业务案例

（一）推进投资化和基金化

公司持续推进“投资化、基金化”发展战略，重点挖掘优质集团客户资源，推出多个投资项目。2019 年新推出 3 个“飞鹰”系列房地产信托基金，以及基于战略房企集团客户的专项主题基金。通过聚焦重点区域和核心城市，强化投资意识，培育风险识别能力，深度介入项目开发运营，积累投资管理经验。

（二）开拓基础设施类业务

公司新开拓基础设施类信托融资业务，运用信托工具，与银行、地方平台开展基础设施类业务合作，探索资产收益权融资的业务合作模式，优化公司长线资产配置比例。

（三）推动工商企业信托业务

公司深度发掘信托业务与工商企业的契合点，践行服务实体经济的使命，推进“杭工信·杭州金投工银稳健发展 3 号集合资金信托计划”等纾困基金业务落地，解决民营企业融资难问题；持续加大对石化、酒店运营、医疗供应链等非房领域的支持力度。

（四）积极开展慈善信托

公司持续关注弱势群体，发挥信托制度优势，2019 年发起设立了 3 个慈善信托，慈善目的涉及扶贫、教育、医疗等多个方面。其中，“杭工信·阳光 2 号母亲微笑行动慈善信托”荣获由杭州市人民政府金融工作办公室、杭州市金融工会联合授予的“杭州市金融系统优秀公益项目”奖。

（五）深入探索绿色信托业务

公司成立“杭工信·鸿利 10 号集合资金信托计划”，资金用于城市截污控源项目，对污水管网进行升级改造，更换老旧管道，建设雨污分离等设施。根据《绿色产业指导目录（2019 年版）》中关于绿色产业分类的指导标准，截污控源项目属于环境基础设施方面的绿色项目。

（六）家族信托业务实现零突破

公司加大在家族财富管理业务上的投入力度，积极引进专业人才、搭建家族信托办公室，在客户开发、需求调研、资产配置研究、家族信托服务宣传等方面，挖掘超高净值客户的市场需求。2019 年成立了首单家族信托——“嘉和汇家族信托”。

三、社会责任履行情况

（一）服务实体经济

公司始终围绕国家经济发展总战略，以服务供给侧结构性改革为主线，以支持实体经济发展为导向，不断创新金融服务模式和产品，提高金融服务质效。综合运用信托投融资工具，通过开展工商企业信托、基础设施信托、员工持股信托、纾困基金、家族信托等，助力产业升级企业发展，支持民营经济和国企混改，服务实体经济。

（二）服务和回报客户

公司以服务受益人、支持实体经济为己任，通过持续打造资产管理平台和综合服务平台，努力提高金融服务水平，为客户获取稳健的财产性收入。信托投资者回报率（客户的加权平均实际年化收益率）、信托报酬率、资本利润率的排名多年来居于行业前列。

（三）支持公益慈善和扶贫事业

公司共发起设立了三个慈善信托项目，慈善目的涉及扶贫、教育、医疗等多个方面。响应号召，积极参与“春风行动”“联乡结村”“百千万”和助学捐赠等活动。全年组织多种形式的便民服务活动以及志愿者活动，志愿者服务时长近 150 小时。

（四）支持绿色发展

公司深入探索绿色金融服务模式，实践绿色金融支持行动，以监管导向及公司战略为引导，结合自身资源、比较优势、前期业务实践，积极开拓绿色信托业务，业务领域包括绿色住区、污水治理等方面。

（五）提升人本价值

公司注重弘扬人文精神，培育企业文化，提升员工综合素养。通过建立科学人才选拔机制，优化培训体系，提升员工职业价值。公司注重保障员工权益，关爱员工健康生活，通过团队活动夯实团队建设。

四、2020 年发展规划

（一）风险防控

一是积极化解关注类资产的潜在风险。

二是提高新增业务的风控标准。对于房地产和基建类的常规业务，需根据市场环境变化动态调整和逐步提高准入标准，严把项目入口。对于创新业务，认真梳理风险评判框架，形成新业务开展所需的风险管理能力，有效防控新业务风险。

三是提升专业化风控能力。通过加强内部业务培训和交流，优化决策、运营机制，完善业务人员评价机制等方式，进一步提升公司的风险控制能力，落实不同层级的“风险防线”责任，强化业务部门、风控部门、决策人员、运营部门的“风险联防”机制建设。

（二）资产管理业务

在房地产业务上，进一步深化强化“投资化、中长期化、基金化和产品化”业务战略，加大业务开拓力度，并持续提高业务标准；要继续推动“项目驱动”向“客户驱动”与“区域驱动”转型，提高展业效率。

在基础设施类业务上，一要继续加大开拓力度，二要持续升级展业模式和风控模式，注重业务的回顾和总结，不断提高展业能力和风控能力。审慎选择展业区域，并对单个区域的规模集中度进行合理限制，并掌控投资节奏，对投放的时间密集度进行控制。

在资本市场业务方面，加快引入专业人才，组建专业部门，探索开展债券市场、股票市场等投资业务，协同财富管理板块，通过证券组合为高净值客户和机构客户提供丰富的投资选择。

根据监管导向，加快研发和开拓服务信托业务，主动探索绿色信托业务。探索并拓展资产证券化、消费信托、供应链信托、员工持股信托、保险金信托等服务信托业务，提升客户综合服务能力。

（三）财富管理业务

一是夯实组织基础。增加信托、法律、财务、税务、保险等方面专业人员配备，加强财富管理板块的专业营销和咨询服务能力，完善财富管理总部的组织结构和队伍建设。

二是强化客户服务理念和专业能力。工作理念从“以产品销售为中心”转变为“以客户服务为中心”，增强资产创设和资产采购的专业能力，丰富产品线，为客户提供多样化产品，并在财务、法律、税务、保险、海外投资等方面提供专业咨询的增值服务，提升综合服务能力。

三是提升客户体验。增强客户联系，加强了解客户需求，了解客户服务满意度；通过APP上线等方式，丰富客户接入方式和提升服务体验；通过开展理财讲座、客户答谢会等系列活动，增强客户关系，增强客户黏性。

（四）“四项赋能”

在机制赋能方面，于2020年基本完成制度修订工作。进一步明晰部门职责，完善绩效管理体系；对业务决策和运营机制进行常态化的评估分析、流程优化；优化资本市场等业务的授权体系，推动业务发展；制定五年业务战略规划；加强公司以信托文化为基石的企业文化建设。

在专业赋能方面，加强人员培训和团队建设，提升中层干部管理能力。要求各相关部门完善运作模式，提升专业风控能力，加大对创新业务发展的支持力度。

在品牌赋能方面，完成VI升级和品牌焕新工作，适度增加广告投放等品牌建设工作，扩大品牌影响力。

在科技赋能方面，完善系统支持模块以推动资本市场等业务发展；加强数据治理，优化数据治理的组织架构，保障数据内外部运用的真实、准确、完整和及时性，并提高数据价值实现能力，为公司决策提供各类数据支持；探索尽职调查、后期管理等方面的智能风控建设；运用轻管理工具提高工作效率；论证数据中心、数据仓库、数据中台建设。

（五）党建工作

提高政治站位，持续推进党建工作和业务工作相融合，探索凸显公司特色的党建思路和工作方法。加强公司新一届党委班子建设，注重履行“一岗双责”，强化党风廉政建设。抓好党委决策前置、民主生活会、组织生活会、“三会一课”、谈心谈话等各项制度落实，贯彻民主集中制，提升组织生活质量。加强与集团部门、同业机构的党建工作交流，主动学习先进经验和做法，不断提升党建工作水平。

湖南省财信信托有限责任公司

一、2019 年经营概况

截至 2019 年末，湖南省信托有限责任公司（2020 年 3 月更名为湖南省财信信托有限责任公司，以下简称公司）的资产总额达到 91.87 亿元，负债总额为 22.10 亿元，资产负债率为 24.06%，净资产为 69.77 亿元。公司全年实收信托余额为 1 069.92 亿元，新增信托产品规模为 829 亿元，其中集合项目为 263 亿元，单一及财产权项目为 566 亿元。

2019 年公司营业收入为 8.74 亿元，净利润为 2.49 亿元（计提了 3.74 亿元减值准备，超预算计提 3.22 亿元，公司账面不良资产已全额计提减值），其中，信托业务收入为 6.51 亿元，固有业务收入为 2.23 亿元。

（一）经营优势

一是区域经济发展所带来的优势。一方面，“一带一部”建设的加快实施，使湖南将沿海产业优势与内地科研优势结合起来，赋予了湖南通过科技创新推动经济竞争能力的“区位红利”，大大提升了湖南发展的战略定位；另一方面，当前湖南正在加快推进“创新引领，开放崛起”战略，产业项目建设也在大力推进之中，抓项目兴产业、发展实体经济、加快转型升级的氛围浓厚。湖南地区尤其是长株潭城市群经济增长加快，基础设施、高科技产业以及房地产业发展迅速，新兴产业、新兴业态金融服务需求不断上升。公司通过充分抓住湖南在推进“创新引领，开放崛起”以及启动内需、扩大消费和深化农村改革等方面的机遇，积极介入湖南本土重点建设项目，利用信托投融资平台功能为省内交通、能源、污水处理、土地储备、园区建设、轻轨建设等大型基础设施建设服务。

二是深厚的政府背景。1985 年，经湖南省人民政府批准，公司正式成立。作为湖南省唯一保留的信托机构，公司发展壮大到今天，得益于省委、省政府及省财政厅的高度重视和大力支持。从成立之初的财政延伸工具，到回归信托本源，公司依托财政背景，始终围绕湖南省发展大局，发挥功能优势，为地方经济社会发展有效提供投融资服务。多年来，公司与省内各地方政府、主要国有企业、金融机构建立了良好的战略合作关系。截至2019年12月末，公司集合类地方国企合作业务规模为232亿元。省内外与公司有业务往来的地区逾40个，累计合作的公司逾百家，其中正在合作的公司86家。

三是丰富的金融资源。公司的实际控制人湖南财信金融控股集团有限公司（以下简称集团）由省人民政府出资，省财政厅履行出资人管理职责，是湖南省唯一的省级地方金融控股平台、省属国有大型骨干企业。旗下拥有财信信托、财信证券、吉祥人寿、财信资产管理、财信产业基金、湖南联交所等全资或控股子（孙）公司30余家，业务范围涵盖信托、证券、保险、银行、资产管理、产业基金、产权交易、股权交易、期货、担保、创投等领域。公司依托集团资源可为客户提供信托、银行、证券、保险、担保、交易等全方位、一站式金融服务。在集团公司"大投资、大营销"的战略部署下，公司积极开展集团内部业务协同工作，与各兄弟单位一道强强联合，通过资源共享，优势互补，形成强大合力，力争实现最大化的优势共享与协同创新。

四是稳健的风控体系。公司重视治理机制和内控机制的建设，从战略高度强化风险管理，提升风险管理技术。建立了较为完善的风险管理架构，建立了风险管理的"三道防线"，建立了较为完善的风险管理制度体系，加强了业务合规审核力度，同时，进一步提高了项目风控措施要求，从严落实项目"抓手"，实现了风险可控下的稳步发展。

五是高素质的业务团队。公司作为省属国有金融企业，多年来为湖南省基础设施建设、保障性住房建设、园区建设、节能环保、实体经济等领域提供金融支持，合作业务涵盖债务融资、资产证券化、产业基金、PPP项目及财务顾问等多个领域。公司聚集了一批具备信托、银行、金融、法律、财经、信息、管理等专业知识的高学历的人才，他们在金融的各个领域拥有丰富的从业经验，分布在产品设计、受托经营、投资管理、市场营销、风险控制等重要岗位。高素质、专业化的人才结构，竞争机制与团队意识的有机统一，构成公司稳健发展的人力资源优势。

六是优秀的品牌形象。作为综合金融服务平台，公司以市场为导向，以客户为中心，以优质高效的金融信托服务回馈广大投资者，有效保障了投资者的财富增值；作为公益事业的积极参与者，公司大力推进医疗、卫生、教育等社会事业发展，不断提升品牌形象和社会影响力，接连获得"诚信托——投资回报奖""AAA级信用企业""区域影响力信托公司""优秀财富管理品牌""年度责任品牌奖""湖南金融创新力量""湖南金融工匠""湖南诚信企业"等众多荣誉。

（二）面临的问题

公司的业务收入结构单一，没有形成可持续的业务发展模式，面临业务调整和转型的压力；自有资金主动管理能力依然不足；金融科技服务水平有待提升。

未来，公司将继续坚持以服务地方经济社会发展为宗旨，围绕集团“精干主业、精济实业、精耕湖南”的发展方略，坚持“稳中求变、风控优先、强化协同”的业务发展思路，着力提高服务实体经济的效率和水平，切实防范金融风险，将有限的金融资源投向全省最迫切需要的地方，实现与地方经济的共同腾飞。

二、创新业务案例

（一）信托产品基本情况

案例：普惠金融及时贷业务——“大道系列集合资金信托计划”

大道系列集合资金信托计划用于对“及时贷”业务的投放，用于向大道金服推介且经过公司与大道金服共同审核、符合准入标准的自然人发放信托贷款，主要用于满足客户在在申请抵押贷款过程中形成的临时资金周转需求。借款人以其自有资金或抵押贷款提供还款。

信托规模：大道 1 号集合资金信托计划规模为 9 300 万元；大道 2 号集合资金信托计划规模为 4 926 万元；大道 3 号集合资金信托计划规模为 4 829 万元；大道 4 号集合资金信托计划规模为 4 655 万元；大道 5 号集合资金信托计划规模为 4 391 万元；大道 6 号集合资金信托计划规模为 4 951 万元。

信托期限：12 个月。

受托人：湖南省财信信托有限责任公司。

资产服务机构：深圳前海大道金融服务有限公司。

担保方：武汉融生融资担保有限公司。

增信机构：中证信用增进股份有限公司（主体评级 AAA）或中证信用融资担保有限公司（主体评级 AAA）。

数据服务机构：中证信用云科技（深圳）股份有限公司。

信息服务机构：杭州随地付网络技术有限公司。

（二）交易结构

中证信用增进股份有限公司（主体评级 AAA）或中证信用融资担保有限公司（主体评级 AAA）为信托计划提供流动性支持服务，流动性支持范围为本信托计划受益人的信托本金及信托收益。武汉融生融资担保有限公司为信托计划内全部贷款提供连带责任保证担保，融生融担对每笔贷款出具担保函（见图 1）。

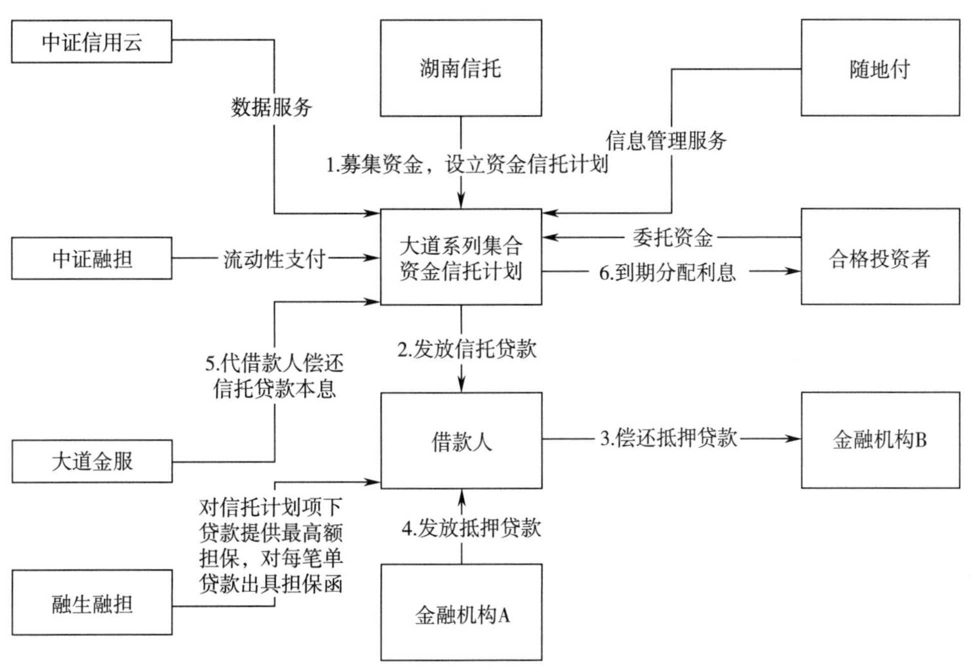

图1　大道系列集合资金信托计划交易结构

三、社会责任履行情况

公司在支持实体经济发展的同时，高度重视公益慈善，彰显国企责任担当。一是全年发行信托计划筹集资金为829亿元，缴税4.71亿元，为投资者创造收益74亿元，支持了湖南省经济建设及西南部分省份的发展，保障了投资者资金的安全和增值。二是发挥信托功能积极支持公益事业，“湘信·善达农村医疗援助公益信托计划”已运行五年多，首批项目已共援建10个县的51间村卫生室和3间乡镇卫生院，投入资金共计860万元。第二批项目选定辰溪、绥宁、城步、桃源、邵阳、茶陵、桑植、洞口8个县作为援建实施地，共计42间村卫生室、1间乡镇卫生院的建设，已发放援建资金415万元，另有85万元待建设完成且验收通过后发放。第三批项目选定慈利县、石门县、安化县、麻阳苗族自治县、湘潭县、沅陵县和汉寿县作为援建实施地，共计3间卫生院和42间卫生室的建设，已发放援建资金385万元，另有385万元有待建设完成且验收通过后发放。三是于2015年伊始，公司精心管理和运行“自强助学金慈善信托计划”，截至2019年末，共捐助了400名高三考入大学的贫困学子。四是为献礼中华人民共和国成立70周年，公司开展以“守初心　担使命　踏征程　逐梦想，我和祖国一同奔跑”为主题的7公里橘洲迷你马拉松公益跑活动，助力打赢脱贫攻坚战，充分展现公司在支持湖南经济社会发展中的创新实践、典型经验以及顽强拼搏的精神气概，与湖南经济共生共荣，意气风发、矢志前行的责任与担当。五是深入贯彻落实党中央、国务院和湖南省委、省政府关于打好打赢脱贫攻坚战的战略部署，更好地履行社会责任，更好地回馈社会。公司开展“不忘初心、牢记使命，齐献爱心，温暖助学”主题党日活动，组织全体党员向财信金控集团对口扶贫的邵阳县罗城乡罗城村的贫困学子捐款24 700元，用于资助罗城村品学兼优的困难家庭学生，以及用于改善村小学的教学设施和办公条件。

四、2020年发展规划

（一）战略规划

紧密围绕财信金控集团“精干主业、精济实业、精耕湖南”的发展方略，坚持“稳中求变、风控优先、强化协同”的业务发展思路，以更好地服务实体经济为着眼点，不断完善公司治理结构，严守合规经营底线，积极主动谋求创新转型，回归信托本源，增强投融资的自主管理能力，提升发展质量、风控水平与综合金融服务能力，推动质量和效益的双提升。

（二）业务发展规划

2020年公司在业务布局上，将逐步形成以市场化的地方国企合作业务为基础，以资本市场业务为重要支撑，以房地产业务为补充，围绕“受托人”定位，以资产证券化、消费金融、供应链金融、家族信托为突破口的业务格局。在业务模式上，逐渐摆脱单一的融资业务模式，加快推动融资类业务向服务类和投资类业务转型，改变过去主要依赖地方国有企业贷款业务的格局，丰富产品线，提升公司可持续发展能力。

一是信托业务。其一是以市场化方式推进地方国企合作业务提质改造。优选交易对手，提高风控标准，压缩财政实力偏弱的县级地方国企融资规模，优先选择具有稳定现金流入来源的经营性项目，主动顺应债务清理及平台转型的要求，稳妥化解存量债务，并强化合规经营和项目后续管理，坚守风险底线。其二是积极开拓资本市场业务，加强对现金管理及证券投资业务的开拓，扩大证券业务规模，核心是要培养投资能力，为未来财富管理、家族信托等业务奠定基础；稳步开展二级市场配资、量化、定增、指数增强、打新、并购基金、可转债等业务，逐步建立净值化产品体系。其三是稳健开展房地产业务。通过严格选择交易对手、项目区域、项目地段，并且落实好抵押担保措施，强化项目后续管理，不断加强对房地产业务的风控管理；积极与实力较强的房企展开合作，不断探索和优化业务模式，提高主动管理能力，形成可持续的业务基础；创新业务模式，通过真实股权投资、有限合伙私募基金等方式在旧城改造、城市更新、养老地产、债务重组或并购类等地产业务上逐步发力。其四是大力推进创新业务。继续加大消费金融、资产证券化业务、供应链金融的开展力度，打造新动能，提升发展后劲。同时，积极研究和探索家族信托、保险金信托等创新业务品种，为公司深化转型提供支撑。

二是自营业务。强化自有资金的运用和管理，坚持安全性、流动性、收益性的原则，重点围绕“为地方经济建设服务”这一目标，加强固有业务与信托业务的协同，增强自有资金对信托业务的支持作用。

三是产品营销。公司将持续加大营销拓展的力度，建立更有效的营销策略和营销体系，逐步形成“零售直销+金融机构直投+金融机构代销”齐头并进的营销局面。一方面，从低净值客户向高净值客户转型，从高度依赖个人向个人与机构兼顾转型；另一方面，加大机构客户的开发力度，多措并举找资金，加强金融机构“代销+直投”，并逐步改变过去先有项目再销售的模式，尝试采取“以销定产”的方式，根据客户的投资需求和风险偏好量身定做资产，为项目发行提供坚实保障。

华澳国际信托有限公司

一、2019 年经营概况

截至 2019 年末，华澳国际信托有限公司（以下简称公司）信托资产管理规模为 1 322.03 亿元。其中，存续主动管理资产规模为 268.20 亿元，主动管理信托资产占比由年初的 13.83% 提升至 20.29%。

2019 年营业收入为 9.94 亿元，同比增加 2.56 亿元，增幅为 34.7%；拨备前净利润为 5.64 亿元，优于目标值，较 2018 年增加 1.54 亿元，增幅为 37.3%；拨备前净资产收益率为 13.72%，优于目标值 13.00%，较 2018 年增长 2.38 个百分点，增幅为 21%；计提资产减值准备 3.43 亿元，拨备后净利润为 3.06 亿元；拨备后净资产收益率为 7.70%。

2019 年费效比为 26.09%，优于目标值 40%，较 2018 年下降 1.59 个百分点，收入增长高于成本支出增长。

（一）聚力深化传统信托业务，扎实推进两强策略，形成“小公司服务大客户”差异化竞争力

公司坚持以市场为导向、以客户为中心，采取“强主体 + 强项目”的“两强”业务策略和风险策略，做熟、做精、做优传统信托业务，展现出四个“提高”的特征：一是把握机遇能力提高；二是合作客户层级提高；三是市场反应速度提高；四是综合盈利能力提高。

（二）聚焦拓展渠道效能，加快提升直销募集能力，巩固扩大高净值客群

坚持“直销和代销”并举，发行规模大幅度提升。“臻财富”品牌影响力日益提升，直销高净值客户总数增幅达 90.6%；从续投率上看，存量到期直销客户续投率稳步增长，总体续投率接近 90%，同比提升近 30 个百分点。

（三）全面加强流动性管理，攻坚清收不良项目，推动固有提质促稳

公司以流动性管理为重中之重，“降负债、降投资”，加强资金统筹和预期管理，积极盘活

存量资产，推动固有业务提高流动性资产占比，降低投资风险系数。2019 年公司综合运用司法、债务重组、转让等手段完成不良资产清收金额超 2 亿元。

（四）巩固提升风控“三道防线”，加强项目全流程管理，发挥审批运营集约化对业务的推动作用

一是坚持“依法经营、合规展业”，确保公司稳健发展。公司持续加强合规管理体系建设，加强监管政策的及时学习、理解和执行，确保各相关监管量化指标持续符合要求，持续开展“合规创造价值”专项活动，做好反洗钱、关联交易等工作。

二是坚持“风险为本”，提升审批服务和存量管理质量。公司坚持“风险底线”与业务发展双促进原则，进一步提升业务审批评审质效，加强存量资产风险排查，及时发现个别信托计划存在的期间管理变化，采取有效措施保证信托财产安全。

三是加强审计监督，营造廉洁司风。认真贯彻监管要求，以内部稽核形式开展全面风险排查工作，进一步摸清公司风险底数，完善审计制度建设，开展现场专项检查、廉政建设和职业道德教育等工作，监督大宗资产采购招投标流程。

（五）优化运营流程，强化科技弱项，提升公司受托运行能力

一是优化运营资源配置，提升托管服务质量。重新构建运营制度体系，梳理优化相关运营业务审批流程。加强印鉴管理，信托专户及监管户网银 UKEY 管理，确保资金安全。开展数据治理工作，全面梳理和提升公司经营数据质量。加强关键节点管控、核保管理和凭证管理，做好档案管理和信息披露，严防操作风险。

二是加大金融科技投入，提升科技运维质量。以金融科技规划为蓝图，服务公司战略发展。加大金融科技投入，增加科技团队配备，完善各类信息规章制度。持续加强信息化问题诊断和排查，协同外部供应商更新设备和运维系统。充分利用科技手段，为公司业务发展提供信息科技软硬件赋能支持。

（六）加强人才队伍建设，完善内部组织架构

2019 年，公司通过引入多项管理和专业类学习课程，强化员工在岗培训，增强新员工对公司和业务的了解，提升管理者角色认知。优化薪酬绩效考核机制，提高合规风控等因子占比，引导员工更加关注公司战略执行和转型成效。加强考核应用，有效提升全员使命意识、责任意识。

（七）深化信托文化建设，加强计划财务管理，推动公司品牌建设

2019 年，对照监管部门指导意见，着力打造可持续发展的企业文化内核，增强公司文化驱

动力。着力推进企业战略规划的不断更新，确保公司发展方向始终正确。坚持开源节流、节俭办司的原则，完善预算管理和财务管理。推动行政事务的集成化，有效提升综合服务保障能力。加强内部制度建设的体系化，明晰职责边界，提升服务标准。加强采购管理、资产管理、印章管理的规范化。优化综合服务功能，为各级员工营造良好工作环境。实施声誉风险精细化管理，有效应对舆情变化。深化与主流传统媒体联系，积极履行社会责任，为公司平稳发展保驾护航。

2019 年，公司先后荣获《证券时报》“2019 年突破成长信托公司奖”“2019 年优秀风控信托公司奖”、《上海证券报》“2018 年度诚信托 · 成长优势奖”、中国新经济论坛“2018 中国最具发展潜力信托公司奖”、第八届中国财经峰会“2019 杰出品牌形象奖”等奖项。

二、创新业务案例

2019 年，公司持续发挥支持实体经济发展的功能，追溯信托本源业务，同时大力探索服务信托业务，优化主动管理业务，增强转型发展后劲。

（一）服务实体经济

公司一直积极响应政策号召，在大力支持实体经济发展的同时注重对战略性新兴产业等“新动能”的支持以及向中小微企业提供金融服务。公司通过“华澳 · 臻益 225 号奇瑞控股单一资金信托”“华澳 · 臻益 113 号比亚迪单一资金信托”“华澳 · 臻益 140 号比亚迪二期单一资金信托”向科创新兴企业奇瑞控股、比亚迪股份提供金融支持。截至 2019 年 12 月末，共向上述两家企业发放了 43 亿元的信托贷款。在中小微企业服务方面，公司 2019 年通过“华澳 · 臻利 7 号重庆农商单一资金信托”向符合条件的 1 家中小微企业合计发放了 0. 58 亿元的信托贷款，用于补充其流动资金需求，以支持汽车配件实体企业的发展。

（二）绿色信托、家族信托

截至 2019 年末，公司绿色信托一笔“华澳 · 臻益 194 号华光股份单一资金信托”，信托规模为 5 000 万元，信托资金投向国联江森自控绿色科技（无锡）有限公司，用于承接与实施各类型节能环保服务项目。2019 年 1 月，公司首单家族信托“华澳 · 臻爱 1 号单一资金信托”成功落地，委托资金为委托人李 × × 合法所有的家庭财产，委托人指定的该信托受益人为其子吴 × ×，初始信托规模为 3 055 万元，该信托的信托目的为保障委托人子女成长，实现合理财富安排、风险隔离与财富传承等。

（三）投资类业务

2019 年，公司证券投资业务在股票投资业务的基础上进行了突破，成立了“华澳 · 臻智

118号债券投资集合资金信托计划”，信托规模为4 000万元。公司正在建立从资产获取、受托管理、产品销售到投资配置等的专业团队，计划对标一流资产管理机构，为投资者提供涵盖现金管理、债券投资、资产配置、FOF、股票投资等理财产品的净值型投资类业务。

（四）公益慈善信托

公司通过借鉴同业机构上海信托、兴业信托等机构的经验，加强与上海民政、上海银保监局、同业公会、信托业协会等部门的沟通，争取指导和财政专项支持。明确2020公益主题，优选专业合作机构，聚焦扶贫济困、助学、环保等主题，力争在2020年开展1～2单公益信托试点。整合内外部资源，将公益活动与客户活动、党工群活动及企业社会责任相结合，塑造行业影响力，为慈善公益事业赋能。

三、社会责任履行情况

截至2019年末，公司积极贯彻国家宏观调控政策，发挥金融杠杆作用，充分发挥信托制度优势，创新业务模式，将金融资本引入实体经济，促进民生改善，助力经济发展。在开展业务的过程中，向国家政策支持的绿色产业、生态农业、中小企业等领域靠拢，以实际行动支持社会可持续发展。并落实监管要求，按照反洗钱风险防控、预警和处理程序，健全反洗钱工作体系，有效履行反洗钱企业义务和社会责任，为维护金融稳定贡献力量。

公司实际缴纳企业所得税10 660.65万元、个人所得税2 563.14万元、增值税24 083.85万元、城建税1 685.87万元、教育费附加963.35万元、印花税3.41万元、车船税0.95万元，共计39 961.22万元。

公司信托资产管理规模1 322亿元，从行业集中度来看，主要投向基础产业和工商企业等实体经济领域。其中：投向基础产业类的信托管理规模为455.11亿元，占公司信托业务分布首位，占总规模的34.43%；投向工商企业类的信托管理规模为452.97亿元，占比为34.26%。

公司为受益人创造信托利润83.11亿元，实际分配信托收益76.54亿元。

公司工会向上海市慈善基金会捐赠社区爱心牛奶8万元，为浦东新区60～69周岁的低保家庭老人和特困供养老人提供牛奶补贴。

四、2020年发展规划

2020年，公司将持续认真贯彻落实金融监管要求，将信托文化建设和合规建设作为全年工作主线，把经营安全作为第一要务，着力提升公司防控五个风险的能力——防控“合规风险、流动性风险、信用风险、操作风险及声誉风险”的能力，加强信托文化建设和主动管理能力建设，向管理要效益、向风险要效益、向结构调整要效益，大力发展服务信托，开拓信托本源业务，坚持为实体经济服务，持续打造“小而美、精而专”信托公司。

华宸信托有限责任公司

一、2019 年经营概况

2019 年，华宸信托有限责任公司（以下简称公司）围绕“立足内蒙古，服务实体经济，服务中小企业，服务中产客户，主攻供应链金融和互联网金融，走专业化、精细化和特色化发展之路”的发展战略，稳步推进各项工作，取得了一定成效。

（一）完善法人治理结构

2019 年，公司完成了董事会、监事会的换届工作，并提名、选举产生了新一任董事长、总经理。新一届董事长、董事、总经理、总经理助理等 9 人在年内陆续取得了监管部门任职资格核准，公司第五届董事会、监事会正式履职，制约公司发展多年的法人治理不健全的问题得到改善，为公司健康发展奠定了坚实的基础。

（二）切实发挥党委核心作用

公司以深入学习宣传贯彻习近平新时代中国特色社会主义思想和党的十九大精神为主线，认真贯彻党中央、自治区党委、国资委党委关于全面从严治党的部署要求，通过认真开展“不忘初心，牢记使命”主题教育活动，并以此为契机，不断夯实公司党建基础，党建工作水平得到进一步提升。

（三）实现从严治党、从严治司

公司于 2019 年 3 月设立了纪检监察室，同年 9 月完成纪检监察体制改革，成立了内蒙古自治区纪委监委驻华宸信托有限责任公司纪检监察组，建立党员领导干部廉政档案，开展廉洁风险隐患排查，精准处置廉政问题线索，并对公司党委管党治党政治责任落实和公司内部各相关工作流程进行监督。

（四）全力推进风险防范化解

在按季度开展风险排查的基础上，公司成立了“一把手”挂帅、多部门参与的风险排查工作领导小组，从机构、业务、人员三个维度，切实摸清公司风险底数，准确评估各类业务风险和整体风险水平，为有效防范和化解风险奠定基础。对已出现风险的项目，公司按照既定处置方案积极推进处置工作，并根据外部环境变化，及时调整了个别项目处置方案，取得一定进展。

（五）持续强化内部管理

2019 年，公司在原有制度体系的基础上，对国有资产交易、财务管理、产权登记、工作督办等方面的制度进行了相应的修订和补充，对反洗钱反恐怖融资、消费者权益保护工作制度体系进行了完善，并结合行业先进经验对几类业务开展制定了指引。此外，成立制度体系完善工作领导小组，全面梳理现行制度体系，进一步提升制度体系完整性、统一性、可操作性。2019 年，公司反洗钱监管评级跃升至 B 级。

（六）深化内部改革

为有效贯彻公司战略、实现公司组织架构、人员安排及干部结构的优化，2019 年 4 月，公司启动了内部机构改革工作，新设了信托事务管理部、信息科技部、研究发展部等专业化部门，并整合原有信托业务部门。此外，聘请具有丰富信托行业人力资源管理经验的咨询公司，梳理部门职责及岗位编制，并对现行薪酬体系与绩效考核体系进行了优化，切实明晰职责，发挥激励，有效激发广大干部员工的工作热情。

二、社会责任履行情况

报告期内，公司严格遵守国家法律法规，认真贯彻执行国家经济金融政策以及各项监管要求，大力支持实体经济发展。坚持诚信经营，自觉履行纳税义务，严格按照税法规定及时、足额缴纳各项税款。公司主动落实金融机构反洗钱反恐怖融资、案防和消费者权益保护责任，不断完善工作制度体系，设置公共教育宣传区，并结合线上方式积极开展金融知识宣传，引导消费者树立正确的投资理念。2019 年内开展了“3·15 金融消费者权益日”“防范非法集资宣传月”“金融知识普及月·金融知识进万家·争做理性投资者·争做金融好网民”等活动，取得了良好的效果。

同时，充分发挥党建引领作用，助力脱贫攻坚。2019 年公司完成了 30 万元慈善信托指定的兴安盟扎赉特旗音德尔镇前进嘎查基础设施建设项目的使用，其中建设两处文化广场，面积合计3 000多平方米，建设两个公共厕所，积极推进了贫困地区精神文明和美丽乡村建设。公司党委2名驻村干部走访贫困户，宣传扶贫政策，了解贫困户生活动态，为相关贫困户筹集了危房补贴、医疗药物补贴，并帮助前进嘎查村民销售农产品。此外，为了贯彻落实自治区政府和内蒙古银保监局扶贫工作精神，公司还在兴安盟、察右中旗、察右后旗等地开展消费扶贫，助力当地贫困户脱贫。

三、2020年发展规划

公司作为内蒙古自治区直属金融企业，作为小型信托公司，今后一个时期的发展思路是：回归金融服务实体经济的本源，回归信托服务财产管理的本源，立足内蒙古，服务中小企业，服务中产客户，继续做好资金信托，抓紧起步服务信托，扎实做好公益信托，打牢信托文化根基，走专业化、精细化和特色化发展之路。

一是做好资金信托业务，更好地支持实体经济。一方面，更好地服务地方经济发展，围绕盟市、旗县政府中小型基础设施建设和隐性债务化解中的难点问题，发挥好灵活定制优势和结构化设计，设立专项信托计划；另一方面，服务中小企业融资需求，综合运用供应链金融技术与手段，为自治区内龙头企业上下游的中小企业开展融资服务。

二是强化资产配置能力，打好财富管理基础，提升受托人服务水平。继续引进团队和人才，加强同证券公司、公募基金和私募基金的合作，根据客户的风险偏好和投资偏好，将客户委托的资金进行集合运作和组合投资，加强流动性管理，真正做到净值化管理。

三是发挥信托制度优势，拓展信托服务领域，全面发展服务信托业务。做好规划，完善权益账户、财产账户和资金账户体系，逐步建立起包括业务结构设计、流程控制、账户管理、交易管理、法律文本设计、操作风险防控、信息系统支持等方面的服务系统。

四是服务生态环境建设，积极履行社会责任，加快发展绿色信托。统筹兼顾经济效益和社会效益，积极在自治区内发掘节能减排、资源综合利用等融资项目，对接绿色产业发展基金以及公益环保组织，对接开展绿色金融的银行、信托等机构，通过信托方式，引进多方面的资金，在全区绿色发展中发挥信托应有的作用。

华鑫国际信托有限公司

一、2019 年经营概况

2019 年，华鑫国际信托有限公司（以下简称公司）紧紧围绕“稳健发展、转型升级”主线，全力抓好“调结构、控风险、稳规模、提效益”四大中心任务，服务实体经济、回归信托本源，在业务布局、财富管理、能力建设等方面取得了长足进步。公司的战略导向更加清晰，转型升级步伐逐渐加快，主动管理能力和风险管控水平进一步提升，保持了健康高质量发展。公司荣获了由西城区政府颁发的“2018 年度西城区经济社会发展综合贡献奖”和“西城区金融领军人才奖”“金融创新人才奖”，被列入“西城区重点企业服务计划”；连续 3 年获评中国华电集团有限公司“信息化 A 级企业”；荣获 2018 年度银行业消费者权益保护工作二级 A 称号和 2018 年度信托行业评级 B 级、监管评级 B 级。

2019 年，公司管理资产规模 2 698 亿元，实现稳中有增。全年营业收入为 12.82 亿元，较上年增长 24%；净利润为 6.54 亿元，较上年增长 9.26%；信托业务收入 9.66 亿元，较上年增长 35.2%。截至 2019 年末，公司资产总额为 77.49 亿元，所有者权益为 61.64 亿元，国有资产保值增长率为 110.98%，净资产收益率为 10.30%。

一是坚持主动管理，信托业务“逆势”大幅增长。2019 年，公司按照监管机构要求完成金融同业、房地产规模压降，并着力提升主动管理能力和业务创新能力，探索差异化竞争，打造优势业务，增强核心竞争力，取得了良好成效。全年投向工商企业、基础产业、房地产等实体经济的信托资金规模占比达 76%。增设集团业务一部，集中优势力量，提升服务集团产业的能力和效率。各业务部门以推进特色业务为抓手，激活业务发展新动力。获批信托受益权账户代理开户资格，上线了消费贷系统，为特色业务开展打下坚实基础。

二是坚持价值投资，夯实固有业务转型基础。业务布局方面，进一步发挥投研一体化优势，完善多元业务格局，积极拓展可交换债券、可转换债、Pre－IPO 等资本市场新的业务类型。风险管控方面，全年固有项目顺利结束，顺利收回本息，未出现风险事项。业务拓展方面，为加快业务转型，积极向银监局申请以固有资产从事股权投资业务资格。固信合作方面，梳理业务模式，制定操作细则，年内新增固信支持项目 9 个。加强头寸管理，日均闲置资金同比下降30%。

三是坚持合规经营，完善风险管理体系。制度流程更加规范，全面风险管理体系更加完善。进一步加强信托项目风险管理，提高风险项目处置水平，规范风险项目责任追究，完善风险管理体系。成立项目风险处置工作小组，推进风险化解工作落实。

四是坚持优质服务，补齐财富管理短板。2019 年，财富管理中心累计募集资金超过 200 亿元。公司进一步完善财富组织架构，充实财富队伍，增设了财富管理部，推动对内运营与外销展业双效管理；完善激励机制，制定了《财富中心销售考核机制》，进一步明确考核周期、任务目标和奖惩标准。

二、创新业务案例

可转债组合投资项目于 2019 年 4 月成立。针对可转债的特性以及不同评级的转债，市场会给予不同的风险溢价等，制定投资策略和择券标准。规模不超过 2 亿元，单券初始投资金额不超过 2 000 万元。主要投资方式为二级市场购买，退出方式为换股退出、回售退出、二级市场出售、到期赎回等。项目建立了符合投资策略下的标的池，在此基础上通过基本面及信用风险研究，进行二次择券，筛选出优质标的进行投资。2019 年 4 月 1 日至今，中证转债指数先跌后涨，截至 2019 年 12 月 18 日，中证转债指数涨幅为 2.21%。该项目已退出转债合计投资收益率为 28.21%，年化收益率为 78.74%，已退出 + 持有转债合计收益率为 14.03%，年化收益率为 73.78%，收益率远高于债券当期票面利率，也远高于中证转债指数涨幅。

三、社会责任履行情况

一是坚持合规自律，依法规范经营。2019 年，公司严格遵守各项法律法规，认真落实监管要求，积极推进内部控制体系建设，加强自律管理；严格按照有关法律、法规、规章要求，履行信息披露义务；自觉履行纳税义务，依法及时足额纳税；恪守社会公德和商业道德，遵守信托行业自律有关规定，积极践行《信托公司社会责任公约》；履行反洗钱义务，自觉维护国家金融秩序和金融安全；秉承“受人之托、代人理财”的契约精神，忠实履行受托责任。

二是积极响应国家宏观政策，服务实体经济。公司积极响应国家宏观政策，聚焦产业结构调整，主动对接“一带一路”建设及国家级发展战略，优先支持符合国家发展政策的工商企业，为国家重要基础设施项目、战略性新兴产业的发展提供资金来源，联手纾困基金为上市公司提供流动性支持。2019 年，公司投向工商企业、基础产业、房地产等实体经济的信托资金规模占比达 76%。

三是利用专业优势，积极支持公益事业。公司始终不忘以实际行动担负起一个金融企业应尽的社会责任。长期以来，华鑫信托热心参与社会公益事业，积极开展捐款赈灾、捐资助学以及扶危济困等公益活动，成立慈善信托，促进经济社会和谐发展。下一步，公司还将积极履行社会责任，发挥金融机构特有优势，助力慈善爱心事业发展，实现更重要的社会价值。

四是推广私人财富专业理财知识，提升信托专业服务水平。公司组织开展了“金融知识进万家”系列消保活动，全力打造投资者信任品牌，采取了现场厅堂“微沙龙”宣传、举办讲座、制作知识折页、现场咨询服务、微信公众宣传以及编播快板、组建“党员先锋队”活动等多种形式，向广大金融消费者、投资者、网民普及基础金融知识和风险防范技能，逐步引导投资者认知信托、理性投资。

五是勤勉尽责，维护投资者和受托人的利益最大化。公司高度重视消费者权益保护工作，持续健全消费者权益保护制度建设，从产品开发准入环节即融入消保理念，严格筛选交易对手，加强营销过程管理，做好客户风险测评、风险提示、客户面签和双录工作，畅通客户投诉通道，妥善解决客户投诉，努力提高客户满意度，切实保护消费者权益。截至 2019 年，公司已连续三年荣获北京银保监局考核评价的年度银行业消费者权益保护工作二级 A 评级。公司按期、足额清算信托项目，确保了投资安全及受益人利益最大化。

六是保护股东权益，促进国有资产保值增值。2019 年，公司实现净利润 6. 54 亿元，国有资产资保值增值率为 110. 98%。

四、2020 年发展规划

适应国家经济形势、行业趋势和监管要求，以“稳健发展、转型升级”为主线，坚持回归信托本源、服务实体经济，进一步增强主动管理能力、风险管理能力、战略引领能力、产融结合能力、财富管理能力、价值创造能力，持续优化公司经营管理体制机制、业务发展模式、人才队伍结构，强化创新理念，推进融合发展，形成稳健可持续的盈利模式和核心竞争力，确保全面完成各项任务目标。

（一）做“优”信托业务，谋求高质高效发展

紧跟新政策新形势，提升主动管理能力和风险管理能力，加快业务结构优化和转型升级，推动信托业务高质量发展。转变机会型发展思路，提升信托专业化水平，提高资产管理能力、财富配置能力，提供专业化、综合化、全链条信托服务解决方案。围绕集团系统核心企业及资质较好的上下游企业，以场景为基础，以风控为依托，挖掘融资需求，创设定制化产品，提升

专业化运作能力，切实服务主业，推动降本增效。坚持发展具有直接融资特点的资金信托，大力拓展证券投资、资产证券化、家族信托等突出账户管理性质、财务管理性质的服务类信托业务。

（二）做“精”固有业务，坚持健康稳健投资

进一步提高固有资金的使用效率和收益水平，实现固有资金增值。根据经济周期、行业、市场的变化提前做好分析研判，寻找符合公司自身特点的固有业务发展思路，及时调整投资策略，实现资产合理配置。坚持分散投资、重点发展，长、中、短期投资相结合，战略投资和财务投资相匹配。发挥协同联动作用，注重投向有利于信托主业转型、有利于培育新业务模式的方向和产品。

（三）做“严”风险管理，守住风险合规底线

紧跟监管导向，坚持稳健经营，加强内部管理，清晰职能架构，加强全面风险管理体系建设及合规文化建设，积极防控和化解各类风险，坚守风险合规底线。将监管要求内化于制，定期修订完善各类业务的管理制度、业务流程、操作规程和风控制度，强化事前预警和事中控制，达到兼顾监管规定和内部管理效率的双重目的。抓好风险管理、法律合规专业人才队伍建设，提升专业胜任能力。建立完善合规风险信息识别、分析和管理的机制，以及科学的合规风险评价系统，有效识别、评估合规风险，保障合规风险管理机制落到实处，全面提升合规管理水平。

（四）做“强”财富管理，打造“华鑫财富”品牌

进一步完善组织架构，充实人才队伍，拓宽营销渠道，加强客户积累，全面提升财富管理水平。加大财富管理人才的引进、培养力度，打造专业财富团队；充分整合、利用现有营销资源，做好精细化管理和品牌推介，打造具有华电特色的“华鑫财富”品牌；健全完善绩效考核和激励约束机制，提升财富管理团队的市场化程度，充分发挥“鲶鱼效应”。坚持机构直投、机构代销、个人财富管理“三管齐下”，拓宽资金渠道来源。优化产品设计，拓宽产品条线，全面提升产品专业化和服务专业化水平，提供契合客户多样化需求的财富管理综合解决方案。进一步完善消费者权益保护体系和工作机制，严格履行受托人的义务，培育受托文化、信义文化，提升消保工作水平。

华信信托股份有限公司

一、2019 年经营概况

2019 年，华信信托股份有限公司（以下简称公司）根据监管政策和相关业务指导意见，在完善法人治理结构、管控业务风险的同时，积极调整信托业务结构，压降通道类信托业务规模，加强合规文化建设，确保房地产信托业务稳健发展，进一步加大对实体经济发展的支持力度，在推动实体经济高质量发展和居民财产性收入提高等方面起到了一定表率作用。

截至 2019 年末，公司注册资本为 66 亿元，总资产约 123. 76 亿元。2019 年，公司营业收入为 5. 73 亿元。华信信托全年向投资者兑付的实收信托为 503. 84 亿元，所有到期信托计划均按期兑付，投资者获得的实际收益率都达到了信托计划发行时的预期收益率。

二、社会责任履行情况

自 1981 年成立以来，公司将积极履行企业社会责任作为一项重要的战略举措和对社会的郑重承诺，在追求经济效益、保护股东利益的同时，合理保护员工合法权益，诚信对待投资者，维护公共利益，支持公益事业，帮助弱势群体，保护生态环境，积极承担企业应尽的社会责任。

自 2002 年开办资金信托业务以来，公司管理的所有信托计划均按期兑付，收益率都达到或者超过了信托计划发行时的预期收益率，充分保障了股东和受益人的权益，在大连理财市场和信托行业内树立起了诚信服务、健康发展的企业形象。

公司始终坚持保障员工的合法权益，在合理引导、发挥员工才能的同时，积极开展各项培训活动，不断提升员工综合素质，为员工实现自我价值提供优质的平台。

公司依法诚信纳税，积极履行企业法人的纳税义务，助推地方经济发展，连续多年荣获大连市“AAA”级纳税企业。

三、2020 年发展规划

按照监管政策和业务导向，以提升资产管理能力和盈利能力为核心，以风险控制为前提、团队建设为关键、机制完善为保障，金融科技为推手，致力于发挥信托功能优势，为客户提供安全稳健的金融产品和高效便捷的金融服务。

为实现上述目标，公司将围绕资产管理战略、金融服务平台战略、创新驱动战略、市场化人事薪酬战略四个重点方面实施具体计划。

（一）资产管理战略

根据监管导向，公司将妥善处置存量资金池业务，不断压降通道类信托业务，在做好风险控制的基础上，尽可能缩短资产处置周期，维护投资者权益。同时，积极开展家族信托、消费信托、资产证券化等创新业务营销，不断提升自身资产管理能力，满足投资者的业务需求。

（二）金融服务平台战略

适应金融一体化与金融科技的发展趋势，整合金融资源，将传统金融机构业务与先进金融科技相结合，建立综合性网络金融服务平台，为客户提供一站式、全门类金融产品与服务，以诚信金融品牌、丰富金融产品、专业金融服务、先进信息系统，打造全国领先网络金融服务平台。

以金融服务平台为载体，扩充金融及准金融资源，作为产品与服务提供方。同时，推进平台内企业在理财、财富管理、投融资、投资银行、资产管理等领域的合作，通过强强联合、优势互补，全面提升综合金融服务能力和整体竞争力。

（三）创新驱动战略

以创新驱动业务发展，本着服务实体经济的宗旨，固有业务领域，积极开展股加债等融资业务，信托业务领域，积极开展家族财富管理信托、资产证券化等信托本源业务。尝试开展现金管理类信托、消费信托等创新业务，寻找新的盈利增长点。

（四）市场化人事薪酬战略

根据业务发展需要，面向市场引进各类人才，并配备与市场接轨、具有竞争力、长短期兼顾的薪酬待遇体系。建立科学、透明的考核政策，将员工职级、薪酬与个人业绩完全挂钩，做到能进能出、能上能下，始终保持员工队伍的活力。以优秀的企业文化和市场化的人事薪酬政策，打造一支具有高度责任感，充满凝聚力、战斗力、创造力并具成长性的高素质团队。

吉林省信托有限责任公司

一、2019 年经营概况

2019 年，在经济金融形势错综复杂、困难矛盾叠加交织的背景下，吉林省信托有限责任公司（以下简称公司）党委班子坚持以习近平新时代中国特色社会主义思想为指导，在吉林省委、省政府的坚强领导下，全面践行新发展理念，认真落实高质量发展要求，牢牢把握稳中求进总基调，在深化改革发展、回归信托本源、服务地方经济、强化风险防控、加强党的建设等各方面工作中取得了新的突破，较好地完成了全年的目标任务。截至 2019 年末，公司资产总额为 67.12 亿元。全年营业收入为 5.28 亿元，同比增加 0.84 亿元（扣除 2018 年非经常性收入），创收能力稳步提升；净利润为 2.11 亿元，同比减少 0.23 亿元，降幅为 9.89%，减少的主要原因是按照《金融企业准备金计提管理办法》和监管要求，计提资产减值损失较多，以进一步提升风险抵御能力。

（一）有效应对下行压力，经营形势保持稳定

一是信托主业稳步拓展。在资金端和资产端趋紧的双重压力下，加大市场开发力度，努力挖掘拓展存量项目资源，信托业务规模和收入保持了总体稳定。二是自营业务卓有成效。充分发挥资源优势，把握市场契机，创新资金运作和盈利模式，围绕客户的需求，统筹运作证券业务、贷款业务、资金市场业务等固有业务，最大限度地发挥自有和拆借资金的使用效率，提升固有业务市场投资收益。

（二）注重业务结构调整，加快推动转型升级

2019 年，经济下行趋势明显，金融风险逐步加大，信托行业也处在转型发展阵痛期。面对新常态，公司把握新形势，主动适应新要求，全力谋划新发展，一手抓传统业务转型升级，一手抓创新业务孵化培育，可持续发展的内生动力不断增强，内涵式发展取得了积极成效。一是全面完成阶段调整目标。严格落实“资管新规”过渡期的监管要求，落实压降通道业务规模 135

亿元目标任务，严守“房地产业务每日时点规模不超过630”的监管红线。二是大力发展主动管理型信托业务。主动管理的信托规模占比较快提升。在信托业务规模压降超过1/4的情况下，信托报酬收入保持稳定，综合信托报酬率由2018年的2.2‰提升到2019年末的3.0‰，进一步体现了结构调整的成效和主动管理水平的提升。三是加大对创新业务的拓展力度。2019年，在公司业务发展创新委员会的集中统筹调度下，对业内前沿业务模式进行研究和探索，大力推进业务创新。省内首批慈善信托业务吉信·天和精准扶贫1号、2号、3号慈善信托计划成功落地，通过引入域外资金助力吉林省扶贫和慈善事业，收到显著社会效益，受到省慈善总会的表彰；公司紧跟信托转型发展趋势，首次尝试家族信托业务，吉信·家和5号、6号宜安传家信托计划启动实施。此外，小微贷款信托、股权投资信托等创新业务均实现突破，开辟了新的利润增长模式，进一步提升了公司核心竞争力。

（三）牢固树立底线思维，风险防控处置取得实效

一是开展全面风险排查。对检查中发现的问题进行细致梳理，认真查找管理制度上的薄弱环节和操作过程的风险点，全面落实责任，进一步完善风险识别评估机制体系建设，为审慎经营和防控风险提供保障。二是加强内控管理。针对监管政策和经营环境的变化，对现有制度进行了全面梳理和修订，共出台74项风控管理制度，其中新制定制度22项，修订原有制度52项，进一步完善公司的内控结构，明晰业务操作流程。全年开展了14次专项审计，审计总金额为3 613.87亿元，提出审计意见63条，确保公司各项业务合规、有序开展。三是严格合规风控审查。加强对新增项目的风险识别与评估，做好风险预判。对存在合规隐患和风险敞口的项目坚决予以否决，确保所有新增项目满足公司风控条件，并符合内部控制管理要求。四是提高风险处置水平。妥善应对和处理了多起风险事件，多手段推动抵（质）押物处置，加快风险项目的化解，加强与信保基金合作，拓宽公司资产处置渠道，提高风险化解能力。

（四）加快补齐治理短板，管企治企能力不断提升

2019年公司加大投入，补齐短板，夯实基础，激发转型发展的内生动力。一是完善公司治理。完成了党建纳入《公司章程》工作，明确了公司党委、纪委在治理结构中的职能定位，选聘省内两位资深的金融专家担任公司独立董事，调整了董事会下设各专门委员会，理顺经营层的治理架构，充分发挥党建引领和公司治理的双重优势。二是加强品牌建设。公司从引导全员参与、重塑品牌形象着手，打造吉林信托特色企业文化，推出了“吉信·吉林振兴”“吉信·天和”“吉信·家和”“吉信·惠农”等八大类16个信托品牌，使信托产品的功能和价值更加直观清晰。三是强化信息科技支撑。2019年是公司信息科技建设投入最多、力度最大、成效最为显著的一年。CRM、网上信托、投资APP三大系统投入运营，实现了产品在线查看、预约、购买、

视频双录等线上销售功能，打破传统线下营销方式在时间和空间上的局限，为公司全面服务客户搭建起新平台，增强了客户体验，形成产品服务线上、线下平行推进。

（五）认真开展主题教育，扎实推进党建工作

深入学习贯彻习近平新时代中国特色社会主义思想和党的十九大精神，突出从严治党主线，全面落实主体责任，不断加强党的基层基础建设，狠抓反腐倡廉工作，为公司改革发展提供了坚强的政治保证。一是按照中央和省委统一部署，深入开展“不忘初心、牢记使命”主题教育活动；二是全面落实从严治党责任；三是精准落实扶贫攻坚任务；四是进一步强化党风廉政建设。

二、创新业务案例

（一）开展慈善信托业务

2019 年，公司结合吉林省扶贫工作实际，在省民政厅、省银保监局、省慈善总会等部门的支持下，先后成立了吉信·天和精准扶贫 1 号、2 号、3 号三只慈善信托计划，信托规模总计为 60 万元，以金融扶贫的方式推动定点慈善工作。公司负责慈善信托的资金募集，由慈善运营机构吉林省慈善总会负责慈善目的的具体实施，相关慈善信托运作信息披露于“慈善中国”网站，接受公众监督。慈善信托业务属于他益信托中的公益信托，与传统的自益信托相比，具有创新性，从实现公益目的和精准扶贫上看，也具有创新性。

（二）开展家族信托业务

2019 年公司先后成立了吉信·家和 5 号、6 号宜安传家两笔家族信托计划，信托规模为 2 260万元，这是公司在回归信托业务本源、加强财富管理能力、加快从“以产品为中心”向“以客户为中心”转变中迈出的积极探索的一步。家族信托业务是局限于血亲或姻亲之间的他益信托，与传统自益信托相比，具有创新性。

三、社会责任履行情况

（一）对口脱贫攻坚工作取得实效

2016 年，吉林省政府确定吉林信托对口包保安图县山泉村、龙山村两个贫困村。4 年来，

围绕“抓党建促扶贫”目标，公司累计投入资金284万元，通过加强产业项目扶持，实施危房改造和异地搬迁工程，加强两村公共服务建设，扶贫工作有了较大进展。2018年末，两个贫困村完成了“脱贫摘帽”。2019年，两村建档立卡的贫困户52户84人全部实现脱贫退出，脱贫率为100%，且无返贫情况发生。

（二）发挥信托制度优势，促进扶贫工作和慈善事业的发展

2019年公司结合吉林省扶贫工作实际，通过与吉林省民政厅反复研究，制定了慈善信托合同模板，引进各类社会资金助力吉林省扶贫攻坚工作。公司相继推出了吉信·天和精准扶贫1号、2号、3号三笔慈善信托计划，信托规模总计60万元，以金融扶贫的方式推动定点慈善工作，为吉林省敦化市沙河沿镇、靖宇县花园口镇和洮南市安定镇、福顺镇共计315名群众解决了实际生活困难，有效促进了吉林省扶贫工作和慈善事业的发展。

（三）响应国家战略，助力实体经济发展

公司积极响应国家重大战略及倡议，紧紧围绕“一带一路”倡议及“长江经济带”建设、东北老工业基地振兴战略等重要工作部署，立足信托公司的职能定位，疏通金融进入实体经济的管道，助力战略新兴产业、绿色环保产业及乡村振兴战略的实施，积极破解中小微企业“融资难、融资贵”问题，不断扩大服务实体经济的广度和深度。截至2019年末，公司投向“一带一路”项目共91个，提供的资金规模为373亿元；投向“京津冀协同发展”项目32个，提供的资金规模为82.83亿元；投向“长江经济带”项目32个，提供的资金规模173.55亿元；投向“粤港澳大湾区”项目5个，提供资金规模为48.53亿元。2019年公司发行了投向延边地区的9.1亿元规模的3只吉林振兴系列信托产品，为长吉图战略实施提供了有力的资金支持，加快打通对外开放通道。

四、2020年发展规划

以党的十九大精神为统领，坚持以习近平新时代中国特色社会主义思想为指导，全面贯彻中央和吉林省经济工作会议精神，贯彻新发展理念，牢牢把握“转型创新、严控风险、稳健经营”的总体工作思路，深入实施“吉林信托、吉林优先”发展战略，全面强化风险防控，提高合规经营水平；全面优化调整业务结构，做大做强信托主业；全面提升基础管理水平，推动高质量发展；全面推进党建工作，培育良好受托文化，打造先进企业文化。锐意进取，开拓创新，努力开创吉林信托改革发展新局面。

昆仑信托有限责任公司

一、2019 年经营概况

2019 年，昆仑信托有限责任公司（以下简称公司）上下认真贯彻年初工作会议精神，顺应新时代，激发新动能，妥善应对挑战，有效化解风险，提振信心，拓展市场，经营业绩稳步增长，党群工作成效显著，综合实力不断增强。公司荣获宁波市“纳税 50 强企业”“2019 卓越竞争力信托公司”“年度最佳产融结合信托公司”“企业资产证券化年度新锐交易奖”“诚信托—最佳资产证券化信托产品奖”“年度优秀创新信托计划”等荣誉。行业评级首次获得 A 级，监管评级获得 B 级，公司品牌和企业形象稳步提升。

2019 年，公司资产总额为 137.4 亿元，实现收入为 19.39 亿元，利润总额为 13.3 亿元，信托规模为 2 678 亿元。

二、创新业务案例

2019 年，公司在《关于规范金融机构资产管理业务的指导意见》指引下，加大创新力度，促进公司持续稳定发展。

一是将股权投资作为公司未来发展重要方向。持续加强股权投资管理，明确股权管理部门，制定《股权投资管理办法》，上线运行管理系统，开展投资项目专项评价，强化风险防控，提高管理质量。

二是重视已有股权项目管理。山东信托、山东 AMC、宁波 AMC 等金融股权投资收益稳定，效益显现。

三是稳步推进股权投资基金市场化进程，昆仑信元对外募资实现“零突破”，累计引资 12 亿元，继续深入布局互联网金融、消费升级、智能数据、绿色环保、新材料、新媒体和硬核科技等领域，收益稳步增长，基金品牌和市场竞争力有效提升。

四是发行全国首单多城市购物中心组合 CMBS——云城投银泰城资产支持专项计划，规模 33

亿元；设立第一例以 Pre - ABS 为目标的信托型基金——信石集合资金信托计划，为推出 REITs 提供资产储备，巩固了公司在不动产证券化市场的影响力。

三、社会责任履行情况

属于石油行业的昆仑信托，高度重视自己的社会责任。

一是 2019 年公司首次与公益基金合作，设立“博爱”慈善信托；规范运作“昆仑爱心”系列慈善信托，累计捐助 126 万元，较好地履行了国有企业社会责任。

二是昆仑信托致力于发挥信托的独特制度优势，履行国有企业社会责任，着力塑造“诚信稳健、分享共赢、服务社会、造福民生”的企业品格，以实际行动践行中国石油“奉献能源，创造和谐”的企业宗旨。

三是公司探索将信托制度优势与慈善公益事业相结合的慈善信托模式。发起设立“昆仑爱心一号”助学慈善信托、“昆仑爱心二号”助困慈善信托、“昆仑爱心三号”助医慈善信托三个慈善信托，运用信托平台，将部分信托利益和信托报酬捐献给慈善事业，得到了宁波市慈善总会及地方政府的高度评价，荣获“宁波市鄞州区慈善之光”荣誉称号。

四是依托中国石油良好的品牌资源和雄厚的资金优势，为宁波市提供全方位金融服务，全力支持宁波市经济发展。

五是社会责任取得明显效果。公司 2019 年荣获宁波市“纳税 50 强企业”“金鼎企业奖”；第九届金貔貅奖“年度金牌信托公司”“年度金牌创新力金融产品”；2019 卓越竞争力金融峰会暨第十一届卓越竞争力金融机构评选“2019 卓越竞争力信托公司”；“诚信托—最佳资产证券化信托产品”“2019 年度优秀创新信托计划”“年度最佳产融结合信托公司”“2019 卓越竞争力信托公司”“点赞金融扶贫力量”“年度金牌市场影响力金融产品”；“中国拍卖行业 2019 年度行业合作奖”“2019 年度天津产权交易中心最佳组织交易奖”；中国石油集团公司授予的“先进基层党组织”“优秀党建研究成果三等奖”、2019 年度组织史资料征编工作先进单位等荣誉。

四、2020 年发展规划

2020 年，公司将继续坚持以习近平新时代中国特色社会主义思想为指导，全面贯彻中国石油集团公司工作会议精神和中油资本工作部署，严格落实监管要求，执行公司“十三五”规划。

（一）完善业务结构，促进规模效益稳步增长

一是做大投资规模，扩大传统债权业务，继续加大基础设施建设、新能源新材料、智能装

备制造、文化产业发展等领域投资；二是改进优化区域布局，重点是加强区域团队能力建设，增强区域业务辐射能力；三是要巩固资产证券化优势，继续在ABS、ABN、CMBS和类REITs等领域有所作为，创新信托资产、应收账款等业务证券化模式；四是审慎拓展房地产业务，探索专业股权基金、探索投贷联动，深化对房地产业务投资的精细管理；五是加大标准化产品投资，适度把握证券市场的阶段性投资机会，按照行业惯例加强证券投资的组织和队伍建设。

（二）瞄准关键领域，推进创新转型实质进展

一是积极推进股权投资业务，坚持助力集团绿色低碳能源转型升级、提升集团公司材料比重，努力在天然气、氢能、太阳能、风能、地热等清洁能源产业链上下功夫，树立公司在清洁能源、节能环保投资的行业地位，扩大股权基金规模，丰富和拓展募资渠道，促进出资主体多元化，以“直投＋母基金”的组织方式，充分发挥现有投资平台作用，加强信托与国联基金、气候基金、天津排放权交易所联动，强化股权归口管理，完善制度体系，用信息系统工具管理股权投资，建立动态评价制度，完善委派人员制度，强化股权投后管理和服务，加强投后跟踪分析，有效控制投资风险。二要大力推进科技金融业务，科技金融是公司重点创新领域和转型方向，成立普惠金融部，加大资源投入和统筹推进力度，力争成为新的利润增长点。联系精选腾讯、今日头条、美团等互联网头部企业，设计符合监管规定产品，为零售类资产搭建资金超市，为普惠类资产撮合、匹配资金。三是探索家族财富管理模式，充分利用宁波地区民营企业发达、家族产业庞大的优势，争取家族信托项目。四是持续打造绿色金融平台，有效利用国联基金、天津排放权交易所和气候基金等平台，推进LPG零售项目和地下储气库专项基金，创新交易与拍卖制度，探索林业碳汇、用能权、排污权等交易，开展碳普惠业务、绿色金融创新试点，试点绿色智慧城市项目，推进项目尽快落地。

（三）聚焦主责主业，推进产融业务整体升级

一是依托中油资本做好顶层设计，完善指标设置，增大考核权重，激励业务团队开拓产融业务积极性。二是了解需求，创新合作模式。深入围绕中石油上下游产业链了解金融需求，加强多元化产融模式研究，分类推进产融结合、融融协同拓展与实施，持续扩大产融规模，加强组织协调，打造行业优势。总结推广产融业务，细化对接方案，壮大行业优势，履行好集团资金受托人义务和养老金产品管理责任，确保集团资金保值增值。三是扩大集团公司资产处置业务，充分挖掘处置平台资源，争取拍卖资质，拓宽处置渠道，加大市场开发和客户培育力度，有效提升成交率，积极扩大规模和效益。

（四）提高政治站位，推进风险管控取得实效

一是统一领导，建立风险化解机制，成立风险化解领导小组，统筹已有风险化解工作，摸

清风险底数，完善风险台账，逐个落实化解责任；强化风险项目部门及分管领导责任，加大处置措施推进力度，分管领导统筹协调，抓住时间窗口，化险为夷，提高存量效益；强化风险化解结果考核，运用有效合规机制，激发责任部门主动性和积极性。二是创新方式，在2019年处置进展基础上，继续探索采取聘用外部专家、有效利用已投AMC平台等方式扎实推进，通过收购、转让、重组等手段盘活存量资产；统筹制定科学处置方案，充分利用产权交易所、拍卖公司、电商平台、专业机构等各类市场交易主体的客户优势，加大招商推介力度，有效拓展买方范围和渠道，满足不同存量项目多样化需求。三是见到实效，以风险项目台账为抓手，坚持盯资金流向、盯项目、盯风险、盯责任的“四盯”原则，持续跟踪，协同化解、缓释风险；强化预警项目资产管理，分析原因，制定措施，控制预警项目资产总量，避免向实质风险资产转化；加大处置措施落实力度，确保存量资产数量和规模逐年减少。四是管控新增风险，细化尽调，把好风险管理第一道关口；坚守“低风险偏好”理念，继续强化专业化审核，深入研究产融结合和创新业务，重点提升对新业务、新模式的风险识别、管理和控制能力；加强投后管理，实现对项目全过程、全周期的风险监测和管控，确保随时监控和了解交易对手经营动态；加强现场和非现场检查，完善恒生系统流程建设，推进管理制度化，制度流程化；增加项目回访频率，加强风险管理报告、实地回访情况的跟踪；精准分析，果断决策，善于提前化解风险，严格按照制度追究责任。

2020年，公司将完善业务结构、推进创新转型、推动产融结合、严格管控风险，稳步经营，稳健发展。

陆家嘴国际信托有限公司

一、2019 年经营概况

2019 年，陆家嘴国际信托有限公司（以下简称公司）全年实现净利润 6.44 亿元，2019 年末存续信托规模为 2 311.32 亿元。净资产收益率为 12.37%，全年实现营业收入 14.41 亿元，其中，信托业务收入 10.97 亿元，固有业务收入 2.93 亿元。

（一）挖掘资产端优势，信托业务善作善成

一是主动管理能力增强，切实做好规模压降。银保监会加大对房地产信托和通道业务规模管控力度，降低行业潜在风险，提高信托发展质量。公司积极贯彻银保监会对房地产信托和通道业务的监管要求：截至 2019 年末，公司房地产信托余额 730.5 亿元，低于监管设定的 734.96 亿元管控目标；通道类业务存续规模 1 154.62 亿元，低于监管设定的 1 215.12 亿元目标，圆满完成房地产和通道业务规模压降任务。

公司 2019 年末存续信托规模为 2 311.32 亿元，较上年末的 2 284.24 亿元同比上升 1.19%。在规模保持稳定的情况下，公司着力提升主动管理能力，全年实现信托业务收入为 10.97 亿元，同比增幅 22.41%。项目落地率由 28% 提升至 40%。从结构来看，存续主动管理规模为 1 149.17 亿元，同比增加 302.46 亿元，增幅为 35.72%；存续主动管理规模占比为 49.72%，同比上升 12.65 个百分点。其中，主动管理基建类信托规模为 355.27 亿元，较上年末增加 234.78 亿元，白名单区域占比由上年末的 59.25% 上升至 87.44%。

二是以三本策略为抓手，深耕区域精准发力。在双主场战略和“三本策略”的推动下，公司管理资产的区域分布更趋合理，多元化水平不断提升，风险抵御能力稳步增强。聚焦长三角、环渤海、大湾区等重点区域，合计规模占比达到 75%。长三角区域存续信托规模为 970 亿元，占比为 41.96%。其中，浙江存续信托规模占比提升至 11.8%，新增信托规模上升至 12.77%。同时，公司还在南京、杭州、苏州、无锡等重点城市设立了信托业务团队和财富管理团队，进一步巩固上海及长三角业务优势。环渤海业务呈现良好增长态势，年末投向山东半岛地区的存

续信托资金规模为231.2亿元，占比为10%，同比增长3.89个百分点。大湾区存续信托规模为324.5亿元，占比为14.04%。

从区域分布来看，基建类信托分布更趋优化。其一是白名单区域的业务占比上升较为明显，2019年末占比达87.44%，同比上升28.19个百分点。其二是白名单区域内的业务结构继续优化，江苏业务占比从90.21%下降到57.23%，浙江和青岛的业务占比合计达到42.77%。通过实施“三本策略”，与宁波银行、青岛银行加强深度合作，有效拓展区域展业。其三是在业务比重最大的江苏，省内区域的结构也在调整，经济相对欠发达的苏北区域的业务占比从48.31%降至25.74%，而苏中和苏南的业务占比则增至74.26%。

（二）着力打造财富管理体系，直销能力厚积薄发

资金是业务发展的核心，公司在资金端持续加大资源投入，积极打造多元化立体式营销体系。公司全年直销规模为316.67亿元，较2018年的96亿元同比增加229.86%。营销中心全年统筹个人、机构、战略客户总规模突破265.9亿元，实现展业以来的最好成绩。同时，在南京和无锡布局财富团队并实现良好开局，上海财富总部搬迁新职场，管理更规范、客服更优质、系统更优化。

一是加强直销团队建设，营销能级不断提升。

公司制订公司财富中心布局规划，明确财富中心布局的四大原则、三步走实施路径以及四项展业策略。在无锡、南京组建区域财富中心，并在无锡设立家族信托办公室，初步实现沿沪宁线的财富区域布局。营销队伍由26人扩充至71人，其中私人财富团队由4个扩充至10个。

随着营销队伍扩充，营销战斗力也有所提升。营销中心全年统筹直销规模217亿元，较2018年同期47.9亿元增长353%。其中，个人直销规模为112.9亿元，较2018年同期34.1亿元增长231.1%；机构直销规模为90.2亿元，同比增长558.4%；产品认购的直销规模为13.8亿元。存续直销客户数2372个，新增客户数1 589个，完成全年预算的345%。其中，存续个人客户数2 302个，较2018年末1 117个增加106%；直投机构存续客户数67个，较2018年末38个增加76%。

二是完善产品发行机制，规范代销渠道管理。优化产品发行管理流程，根据销售目标、销售资源采取差异化销售策略，通过搭售机制、小额奖励等销售控制措施进行销售引导和调控。公司细致分析资金需求，加强营销与产品联动，提升资产与资金匹配程度。

同业渠道合作取得良好成效，截至2019年12月末，营销中心统筹代销规模为49亿元，同比增长72.5%。获得中信银行、交通银行、南京银行、泰安银行、上海农商行、江南农商行等股份制银行和城商行的代销准入，并在中信银行完成首单政信产品代销；与中金证券、中投证券及德邦证券开展战略合作；与青岛银行、宁波银行开展深度合作。

三是完善消保工作机制，提升客户服务体验。进一步健全消保制度体系建设，组织消费者权益保护知识学习考试，开展侵害消费者权益乱象整治自查工作，规范销售行为，维护消费者权益。全年组织客户活动32场，真正从客户需求出发，提升客户对公司的黏性。

二、创新业务案例

为推进业务可持续发展，公司遵循“有所为，有所不为”的展业理念，坚持战略定力，以点带面推动战略驱动业务。一是成功发行两单租赁保理型ABN产品，打通内外部运行机制，提升金融服务水平。二是成立第二单信托主导型家族信托产品，大力发展信托本源业务，为高净值客户提供资产配置、财产保护、家族传承、税收筹划等增值服务。三是落地两单慈善信托业务，践行企业社会责任，提升公司品牌形象。四是配合集团积极探索供应链金融，完善方案设计，各项筹备工作稳步推进。五是推进标品信托等新型业务。

三、社会责任履行情况

信托公司肩负着服务实体经济、为民创造财富的责任和使命。陆家嘴信托致力于推动慈善公益活动的开展，2019年公司继续向上海欣州六里劳动服务公司的征地困难职工提供经济及生活上的资助。2019年9月，陆家嘴信托成立“陆信弘远”慈善信托系列首单信托计划——“弘远1号”，聚焦西部贫困山区学生上学难题，捐助资金总额超过50万元，募集资金作为深度贫困村贫困寄宿学生的交通补贴，为西部教育和甘肃临洮脱贫攻坚事业贡献力量。

公司独家冠名赞助“东方市民音乐节”全年40余场演出，赞助青岛大剧院“2019国际艺术汇”系列演出，为提升公司品牌形象、改善客户关系起到积极作用。同时，获得多家业内权威媒体评选的多个重要奖项，主要包括《上海证券报》授予的由“诚信托”评选的投资回报奖；《证券时报》授予的2019年度“优秀风控信托公司”“优秀财富管理品牌”奖；中国网授予的2019年度第二届中国网优秀金融扶贫先锋榜“精准扶贫先锋机构”称号；青岛市崂山区政府评选的“崂山质量·奖创新奖”；中国公益节组委会颁发的“2019年度扶贫典范奖”。

四、2020年发展规划

紧密围绕公司“倍增计划”，积极落实“倍增举措”，强化旗舰领航，完善对标管理，推进战略实施，用强管理巩固以往发展成果，用优管理促进未来绩效倍增，用科学管理实现总量翻番的倍增目标。

（一）“倍增计划”

预计2019—2025年，公司各项经营指标将在2018年末的基础上实现翻番，总资产将由90.62亿元上升至190亿元，净资产由48.78亿元上升至114亿元，净利润由4.41亿元上升至10亿元。其中，净资产、净利润有望于2024年完成倍增，率先实现目标。同时，公司盈利能力也将实现翻番，预计营业收入由11.2亿元上升至21.85亿元，信托业务收入由8.96亿元上升至17亿元。未来公司将采用利润留存的方式提升内源性资本积累，采用股东增资的方式开启外源性资本补充，不断充实资本实力，为实现“倍增计划”目标保驾护航。

（二）六大“倍增举措”

一是党建引领倍增：巩固党的政治优势，提升企业发展质量；二是资管能力倍增：发挥资源禀赋优势，推动业务创新转型；三是财富能力倍增：有序布局财富中心，完善立体营销体系；四是服务质量倍增：加强股东协同联动，优化战略客户服务；五是内控水平倍增：构建差异化风控体系，强化内控管理建设；六是经营效率倍增：发挥保障服务职能，提升经营管理质量。

山西信托股份有限公司

一、2019 年经营概况

2019 年，山西信托股份有限公司（以下简称公司）营业收入为 24 978.78 万元。其中，固有业务收入为 6 745.52 万元，占比为 27.01%；信托业务手续费收入为 18 233.26 万元，占比为 72.99%。

截至 2019 年末，公司固有资产总额为 24.00 亿元，负债总额为 4.69 亿元，净资产为 19.31 亿元，净资产规模比年初的 19.09 亿元增加 0.22 亿元。公司管理的信托资产规模为 373.01 亿元，较年初的 437.99 亿元下降 14.84%。其中，主动管理类资产规模为 113.23 亿元，占比为 30.36%；被动管理类资产规模为 259.78 亿元，占比为 69.64%。

二、创新业务案例

（一）持续推进绿色信托建设，助力供给侧结构性改革

自 2016 年以来，在党中央、国务院推进供给侧结构性改革的决策部署下，淘汰了一批技术落后、生产过剩的生产线与厂区，需要专业的资源回收再利用行业提供环保和技术支持。公司首创的绿色信托“循环经济系列财产权信托”模式，专门服务于资源循环再利用企业，为废弃厂区拆除工程提供金融支持。截至 2019 年末，该系列信托计划累计发行 4.39 亿元，项目遍及山西、河北、重庆、山东、贵州五省市，既充分履行国有企业社会责任，为环保新兴行业破解了融资难题，为产业结构优化升级贡献了自己的力量；又充分发挥金融机构能动性，为投资者提供差异化的理财产品，助力客户多元资产配置。

（二）开展消费金融业务创新，服务人民美好生活

公司积极开展消费金融业务。一方面，以制度创设引领业务创新，发布消费金融业务指导

意见；另一方面，以金融科技建设支持业务发展，与多家科技公司洽谈在线审批及运维系统搭建工作，并于年末落地了医美消费分期业务“悦美系列集合资金信托计划”。

（三）加强制度引领与科技支撑，推动业务转型发展

2019 年，公司继续加强制度引领和科技支撑工作，新增 3 个创新业务指导意见，有力推动了消费金融、房屋抵押贷款等业务落地；持续加强金融科技建设，推进消费金融业务审批及管理系统搭建，积极探寻大数据、云计算等信息科技的支持；成功上线面向 C 端客户的 APP“晋盈汇”，进一步拓宽了募资渠道。

三、社会责任履行情况

（一）坚守金融服务实体的“初心”“使命”

公司通过信托计划、产业基金等多种形式，不断提升在产业转型升级、基础设施建设、节能环保、民生保障等重点领域的服务质效。截至 2019 年末，公司共为各类工商企业提供信托资金规模 325.97 亿元，其中，为山西省转型综改建设相关近 50 家企业提供资金支持 100.96 亿元，为省重点工程建设提供信托资金 0.9 亿元。

（二）践行“打好三大攻坚战”重大部署

一是打好精准脱贫攻坚战，在夯实结对群众的对接联系工作的基础上，继续发挥好慈善信托扶助作用。2019 年，“晋善慈善信托计划”向深度贫困县广灵县香炉台小学的孩子们捐赠了生活物资；向石楼县第三中学捐赠专款，用于维修改造暖气，保证 100 多个孩子能够在寒冬安心学习。同年，“晋信爱心信托计划”向岢岚中学考上大学的 12 名品学兼优的贫困学生每人捐赠 1 万元助学金，帮助他们圆梦大学。

二是打好污染防治攻坚战，“循环经济系列财产权信托计划”继续发力，募集资金 31 065 万元，用于支持绿色环保行业发展；“信德 44 号信托计划”募集资金 5 343 万元，用于支持文峪河、磁窑河流域生态保护修复与治理。

三是打好防范化解重大风险攻坚战，坚持底线思维、拓展工作思路，历史风险沉淀开始削减，风险化解工作稳步推进。

（三）提高三农金融服务水平，建立产业扶贫长效机制

公司设立的山西首个省级农业产业基金，投资项目涵盖制造业、生物制药、食品加工、蔬

菜配送、养殖业、批发零售业、商贸等行业，绝大多数为山西扶贫办名录企业和农业龙头企业，部分借款企业已获得了当地农委等单位的贷款贴息。农业产业基金的设立，有效缓解了涉农企业融资困难，拓宽了三农金融服务渠道。以九牛农业开发有限公司及其下属企业为例，农业产业基金已为其提供累计9 000万元的信托贷款。

（四）纾困民营企业，服务小微企业

公司在纾困民营企业、服务小微企业方面积极作为，找"痛点"、抓重点、解难点，不断加强与民营、小微企业的深度沟通和合作，不仅重视传统产业改造升级，也为康养、信息等新兴产业提供融资服务。现已为山西2家康养行业企业提供信托贷款共计6 500万元，为1家环保科技公司提供信托贷款4 000万元，为1家信息技术公司提供信托贷款1 000万元。

（五）积极开展金融知识普及工作

公司始终将普及金融知识作为消费者权益保护工作的重要环节，公司领导带头参与，全体员工热烈响应，开展了"3·15"银行业消费者权益保护教育宣传周活动、"金融知识进万家"活动、"反洗钱"宣传月活动等专项工作，将金融知识普及作为日常事务常抓不懈，取得了良好的社会反响，获得了群众的一致好评。

四、2020年发展规划

（一）继续加强基础管理，不断提升工作质效

一是要完善制度流程。按照科学、规范、可行的原则，对现有制度流程进行全面梳理、修订和完善，构建权责明晰、监督有效的内部管理机制。二是要推进市场化改革。继续深化人事制度改革，激发员工干事创业的积极性；继续优化薪酬体系，实现薪酬分配体制、业绩考核机制市场化的纵深推进。三是要加大信息科技投入。充分认识当今信息科技对业务的支撑和引领作用，加强信息科技建设，推动科技与业务深度融合，提升核心竞争力。

（二）全面加强风险管理，切实提升风控能力

一是要加强风险防范教育，增强风险防范意识，全面提高员工的风险识别能力和防范意识。二是要提升风险防控能力。加强内部控制体系建设，改进风险控制手段，提高风控质效。三是要严控增量风险，将事前、事中、事后风控工作做实、做细，筑牢安全防线。四是要积极化解存量风险。开动脑筋，解放思想，多措并举，加大风险化解的力度，加快风险化解的速度。五

是要加大问责力度。把握好严管与厚爱的平衡点，加大对各种违纪、违法、违章行为的责任追究，从源头上预防风险的发生。

（三）深耕传统业务，拓展创新业务，促进公司转型发展

传统信托业务是公司目前收入的主要来源，是公司生存的根本；创新信托业务是公司未来转型的方向，是公司发展的基础。在回归“受人之托，代人理财”的职能定位，积极发展服务信托、财富管理信托、慈善信托等本源业务的同时，要在稳定传统业务的基础上，进一步推动创新业务发展。

一是要深耕公司传统优势信托业务，做大做强绿色财产权信托业务，推动传统业务的发展和升级。二是要积极开展消费金融业务，坚持优势互补、合作共赢，不断加大与金融科技公司、优质消费平台的合作广度与深度，强化金融与科技的融合发展，力争实现消费金融业务规模、收益双增长。三是要大力发展直融业务，积极转变业务模式和盈利模式，更多地向投资类业务转型，围绕特定实体产业领域、资本市场进行专业化运作。四是要实现差异化发展，在公司层面，利用自身资源禀赋，依托区域经济优势，在煤炭、能源、化工、高端装备、新材料等领域找到产融结合点，开发具有区域经济特征的差异化、特色化信托产品；在部门层面，从开展同质化业务转向深耕特色化、专业化业务，将消费信托、供应链信托、慈善信托等不同类型做精、做细，找到未来业务转型方向。

（四）持续服务实体经济，稳步推进重点领域金融工作

公司将继续发挥多层次、多领域、多渠道资源配置优势，以高度的责任担当意识，不断增强支持实体经济发展的力度。一是进一步优化资源配置，按照“区别对待，有扶有控”的差别化政策，通过债权、股权、权益投资、产业基金等多种方式，稳步推进对重点领域的金融服务，在民生保障、基础设施建设、节能环保、产业转型升级等领域贡献更多力量。二是继续服务好地方经济发展，按照山西省委“四为四高两同步”的总体思路和要求，为省内能源革命、转型综改、国资国企改革提供综合金融服务，持续支持中小企业发展。

（五）注重弘扬信托文化，持续关注合规建设

2020 年起，公司要用 5 年的时间，开展信托文化教育年、普及年、确立年、深化年、提升年的主题活动，推动公司信托文化建设有步骤、有计划、纵深开展。一是通过营造“主动合规、勤勉尽责”的文化氛围，使全体员工牢固树立合规勤勉的工作理念，做信托文化的推动者、践行者；二是继续高度重视并强化合规建设，提高风险管理能力，坚守合规底线，努力实现行业的高质量发展。

上海爱建信托有限责任公司

一、2019 年经营概况

2019 年，是中国信托业恢复发展 40 周年，也是上海爱建信托有限责任公司（以下简称公司）成立 40 周年。在这里程碑式的一年中，经营班子在董事会领导下，在复杂的经济形势中，深入践行王均金董事长提出的“一二三四五”方法论，秉持初心、提质转型，以主人翁精神和大局意识，前瞻决策、科学部署，实现了各项业务稳健、健康发展，不断向特色精品信托公司目标迈进。

（一）做强传统业务之本，积极拓展转型发展着力点

自 2019 年以来，信托行业的资金投向发生了较为明显的变化。面对巨大挑战，公司顺应形势变化，及时调整业务方向和策略。公司上下将“受人之托，代人理财”作为内心信仰，铸造坚不可摧的责任文化，逐步向“为服务机构、大众理财”的专业化力量转变。

1. 以客户为中心，关注客户综合金融服务需求。公司在一线、二线城市的城市更新、楼宇园区改造、养老地产等领域，以更加多样化的模式开展业务，并且发挥精细化、封闭式管理的经验优势，确保资产质量。

一是连续推出一系列针对优质资产的展业办法，在风控手段、资金归集、交易模式等方面进行优化，实质性提高合作层级、扩大合作规模、降低与分散交易对手风险。二是将处于人口导入期的“准二线、强三线”城市、长三角、大湾区作为拓展业务的重点区域。三是着眼客户需求，除传统融资方式外，尝试开展债券融资、股权融资、资产证券化等投行类业务，通过业务链的协同和价值延伸，主动推进传统领域的业务模式转型。

2. 潜心规划转型升级，不断推进业务创新。着力提升业务团队“发现和解决客户痛点的能力，前瞻性商业模式研究能力”，并通过制度安排，推动创新业务的发展。

供应链金融业务实质推进，目前已与“钰翔智慧”钢贸供应链、“理业金服”煤炭供应链、“瑞茂通”动力煤供应链等平台开展合作。成立普惠金融事业部，从业务模式、风控逻辑、系统开发等方面着手，启动业务核心系统开发。在资本市场投资业务方面，加大产品研发力度，连

续推出基于可转债投资策略的信托产品、中证500指数增强系列产品、新型FOF产品等，丰富公司“固收+标品”产品线矩阵。同时，以货币基金管理方法为范例，对现金类产品净值化改造进行路线安排。

3. 牢牢把握合规底线，精心打磨财富管理平台。一是管理赋能。根据队伍现状，公司在资金端组织架构、制度依据、管理工具方面，做了相适应改造，逐步实现“资金渠道、销售行为、营销网络、产品运营、市场推广”管理边界明晰，业绩推进和合规考核双管齐下的管理模式。在合规方面，对标监管要求，出台消费者权益保护、销售双录等一系列管理制度，并对应细化成业务操作指引；在执纪方面，建立起自查、核查、临检抽查相结合的过程管理体系；在结果运用方面，在绩效考核中，引入合规条款，以考促管，督促合规习惯的养成。二是服务赋能。升级线上渠道，围绕核心客户的“需求动线”，将“CRM系统、远程集约化管理、Web、APP、微信在线服务平台”作为重中之重，由表及里推动数字化流程再造；延展线下渠道，搭建400服务框架，建立客户咨询、投诉一体化服务平台，不断提升消保维权能级和客户体验。

（二）强化全面风险管理，严格把控资产质量

2019年，面对经济金融形势发生的深刻变化和防范化解金融风险攻坚战的政策要求，公司进一步强化全面风险管理，把强化风险管理、严控资产质量作为立司之本。

1. 强化项目“事前、事中、事后”全过程风险管控。一是严格项目准入和审批管理，确保风险政策与业务发展的匹配性。制定近十项准入制度，形成风险政策矩阵，引导前台业务部门展业。二是强化项目运行中的动态跟踪和定期排查，试行项目分级管理。实施风险预警分级信号，对预警信号采取快速应对行动。三是梳理不良资产分类管理流程及职责，确保风险处置的及时性和专业性。

2. 强化内控合规管理。全年组织实施覆盖合规风险、操作风险、信息科技风险、运营管控等重点风险领域审计工作。通过一系列专项检查、合规体检，进一步明晰职责，梳理中后台风险控制部门管理边界，确保全流程和公司风控体系的完整性、一致性和有效性；进一步健全体制，针对检查中发现的问题，明确建立健全制度的整改要求；进一步体现实效，强调内控制度的实效性，加大违规行为追究力度。

（三）深耕精细化管理，培育管理者的“工匠精神”

1. 科学管理人力资源，队伍质态和能力得到较大提升。2019年，公司围绕优化队伍质态、队伍能力、组织架构，在队伍规模总量可控的基础上，不断提升人力资源配置效能，完善人才引进、培养机制。同时，通过优化薪酬激励和保障体系，提高人力资源使用效果。截至2018年末，在职人员中本科及以上502人，同比增长33.2%，占总人数的95.3%；硕士及以上226人，

同比增长 32.2%，占总人数的 42.9%。员工平均年龄 35 岁，中层干部平均年龄 41 岁。

围绕公司战略布局，设立、重组普惠金融事业部、供应链金融部、综合金融业务总部等部门，对原有对业务资源相对趋同的团队进行了重组优化；任命 2018 年新增业务报酬超过一亿元的部门负责人为业务管理副总经理，扩展团队带头人的管理半径。

2. 加强日常流动性监测，合理统筹和调配资金。加强资金运用的沟通、协调与衔接，使日常流动性管理工作纵向延伸，依据业务部门资金需求紧急性、项目特性和回款进度等因素，调配资金使用计划。

3. 通过管理方式“非标转标”，有效提升中后台能级。强化中后台服务管理的标准化，充分发挥各管理部门管理、协调、服务职能，通过绿色通道清单、业务指引、管理制度、标准化表单等多种方式，重点解决前中后台间、跨部门间的流程问题，提高响应速度和运营效率，降低管理成本，改进管理效率和员工体验。

（四）深入践行“一二三四五”方法论，强化党建与企业文化建设

围绕百年企业建设目标，构建党工团工作一体化格局，推动“一二三四五”方法论落地生根。强化责任担当意识、廉洁从业意识，倡导效率文化、感恩文化和主人翁文化，助推公司持续健康发展。

一是围绕中心任务，服务企业发展。开好领导班子民主生活会，广泛听取意见，落实整改任务；开展“爱·智慧”合理化建议征集活动，推进党员工作室、党员认领项目工作，充分发挥党员的先锋模范作用。二是加强文化建设，注重以人为本。深耕“爱·学堂”“爱·祝福”“爱·健康”等文化品牌，认真做好员工关爱工作，缔造以人为本的良好氛围。三是抓好主题教育，坚定初心使命。将主题教育活动与推动公司发展、解决突出问题、关心职工群众相结合，把“守初心、担使命，找差距、抓落实”的要求贯穿全过程，努力为公司发展提供思想政治保障。四是支持群团工作，丰富文体生活。工会、团委顺利完成了换届工作。

二、创新业务案例

（一）创新型养老地产项目：朱家角××项目

××开发的位于上海市青浦区朱家角产权性质为商业酒店的现房资产具备改造为养老资产条件，公司、××［资产持有方］和东方瑞宸［养老运营服务商］发挥各自特长，根据资产现状，由公司创设两个信托实现养老项目落地。

第一个信托计划为资金信托。公司设立信托计划，其中 A 类份额由合格投资人认购，B 类

份额由××以其持有的SPV公司全部股权作价认购，增量信托资金向SPV公司发放股东往来款，最终由SPV公司用于装修改造、设备采购及前期开办费用、缴纳信托保障基金等。第二个信托计划为财产权信托。资金信托的主要还款来源是标的资产拟改造的公寓市场化销售后的现金流，本次引入财产权信托代替产权销售方式，购房人以认购财产权信托的方式获得对应信托受益权（含对应物业的所有权），因此财产权信托收到认购资金并扣除财产权信托的信托费用后，向本信托计划支付交易对价款。

不同于传统销售资产或会员卡养老服务模式，信托份额制度至少存在三种优势：实现了破产隔离，权益更受保护；引入信托公司管理，增强专业性、透明度以及主动性；金融产品和养老产品结合，可以增加资产信用等级，实现资产升值再转让。

（二）"抗疫"专题：助力打赢新冠肺炎疫情防控战

截至2020年4月末，针对抗击新冠肺炎疫情，公司共设立2单慈善信托，设立规模共计1 703 100元。

1. "爱建信托—爱心慈善系列·抗击新型冠状病毒肺炎疫情1号慈善信托"。该信托设立规模为100万元，委托人为上海华瑞银行股份有限公司，执行人为上海联享公益基金会，监察人为上海市锦天城律师事务所，慈善目的是用于捐助参加抗击新冠肺炎疫情的医疗机构及中小学校（见图1）。

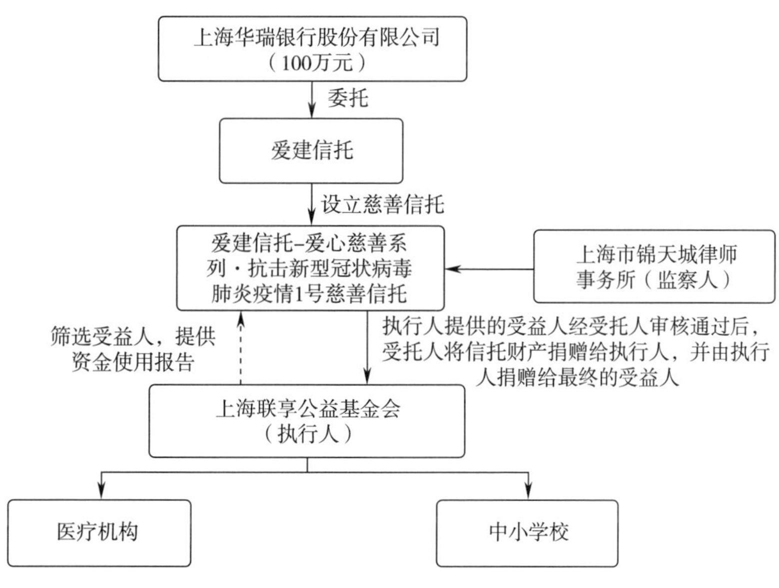

图1　爱建信托—爱心慈善系列·抗击新型冠状病毒肺炎疫情1号慈善信托

该信托已于2020年4月19日按照信托文件约定，通过该信托执行人上海联享公益基金会向上海市东方医院捐赠100万元。

2. "爱建信托—爱心慈善系列·抗击新型冠状病毒肺炎疫情2号慈善信托"。该信托设立规模为703 100元，委托人为上海公司有限责任公司的在职员工及公司关联公司的在职员工，执行人为上海联享公益基金会，监察人为上海市锦天城律师事务所，慈善目的是用于捐助参加抗击新冠肺炎疫情的部分社区疫情防控的一线工作人员（见图2）。

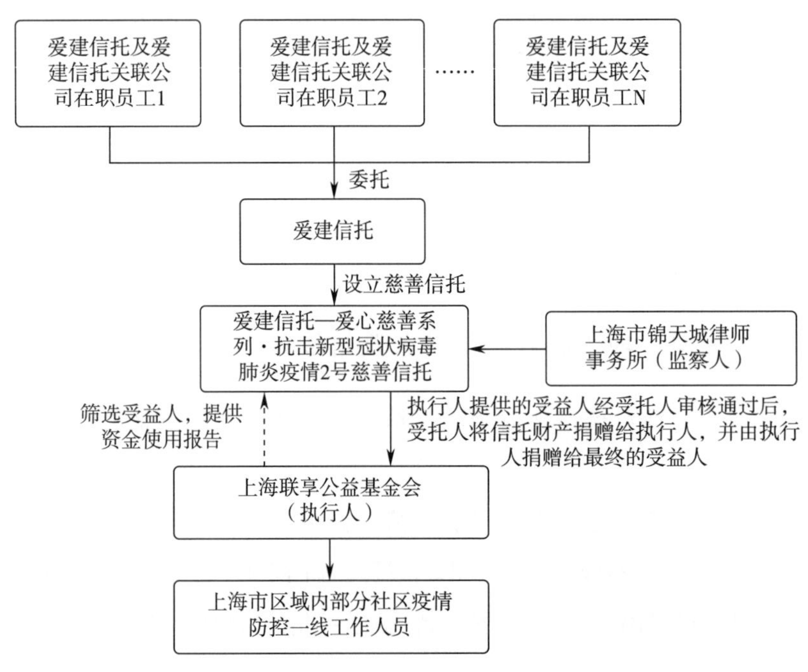

图2　爱建信托—爱心慈善系列·抗击新型冠状病毒肺炎疫情2号慈善信托

该信托项下的财产主要通过将信托资金以捐赠方式划付给执行人，并由执行人以该慈善信托的名义向执行人筛选确定的并经受托人审核确认的符合信托合同约定的受益人进行捐赠资金或物资的方式运用于抗击新型冠状病毒感染的肺炎疫情及其他重大疾病疫情。截至目前信托资金尚未进行捐赠。

三、社会责任履行情况

公司坚定战略，以“守正创新、合规经营、提质增效、转型发展”为经营指导思想，努力提升经营管理水平，将社会责任理念融入发展战略、经营管理与日常工作中，在支持实体经济、改善民生、客户服务等领域积极践行信托行业的社会责任。近年来，公司不断推出预期收益率较高、风控措施到位的集合信托产品，受到市场欢迎，使新老客户获得了较高的理财收益，持续提升了客户满意度。2019年，公司蝉联“上海市级文明单位”，并连续获评《证券时报》《上海证券报》《21世纪经济报道》等多家权威机构颁发的“年度突破成长信托公司”“创新领先奖”“年度优秀信托公司”等资管界荣誉。公司还向民建“爱建梦想专项基金”捐赠款项，该专项基金主要用于帮困助学，促进社会慈善公益事业发展。

四、2020 年发展规划

2020 年，国内外经济环境发生了大逆转。突如其来的新冠肺炎疫情在全球蔓延，全球金融市场剧烈动荡对国家经济运行带来了重大的影响和冲击。与此同时，信托行业监管政策趋紧，财务、税收体制改革也将对公司业务指标产生深刻影响。面对复杂多变的外部环境和激烈严峻的市场竞争，经营将经受结构性、周期性因素多重夹击，展业风险和挑战都将加大。

尽管前途艰险，公司仍将严格贯彻国家宏观调控和监管政策，紧盯集团公司及董事会各项要求，防风险、调结构、提质量、谋创新，推动公司的高质量发展。

（一）认真研究落实监管要求，调整优化业务结构

认真研读外部形势和监管政策，严控通道业务准入、压缩通道业务规模，加强主动管理融资类信托业务规模管控。

1. 从融资类业务向投资类业务转型。开展权益市场配置，充分运用定增、FOF、指数加强、大类配置、可转债等策略，全面推动权益类业务的发展，丰富公司“固收 +”和“多头策略”两大重点权益类产品线。努力培养自身的投资能力，逐渐摆脱对融资类业务的过度依赖，从规模优先转为质量优先的增长模式。

2. 挖掘受托服务功能，发展服务信托。一是布局家族信托业务。把握家族信托发展窗口期，发挥公司在对应客户上的资源优势，加快在家族信托领域的业务布局。二是把握资产证券化业务机会和布局。探索投融资方式与资产证券化相结合的方式及资产证券化在供应链金融等领域的运用，为实体经济提供更多资金支持。三是探索为客户提供多样化的财产保管及衍生服务的商业应用场景。四是增强养老信托业务运作能力。依托信托“制度优势”和“模式优势”，推动养老信托业务，带动服务信托领域的转型发展。

3. 拓展参与城市更新业务。把握市场转型机遇，配合国家发展战略，拓展重点城市、核心城区城市更新业务的发展空间。

4. 合规发展财富管理业务。要根据监管要求，进一步加强销售渠道建设，搭建线上线下一体化财富管理平台。要加快专业财富管理团队建设，通过专业化投顾，有效发掘投资者需求。

5. 尝试推动信保合作。围绕保险资管偏好对标展业，通过对两大行业差异的分析和破题，逐步实现合作破冰。同时，结合国内高净值客户人群财富传承需求，开展保险金家族信托业务。

6. 稳健开展普惠金融业务试点。着力研究具有爱建特点、健康可持续的普惠金融展业模式。坚持以合规经营为核心，强化风险定价、资产运营能力，通过打磨独立自主的风控体系和运营

体系，实现对资产的高水准管理。

（二）进一步加强信息科技对业务转型的支持和推进作用

从生产系统再造、远程机控系统建设、电子化渠道建设、数据中台建设四个方面，加大科技对业务高质量发展的支持。

1. 生产系统和远程机控系统再造。在确保现有业务系统稳定运行的基础上，分阶段打造涵盖信托资产、自营资产、普惠金融、证券投资、财富直销等主要业务流程，拥有自主知识产权的新一代核心系统，并实现自动化、智能化的风险早期预警和项目全流程风险管理。

2. 电子化渠道建设。加强财富直销业务管理系统和电子化渠道的核心功能打造，减少对线下服务联络点的依赖，为打造公司的“1＋N”品牌做科技赋能。

3. 数据中台建设。建立内外部数据广泛链接的共享平台，打破系统间信息孤岛，形成跨部门信息互融互通。

（三）牢固树立合规意识，确保资产运营安全

对标监管要求和风险排查中暴露的情况，正视管理薄弱环节，认真梳理制度体系中未形成闭环的缺口地带，以及制度覆盖、执行不到位的真空地带，防范各类风险隐患。

1. 夯实风险管理基础。以制度保障、评审集中、流程规范、专业专注为管理基础，完善风险管理各项工作机制。

2. 构建资产全流程控制管理。以风险前瞻性研究、敏感性分析、主动性防御、针对性化解为重点，建立“四性”管理模型。

3. 规范全员从业行为。以坚持稳健经营为目标，牢固树立“三线”意识、责任意识，将依法经营合规文化、职业操守品质文化、执行力文化牢牢扎根于企业基因。

（四）以高发展质量为目标，不断提高管理水平

1. 顶层设计梳理和优化。从提高组织效率、加强业务布局和管控、强化资源协同出发，在既定战略指引下，梳理优化组织架构、管理流程、权责体系和激励机制。

2. 人才队伍建设。围绕公司转型发展要求，按照培育造就一支作风优良、能打硬仗，兼具国际视野和金融专业技能的全能型、复合型精兵队伍。

3. 凝心聚力加强党建工作。传承爱国建设精神，以“一二三四五”方法论为引领，贯彻“托爱未来，信建百年”的企业宗旨。在推动经营管理的同时，继续加强公司党的建设，充分发挥党组织的政治核心和政治引领作用。建立公司品牌文化，滋养精兵队伍，关爱员工，珍惜人才，做有温度的公司。

天津信托有限责任公司

一、2019 年经营概况

（一）主要经营指标情况

截至 2019 年末，天津信托有限责任公司（以下简称公司）管理资产总额为 2 247.75 亿元，比年初增长 43.35%；营业收入为 8.43 亿元；利润总额为 6.40 亿元；税前新提取拨备和预计负债为 0.29 亿元。2019 年末公司各项准备金达到 23.97 亿元。2019 年末，公司所有者权益为 57.30 亿元，较年初增加 5.92 亿元。

（二）信托业务实现稳定增长

2019 年，面对宏观经济增长速度走低等困难因素，公司努力做好风险管理和控制，坚定推进业务转型创新，主动调整业务结构，以消费金融为突破口，积极拓展主动管理业务的新领域。经过共同努力，信托业务保持稳定发展态势。截至 2019 年末，公司信托资产总额达 2 167.06 亿元，同比增长 45.13%。2019 年实现信托业务净收入 3.35 亿元。信托项目累计实现收入 113.86 亿元，实现净利润 98.5 亿元，累计利润分配 45.69 亿元，继续为委托人创造了稳定的信托收益，增加了委托人的财产性收入。

（三）自营业务深化转型

2019 年末，公司自营资产为 80.69 亿元，同比增长 7.82%%，实现各类自营业务收入总额 5.08 亿元。

2019 年 2 月末，公司出资 3 亿元、持股 10% 的中车金融租赁公司正式揭牌开业，为公司与中车集团的合作开辟了新的途径。公司积极支持天弘基金稳健快速发展，为天弘基金争取和创造宽松的发展环境。

2019 年，自营证券业务重心逐步从固收市场转移到权益市场。着力提升大类资产配置能力，持续优化组合投资模式。权益投资以价值投资理念为基石，建立了核心股票池、行业基金池、转债池、私募投资人池等。不断优化投研体系，摸索出一套符合公司实际的投研模式。

（四）风险管控进一步增强

2019 年，公司紧紧围绕服务实体经济、防控金融风险、深化金融改革三项核心任务，坚决贯彻落实“巩固、增强、提升、畅通”八字方针，坚持“以混改统领改革发展，以提质增效促进经营管理”的工作方针，不断提升经济效益和管理水平。公司顺应监管导向，全面深化合规经营理念，遵照股东会认可的风险偏好，以高质量、可持续为发展目标，立足服务实体经济发展，将风险防控视为一以贯之的主基调。按照“主动防范、系统应对、标本兼治、守住底线”的总体思路，坚持严格的项目准入审查，深化项目运行期间双线管控，严防新增信用风险，死守不发生流动性风险底线，稳定公司管理资产质量，促进公司持续、健康发展。

项目准入管理方面，公司加大了项目风险前置审查力度，提高了项目审查质量和效率。一方面，加强前置风险审查力度，加大业务尽职调查深度，提升预审专业化水平，强化风险防控预案的真实性和可操作性；另一方面，提升项审会经营决策质效，完善项审会合议机制，将业务、预审与项审会有机结合起来，形成既对立又统一的审查方式，最大限度实现公开、公正、透明的集体审查、决策原则。

项目后期管理方面，公司不断加强存量业务管控，规避各类风险发生。一是开展项目实地风险检查，重点筛选易受宏观政策波动影响的敏感行业、重要企业集团或异地融资项目，组织开展现场检查工作。二是加强内控建设和业务流程管理，严格规范合同审核、打印，推进运营“双线管理”工作。三是做好监管机构要求的专项风险排查治理。四是强化风险处置委员会评审机制，坚持风险分析会机制，制定切实可操作的边缘资产差异化处置方案，坚持边缘资产名单式管理，强化边缘资产转化工作，切实提升资产质量。

二、创新业务案例

2019 年，公司在消费金融产品、资产证券化、家族信托、慈善信托等创新业务方面取得了新的进展。新业务已经成为公司业务转型的突破口和新的增长动力，为公司可持续发展奠定了坚实的基础。

（一）普惠小微业务模式逐渐成形

公司与蚂蚁金服的全面合作持续深化，信托放款加资产流转的业务模式不断完善、成熟，规模效应明显，全年累计新发生业务规模 1 600 亿元以上，实现了该模式在消费、经营两大类资产在不同市场的复制。

（二）资产证券化业务加速发展

作为资产支持票据受托人，公司与主承销商、发起机构合作，注册并设立了多个系列资产支持票据信托。在银行间债券市场累计发行ABN信托计划28期，规模共计300亿元以上。同时，作为原始权益人，储架发行了中信建投天信和融系列、中金天信惠贷系列资产支持专项计划。

（三）家族、慈善信托持续落地

公司持续加大家族信托、慈善信托创新力度，全年设立慈善信托项目9个，涉及扶贫、养老、助学、助困等多个领域。成功设立“天信世嘉·信远系列家族信托”3个，规模合计近亿元，社会和经济效益有效提升。

三、社会责任履行情况

（一）注重实体经济，助推天津地方经济发展

2019年，公司积极响应天津市委市政府号召，继续在风险可控、经营可持续前提下，积极支持本市实体经济发展。2019年，通过信托贷款、应收账款转让/回购、特定资产权益投资等多种方式，募集社会资金助力实体经济，助推天津经济和社会发展。其中，为天津市宝坻区大白庄棚户区二期棚改、东丽区军粮城示范镇二期北区建设、市水务局引滦入港工程等项目提供了资金支持。

公司积极落实《关于进一步深化民营和小微企业金融服务的实施意见》，响应国务院、天津市政府和监管部门关于支持民营和小微企业若干文件精神，充分发挥信托优势，通过综合运用贷款、股票收益权多种金融工具和融资模式帮助企业拓宽融资渠道，为小微企业发展提供适宜的融资便利，对民营和小微企业在融资方面给予大力支持。

（二）恪守受托人职责，履行受托人义务

2019年，全年共完成清算兑付信托项目本金948.82亿元、信托项目收益45.69亿元，涉及240个信托计划。其中划付资金655.11亿元，涉及213个信托项目，其余分配以权益返还方式完成。公司尽职履行受托人义务，全部按时清算兑付。

（三）注重消费者权益保护，做好反洗钱工作

公司始终注重消费者权益保护工作，2019 年主要做了以下几个方面的工作：一是认真执行公司的《信托产品投资者权益保护工作办法》等规章制度，做好消费者保护各项工作，不断提高客户服务水平。二是按照监管规定，编制独立的风险申明书对或有风险作出全面提示，向客户进行充分的产品风险提示；同时，做好“双录”工作。三是积极开展公众金融教育活动，分别开展了“3・15”银行业和保险业消费者权益保护教育宣传周活动、2019 年天津银行业和保险业防范非法集资宣传月活动、2019 年天津银行业普及金融知识万里行活动、“信用记录关爱日”主题宣传周活动以及 2019 年反洗钱宣传月活动。“3・15”宣传周期间，公司为客户举办了金融消费者权益保护主题沙龙，获得了客户的广泛好评。

2019 年，公司积极执行中国人民银行反洗钱工作的各项要求，继续做好反洗钱工作。上线反洗钱监测系统，采用反洗钱监测系统与人工结合的方式对公司资金信托业务进行可疑交易监测甄别，全年共完成甄别 2 049 条。公司开展了全员反洗钱知识培训，提高了一线业务员工对于反洗钱客户身份识别工作的重视程度及专业能力。

（四）热心公益事业，真心扶困济难

2019 年，公司党委深入学习习近平总书记关于脱贫攻坚的重要论述，坚持精准扶贫方略，持续加大帮扶资金投入力度。自开展新一轮结对帮扶困难村工作以来，公司投入资金近 500 万元。以帮扶资金设立的“慈善信托”为载体，保障帮扶资金合规使用。2019 年，公司为亚家庄村提升相关基础设施水平，包括购买党群服务中心配套设施、修缮村内排水沟、清理坑塘、购买垃圾运输车等；为西小屯村和东小屯村党群服务中心购买配套设施和修建村内道路等。三个村村民对公司的无私大力支持非常感激，制作了锦旗以表感激之情。

2019 年，公司共设立 9 单慈善信托，新增慈善信托规模合计 440 万元，慈善信托业务取得了持续的稳健发展。公司继续与天津市福老基金会共同出资，共同担任受托人，于 2019 年设立“天信世嘉・信德扶老助困 02 期慈善信托”，资金用于为天津市境内 1 万余名 80 岁以上低保、低收入困难老年人投保 2019 年度老年人健康意外险，提高困难老人基础社会保障水平。

2019 年 9 月，公司作为天津民政系统公益慈善事业先进代表参加了在深圳会展中心举办的由民政部、国务院国有资产监督管理委员会、国务院扶贫开发领导小组办公室、中华全国工商业联合会、中国红十字会总会、广东省政府、深圳市政府、中国慈善联合会等共同主办的第七届中国公益慈善项目交流展览会。2019 年 12 月，在金融界网站主办的“第四届智能金融国际论坛暨 2019 金融界领航中国年度评选”中，公司荣获“2019 领航中国年度评选杰出慈善信托产品奖”。

四、2020 年发展规划

2020 年，公司以习近平新时代中国特色社会主义思想武装头脑，紧紧围绕服务实体经济、防控金融风险、深化金融改革三项任务，坚持稳中求进的工作总基调，坚持“混改与经营并重、合规与发展并重”的经营方针，坚定不移推进混合所有制改革落地，不断提升经营效率和水平，巩固传统信托业务优势，积极推进转型创新，依法合规经营，防范化解风险，促进公司持续健康发展。

（一）推进混合所有制改革稳妥落地

1. 配合做好投资者交易手续。混改已到最后阶段，公司将继续配合投资者做好持续尽调工作。摘牌后，做实做细项目签约、投资交易、股东资格报批、工商变更等后期手续，确保在计划时间内完成公司混改项目落地。

2. 妥善做好舆情管控工作。要持续做好舆情监测，并按照《公司混改舆情应对方案》和制度规定做好舆情的处置和应对；同时做好与媒体的交流和沟通，营造良好的媒体关系，确保挂牌和摘牌期间舆情平稳。

（二）稳存量，调结构，推动业务全面发展

1. 加强战略研究和战略引领。公司在 2019 年末成立了战略管理与创新中心，加强业务的战略管理能力。中心的任务有两个层面：其一，要紧紧围绕行业发展方向，不断完善战略的科学性和指导性；其二，关注战略执行中的困难点、关键点，加强前瞻性研究，指导战略执行取得快速突破。

2. 优化、完善传统融资类信托业务。一方面，要大力鼓励新增优质项目。传统私募融资类信托业务是信托公司利润的主要来源，也是风险的主要来源，要做好融资类信托业务，重要的是做到风险收益的平衡。为此，要做好项目的风险收益平衡，优化项目来源，优化操作方式，优化激励方式。另一方面，要提升存量项目风险管理水平。

3. 积极稳妥开展权益性投资。一方面，稳步扎实做实传统股债投资业务。重点是权益投资，要坚定逢低逐步加大权益类资产比例的思路不动摇。A 股方面，以结构性行情策略应对。对外要加大外部交流的频率和力度，优化结构性行情的决策胜算；对内要认真分析微观数据，密切跟踪政策变化，牢固树立风险意识。操作上，要合理掌握建仓节奏，采取指数增强模式，加强策略交易力度，不断优化持仓成本。另一方面，通过多种不同渠道提升公司利润。一是借道港股 ETF 等工具，尝试投入仍处全球估值洼地的香港市场；二是利用 A 股指数增强部分所取得的

个股组合市值；三是尝试在新的私募产品中加入商品元素，以期增强未来以多策略方式承载更多资金的目标；四是积极争取天信汇金的投顾资格，为寻求期限灵活的低成本外部资金创造条件。

4. 巩固优化消费金融业务模式。近年来，公司依托蚂蚁金服开展的消费金融业务模式逐渐成熟，但带来的资源投入需求也大增。2020 年，要增大科技投入，进一步完善流程，以服务质量获取规模和效益。

5. 回归信托本源，开拓服务信托。梳理现有客户资源，以点带面，回归信托本源，充分发挥服务信托的强大功能，积极开拓服务信托和新领域信托业务的新尝试。

6. 加强理财中心建设，提升发行能力。从稳基础和调结构两个方面继续提升市场营销能力。一是牢牢守住客户基本盘，精细管理，以传统集合信托方式保障持续发行能力。二是依托科技手段，进一步扩大线上营销力度，努力拓展各类资金来源。

（三）落实支撑举措，提高经营管理能力

2020 年，公司将持续提升项目审查和风险研判能力，提高现场检查工作质效，不断提高风险防控能力。继续优化业务管理流程，提高工作效率。加强正向激励和考核问责力度，真正做到“能上能下、能增能减、能进能出”。强化专项稽核的有效性和纵深性，提升内审监督工作水平。

万向信托股份公司

2019 年，万向信托股份公司（以下简称公司）继续以“受益人利益最大化”为宗旨，以客户需求为导向，进一步完善公司管理架构，加强风险管理，提升投资能力，丰富产品结构，为受益人提供最优质的服务。

一、2019 年经营概况

2019 年，公司积极研判，主动应对，加快转型，公司资产管理业务平稳发展，财富募集能力持续增强，资产类型不断丰富，异地团队成长迅速，中后台力量继续加强，金融科技水平进一步提升。截至 2019 年末，公司资产总额为 43.70 亿元，净资产为 36.37 亿元，全年实现营业收入 14.15 亿元，净利润为 6.98 亿元，固有资产状况保持稳健增长，为下一阶段的持续发展奠定了基础。

（一）资产管理业务平稳发展，主动管理能力不断提升

2019 年，公司按照监管部门要求，持续压降通道业务规模，主动管理项目规模明显增加，年末共存续主动类资产为 507.46 亿元，占比为 37.93%。全年新发生资产规模中，主动类资产规模为 431.88 亿元，占比达到 54.37%，公司主动管理能力进一步提升。

（二）财富管理卓有成效，投资者教育取得实效

在财富管理规模方面，客户资产管理规模不断扩大，高净值客户数持续增长，私人信托业务保持良好发展态势，资产种类不断丰富，资金募集能力持续增强。

公司始终将消费者教育服务作为长效工作机制。2019 年，公司通过主题宣传教育活动、线上媒体宣传、线下网点常态化宣传三大渠道，累计发布金融知识宣教文章 34 篇，重点开展以“3·15 金融消费者权益日”“防范非法集资”“金融知识进万家”为主题的宣教活动 27 场，宣教面覆盖高校学生、普通市民、工人、村民等多个群体，消费者权益保护工作取得实效。

（三）坚守合规底线，健全风控管理机制

公司牢固确立风险管理的战略核心地位，在公司各项经营管理和业务活动中贯彻和坚持风控优先的战略思想，持续完善全面风险合规管理体系，形成了分工合理、职责明确、运行顺畅、制衡有效的风险管理机制。

将合规培训纳入公司日常的管理体系中，全年开展覆盖全员的合规考试数场，帮助员工有效提升了对金融专业、信托主业、行业政策法规、风控合规管理等知识的理解和认识，

2019 年，公司根据市场变化及监管最新政策及时调整风控要点，对风险准入指引进行动态更新，有效运用风险预警、压力测试等各种工具，做好风险审查工作。公司注重风控管理以查促改，以改促变，及时把握风险全貌。全年积极开展多项业务专项排查工作，不断夯实风险管理防控基石。

（四）加强异地团队培育，团队实力不断提升

2019 年，公司基本完成全国网点布局，长三角、珠三角、华北地区等地区的业务开拓成效显现，公司注重进一步加强异地团队培育，关心并支持异地团队的建设发展，制定《异地团队筹建指引手册》《异地团队行政事务工作操作手册》等操作性文件，夯实异地运营支持基础，逐步建立异地团队运营规范。

同时，人员团队专业化水平进一步提升，重点引进一批在业务创新、财富管理、风险管理、产品设计等方面的专业性人才，人员结构进一步优化，团队实力不断提升。

（五）持续推进品牌形象建设

公司注重品牌建设，深化“大盈”品牌，将做好客户服务、提升客户体验为财富发展要点。2019 年，公司召开西溪财富大型论坛，举办专题客户沙龙、异地高管下午茶、宝贝嘉年华、KARMA 车展等“线上 + 线下”主题性活动若干场，取得了较好的客户反响和品牌效应，成功打造了公司财富品牌。

2019 年，公司品牌知名度和美誉度持续提升。公司在《上海证券报》主办的第十二届“诚信托”评选中荣膺“2018 年度‘诚信托’·投资回报奖”；在《证券时报》主办的第十二届中国优秀信托公司评选中，万向信托鲁冠球三农扶志基金荣膺“2019 年度优秀慈善信托计划奖”；在杭州市民政局、杭州市文明办、杭州市支援合作局、杭州日报报业集团主办的杭州市第三届“钱塘善潮”论坛上，公司荣膺“2019 年度精准扶贫合作伙伴”殊荣。

二、创新业务案例

2019 年，公司积极探索创新业务，布局业务转型升级，拓展服务信托、绿色公益信托等创新类业务。

（一）主动应对环境变化，积极转型发展

公司不断推进公募 TOF 组合、主题 TOF 组合等产品的创建、回测及模拟运行；提高 TOF 产品上会及落地效率；推动私信 APP 组合基金项目和大盈基金排行榜项目上线。2019 年，公司推出短期理财“周周盈”系列产品、证券投资 TOF 系列产品，进一步丰富公司产品线，满足客户多样化的资产配置需求。

（二）发力家族信托业务

公司积极探索服务信托业务新模式、新场景。2019 年，新增 20 单家族传承信托，规模为 5. 19 亿元。公司充分发挥信托在私人资产管理方面的独特作用，不断探索新模式，以满足客户资产配置、财富传承、家庭保障、企业保障、精神传承等各类需求，落地全国第一单监护支援信托，将监护制度与信托制度紧密结合，让当事人的人生规划更加全面。落地全国第一单委托人身故后依据遗嘱设立的遗嘱家族信托，有效保障委托人财产顺利传承。推出家庭孝基金，满足客户养老需求。

（三）持续探索绿色金融业务模式

公司开展绿色信托，挖掘可持续发展的新动能。基于“善水基金 1 号”的成功经验，“善水基金”2 号在千岛湖试点流域建立起水源保护的 4 个核心综合示范，包括实现“源头减量”的生态茶园和生态水稻田示范，促成“过程拦截”的生态氮磷拦截沟渠体系示范及达到“末端治理”的白象湾湿地修复示范。示范项目的建立，直接带动社会（高校与企业）水源保护项目公益投入 402 万元，预计直接带动政府水源保护项目公益投入约 200 万元。同时，项目产生良好的社会效应，开展了“开茶节”“千岛湖丰收节”“守望千岛湖音乐会”“千岛湖马拉松赛”等环保主题活动，吸引社会大众线上线下参与 30 多万人次；项目地开展多项研学活动，被浙江农林大学授予“环境保护志愿者基地”、淳安县授予“研学基地”、中国林学会授予“千岛湖水源地保护自然学校”。

（四）科技金融领域业务创新

公司以科技创新助推金融创新，着力打造科技金融。不断提升系统研发能力，支持财富业

务转型。上线家族信托业务系统、资金管理平台、移动端资产配置、中信登登记系统、智能费用报销等多个重点项目。

不断加强信息安全保护，强化网络隔离与安全控制措施，保证信息安全可控。利用区块链技术，联合开发慈善信托账户系统、遗嘱信托、畜牧养殖等场景的业务系统。

2019 年，公司的《区块链技术在信托中的应用研究》还在中国银保监会信息科技风险管理课题研究成果评比中获评“非银机构课题全国三类成果奖”。

三、社会责任履行情况

（一）加强金融服务实体经济力度

公司以回归信托业本源为导向，为更好地支持民营企业、小微企业和实体经济发展，公司不断优化资金投向结构，在经济社会发展的重点领域和薄弱环节合理分配金融资源，助力实体经济。截至 2019 年末，公司投向民营经济的固有业务余额为 27.50 亿元，投向民营经济的信托业务余额为 948.10 亿元，占比达到 76.58%，为推动实体经济提质增效。

（二）大力发展服务信托，促进社会和谐

2019 年，公司大力发展服务信托，在慈善公益方面稳步推进，全年新增慈善信托 11 单，公司所管理的慈善信托完成慈善资助 138 笔，共 3 461.95 万元，资助领域覆盖“三农”、环保、文化、扶老、助残、妇女儿童保护和社会创新等多个公益领域，进一步提升在慈善领域的影响力。公司当选为中国慈善联合会理事，荣获杭州民政局授予的“精准扶贫合作伙伴”殊荣。

（三）保障员工权益

公司全面维护职工权益，建立健全具有竞争力、市场化的薪酬体系，完善科学的绩效考核机制，为员工提供良好的职业发展通道。公司关心员工成长，组织开展各类培训，继续实施“青年英才计划”推动公司各项经营的人才培养。鼓励员工结合自身工作需要进行进修，提升员工职业能力和综合素质。同时，公司不断完善内部沟通机制，给予每一位员工关怀和信任，与员工平等对话，为员工创造良好的工作环境。

（四）维护股东利益

2019 年，公司经营业绩稳健增长，所有者权益进一步提升。“三会一层”严守规章制度，严格执行，公平对待所有股东，维护中小股东权益。落实监管部门关于股东股权管理要求，拟定

《股权管理制度》，形成股权管理日常工作机制，确保全体股东充分享有和行使法律、法规、规章规定的各项合法权益。

四、2020 年发展规划

2020 年，公司将回归信托本源，继续保持定力，敬畏风险，遵循法律法规指引，坚持稳健发展、合规经营，坚定转型升级，保持长期健康发展，成长为中国优秀信托公司。

西部信托有限公司

一、2019 年经营概况

面对严峻的经济环境和竞争形势，在金融行业严监管、强合规、重治理的大环境下，西部信托有限公司继续秉承“稳健经营、持续发展”的理念，担当作为，既立足当前，积极顺应资管行业新周期的发展，巩固市场化经营机制，又放眼未来，不断推进业务创新与转型，努力提升风险控制和资产管理能力，保证了公司业务的有序开展。

（一）克艰奋进，公司经营保持总体平稳

2019 年 1 ~ 12 月，公司营业收入为 7. 81 亿元，完成年度目标的 110. 62%；利润总额为 4. 47 亿元，完成年度目标的 113. 74%。截至 2019 年 12 月 31 日，公司共管理信托项目 544 个，信托规模为 3 157 亿元，完成年初目标任务的 128%。从以上数据来看，公司在经济下行及“资管新规”调整的双重压力下，主动作为，自身的信托资产规模、信托业务收入和经营利润等主要指标均保持了平稳的发展，信托主业进一步加强。

（二）深耕主业，回归本源，实现信托业务有质量发展

2019 年公司密切关注宏观经济下行风险，审慎开展各类信托业务，并不断加快业务的创新与转型，有效提升了公司的风险控制和资产管理能力。一是调结构稳增长，大力推进信托业务转型与重点创新型业务。2019 年，公司不断巩固资产证券化业务的市场地位，成立的 ABN 业务规模在 68 家信托公司中排名第七，作为受托人参与的 CMBS 业务创造了多个行业第一。与此同时，在调整业务操作指引、审慎选择交易对手的基础上，加大了银行代销合作，2019 年全年银行代销产品规模是 2018 年同期的近 11 倍，创历史最高水平。三是积极承担国企责任，慈善信托助力精准扶贫。依据信托行业特点，成立了首单扶助教育领域的公益信托。四是积极发挥信托制度优势，探索并创新发展服务型信托业务；同时，稳步推进主动管理债券投资信托业务，使非标业务向标准化业务转化。

（三）协同主业，固有业务为公司信托业务的发展提供有力支撑

2019 年末公司总资产为 64 亿元，净资产为 53 亿元。公司固有业务的开展始终坚持以确保自有资金的安全性和公司经营的流动性为前提，兼顾自有资金的盈利能力。截至 2019 年末，固有业务累计实现各项收入 8 000 余万元，固有业务在保证固有资金盈利的同时，有效增强了公司抵御信托项目风险的能力。

（四）补短板求突破，构建“三位一体”的财富构架体系

从财富体系的顶层架构着手，进一步优化财富中心管理机制，建立起了“决策、运营和信息系统”三位一体的财富构架体系；同时，相继出台了一系列的制度办法，初步形成了具有自身特色的内部管控体系与客户服务体系，资金的募集能力得到有效提升，2019 年公司财富中心通过直销募集信托资金首次突破百亿元，较上年增长 61.3%。

（五）从制度建设、流程完善为切入点，持续提升公司综合管理能力

2019 年，在复杂的经营环境下，各职能管理部门鼎力合作，持续提高工作质量，公司合规管理能力及综合管理能力得到进一步提升。一是以“强内控促合规建设”为契机，推动了公司合规管理能力的全面提升；二是“强风控、重合规、固期间”，构建起了全流程的风险管控体系；三是加强精细化管理和自身建设，不断提升工作质效和基础管理水平。

二、创新业务案例

（一）西部信托·信账 1 号服务信托

2019 年 9 月公司成立了首单服务信托——“西部信托·信账 1 号服务信托”。该项目由成都随喜商务服务有限公司作为委托人，以其基于《服务协议》对购房者收取服务费的权利作为基础资产交付给公司，设立“西部信托·信账 1 号服务信托”，并向公司提交其与购房人签署的《服务协议》，购房人的个人、房屋、拟缴纳税费金额等信息；委托人将应收债权作为财产委托公司设立财产权信托，服务费由购房人直接划付至公司信托专户，公司按约定对服务费进行管理，并按约定用于缴纳税费，在信托账户支付税费资金时审核完税凭证等相关材料。

该项目的创新点在于：一是该项目是公司回归信托本源，运用信托制度优势成立的首单服务信托项目；二是促使委托人成都随喜商务有限公司代办不动产证业务运营的规范化和透明化；三是充分发挥信托的风险隔离功能，保障了购房人税费资金的安全，为完善社会治理提供了参考方案。

（二）西部信托·陕西资本市场助力脱贫攻坚慈善信托

2019年7月公司设立了“西部信托·陕西资本市场助力脱贫攻坚慈善信托”。该信托的信托目的是将信托资金定向用于资助陕西省内28个国家贫困县的若干名贫困大学生，实现精准定向教育扶贫。该信托信托资金系陕西证券期货业相关机构作为捐赠人向陕西妇女儿童发展基金会捐赠（货币捐赠）的，陕西妇女儿童基金会根据捐赠人的意愿，以名义委托人委托公司设立慈善信托，西部信托将信托资金定向用于资助陕西省内28个国家贫困县的若干名贫困大学生。该慈善信托的参与机构包括脱贫攻坚倡议的主办方陕西证监局、陕西证券期货协会，捐赠人陕西证券期货业相关机构，名义捐赠人陕西妇女儿童基金会，负责核验受捐人身份及配合完成捐赠的受捐助市县政府有关机构，信托计划监察人、信托计划的资金保管人、信托计划受托人等众多机构。

该项目的创新点在于：一是该项目是西部信托首单扶助教育领域的公益信托；二是该慈善信托作为西部信托积极践行习总书记“扶贫必扶智”讲话的重要举措，将教育扶贫落到了实处；三是该模式下实际捐赠人可从陕西妇女儿童基金会领取慈善发票，解决了信托无法向捐赠人开具慈善捐赠发票的弊端，有利于增加捐赠人的积极性。该项目为西部信托与政府相关企事业机构、慈善组织等进一步开展慈善信托方面的合作提供了宝贵借鉴经验。

三、社会责任履行情况

（一）精准扶贫方面

公司帮扶的杨武村目前虽已整体脱贫，但公司仍坚持人员不撤离、帮扶力度不削弱。其一，2019年协助建设设施大棚和水井配套等3个产业项目，落实资金50万元；其二，全年两次分红，实物折计和现金分红合计近5万元，陕西省电视台进行了实地采访；其三，由公司党委书记亲自来抓，积极开展扶贫调研工作，并向扶贫爱心超市捐赠现金1万元；其四，继续汇聚社会力量开展智力扶贫工作，联动社会力量捐物近30万元，并促成了西安国际学校、美国大学生与白水县史官镇中学、白水县东风小学同学间的研学交流与公益支教活动。

（二）慈善信托方面

公司主动响应党和国家打赢脱贫攻坚战的号召，积极践行社会责任，开展教育扶贫工作。2019年7月8日，公司作为受托人的“西部信托·陕西资本市场助力脱贫攻坚慈善信托”宣布成立，信托规模为201.92万元，期限为2年，捐赠资助对象为陕西省相关政府机构公布的国家级贫困县的贫困大学生。

（三）公益事业方面

长期以来，公司鼓励员工积极参与志愿服务，通过志愿服务来提升员工的社会责任感。2019 年，公司先后开展了咸阳小桔灯公益捐赠活动、“保护古城墙 美化大西安”健步走等系列活动，以实际行动践行社会主义核心价值观，并取得了良好的社会效果；组织了客户、员工参与“劳动体验”“爱心体验”等扶贫活动，公司开展了“金融知识进万家”“金融知识进校园”“金融知识进企业”等活动，宣传金融知识，提高风险防范意识，确保金融安全。

四、2020 年发展规划

面对快速变化的宏观经济政策和监管环境，2020 年公司将上下同心、主动作为，继续秉承稳健经营和有质量发展的经营理念，以防风险、促转型、补短板、强管理为工作总基调，依托已有的市场化改革机制为动力，更加准确客观地认识信托发展规律，持续自我赋能于企业的发展和变革，加快推进公司业务转型与创新，谋求新的突破。

一是多措并举，确保存续信托项目平稳运行；严控风险，审慎开展融资类集合信托业务；同时，加快业务转型，促进创新业务的规模化发展。二是强弱项补短板，着力推动公司财富管理与信息系统建设上台阶，为公司转型发展提供新动力。三是加强合规管理体系建设，严格制度执行，保障公司经营安全；持续完善全面风险管理体系，提升精细化风险管理水平。四是做好固有资金的投资管理，有效提升流动性管理能力，并在此基础上努力提升盈利水平。五是持续提升公司内部管理效率和精细化管理水平，促进公司综合管理效能的不断提升。

西藏信托有限公司

一、2019 年经营概况

2019 年，国际经贸环境复杂多变，国内经济下行压力持续加大，监管政策进一步趋严，西藏信托有限公司（以下简称公司）坚持以习近平新时代中国特色社会主义思想为引领，积极响应国家经济政策，大力支持民营企业发展，持续增强主动管理能力，多项经营指标实现逆势增长。

截至 2019 年末，公司资产总额为 50. 13 亿元，净资产为 46. 44 亿元。全年营业收入为 7. 96 亿元，同比涨幅达 64. 80%；税前利润为 5. 55 亿元，同比涨幅达 85. 00%；税后净利润为 4. 92 亿元，同比涨幅达 79. 56%；贡献税收 4. 30 亿元，同比涨幅达 12. 57%。

公司获评中国信托业协会 2019 年度 A 级信托公司。2019 年度行业评级 A 级信托公司数量较 2018 年有所减少，公司在此情形下从 B 级晋升为 A 级，是行业对于公司的充分认可和肯定。

（一）注册资本增加至 30 亿元

2019 年 10 月，公司股东西藏自治区财政厅以现金方式增资 20 亿元，同时公司以部分资本公积金转增注册资本，注册资本由 10 亿元增加至 30 亿元。

（二）主动管理能力有所提升

公司积极谋求转型，有效搭建起资金市场和实体经济发展前沿的桥梁，支持战略性新兴产业及企业的发展。截至 2019 年末，公司主动管理类项目信托规模为 318. 24 亿元，占比为 16. 04%，较 2018 年末的 13. 03% 提高了 3. 01 个百分点。

（三）消费金融业务取得突破

公司在配套信息系统建设和完善上提前进行了大量的准备和投入，确保了业务的连续性和对接的高效性，实现了与多家头部资产服务机构率先建立系统对接，形成了先发优势，为消费金融业务的开展创建了十分有利的条件。2019 年末，消费金融类信托业务规模累计超过 92.6 亿元，累计向 971 174 名借款人发放 4 418 886 笔消费贷款。

（四）大力拓展供应链金融业务

公司与京东金融合作，为其上下游的供应商和销售企业提供信托贷款；与致力于个人小微的互联网交易银行众邦银行合作，为多个供应链交易平台提供金融服务；与两家供应链金融服务头部企业“前海一方”“联易融”建立了合作，支持并参与其支持中小企业发展供应链金融为底层资产的公募 ABS、ABN 发行。2019 年末，供应链金融业务累计放款规模已超过 129.81 亿元，累计服务中小企业超过 620 家。

（五）首单 ABN 业务落地

公司作为发行人及特定目的载体机构的“国投—建合 2019—2021 年度定向资产支持票据”在中国银行间市场交易商协会注册成功，总规模为 50 亿元，分次发行。该项目为公司首单公开市场 ABN 业务。

（六）持续推进创投债业务

2019 年，创投债业务团队积极寻求优质标的，接触了上百家企业，初步形成了拓展、筛选、尽调项目的独特标准，并为堕落虾、小恒水饺、爹地宝贝纸尿裤、Seesaw 咖啡提供金融服务。

（七）财富管理实现重要突破

2019 年 9 月上线的“西藏信托财富管理 APP”，实现了全业务、全流程线上营销，使财富管理能力、客户服务能力得到提高，智能营销体系取得重大突破。此外，为客户提供定制化的资产配置与财富管理，为多家区内企业提供资产管理服务；实现新的销售领域的拓展，与中华慈善总会实现了有效合作。

（八）稳健发展地产投资业务

严格执行房地产业务的监管要求，审慎开展地产业务。积极同国内的蓝筹地产开发商和区域龙头房企开展业务合作，并与地产投资机构如鼎晖、稳盛、信保、太盟、东方藏山等保持密切的合作关系。2019 年，通过对 150 多个项目的研判，积累了丰富的境内外地产咨询、房地产开发、投资和运营管理经验。

（九）证券投资成效显著

2019 年，公司发布研究报告 66 篇，涉及华为产业链、动物疫苗、化妆品、药妆等行业，为建立股票池和投资决策提供了依据和支持。多元化的投资策略取得了较好的成绩，指数增强型投资配置取得了50%以上的收益；ABS次级的研究投资成果显著，累计投资14个项目，累计投资9.17亿元；捕捉了可转债网下打新的业务机会，认购的浦发转债绝对收益率为4%，占用资金15天，年化收益率为97.33%。

（十）获得固有资产从事股权投资业务资格

2019年11月，公司获批以固有资产从事股权投资业务资格。该业务资格的获批，使得公司可完整地参与投贷联动业务贷款、股权投资、股权退出的全业务链条，有助于创投债业务的推进。

（十一）获准个人征信系统查询功能

2019年3月，公司获准个人征信系统查询功能，实现了融上报、查询功能于一体，与征信系统的互通。接入个人征信系统，极大地完善了公司普惠金融业务的风险管理体系。

（十二）荣膺第十二届“诚信托”投资回报奖

2019年，公司连续第三次获得中国信托业峰会“诚信托”评选的“投资回报奖”。

二、创新业务案例

项目名称：西藏信托—华都26号财产权信托。

某国际融资租赁公司将持有的多笔租赁及委贷债权转让给华都26号财产权信托计划，实现风险隔离，基于此基础资产，公司对外发行信托，由某银行全额认购，项目总金额为5.1亿元，期限为1年，目前基础资产回款较好，如项目到期时基础资产回款融资本息的话，该国际融资租赁公司回购信托计划持有的基础资产。

创新亮点：通过基础资产私募证券化，盘活存量基础资产，满足了企业的流动性资金需求。

创新驱动因素：积极响应国家支持实体经济的号召，在企业提出需求时，公司根据企业情况设计了相应的结构，在确保项目风险可控的条件下，积极推进项目开展。

效果：通过盘活企业存量资产，给企业提供了及时的资金支持，缓解了企业资金急缺的困境。

难点和“痛点”：企业为融资租赁公司，能提供的抵押以及质押担保措施有限，同时公司又急缺流动性资金，还款能力面临很大的不确定性。但经过充分的尽调以及锁定基础资产的还款来源，形成资金闭环，极大地降低了项目的风险。

三、社会责任履行情况

公司坚持服务实体经济，积极回馈股东，诚信纳税，维护投资者权益，积极践行企业社会责任。

（一）服务实体经济及民营企业

公司将服务实体经济作为公司重点工作之一，通过“降成本”“补短板”等手段支持实体经济发展，引导资金脱虚向实，把更多资源配置到经济社会发展的重点领域和薄弱环节，更好地满足实体经济多样化的需求。2019 年，公司进一步投入较大人力、物力开拓中小企业综合金融服务业务，为中小企业及时提供价格合理、便捷安全的金融服务。

（二）“三农”及扶贫金融服务情况

一是开展教育扶贫工作。公司与拉萨市城关区公德林街道 2 名在校大学生进行结对帮扶，大学生在校期间，公司为每位帮扶对象每月提供生活费 1 200 元，帮助大学生完成学业，减轻大学生家庭负担。

二是开展精准扶贫工作。2019 年，公司参与西藏自治区那曲市驻班戈县尼玛乡琼果村、下地村脱贫攻坚工作，为琼果村 83 户牧民群众和下地村 55 户牧民群众提供牲畜饲草料，缓解牧民群众冬季草场干枯导致的饲草料短缺问题，费用共计 50 万元。

（三）诚信纳税

公司坚持依法纳税、诚信经营，2019 年全年公司上缴税费共计 4. 30 亿元，以实际行动支持西藏自治区经济发展。

（四）维护投资者权益

2019 年公司共计清算信托项目 275 个，加上期间分配收益的信托项目，共向受益人分配信托收益 1 453 860. 63 万元。

公司注重投资者教育工作，在官网设置了“信托讲堂”专栏及“进一步打击非法集资活动”专栏，并在公众号设置了“合规宣传”专栏，定期更新针对投资者的教育手册，向投资者进行金融知识宣传。

（五）关注民生工程

公司在日常经营中时时关注西藏地区发展、人民生活情况，积极帮助西藏当地有需要的居民解决实际困难，对民生项目一贯采取大力支持的政策。2019 年，公司管理了一个财产权信托项目，该项目基础资产为教育贷款，用于支持教育事业发展。

四、2020 年发展规划

2020 年，公司将继续不忘初心，牢记使命，毫不动摇地以习近平总书记新时代中国特色社会主义思想为指引，继续加强各项工作，推动公司发展再上新台阶。

（一）增加公司注册资本

2019 年，注册资本增加到 30 亿元，较之前注册资本水平有了大幅度提升，公司抗风险能力得到一定提高，但资本金短缺仍然是公司发展的一个短板，公司将持续推进股东增资事宜。

（二）创新服务实体经济

目前民营企业、中小企业面临着融资难、融资贵的问题，公司将充分发挥信托灵活优势，结合各类民营企业特点，通过提供投贷联动、股权投资、并购基金、定向增发等多种金融方案，缓解民营企业、中小企业资金瓶颈问题。

（三）重点发展小微信贷、普惠金融业务

为响应国家“普惠金融”的战略方针，落实党的十九大关于“深化金融体制改革，增强金融服务实体经济能力”的会议精神，公司坚持金融产品创新，把握“互联网 + 金融”机会，在消费金融领域积极开拓，不断深耕。

（四）进一步提高投研能力

从宏观角度研究中国经济社会发展和制度变革的方向、中国经济结构调整和增长方式转变带来的投资机遇，并结合国家产业政策和区域发展政策等宏观政策，深入发掘具有良好发展前景的投资主题，并对产业结构、行业前景、行业增速、行业集中度等方面进行全面分析，为公司发展主动管理项目提供理论支撑。

（五）持续关注藏区特色产业金融服务需求

公司将持续关注藏区“三农”、小微企业、特色农牧业、旅游业、藏药业等特色产业、生态环保等领域的金融服务需求，为繁荣自治区经济、带动相应产业链发展贡献力量。

厦门国际信托有限公司

一、2019 年经营概况

厦门国际信托有限公司（以下简称公司）是经原中国银行业监督管理委员会批准设立的具有法人资格的非银行金融机构。公司前身厦门国际信托投资公司是由厦门市财政局下属的厦门经济特区财务公司组建而成的，成立于1985 年1 月，已稳健成长了35 年。2007 年8 月，经原中国银行业监督管理委员会核准换发新的金融许可证。目前，公司注册资本人民币 37. 5 亿元（其中外汇资本金1500 万美元），股东为厦门金圆金控股份有限公司（占股80%）、厦门建发集团有限公司（占股10%）和厦门港务控股集团有限公司（占股10%），三家股东均是厦门市属国有企业。

公司自2002 年重新登记以来，稳健经营，创新发展，连续五年被证券时报评为“最具区域影响力信托公司”。截至 2019 年末，公司净资产 53. 06 亿元，净资本 44. 35 亿元，固有总资产 71. 39 亿元，管理的信托总资产 2 010. 28 亿元。2019 年公司实现收入总额 9. 79 亿元（其中固有业务收入 3. 98 亿元，信托业务收入 5. 81 亿元），实现净利润 5. 43 亿元，年内上缴税收 5. 52 亿元。

公司秉持“诚实、信用、谨慎、有效”的信托理念，依照“受人之托，代人理财”的信托本质，以稳健经营回报股东、诚实信用面对客户为基本经营原则，努力培育公司在产品开发、创新、营销、投资、资产管理和风险控制等方面的能力，为广大投资者、机构和各级政府提供多种投融资手段和理财服务。多年来，公司一方面致力于与各级政府合作、与地方经济实体互动、与战略伙伴实现共赢、与全国市场对接，为区域经济发展提供优质服务；另一方面公司开展服务信托、财产权信托、资产证券化、家族信托、慈善信托、员工持股信托等受托管理业务，开展大型企业融资信托、普惠金融与供应链信托等信托融资业务，为合格自然人投资者、机构投资者提供财富管理业务，以专业化的理财和资产管理能力为委托人提供完整的、个性化的资产管理解决方案。

二、创新业务案例

2019 年，公司在多个领域实现了业务创新，主要创新成果包括资产证券化信托、消费信托和家族信托等，简要介绍如下。

（一）资产证券化信托

公司资产支持票据（ABN）业务实现零突破，参与发行的产品涉及银行间市场、交易所、私募市场等多个市场，其中包括国内首单嵌入 CRMW（信用风险缓释凭证）的 ABN 项目、福建省首单汽车金融 ABN 项目（同时也是厦门市企业首单 ABN 项目）、国内首单高速公路广告收益 ABN 项目等。2020 年嵌入 CRMW 的 ABN 项目的部分资金还专项用于为抗击新冠肺炎疫情提供流动资金支持。

（二）消费信托

公司加大与头部金融科技服务机构合作，挖掘新的长期合作伙伴，探索线上直销模式，并运用金融科技力量积极介入消费金融、小微企业授信、消费信贷资产银登中心流转等各项业务。

（三）家族信托

公司推出了创新产品“同安系列”家庭信托，拓展了家族信托的客户来源。目前，公司已发行了家业常青、家业常荣系列家族信托产品和同安系列家庭信托产品。同时，公司拓展家族信托的服务范围，除了投资理财服务外，进一步承担了委托人的财务顾问角色，提供投融资、并购重组和业务拓展等咨询服务。

三、社会责任履行情况

2019 年，公司充分发挥金融支持实体经济建设的作用，履行国有企业责任。公司创新金融服务模式，设立基金型信托，累计管理厦门市企业资金超过 550 亿元，服务惠及厦门市 40 家国有企业、事业单位。公司还通过应收账款债权投资基金，在充分保障投资人资金安全的前提下，以市场化方式为民营上市公司实现流动性纾困目标。资产支持票据（ABN）业务实现零突破，年内成功在银行间债券市场发行 5 单 ABN 产品，包括福建省首单汽车金融资产证券化项目、国内首单嵌入 CRMW（信用风险缓释凭证）的 ABN 项目、国内首单以高速公路户外广告经营收益为底层基础资产的 ABN 项目等，灵活运用资产证券化工具帮助多家企业进行直接融资。公司参与的交易所ABS项目“武汉地铁信托受益权二期绿色资产支持专项计划”于2019年8月成功发行，该项目资金用于绿色产业项目和清洁交通的建设，积极响应了“十三五”规划的号召。

公司严格遵守有关政策法规和监管要求，切实履行受托人职责，建立完善的项目风险防控制度，不断健全风险处置机制，充分揭示风险，保障受益人利益。公司将消费者权益保护工作纳入公司经营发展战略和企业文化建设中，持续开展信托和金融知识普及教育，开展“金融知识进万家”、反洗钱和案防教育、金融消费者权益保护宣传、防电信诈骗等活动，有效提升客户的风险防范意识；公司还通过组织投资策略报告会、专业知识讲座、产品路演等特色活动，推广信托文化价值理念，巩固了紧密、专属、贴心的客户关系，也为投资者了解信托提供了有效途径。

公司一直积极投身公益事业，组织员工参与其中。2019年，公司成立两期“厦门信托—闽教出版慈善信托”，信托资金用于购买图书，并向全国范围内的教育教学机构捐赠图书，公司还创造性地改变了“厦门农商—厦门慈善总会公益信托”用途，募集10万元资金用于向乡村学校捐赠教学光盘，帮助当地老师更好地提高业务水平。公司设立了“厦门信托—星之助公益讲堂慈善信托”，专门帮助自闭症、发育迟缓等特需儿童家庭，提供医学、心理学、教育学、教养技能培训等多维度的专业支持。继续开展两期“厦门信托—临夏希望之旅慈善信托”，向临夏地区儿童福利院、养老院等机构捐赠财务超过12万元，前往临夏的社会爱心人士和公司还自发捐赠现金及衣物超过25万元，全年通过临夏之旅总共捐赠财物价值超过人民币38万元。临夏希望之旅慈善信托推动了当地旅游业的发展，把慈善事业和扶贫工作有机地结合起来，得到了社会各界一致好评。

四、2020年发展规划

目前，信托行业面临的主要矛盾是经济发展新动能转换与传统的“渠道机会型”商业模式之间的矛盾。2020年矛盾的主要方面是行业整体经营受限，经济风险增加，要坚持“稳”字当头，严控风险，有的放矢地把握机会。

为此，公司将2020年作为夯实基础的关键一年。夯实战略基础、夯实机制基础、夯实业务基础是公司全年的三大工作任务。公司将坚持以党建工作为引领，严守风险底线，严格执行控地产、降通道等监管要求，适时调整战略布局，充分落实疫情防控背景下的业务风险管控，把握新经济领域的业务新动能，迎接建设金融强市、打造金融科技之城的重要机遇，发挥出信托提供特色金融服务的优势。

公司将夯实战略基础，积极面对疫情防控与新的经济形势带来的各种严峻挑战，以回归信托本源为导向，稳步打造产业金融、科技金融双轮驱动的战略格局，围绕核心区域、核心客户、核心产品打造多元化金融服务；差异化配置人力资源，注重引入具有符合公司长期发展战略导向的互补型资源和互补型能力的新团队。公司将夯实风险管理基石，并稳步提高主营创利。

公司将夯实机制基础，以党建为引领，不断巩固“不忘初心、牢记使命”主题教育工作成果，抓党委班子的引领作用、抓经营班子的一岗双责，在全公司倡导“担当（直面挑战、躬身入局）、守正（正心诚意、自律简单）、创新（任重道远、应势而为）”的企业文化。以公司执行力建设为抓手，打造公司承诺体系、责任体系、创新体系三大体系，围绕公司中心工作“守初心，担使命，找差距，抓落实”，推动“红色领航 行稳致远”党建品牌建设再创新绩。同时，公司将大力弘扬信托文化，以信托关系为基础，以受益人利益最大化为目标，围绕忠诚守信、持续稳定、财产独立、灵活创新的信托文化核心特征，从组织结构、制度建设、技术支持、观念培育等重点入手，切实将信托文化贯彻到公司经营的方方面面，努力形成“专业、勤勉、尽职”的良好信托文化氛围。

公司将夯实业务基础，与2020年的疫情防控工作及监管要求相呼应，做到传统业务有承续，创新业态有布局。在信托业务方面，公司将致力于构建审时度势的新业务布局，打造可持续发展的资金端体系，并形成多元化业务风险化解能力以应对复杂经营形势；在固有资金方面，公司将把握市场机会，提升固有资金回报，以股权投资构建公司长期新业务能力。同时，加速将科技金融转化为生产力，着力提升信息技术对业务支撑和内部管理的全效支撑。

新华信托股份有限公司

一、2019 年经营概况

2019 年，新华信托股份有限公司（以下简称公司）营业总收入为 1.71 亿元，利润总额为 0.18 亿元，净利润为 0.16 亿元。其中实现信托收入 2.20 亿元，固有业务收入 -0.49 亿元。信托业务中，存续收入 1.66 亿元，新增收入 0.54 亿元。当前总资产为 73.58 亿元，负债为 13.97 亿元，净资产为 59.61 亿元。缴纳税金 3.5 亿元。

二、创新业务案例

自 2017 年重庆市首笔慈善信托——华恩 1 号教育扶贫慈善信托成功落地以来，公司继续发挥自身平台与专业优势，在慈善信托方面不断发力，又相继设立了多笔慈善信托。

2019 年 10 月 22 日，公司作为受托人设立的“新华信托·华恩 9 号公益孵化慈善信托”（以下简称“华恩 9 号”）在重庆市民政局成功备案，这既是全国首个公益孵化类慈善信托，也是重庆市首个可持续捐助（开放式）的集合资金慈善信托计划，首期已成立的规模为 95 万元，并将持续面向社会募集公益资金。

华恩 9 号的首批委托人为重庆慈善总会、重庆市綦江区慈善会。该慈善信托设计为永续开放式，无固定期限，这意味着，后续无论是慈善公益组织，还是爱心人士，都可根据信托合同约定陆续加入信托，成为该信托的公益投资人，共同参与公益慈善事业。

从投向来看，华恩 9 号重点致力于对公益慈善类社会组织及相关公益项目进行培育和扶持，慈善资金用于向符合法律法规规定（具体指扶贫，保护和改善生态环境，促进教育事业的发展）的特定对象进行慈善捐赠、慈善服务等公益活动。

华恩 9 号具有公益孵化、永续开放、资金可募集等特点，并将帮扶对象从单个项目、单个组织扩展到整个公益组织体系，其成立将极大地增加社会受益群体，对发展社区公益慈善社会组织起到积极的促进作用。公益慈善组织将通过发挥它们在组建团队、规范服务、拓展项目、策划活动等方面的优势，有效指导和帮助公益慈善组织开展专业化建设，提升志愿者服务水平，进而促进此类公益慈善事业更加持续、规范地发展，以点带面，惠及更多社会大众。

三、社会责任履行情况

2019 年，公司继续秉承“回报社会、服务社会”的理念，积极践行党的十九大报告中关于“坚持大扶贫格局，注重扶贫同扶志、扶智相结合”的新思想，不断探索公益新模式，链接各方资源，聚焦社会痛点，开展了系列品牌公益项目，成立慈善信托，助力脱贫攻坚。同时，走出了一条具有自身特色的公益之路，不断成长为一家有责任担当，懂得回馈社会、传递爱心的金融企业。

（一）慈善信托

继 2017—2018 年华恩 1 号等 4 笔单一慈善信托的成功落地，2019 年，公司继续探索慈善信托业务，争取新的突破，创造新的亮点。2019 年 10 月 22 日，“新华信托・华恩 9 号公益孵化慈善信托”在重庆市民政局正式备案成立，这既是全国首个公益孵化类慈善信托，也是重庆市首个可持续捐助（开放式）的集合资金慈善信托计划。华恩 9 号为永续信托，无固定期限，并以公益孵化的方式进行运作，初始总规模为人民币 95 万元，由重庆市慈善总会和重庆市綦江区慈善会共同出资设立。该信托除了可将信托资金直接向符合合同约定的受益人进行公益资助外，重点将信托资金投向于与公益慈善相关的其他公益项目或主体。

此外，在已成立的慈善信托项目中，新华信托・华恩 1 号教育扶贫慈善信托、新华信托・华恩 2 号教育扶贫慈善信托、新华信托・华恩 5 号西藏民族教育扶贫慈善信托、新华信托・华恩 6 号西部生态扶贫慈善信托等信托的各项慈善捐赠活动也在持续推进中，信托资金覆盖扶贫、教育、生态保护等多个领域。

（二）公益项目

公司通过发起成立的重庆明天公益基金会，按照“专业化、品牌化”的运作思路，紧密围绕基金会的业务范围，开展了系列大型公益项目，获得了良好的社会评价和业界口碑。2019 年度主要开展了以下公益项目。

1. “青春再出发—特殊青少年帮扶与维权”公益项目。2017 年 3 月该项目正式启动并成功试点，2018 年 8 月，项目进入第二期扩展阶段。实施的检察机关由试点的 6 个检察院扩展到全市 4 个检察分院和 26 个基层院；合作社会组织由 5 家增加到 28 家；覆盖区域由 6 个区县扩展到全市 26 个区县；服务内容进一步扩大到社会调查、合适成年人到场、临界预防等领域，让越来越多的涉案留守儿童、困境儿童获得更为全面综合的司法保护。截至 2019 年 12 月末，“青春再出发”项目累计承接案件数量525件，项目累计帮助500余名未成年人顺利回归家庭，融入社会。此外，在2019年度的重庆市人力资源与社会保障局和重庆市民政局联合主办的“重庆慈善奖”评选中，该项目获评“重庆慈善奖—慈善项目”。

2. “少年英才”扶贫助学公益项目。自2016年12月起，重庆明天公益基金会与共青团重庆市委合作开展为期5年的少年英才公益计划，每年资助100余名品学兼优的贫困学子，每年资助金额20余万元。截至2019年7月，该项目已连续3年先后资助330余名品学兼优的贫困家庭的中小学生，资助60余名贫困大学生，组织150名中小学生进行视野拓展增长见识，组织60余名中小学生参加国学公益夏令营，“一对一”结对帮扶50余人。

3. “国学经典·薪火传承”教育扶贫及国学夏令营公益项目。2017年7月，公司与共青团重庆市委、重庆市国学院合作开展“国学经典·薪火传承”扶贫助学公益项目，为101名热爱国学的贫困学子提供资助，其中挑选了40名品学兼优的学生参加为期7天的“国学公益夏令营”。截至2019年7月，该项目已连续3年先后资助300余名热爱中华传统文化的贫困家庭中小学生，共计免费发放300余套共计2 100余册国学经典书籍，先后组织120余名中小学生参加国学公益夏令营。

4. “国学润乡土”教育扶贫公益项目。该项目旨在让国学走进贫困乡村，浸润贫寒学子的心灵，将中华优秀传统文化传承发展到农村。2019年3月，项目首期启动，为来自重庆黔江、巫山、石柱等14个国家重点扶贫区县的56所学校的66名教师提供了集中培训，系统地学习了《论语》八讲，即“孝、悌、忠、信、礼、义、廉、耻”的标准化课程。2019年3月，“国学润乡土”教育扶贫公益项目暨第一期“国学公开课”在全市13个国家重点扶贫区县、36所学校同时启动并开讲，覆盖师生1万余人次。截至2019年6月，“国学润乡土”教育扶贫公益项目已陆续举办八期“国学公开课”，参与授课的乡村国学志愿教师共计175名，累计覆盖授课人数10万余人次，并通过项目首期实施，选拔出了9所“国学教育示范学校”。该项目成功入选2019年度团中央“伙伴计划”提名项目，并获评2019年中国公益节“优秀公益项目”。

四、2020年发展规划

在宏观经济下行、金融监管趋严的大背景下，各信托公司面临着业务转型上的压力，同业之间的竞争加剧，不同信托机构之间的分化加大。短期内信托业务增长受阻，风险项目增多，行业面临一定的转型阵痛，在降杠杆、去通道、严监管的大背景下，2020年公司依然要做好打持久战、过苦日子的准备，把“保稳定、保兑付”为主要工作目标，把“防控风险、化解风险、处置风险”作为重点工作，努力推进风险项目处置化解工作，积极落实自救措施，千方百计防止风险引爆，做好监管配合，确保各项监管措施落到实处。

新时代信托股份有限公司

一、2019 年经营概况

新时代信托股份有限公司（以下简称公司）的前身是包头市信托投资公司，1987 年经中国人民银行批准正式成立。2003 年 12 月经中国银行业监督管理委员会核准重新登记并更名为新时代信托投资股份有限公司。2009 年 6 月，经中国银行业监督管理委员会批准更名为新时代信托股份有限公司，并换领新的金融许可证，变更公司名称和业务范围。2013 年经中国银行业监督管理委员会包头监管分局批准，注册资本增至 12 亿元人民币。2016 年 8 月经中国银行业监督管理委员会包头监管分局批准，注册资本增至 60 亿元人民币。

公司秉承审慎合规的经营理念，以主动管理信托资产为基本原则，以净资本管理风险指数为发展导向，打造投融资等多种手段组合的竞争优势，构建集约化、专业化、规模化、基金化和高附加值信托产品线为支撑的业务模式，整体业务驾驭能力、投资决策能力，以及风险识别、判断、防范和控制能力不断增强，资产实力与经营效益持续提升。截至 2019 年 12 月 31 日，公司固有资产总额为 93.91 亿元，负债总额为 7.17 亿元，净资产为 86.74 亿元。

公司积极践行信托制度，坚持以高标准、高起点、专业化服务和对客户负责的理念开发信托产品，精心构筑信托产品结构和生产线，审慎规范运作，成功打造蓝海系列、慧金系列、聚金系列、嘉盛系列、鑫业系列等信托产品，形成具有较强市场影响力和竞争力的信托产品品牌，丰富了金融理财和投融资市场，在金融市场树立了良好的口碑。截至 2019 年 12 月 31 日，公司存续的信托计划 753 个，管理信托资产总规模为 2 981.17 亿元。

公司坚守金融服务理念，坚定社会责任，勇于开拓创新，不断超越，努力塑造良好的社会形象，精心培育核心竞争力，致力于建设理念先进、制度科学、技术领先、影响广泛的专业信托公司。公司愿与社会各界精诚合作，共谋发展，携手开创公司的美好未来。

二、创新业务案例

公司高度重视研发团队的建设以及理论研究与实践的互促作用，研发团队深入农业、教育、医疗、物流等十余个行业，广泛调研客户，参与公司战略定位、竞争策略、商业模式等深度理论研究，并协助公司管理层实现战略的具体推导落地等工作，引导公司业务部门进行相关创新业务探索，为公司战略发展提供支持。积极传播信托行业基础状况、转型亮点、发展趋势等原创分析信息，提升金融消费者对全行业的了解。为了在实践中积极贯彻普惠金融理念，积极投身于农业、医疗、汽车、物流、快消、制造业等多个普惠民生的行业，通过创新消费金融、供应链金融、资产证券化等多类业务，深入实践，帮助更多人和机构获得更好更充分的金融服务，在成就他人的同时成就自己。为公司健康快速发展奠定了良好的基础，为公司拓展业务空间和范围创造了必要的条件。

2019 年公司创新业务有所突破，公司业务转型初见成效。

（一）险资合作

2019 年公司继续和平安人寿、太平保险、中意人寿、合众人寿、阳光保险、泰康保险、中国人寿、泰山人寿、长城人寿、恒邦财险、前海再保险等多家保险公司持续开展相关保险保费收入向国有企业发放贷款业务，2018—2019 年累计实现信托规模达 120 亿元。

（二）消费信托

2019 年，公司持续推进消费信托业务。目前，消费金融系统已经完成了技术上线，并已完成了汇收付对接、流水接口改造、三方征信等系统的对接工作，能够完全满足展业要求。

（三）慈善信托

2019 年，公司开始积极试水慈善信托，践行社会责任。为响应国家精准扶贫号召，公司在中国信托业协会的统一组织和协调下，与中诚信托、国元信托、民生信托、渤海信托和建信信托共同成立“中国信托业呼伦贝尔扶贫慈善信托”，支持呼伦贝尔脱贫攻坚工作，实现了公司慈善信托的零突破，为公司赢得了声誉。

（四）期货合作

2019 年，公司与中电投先融期货有限公司合作，将资金投向商品和国债期货和场内商品期权等，累计实现信托规模 2. 4 亿元。这一业务开拓了公司乃至行业与期货公司合作的先例，具有很强的创新性。

三、社会责任履行情况

（一）健全和完善社会责任体系

公司结合信托行业社会责任的内在要求及社会责任的基础理论，建立健全社会责任机制，形成了从董事长、总裁到各职能部门的社会责任工作层层落实，决策、目标和执行分工职责明确的组织体系，并将社会责任内容分解到各项工作之中。依托金融信托专业优势，践行企业社会责任，形成社会责任工作与品牌建设以及公司整体发展有机融合的战略。

（二）持续开展普及金融知识宣传，维护金融消费者合法权益

2019 年，公司组织人员深入社区持续开展了普及金融知识万里行宣传活动、防范非法集资宣传教育活动、防范电信网络诈骗活动，以及“守信钱袋子”等金融知识进万家宣传系列活动，大力提升公众金融素质和风险防范意识，维护金融消费者权益。

（三）组织开展慈善公益活动

2019 年，公司在对内蒙古自治区呼伦贝尔贫困地区进行考察后，出资 20 万元人民币，与民生信托等 6 家信托机构，委托中诚信托共同发起设立“2019 中国信托业呼伦贝尔扶贫慈善信托计划”，将信托资金及其收益投向呼伦贝尔扶贫机构，用于当地脱贫项目，增加贫困地区群众就业、收入。

为了支持脱贫攻坚社会活动，拓展扶贫渠道，公司积极参加内蒙古自治区各级政府部门组织举办的扶贫会议，参与扶贫现场调研参观活动。2019 年 12 月，公司在内蒙古银行业协会组织的贫困地区农产品展览会现场，订购了内蒙古察右后旗扶贫产业价值 1.3 万元的农产品，以消费扶贫形式支持贫困地区农产品的促销。

四、2020 年发展规划

（一）2020 年业务发展规划

2020 年是“资管新规”过渡期的最后一年，银行理财子公司将陆续进入展业期，传统的银信合作已被严格控制；房地产信托业务开展条件已极为苛刻，城投信托也在接受市场考验，传统的信托业务已经难以为继。结合公司实际情况，2020 年公司业务方向将围绕以下领域来拓展。

1. 服务信托。随着资管新规的出台实施，以受托管理为特点的服务信托业务受到越来越多的重视。目前，市场上出现了为信托受益人提供多种消费权益服务的信托产品，作为信托投资回报，投资者不仅可以选择常见的年化信托投资收益，而且可以选择"旅游消费""养老服务"甚至"世界杯门票"等消费权益作为理财收益的替代品。服务信托满足了高净值客户的多种投资需求，有利于优化客户体验，拓展业务空间，提升信托公司品牌影响力。服务信托是重要的本源业务，得到监管部门的鼓励和支持，是未来重要的业务方向。

2. 资本市场信托。近年来，国家将资本市场提升到前所未有的高度。随着科创板的落地，我国多层次资本市场体系逐步建立完善。随着统一的大资管时代来临，资本市场进一步成为各资管平台博弈的重要阵地。资本市场行业宽，专业性强，拥有围绕上市公司及其股东的传统融资、并购重组、资源整合、纾困基金等多种信托参与机会。可以以上市公司为核心，开展资本市场综合金融服务。除以贷款、股权质押等向大股东或上市公司提供融资外，还可以通过定增、并购基金业务深入参与资本市场。另外，证券投资类信托业务除传统证券管理类和结构化证券信托业务外，部分信托公司已重新定位证券投资信托业务，逐步强化主动管理能力，通过引进公募基金、券商专业团队，开展具有绝对收益的证券投资产品。外贸信托等围绕私募基金打造更加丰富的估值、交易、清算等一体的服务，成为私募基金的专业外包服务商。公司将强化投资研发能力，提升主动管理能力，以债券池和股票池为核心，逐步向权益产品探索和布局，适应资管新规非标转标的变化趋势。

3. 消费信托。作为近年信托创新业务之一，消费金融信托是一项较为成功且行业大规模复制开展的信托业务。目前，已有 40 多家信托公司开展此项业务，2018 年行业合计开展消费金融信托近 3 000 亿元。随着业务进一步拓展，消费金融信托呈现以下趋势：一是竞争向消费金融信托业务的前端延伸；二是强化主动风险控制能力，通过对客户自主放款，弱化贷款服务角色；三是加大投贷联动，提升多元服务能力，增强合作黏性；四是业务向头部机构集中，竞争加剧。业务模式主要有以下三种：一是助贷业务模式。助贷业务模式即信托公司与 B 端机构合作，向 B 端机构推荐的 C 端客户发放个人消费贷款的模式。二是流贷业务模式。流贷业务模式即信托公司向 B 端消费金融公司直接发放流动资金贷款或者受让其存量资产的模式。目前，这类模式受到监管的关注和限制，且合作对手主要集中于头部机构，如京东金融、蚂蚁金服等。三是资产证券化模式。消费金融具有金额小、客户分散的特点，天然适合资产证券化。另外，为了更好地与 B 端客户建立合作黏性，把控基础资产质量，可通过过桥资金的模式进一步介入Pre - ABS。

4. 资产证券化业务。我国资产证券化业务具有起步晚、发展快的显著特点。尤其是 2015 年后，业务监管从逐笔审批制转向备案制、注册制，资产证券化得到了迅猛发展。截至 2019 年 6 月末，我国资产证券化业务规模达到 4. 26 万亿元，存量项目 2042 个。作为标准化业务，资产证券化业务不受资管新规限制，是监管部门鼓励信托公司开展的本源业务，并且其依托于资产的现金流，是盘活存量、降杆杆、增强流动性的重要金融工具，能有效改善银行等金融机构报表，提高金融资金使用效率。行业发展非常迅猛，年化规模增长率超过50%以上。未来几年，行业可能持续爆发，将成为银行转表提高流动性的重要出口。公司将加大该业务开拓力度，努力形成在资产证券化业务上的竞争力。

5. 慈善信托。据不完全统计，自2016年9月1日《慈善法》颁布实施至今，全国已有52家信托公司设立了慈善信托，占全国68家信托公司总数的76.5%。根据慈善中国网站统计，截至2019年11月18日，我国共有238单慈善信托完成备案，信托财产总规模28.59亿元。慈善信托的大力发展，不但丰富了信托公司的业务条线，也体现了信托业践行社会责任的不断深入。中国银保监会新发布的《关于推动银行业和保险业高质量发展的指导意见》中，明确信托公司的三大业务方向之一就是慈善信托。2020年公司将在前期探索的基础上，继续创新慈善信托业务模式，推进慈善信托业务更多落地。

6. 财富管理。“资管新规”要求资管回归本源，以银信合作为代表的通道业务迅速萎缩，房地产信托监管也全面收紧，在此背景下，财富管理成为信托转型的重要发力方向。截至2018年末，61家信托公司在全国52个城市共设立了347个财富中心，配备财富管理人员4 899人，其中财富营销人员4 151人，占比为84.73%。已有14家信托公司设立了专门的公司财富品牌，有26家实质性地开展了家族信托业务。得益于独特的信托制度，信托公司在资产隔离和合法避税等方面具有天然优势。依托信托制度，信托公司在不动产信托、公益信托、家族信托等领域具有不可替代的地位，不仅可以自行展开相关业务，还可以与银行、保险等机构进行广泛的合作。2020年公司将继续采取各种举措，大力建设财富中心，推动财富管理业务向更高层次发展。

（二）2020年的重点工作

1. 狠抓基础设施建设，夯实公司发展平台。2020年，公司将高度重视基础性工作，练好内功。公司将进一步完善信息系统建设，加大各系统的整合力度，高度关注金融科技尤其是信托行业内金融科技进展，适时跟进；将加大公司数据治理力度，在保证各项数据的准确性、及时性和完备性的基础上，加强数据分析，挖掘数据价值，为经营管理提供科学依据；加强品牌建设，逐步树立公司品牌形象。

2. 启动信托文化建设，培育公司企业文化。2019年信托业年会主题为“弘扬信托文化、强化合规建设”，明确要求从2020年开始连续用五年的时间，开展信托文化教育年、信托文化普及年、信托文化确立年、信托文化深化年、信托文化提升年的主题活动，在全行业开展信托文化建设工程。公司将按照相关要求，积极推进信托文化建设，并结合公司实际情况，培育和打造具有新时代信托自身特色的企业文化。

3. 落实各项监管要求，确保公司合规经营。2020年是“资管新规”实施的关键一年，公司要对照资管新规及后续将出台的相关细则要求，做好落实工作，要继续推进净值化管理工作，未雨绸缪；要落实好消费者保护的监管要求，做好客户投诉、接待和维护工作；要落实好反洗钱和恐怖融资的监管要求，在前期成绩的基础上再接再厉；要落实好金融机构营销管理相关监管要求，规范营销行为，降低营销风险；要落实好银保监会出台的履职回避和信托业协会出台的员工自律公约等规章制度，加强人员管理。

4. 加强研究能力建设，提升员工专业水平。2020 年公司将在 2019 年研究工作开展的基础上，进一步加强公司研究能力建设，将采取读书会、研讨沙龙、同业研究合作、外部机构交流等更多创新举措和资源支持，带动和促进公司员工积极参与研究，提高员工专业水平和公司研究能力，进而提升公司捕捉市场机会能力，推进公司业务创新，助力公司业务转型。

雪松国际信托股份有限公司

一、2019 年经营概况

2018 年 11 月，经中国银保监会批复同意，雪松控股集团有限公司（以下简称雪松控股集团）受让原中江国际信托股份有限公司（以下简称原中江国际信托）71.3005% 股权。2019 年 4 月，雪松控股集团成为原中江国际信托的控股股东。2019 年 6 月，原中江国际信托正式更名为雪松国际信托股份有限公司（以下简称公司），步入全新的战略发展期。

截至 2019 年 12 月末，公司管理的信托项目共计 261 个，实收信托余额 903.59 亿元。其中主动管理类信托 150 个，实收信托余额 307.08 亿元，事务管理类信托 111 个，实收信托余额 596.51 亿元。

（一）全力化解项目风险，解决历史遗留问题

继 2019 年 4 月雪松控股集团成为原中江国际信托的控股股东之后，公司加大了风险项目处置力度，投入大量人力、物力处置和化解项目风险，迅速扭转了此前负面舆情不断、投资者聚众维权事件频发、公司声誉严重受损的不利局面。一是强力推进风险排查及处置工作。重新划分风险项目类别，针对各个风险项目研究具体处置方案，实行"一案一策"，分组分工、责任到人，并派专人坐地催收。二是通过诉讼等手段追索信托计划原债务人、变现担保物权、向资产管理公司转让债权等多种方式有序化解项目风险。三是强化投资者安抚工作。对风险项目每两周披露处置进度，加强与投资者的沟通；6 月启用新的 400 客服热线，配置专业客服人员，提供 7×24 小时全天候服务。四是在雪松控股集团流动性支持下，分批有序开展逾期信托计划提前兑付工作。截至报告日，公司总体完成 2019 年 4 月 22 日前逾期项目风险化解工作。

（二）完善顶层设计，健全法人治理和风控体系

完成董事会、监事会换届选举，根本解决此前公司董事会、监事会长期没有换届、部分董事年龄偏大或离退休导致的履职不充分等问题。在新一届董事会领导下，整合了股权变更前原

有决策体制，设置科学完善的风险控制组织架构，构建了与自身经营规模、业务开展、风险状况总体相适应的风险控制体系。同时，梳理重构业务操作流程和风险管理规则。制定、增修、完善了包括房地产、证券投资、供应链、基础设施建设等各类业务的操作指引，明确了业务准入条件，提高了风险控制的标准。公司风险控制机制及体系不断健全，风险管理能力显著提升。

（三）业务转型创新取得突破

在资产端方面，依托雪松控股集团的强大实业支撑，回归信托业务本源，服务实体经济发展，着力探索开展了供应链金融业务，得到了社会各界的广泛关注和认可。

在资金端方面，大力发展自有财富中心，并初步在北京、上海、广州、深圳及南昌等核心城市布局了财富分中心，扩展直销渠道，直销能力大大增强，公司业务发展进入新阶段。

（四）党建工作扎实推进

公司通过执行党内政治生活、完善组织建设、开展党建活动，扎实推进党建工作。一是严肃执行党内政治生活制度。落实组织生活会、“三会一课”等制度，积极开展党员活动日，学习红色家书，推动“两学一做”学习教育常态化，全面提升党建质量。二是完善基层党组织建设。完成党委委员免除及增补工作，产生新一届党委委员 7 名；成立了纪律检查委员会。三是积极开展各项党建、团建活动。例如，主题为“不忘初心勇做时代先锋、牢记使命攻坚高质量发展”的党支部开放日活动；主题为“传承红色基因、争做时代新人”的八一建军节活动；主题为“缅怀革命先烈、传承革命精神”的红色主题活动。通过党建活动的开展，党员凝聚力、向心力不断提升。

二、社会责任履行情况

（一）守法合规稳健发展

公司按照“突出信托主业、服务地方经济”的经营宗旨，依法合规经营。积极履行中国信托业协会行业自律公约。

2019 年，根据中国人民银行反洗钱局下发的《法人金融机构洗钱和恐怖融资风险管理指引（试行）》及《银行业金融机构反洗钱和反恐怖融资管理办法》的文件精神，公司在年内按规定的新要求及工作实际修订完善了《反洗钱工作管理规定》《大额交易和可疑交易报告管理规定》《客户身份识别管理规定》《黑名单管理及涉恐资产冻结管理规定》《创新型产品及渠道洗钱风险评估工作管理规定》等公司反洗钱内控制度。

公司积极推广宣传“防范非法集资公益广告片”，开展了防范非法集资宣传教育工作；组织了银行业涉嫌非法集资风险排查及涉嫌非法集资广告资讯信息排查清理等一系列专项活动。为适应市场情况和监管政策的变化，公司修订完善内控制度体系，形成新的制度汇编，强化制度的执行力。

（二）响应国家重大战略，注入经济发展活力

2019 年，公司充分发挥信托制度优势，主动服务实体经济发展，全年发行支持长江经济带的项目 2 个，规模为 127 938 万元。其中，“金兔 137 号成都金堂发展投资有限公司城乡发展贷款集合资金信托计划”，规模为 27 938 万元，资金用于金堂县赵镇“人才公寓”项目，该项目建设用地约为 73 333 平方米，建筑面积约为 20 万平方米，计划用于解决人才引进的房屋及配套设施问题。

公司发行了支持粤港澳大湾区建设的项目 3 个，规模为 138 200 万元。其中，“鑫益 1 号侨鑫物业资产收益权转让集合资金信托计划”为物业收益权转让，规模为 59 890. 9 万元。侨鑫物业为侨鑫集团有限公司中外合资及全资附属机构，是广东省首批获得国家一级物业管理企业资质的企业之一，目前管理多个标杆项目，包括汇悦台、侨鑫国际等，管理面积达 167 万平方米。

（三）致力推进财富管理

2019 年公司努力推动信托产品多元化发展，全年新增信托规模 168. 84 亿元，分配信托收益 64. 58 亿元，新增客户 1 728 位。为了给客户提供收益稳健、风险更低的理财服务，2019 年公司先后成立现金稳利集合资金信托计划和季季增利 1 号集合资金信托计划。这两只产品均为净值型信托计划，投资范围包括货币市场工具、固定收益类工具等。产品严格分散风险，追求持续稳定的收益。

公司始终倡导客户至上的经营原则，充分保护客户的合法权益。在产品营销中，严格按照监管部门的法规操作，落实面签和录音录像，并在录音录像时按照监管规定进行充分风险提示，签订认购风险说明书；信托投资不承诺保底；集合资金信托计划营销执行合格投资者购买的监管规定。在项目的风险控制措施上，采取了多种保证措施，如属地发行、土地抵押、应收账款质押、股票质押、第三方保证、预警线及平仓线的设计等，保护投资者利益，提升客户服务水平。

（四）积极推进金融消费者权益保护工作

公司在致力于服务实体经济的同时，积极做好金融消费者权益保护。2019 年，公司根据现行监管政策及业务发展需要，修订完善了消费者权益保护基本工作制度共六项，明确了董事会、

经营管理层、职能部门及涉及消费者权益保护工作的前台、中台、后台各部门的职责，细化投诉、应急处置、金融知识宣传教育、内部考核等工作的管理，有力地促进了消费者权益保护工作的操作规范，为公司开展消费者权益保护工作提供了制度保障。

此外，公司以“了解信托理财，防范非法集资，防范电信网络诈骗”为主题，扎实开展各项金融知识宣传教育活动。公司积极参与监管部门发起的“3·15 消费者权益日”“守住钱袋子”“金融知识普及月”等宣教活动，走进高校、社区、企业、街道。同时，以营业职场为主阵地，开展了持续性、常态化、公益性的投资者教育和金融知识普及活动，向投资者和社会大众介绍信托理财产品基础知识和电信网络诈骗、非法集资的防范经验。全年累计发放宣传折页 4 000余份，线上和线下累计受众人数逾 5 000 人。

（五）加大公益慈善事业投入力度

公司现有 1 只存续慈善信托项目，名称为“公益救助慈善 1 号集合资金信托计划”，备案部门为南昌市民政局，信托监察人为江西启东章律师事务所，该信托用于捐助贫困儿童就学及贫困患者就医。该慈善信托已募集信托资金人民币 30 万元。

2019 年 8 月，公司冠名赞助“雪松国际信托 2019 林书豪明星赛”，活动售出的每一张门票票款捐出 100 元，用于帮扶贫困地区弱势群体；同时，作为赛事冠名商，公司向广州市黄埔区慈善会捐赠 120 万元，用于向广东省书豪李群体育事业公益基金会支付“球场造新计划”款项，资助广东、广西等地山区学校的篮球场新建或改造工程，支持乡村体育事业发展。

三、2020 年发展规划

2020 年，公司将依靠控股股东的行业背景和产业优势，结合当前宏观经济形势与金融监管政策的变化，根据自身特色化金融的探索节奏，主动进入业务结构性调整的深化阶段。公司将加强合规建设、强化责任担当，稳妥处置风险项目，增强抵御和管理风险的能力；公司将回归信托本源，将实体经济发展中的痛点和难点当作信托行业服务的重点和亮点，深度推进产融结合，并提供专业化能力驱动的金融整合服务；公司将加快创新探索，丰富信托供给，探索创新以受托服务为核心的服务信托，将金融服务与财富管理服务相结合，开发家族信托、慈善信托、服务信托、资产证券化信托等，满足客户的多元需求。

浙商金汇信托股份有限公司

一、2019 年经营概况

2019 年，浙商金汇信托股份有限公司（以下简称公司）在协会、股东、监管机构的悉心指导和大力支持下，在全体员工的共同努力下，真抓实干，攻坚克难，狠抓重点，突破难点，在风险防控、业务拓展、项目运营、财富管理、管理提升等各方面出实招、下功夫，取得了来之不易的良好工作成效。截至 2019 年末，公司资产总额 25.05 亿元。2019 年实现营业收入 7.50 亿元，实现利润总额 1.41 亿元。截至 2019 年末公司实收信托规模 876 亿元。

（一）风险防控克难求进

面对严峻的外部形势，公司在依法合规、严控风险的前提下稳妥拓展新增业务，尽最大努力严格把控新增业务风险。公司结合外部监管环境和市场情况及自身实际等因素，制定发布并多次更新了《信托业务开展指导意见》《房地产信托业务展业指引》和《基础设施类信托业务展业指引》，从源头上把好项目风控及准入关。对重点合作的交易对手和业务区域，通过多维度进行定量和定性的信息整理和数据分析，评估风险状况，努力做到防微杜渐。

（二）信托业务优中择优

公司结合监管政策变化和市场实际情况，及时跟踪市场脉络，抢抓阶段性市场机遇，积极拓展浙江、江苏等地的政府基建项目机会，聚焦资源绑定少数龙头房企开展深度合作，并在符合公司基本准入标准的前提下，对具体项目优中选优、审慎决策，公司信托项目的总体资产质量和管理能力稳步提升。在创新业务探索上，公司努力探寻回归信托本源之路，发掘新的业务拓展空间，积极探索传统信托业务的产品和模式创新以及慈善信托、家族信托、特殊资产投资信托、创新型地产信托等创新业务。

（三）项目运营平稳有序

公司高度重视信托项目期间管理工作，各中台部门、各信托业务部门积极认真、相互配合，对存续项目定期做好包括风险排查、现场检查、期间分配、信息披露等相关事务性工作。对重点项目严格审查和优化项目管控方案，加强管控措施的可执行性和有效性。有效落实动态监测管控，充分发挥防火墙作用，对可能出现的风险情况及时进行跟踪提示，做到早发现、早预防。公司进一步完善临期项目管理工作机制，努力做好临期兑付管理工作，每周对6个月内到期的项目进行梳理分析，整理确定重点关注项目名单，跟进临期重点项目最新动态，督促临期驻场管理，提前了解兑付安排。对重点关注项目尽可能地在项目管控和增信措施上想办法，出实招，及时研究、制定应急处置预案，派专人进驻现场，跟踪还款进度，掌控项目管理主动权。

（四）财富管理攻艰前行

在行业风险凸显、产品供应不足等内外部因素的不利影响下，公司产品发行和募集压力陡然增大。公司一方面加强内部财富团队能力建设，健全体制机制，练好内功，打实基础；另一方面针对性地调节产品发行阶段性策略，合理安排产品发行上线节奏，增强产品募集的计划性，加大客户营销力度。全年公司总募资规模为247亿元，人均直销规模2.3亿元，再创新高。此外，公司进一步落实包括合规销售、双录、反洗钱、消费者权益保护等相关工作。进一步构建完善多层次的客户增值服务体系，线上通过微信公众号宣传，线下通过举办各类多形式的客户交流和服务活动，不断提高客户黏性和品牌认可度。公司财富管理品牌的知名度和影响力进一步提升，受到了广大客户和社会各界的认可和肯定，在年内荣膺“金琥珀卓越财富管理品牌”（《中国经营报》）“区域影响力信托公司”（《证券时报》）和“优秀财富管理品牌”（《证券时报》）三项大奖。

（五）内部治理日趋完善

公司以开展“管理提升年活动”为契机，督促各部门深入发现问题，查找不足，加快补齐短板，提升竞争力。结合年度工作任务目标，坚持问题导向，细化分工明确责任，要求落实五大方面、十六项重点工作。除前面已经提到的相关工作外，公司规章制度管理取得良好进展；法律事务基础设施建设工作更加完备，全员合规理念更加清晰；相关流程、系统建设以及信息化建设管理工作不断优化；预算和费用管理继续规范和加强；选人用人、内部培训、员工管理等人力资源管理优化相关工作取得积极进展；内部审计和纪检监察体系不断强化。通过“管理提升年”活动的有效推进，公司内部治理日趋完善，管理提升成效明显。

二、创新业务案例

年内公司成立了信托业务创新工作领导小组，并成立了特殊资产投资信托、家族信托和创新型房地产信托等业务创新工作组。成功落地一单助学教育类慈善信托项目；特殊资产投资信托、家族信托、创新型地产信托、现金管理类资产配置信托等创新信托业务也取得一定的阶段性成果，为下一步战略创新业务的实质性推进打下了一定基础。

三、社会责任履行情况

2019 年，公司在助力普惠金融、服务“三农”、支持绿色金融、慈善信托、节能减排、服务实体经济等方面积极履行社会责任。在日常经营过程中坚持低碳运营，提倡绿色环保。持续加强对消费者金融知识的普及和权益的保护工作，持续开展金融知识宣传普及及投资者教育活动，努力共创和谐金融环境。2019 年未发生金融消费者投诉事件。公司根据浙江省银行业协会的安排，提交公司履行社会责任的有关情况，由浙江省银行业协会统一披露社会责任报告。

（一）持续创新绿色信托产品与服务

公司坚持“环保”“绿色”的评判标准，将是否通过环境评价审批作为各类项目立项审查审批的必备条件，对限制类和淘汰类产业，高耗能、高污染产业及产能过剩行业实行严格的准入限制，对涉及环境、安全重大风险的企业实施一票否决。同时，公司积极配置资源，大力支持节能环保等符合绿色金融导向的行业和企业。截至 2019 年末，公司存续的绿色金融信托共 10 个，信托规模共计 20.97 亿元：通过投融资支持新能源行业的绿色企业的项目 4 个，规模为 13.54 亿元；通过投融资支持节能环保的项目共 6 个，其中投向环境综合治理的项目 5 个，规模为 7.43 亿元，投向改善和保护生态环境的基金会的慈善信托项目 1 个，规模为 35 万元。

（二）提高“三农”金融服务水平

2019 年，公司继续加大对“三农”方面的关注和研究，积极探索金融服务“三农”的模式，努力提高金融服务“三农”的效率和质量。公司服务“三农”信托项目存续规模 1.676 亿元，信托项目募集资金用于嘉兴南湖世合社会主义新农村项目后续经营建设。

（三）惠及民生和社会事业发展

2019 年，公司受托设立“浙金 · 恒大教育助学慈善信托”，信托规模为 10 万元，期限为 1 年。公司携济南市现代社会组织发展基金会、济南市小手拉大手公益服务中心共同完成了柳埠闫家小学图书更新，惠及在校学生 312 名、教师 19 名。该小学在读学生大部分为当地留守儿童，图书更新后能够在一定程度上丰富该校教育资源，实现了社会公益目的。

（四）积极参与绿色低碳生活

公司紧紧围绕浙江省委省政府关于节能减排工作的部署要求，牢固树立“创新、协调、绿色、开放、共享”的新发展理念，成立节能减排领导小组，切实加强节能减排工作的管理和领导，推动实现公司节能减排工作程序化、规范化、制度化。公司组织开展了“节能减排宣传周”活动，强化节能减排意识，并从细节入手，点滴布防，在用车、水电、办公用品等方面加强管理，牢固树立“勤俭、节约”的意识，从小事做起，把节能减排工作落到实处。

（五）为公益事业奉献浙金力量

公司党委向全体员工发起“情系张村乡”抗洪救灾募捐倡议，共筹集到2万余元捐款；公司通过购买300余份猕猴桃约3万余元作为中秋慰问品，大力支持助农扶贫工作。

四、2020年发展规划

根据公司确定的年度工作总体要求，2020年公司将继续坚持“稳中求进”的工作主基调，紧紧围绕党建统领、战略导向、风险防控、创新驱动四条工作主线，力争在战略规划、风险防控、创新转型、管理优化等方面取得良好成效，为公司新一轮战略周期和长远发展打下扎实基础。

2020年公司将重点做好以下几方面工作：党建统领，切实发挥党委领导核心作用；着眼长远，加快完成战略规划落地实施；严守底线，切实做好信托业务的全面风险防控；聚焦发力，努力培育特色核心信托产品；服务升级，积极推动财富管理转型发展；以人为本，强化人才队伍和文化建设；巩固优化，不断增强内部管理的科学高效。

中国金谷国际信托有限责任公司

一、2019 年经营概况

2019 年，中国金谷国际信托有限责任公司（以下简称公司）秉承“稳健经营、稳步发展”的经营基调，坚持“高质量、专业化”的发展方向，主动顺应市场变化，提升主动管理能力，以协同控股股东中国信达主责主业为特色业务方向，积极支持实体经济，维护投资者利益，业务发展保持了稳中趋好的态势。截至 2019 年 12 月 31 日，公司存续信托资产规模为 1 003 亿元，营业收入为 5.17 亿元，净利润为 0.53 亿元。

（一）强化优质客户战略，业务发展稳中有进

2019 年，公司业务客户进一步向优质化、规模化发展，主动管理能力明显提升。2019 年，公司新增主动管理类信托规模同比增长 193%，信托收入同比增长 104%；新增主动管理类业务客户主体资质较优，外部信用评级 2A 级及以上客户占比为 88%，其中 3A 级客户占比达 56%；区域投放策略紧紧围绕国家政策导向，聚焦国家战略发展区域，投向京津冀地区占比为 26%，粤港澳大湾区占比为 24%，长江经济带占比为 20%；公司结合宏观经济环境变化，坚持审慎拓展，做实项目抓手，新增主动管理类项目中 96% 均设有抵（质）押措施；公司坚持以服务实体为己任，2019 年新增投放实体经济领域 180.7 亿元，同比增长 28%，通过债权融资、并购重组基金、慈善信托等多种工具为实体企业提供金融服务。

（二）强化财富管理建设，资金端拓展成效显现

2019 年，公司通过财富中心团队建设、构架和市场化考核激励机制的调整，自主发行销售规模、客户投资人次、单期产品募集能力、单个营销人员产量等方面均有较大幅度增长，全年自主发行规模同比增长 56%；同时，积极拓展银行、证券等发行渠道，全年机构代销对接规模同比增长 142%。

2019 年，公司进一步加强财富管理体系及品牌建设。设立上海财富中心，逐步构建公司自

主营销渠道，积极谋划财富网络布局；逐步推进VI建设，正式启用客户关系管理系统（CRM），实现了从客户管理、产品发行预约及监控、双录同步上传的线上线下相结合的业务营销模式。2019年9月，公司成为首批具备信托受益权账户代理开户业务开办条件的信托公司之一，为客户确权、信托转让等后续业务奠定了基础。

（三）提升风险管理能力，推动公司高质量发展

2019年，公司持续加强全面风险管理体系建设，设立经营层风险管理委员会，进一步明确风险管理主体责任；多轮次组织开展风险排查，不断摸排存量项目风险状况；把流动性风险防范摆在重要位置，及时调整管理策略，完善应急预案，逐月进行流动性压力测试，保证公司流动性安全。2019年，公司累计清算信托规模1 010亿元，支付投资者收益65.5亿元，持续为投资者创造稳定价值。

（四）强化基础管理，提升精细化管理水平

2019年，公司持续完善内控合规体系，新增、修订多项管理制度，及时将最新监管政策落实在公司内控体系中；加强案件防控及反洗钱培训，树立全员合规理念；持续完善激励约束机制，加强考核力度，实现“过程考核”与“结果考核”兼顾；切实发挥审计监督职能，认真开展董事、高管任期经济责任（离任）审计、阶段性问责审计及项目期间审计等工作，组织内控自评价工作，督促健全完善公司内控建设；持续推进信息化建设，完成人民银行资金信托专项申报系统、中信登数据报送系统的开发上线及多个系统的升级改造，进一步满足了监管要求及公司客户管理、运营管理要求不断提升的需求；加强企业文化建设，充分利用公司内网、OA等平台，加强企业文化宣传，增强了员工的归属感及凝聚力，借助行业主流媒体、微信公众号等渠道，宣传公司业务亮点和创新做法，提升了公司的行业口碑和品牌影响力。

二、创新业务案例

2019年，公司秉承“高质量、专业化”的发展理念，在传统业务稳步发展的基础上积极推动业务转型创新，持续发挥信托制度优势，优化金融资源配置，盘活存量资金，有序推进特色创新业务的健康发展。截至2019年12月31日，公司资产证券化业务累计发行规模已达1 972亿元，其中2019年新增发行资产证券化类业务8单，规模为140.13亿元。公司积极开展信贷资产证券化、企业资产支持票据、交易所CMBS和银登中心信贷资产流转业务，业务品种逐步丰富，基础资产拓展至绿色产业项目、公共事业事务、个人消费贷款、小微企业贷款等领域，在发展绿色金融、服务普惠金融、推动首都创新园区发展等方面实现新的突破。2019年公司成功

设立年度全国首单绿色资产支持票据，以符合国家产业政策要求的“节能类”和“清洁能源类”绿色项目作为基础资产，帮助电力集团下属企业盘活资产，这是公司发展绿色金融的积极实践，具有显著的环境保护效应和社会效益；以物业费收益权为基础资产的资产支持票据项目荣获了中国商业地产资产管理创新与资产证券化峰会“年度杰出物业费及运营收益权 ABS/ABN 前沿奖”。

公司坚持回归信托本源，持续发力慈善信托，并将其作为投身精准扶贫事业、践行社会公益的重要平台。公司设立的“信达大爱”系列慈善信托已持续运作 3 年，2019 年新增设 2 只，规模共计 823.71 万元，用于扶贫及教育事业。该系列慈善信托已累计拨付善款超 1 200 万元，资助范围由单一地区单个项目扩大至全国十余个贫困区县几十个项目，既包括“输血式”的直接资助、设立救助基金等，也包括“造血式”的授人以渔，如产业帮扶、开展技术培训等，以及在控股股东中国信达擅长的基建领域开展扶贫建设，改善贫困地区生活条件。通过设立扶贫小组、因地制宜地开展对口扶贫、鼓励困难群众进行产业脱贫，部分扶贫产业如富硒紫皮蒜、富硒乌鸡蛋等已初具规模，成为当地群众生活的重要经济来源，切实推动贫困地区实现了“真脱贫、脱真贫”的脱贫目标。公司通过精准扶贫助力脱贫攻坚，创造了良好的社会效应，该案例入选中国慈善联合会慈善信托委员会主编的《2018 中国慈善信托发展报告》。

三、社会责任履行情况

公司积极贯彻落实国家宏观经济和产业政策，业务范围进一步向京津冀、长江中下游、粤港澳大湾区及“一带一路”、西部大开发等国家级经济带和重点支持领域拓展。

公司秉承服务社会理想，广泛动员社会资源，会集各方力量共同参与扶贫，2019 年新设“信达大爱”慈善信托 2 只。“信达大爱”品牌自 2017 年设立以来，不断发挥信托助力慈善扶贫的作用，已成为控股股东中国信达及公司承担社会责任、扶贫济困的有效渠道。

公司不断完善员工关爱体系，推动员工与企业共同成长。通过不断完善培训体系、保障员工职业健康、开展员工文体活动及员工帮扶等，切实增强员工福利，保障员工权益。

公司倡导“绿色经营”“绿色办公”“绿色出行”。积极设立信托产品，践行绿色金融服务。不断完善信息系统建设，基本实现无纸化办公，有效减少纸张用量；在办公场所设置回收废旧电池纸箱，在打印室、卫生间张贴“请节约用纸”“节约用水”“节约用电”标识，引导员工树立节能环保理念；公务用车建立维修、燃油使用台账，有效降低公务车油品消耗。

四、2020 年发展规划

2020 年，公司将深入贯彻中央对经济金融工作的决策部署，以党建工作为引领，秉承“稳健经营、稳步发展”的经营基调，坚持“高质量、专业化”的发展方向，树立“下行思维”中安全优先的经营策略，以稳健和流动性为要务，坚定业务拓展与风险处置两手抓的经营方针不动摇，切实提高自身发展质量，强化风险防控，力争求稳求实，实现高质量发展目标。

1. 紧紧围绕优质客户，增强客户服务深度。通过有针对性的产品体系建设，切实提升服务客户的能力。

2. 坚持业务标准，实现稳健投放。密切关注宏观政策及监管导向，严格执行公司业务标准，审慎选择项目，切实提高对项目的管控能力。

3. 树立经济下行期业务思维，把风险防控放在经营突出位置。加强全面风险管理体系建设，严格控制增量风险，加强流动性管理。

4. 继续大力提升财富管理水平，补齐资金端短板。切实提高营销能力及信息化建设水平，进一步扩大财富业务网络覆盖，提高渠道建设及自主发行能力与业务发展相匹配，强化消费者合法权益保护。

5. 进一步优化体制机制，提升经营管理水平。牢固树立合规引领经营的理念，培育合规文化，健全内控机制；完善激励约束机制；加快金融科技建设步伐。

中国民生信托有限公司

一、2019 年经营概况

截至 2019 年末，中国民生信托有限公司（以下简称公司）全年营业收入 234 352 万元，净利润为 93 344 万元。公司资产总计 1 420 382 万元，所有者权益总计 1 096 081 万元。公司净资本为 86. 14 亿元，净资本与风险资本比值为 193. 48%。

公司管理资产规模为 2 023 亿元，其中主动管理类规模为 1 759 亿元，占总规模比例为 87%。

全年工作中表现突出的主要集中在创新型业务发展、财富团队建设以及市场品牌建设三个方面。

（一）创新型业务发展

在中国经济调结构、转动能的大方向下，在“强监管”的态势下，信托公司面临的内外部经济形势困难且复杂，在地产、政信和通道等传统业务领域已难以为继，批量化大规模业务机会亦将不再多见，信托业要走可持续发展之路，业务创新是必然之选。公司在创新型业务机会抓取和业务结构模式探索上，取得了一定成绩，如海外美元债、船舶投资等，同时也拓展了一些新的业务机会，如城市更新基金、收益凭证项目、家族信托等。

（二）财富团队建设

2019 年公司新筹建了 9 个财富中心，截至 2019 年末，公司财富中心在全国范围内已达 26 个，覆盖 21 个核心城市。同时，公司强化财富团队绩效考核与激励机制，严格实行以业绩为导向的末位淘汰制度，财富直销团队人均创收金额不断提升。

（三）市场的品牌建设

伴随着公司持续上升的发展趋势，公司的品牌知名度和社会美誉度也在不断提升。在行业等级方面，2019 年公司获得 A 类行业评级。在企业荣誉方面，截至 2019 年末共获得各类奖项 14 项，如《亚洲金融家》中国年度飞跃信托公司奖、《财经》“长青奖”最具创新性信托公司、

《证券时报》2019 年度中国优秀信托公司等公信力强、影响力大的金融大奖。公司已成长为品牌良好、综合业务能力较强的全国性知名信托公司。

二、创新业务案例

（一）跨境投资业务

跨境投资业务是公司持续关注的业务领域之一。公司旨在抓住海外优质资产投资机会，进一步满足投资人海外资产配置需求。公司根据美元债市场行情，深耕美元债投资业务，截至 2019 年末已粗具规模。基于过往成功运作经验及审慎投资原则，该项目以标的债券的持有到期作为主要投资策略，优选大型基金公司、投行等作为合作机构，并以优质的中资企业境外债券为投资标的，由公司进行主动决策和投资管理，在投资实施前对标的债券主体进行严格信用风险甄别，同时通过方案设计强化风险控制，尽量规避市场波动风险与到期退出的信用风险。

（二）家族信托业务

改革开放诞生了中国第一批以企业家为主的高净值人群，中国经济的持续成长带来了高净值家庭数量和财富体量的快速积累。而伴随中国创富一代逐步步入退休阶段，中国高净值家庭财富传承需求日渐凸显。2018 年，中国银保监会首次在官方文件中明确界定了家族信托业务，为家族信托业务发展奠定了坚实的政策基础。在房地产、通道等传统信托业务开展压力较大的情况下，信托公司都在积极探索具有可持续性的业务模式和盈利模式，家族信托成为未来重点关注的方向。公司顺应时代潮流，高度重视家族信托业务发展，截至 2019 年末公司已组建了专门的家族信托业务团队，建章立制，积极营销，成功实现了业务的破冰。通过家族信托结构设计，帮助客户有效实现破产隔离，规避婚姻、继承等方面风险。通过家族信托的组合投资，有效分散投资风险，满足不同风险偏好投资者的需求。以专业的信托产品服务为基础，结合法律、税务、子女教育等方面增值服务，全方位满足家族客户需求，为客户提供一站式家族财富管理及传承服务。

三、社会责任履行情况

公司始终秉持“得益于社会，奉献于社会”的核心价值观。在严防风险底线的前提下，公司始终秉持回归本源、服务实体经济的发展思路，致力于为优质企业和客户提供多样化金融服务，积极拥抱新兴产业，响应国家扶贫号召，积极参与多项定点扶贫项目。

为切实响应服务实体经济的发展战略，公司积极投身国家船舶工业和航运事业、高端制造业、新能源汽车、新一代信息技术产业、乡村振兴项目等实体经济中，不懈探索金融资本与产业资本高质量协同发展的道路。

为落实习主席关于“坚决打赢脱贫攻坚战”的指示精神，公司出资参与甘肃精准扶贫项目，促进甘肃省临洮县、和政县扶贫事业的发展；参与内蒙古呼伦贝尔精准扶贫项目，旨在支持内蒙古自治区呼伦贝尔市脱贫攻坚事业，帮助呼伦贝尔市的贫困群众及存在返贫隐患的低收入农户；公司积极响应天津市委、滨海新区区委助力西部地区脱贫攻坚“升级加力”的要求，聚焦“两不愁三保障”突出问题，踊跃参与“万企帮万村”“动员社会力量助力西部地区脱贫攻坚”等活动，荣获了地方政府授予的“‘助力脱贫攻坚、践行光彩事业’先进单位”的称号。

在职工权益保护方面，公司2019年度共组织员工培训58场，参训2 612人次，培训主题覆盖企业文化、政策制度、业务技能、合规管理等，员工通过参与各项专业培训、座谈会、交流会，提升了专业能力，获得了认同感与归属感，制定并印发了《中国民生信托有限公司福利实施办法》，丰富了员工福利体系。

在客户和消费者权益保护方面，公司始终坚持“以客户为中心”的服务理念，忠实履行受托责任，不断深化客户服务体制改革，提升客户服务品质。结合业务部门操作指引，为客户推荐符合其资金需求的信托产品，从而拓宽了产品投研领域，打造立体营销战略，多层次、全方位满足客户实际需求。截至2019年末，公司北京地区累计举办金融知识宣教活动3次，发放宣传材料1 000余册，受众1 000余人，这些活动切实帮助客户增加了金融知识储备，掌握了金融投资基本理念，提高了保护自身权益的意识和能力。

四、2020年发展规划

2020年庚子新春，突如其来的新冠肺炎疫情，给信托公司的经营带来了巨大的压力。面对困难，公司决心与国家共克时艰，积极应对市场环境的剧烈变化和行业的激烈竞争，判大势，谋全局，在严控风险的前提下，坚持突出重点，稳中求进，通过继续坚持“财富、投资、投行、资管、融资”五大市场定位，深入优化公司业务结构，不断在新的业务模式和形式方面作出有益探索。

2020年，公司要顺应新资管时代的发展趋势，加速回归信托本源，持续提升主动管理能力，充分调动自身的资源开展业务，深化新旧动能的转换；要持续检视自身内控管理水平及业务发展方向，及时发现并积极解决存在的问题，以确保公司持续、稳健发展。

（一）加自身建设，完善公司治理结构

1. 坚决贯彻监管部门在关联交易、信息披露、反洗钱、投资者保护等方面的规定。

2. 将适时梳理评估下属各专门委员会的履职情况，根据需要及时适当调整，切实发挥专门委员会的作用。

3. 根据《公司章程》的规定和公司经营发展需要做好授权机制的优化。

（二）探寻未来商业模式，明确公司发展路径

面对纷繁复杂的境内外营商环境，金融生态在经济、政策的调整中面临重构，信托行业面临着规模和收入的双重压力，公司在关于未来的发展思考主要为以下三个方面：

1. 发展方向。2020 年，公司要在既有发展和成果的基础上进一步调整优化业务侧重点，坚持“两主两辅”，即标准化为主、非标为辅，投资为主、融资为辅的发展方向，逐步压缩融资类业务的比重，进一步强化风险管控，充分利用既有资质和投资工具，合理进行资源配置。

2. 发展策略。公司要通过定制化、差异化的产品设计来获取客户，做到“强专业、强保障、强管理”三个维度的协调统一，提升公司的专业化水平。

3. 发展节奏。要冷静思考，从追求速度转变为讲求质量，做好相对稳健的业务，逐步开展创新业务，在保持公司规模、收入、利润合理的情况下，实现公司健康发展。

（三）提升业务管理水平，打造核心竞争能力

提高研判市场的能力，根据现有优势夯实基础，从社会需求找到创新点，丰富资产管理产品种类，继续发展财富管理业务，发挥信息科技的作用，不断提升专业化能力，使公司在行业中持续保持竞争力。

2020 年，公司将继续贯彻“总结、反思、优化、调整、改变、提升”的工作思路，促使业务管理能力和管理机制达到行业较为成熟的水平，既要不断提升存量业务的优良度，又要研究利用好各类金融工具，增加新的业务增长点，继续推动公司财富管理领域迈上更专业、更系统、更规范的发展道路，为客户提供多样化、专业化的财务管理产品，努力打造财富管理市场的高端品牌。

（四）恪守依法合规底线，筑牢风险管理堡垒

公司持续贯彻“前不越雷池，后不退维谷”的风险管理法则，保持清醒头脑，依法合规经营。公司应严格落实各项监管政策要求，健全预防和处置机制，坚决不触碰红线。公司必须坚持“行稳致远”的发展理念，加强合规体系建设，促进形成全员参与、人人合规的体系及文化；要夯实风险管理的城墙，从优化规章制度和风险管理机制出发，持续完善覆盖信用风险、市场风险、流动性风险在内的全面风险管理体系，严防重大风险事件的发生。

中建投信托股份有限公司

一、2019 年经营概况

2019 年，中建投信托股份有限公司（以下简称公司）深入贯彻落实党的十九大、十九届四中全会、中央经济工作会议精神，紧紧围绕集团三阶段规划及公司发展规划要求，主动适应环境变化，落实金融工作三大任务，调结构，防风险，抓基础，强保障，经营工作实现稳健发展。公司切实加快调整业务结构，深化能力建设，持续提升综合金融服务能力，在完善风险合规体系、优化人力资源配置、强化信息科技应用、丰富品牌活动内涵等方面取得积极进展。

2019 年，公司营业收入为 23.95 亿元，同比增长 27%。其中：信托业务收入 19.1 亿元，同比增长 49%；固有业务收入 4.8 亿元，同比下降 18%。公司净利润为 8.88 亿元，同比下降 3%。截至 2019 年末，公司总资产为 104 亿元，净资产为 84 亿元。

2019 年，公司同业业务条线募集规模为 373 亿元，同比增长 18%；财富业务总部募集规模 337 亿元，同比增长 45%。

其中，自主募集 481 亿元，占总规模 68%。其中：个人客户规模 308 亿元，占比为 64%；机构客户规模（含集团、固有认购）173 亿元，占比为 36%。

（一）调结构，加快推动业务转型发展

公司严格落实“房住不炒”总要求，从严执行国家房地产调控政策，加强房地产信托规模管控。截至 2019 年末，公司房地产项目规模占比下降 7 个百分点。加大基础设施、工商企业项目推进力度，占比分别上升 39% 和 60%。同时，压降事务管理类信托规模，存续规模较 6 月末下降 22.9%。

（二）防风险，坚决打赢防范化解风险攻坚战

在提升风险管理能力方面，优化客户分类管理，加强信用风险、操作风险、流动性风险和市场风险等专项风险建设，完善全面风险管理体系。在夯实经营基础方面，及时把握资产变动

趋势，对存在减值迹象的资产进行资产减值测试，足额计提资产减值准备，夯实资产质量，切实提升抵御风险能力。在处置化解风险项目方面，严格按照“一户一策”原则，从组织架构、职责分工及流程建设等方面提高处置化解工作实效。

（三）抓基础，持续打造“三大平台”

“大服务平台”方面，积极打造战略客户服务体系、同业金融服务体系、个人客户服务体系，为不同类型的客户提供多元化产品服务，打造综合金融服务竞争力。“大风控平台”方面，一是设立风险管理执行委员会，强化风险管控的快速响应机制；二是加强风险管理专业化分工，在风险、合规、运营、审计等部门基础上，增设投后管理部、资产管理部，切实提升操作风险管控能力及资产保全能力。“大运营平台”方面，集中资产端和资金端的统一运营管理，实现项目全周期、全流程、全维度服务，有序引导运营工作层层落实，提高运营工作质量和效率。

（四）强文化，促进加快企业软实力建设

在品牌文化方面，以互融互促为原则，整合新媒体平台建设，深化品牌活动内涵，持续提升公司品牌影响力，助力业务发展。公司还积极履行企业社会责任，连续 4 年组织开展“银信封”公益活动，2019 年组织青年志愿者赴贵州施秉等地探寻最美乡村教师，进一步提升企业文化凝聚力。在研究创新方面，加强行业与市场研究，不断丰富研究成果。出版 2019 行业研究报告（蓝皮书），发布地产信心指数报告 4 篇，参与研究课题 5 项，多篇文章刊登于《中国房地产金融》等刊物。

二、创新业务案例

2019 年，公司密切关注宏观经济形势及信托行业发展变化，认真贯彻落实各项监管政策要求，加快推动业务转型发展，在资产证券化、债券投资、慈善信托、财富管理等领域取得积极进展。

一是资产证券化业务方面。公司积极发掘优质基础资产，涵盖融资租赁、商业物业、购房尾款、物业费、信托受益权等。尤其是积极发展供应链金融等应收账款证券化业务，拓宽中小企业融资渠道，降低企业融资成本。截至 2019 年末，公司存续资产证券化规模 447 亿元，同比增长 44%。

二是债券投资业务方面。公司持续强化主动管理能力，在债券市场产品设计、投资研究、信用分析等方面获得较大的提升，投向涉及运输、能源、汽车、医疗保健设备、生物科技等领域，为国家战略行业及重点项目提供金融支持。截至 2019 年末，公司存续管理债券投资产品规

模 80.85 亿元，同比增长 242%。

三是慈善信托业务方面。公司在股东中国建投建银投资有限责任公司的支持和委托下，设立“中国建投帮扶慈善信托”，信托总规模 6 000 万元，首次到位资金 3 000 万元。信托资金运专项用于支持帮助贵州省施秉县地区，解决贫困户脱贫的内生动力问题和因灾、因病、因学等原因而致贫、返贫的问题。

四是财富管理方面。公司积极推动财富管理体系优化创新，加快探索和实践家族信托业务。以“万泉”系列和“鸿泉”系列为载体，为高净值客户提供投资一体化、服务综合化的优质财富管理体验，满足客户多元化的资产配置及个性化的财富传承需求。截至 2019 年末，公司设立家族信托 3 单。

此外，公司充分利用自身专业研究力量，持续探索和研究信托行业功能定位，加大行业研究及业务创新投入力度，连续七年编撰出版《中国信托业研究报告》，发挥博士后工作站产、学、研相结合的作用，助推行业高质量发展。

三、社会责任履行情况

2019 年，公司秉承“价值创造、以人为本、和谐发展”的社会责任理念，立足公司发展中各利益相关方的普遍诉求，积极服务经济发展、产业转型、结构升级与社会进步的可持续发展大局，致力实现企业发展、员工发展、社会发展的和谐统一。

一是回归信托本源，积极履行企业发展责任。公司积极提升资本运营和资产经营能力，截至 2019 年末，公司净资产 83.45 亿元，实现净利润 8.88 亿元，较好地实现了国有资产保值增值。发挥信托制度优势，积极服务实体经济，不断拓展中小企业融资渠道，降低企业融资成本。持续优化完善消费者权益保护工作，忠实履行受托责任，切实维护消费者合法权益。坚持诚信合规经营，有效提高风险管理与处置能力。

二是坚持以人为本，认真履行员工发展责任。公司持续优化员工职业素质和专业能力培训体系，为员工提供多元共融的工作氛围和科学系统的培训发展体系，推出“森林”系列人才培养计划。研究完善员工社会保障体系，为员工提供稳定的就业岗位和合理的薪酬福利待遇，构建和谐劳动关系。广泛开展员工关爱活动，连续三年组织实施“员工入司周年”（星辰计划）文化纪念活动，推动和提升企业文化凝聚力，培育特色企业文化。

三是践行社会公益，积极履行社会发展责任。公司发起设立“中国建投帮扶慈善信托”，首次到位资金 3 000 万元。截至 2019 年末，上述慈善信托已实施扶贫项目 4 个，用于支持贵州省施秉县助教助学、激励扶贫、保险扶贫等领域。连续 4 年组织开展“银信封”公益计划，组织 19 人次志愿者赴甘肃省会宁县、贵州省施秉县探访最美老师，参与当地师生互动教学，并捐赠相关教学用具。积极贯彻落实国家“精准扶贫”政策要求，认购贵州省施秉县当地特色农副产品，扶助当地解决产品销售问题。

四、2020 年发展规划

2020 年，公司将始终坚持和加强党对国有企业的全面领导，坚决贯彻落实中央、集团、监管及地方政府关于疫情防控指示精神，更审慎评估好风险，更稳妥履行金融服务职能，更扎实开展经营管理工作，积极助力打赢疫情阻击战。同时，进一步坚持回归本源、优化结构，把服务实体经济作为出发点和落脚点，完善产品体系，切实防范化解各类风险，持续增强市场竞争力，为决战决胜当前规划目标、开篇谋划新一期发展蓝图开好局、起好步。

公司 2020 年经营工作思路是：围绕“稳发展、防风险、调结构”工作总目标，实施“信托文化建设”“人才体系建设”两项工程，深化“大服务”“大风控”“大运营”三大平台建设，推动公司高质量发展。

（一）开启信托文化建设工程

深刻领会 2019 年信托业年会精神，从 2020 年开始连续用五年时间花大力气开展信托文化建设，从顶层设计着手抓好 2020“教育年”开篇文章。

（二）构建人才体系建设工程

加快研究明确公司重点人才队伍建设目标，建立完善行业领军人才、精英人才和基石人才三个层次的人才引进、选拔、培养机制，支持和保障公司业务转型发展。

（三）提升综合化金融服务能力

一是以产业金融、服务信托为切入点扩大信托服务领域，积极支持实体经济。二是在财富管理和同业金融客户领域，大力拓展以满足组合配置需求的资管类信托产品。三是强化固有业务对信托业务的支持，发挥综合化服务的协同功能。

（四）深化风险管理专业能力

一是构建主体信用评级体系，提升信用风险识别和管控能力。二是推行行业和客户的风险限额管控，实现集中度风险控制。三是加强风险处置化解力度，多措并举推动存量风险资产的处置化解。

（五）夯实基础运营保障能力

加快重塑资金端运营体系，进一步提升资产端运营管理精细化水平，加大金融消费者权益保护工作。

（六）切实落实监管整改要求

认真学习领会监管关于重点风险领域现场检查意见，明确整改工作责任部门、责任人、整改时限，定期报告整改进度，切实提升监管意见落实工作的有效性。

中粮信托有限责任公司

一、2019 年经营概况

2019 年，中粮信托有限责任公司（以下简称公司）顺应国家战略，结合集团产业，体现中粮特色，完善内控管理制度，优化业务、系统流程，规范和提升公司治理水平，推进市场化机制建设，强化后台保障体系，实现公司资源重组优化，不断提升公司运营效率。

调整组织架构，明确高管分工。配合公司战略转型，打造核心竞争力，促进公司发展，公司对组织架构和领导班子分工进行调整优化，明确高管定位。公司成立专业事业部，拓展家族信托、消费金融、证券投资信托业务，培育新的利润增长点。

重建财富中心，持续打造财富专业管理能力。优化财富中心激励考核机制，支持销售团队建设，举全公司之力建设财富中心。财富直销规模占比自 7 月财富中心重组后保持着较快的增长水平，财富中心建设初见成效。

接受监管部门检查，抓好内控整改工作。自 2019 年 6 月开始，公司在半年时间内高密度地接受、配合国资委、银保监局、中粮集团三场现场检查、巡视。公司把监管部门、上级单位现场检查、巡视作为提升公司经营管理水平和发展质量的重要契机，公司制定详细完备的整改方案，切实抓好内部整改工作。目前，公司启动了专项咨询项目，已聘请德勤企业咨询（上海）有限公司作为第三方专业咨询机构提供解决方案。

强化投后管理，提升主动管理能力，组建了投后管理部，不断完善风险管控体系。通过完善风险闭环管理架构、改革投决会机制、完善 MD 职级体系、加强人才引进与培训、升级信息技术系统等一系列改革举措和制度建设，为公司的发展提供内生动力，推进公司的可持续发展。

经营业绩方面，公司全体员工、团队精诚团结，防风险，稳增长，调管理，取得了阶段性成果，达到了预期目标。公司 2019 年全年完成营业收入 8. 48 亿元，实现净利润 1. 16 亿元。

二、创新业务案例

农业金融作为中粮信托的特色化战略业务，历经多年探索与创新，其打造的供应链金融、农地金融等特色业务模式在普惠金融服务中小微企业、金融服务“三农”等方面有着突出贡献与表现，多次获得监管部门与中粮集团内外的好评和奖项。

公司持续推进上下游供应链业务。2019 年度上下游供应链项目放款规模 7.47 亿元，覆盖集团内外粮油、米面、红酒、饲料等方面的几十个经销商。同时，公司积极扩展与集团其他业务单元的供应链业务合作模式。公司通过与腾讯合作，加入了随借随还、大数据风控模型、线上平台系统等优化现有放款流程，保证了公司供应链产品的市场竞争优势。

农地金融方面，公司以融资手段为抓手，开展农业产业化项目及大规模订单种植项目，已实际投放资金 2750 万元。公司农业产业化平台 2019 年已完成上线，覆盖面积达 213 万亩。公司持续推进农村土地金融业务条线，推进易良平台建设。

2019 年度，公司农业金融业务重点开展农业产业化综合服务项目建设、提升村集体合作社素质、发展壮大农村集体经济等工作，结合集团主业和产业布局重点关注产粮大县。公主岭玉米种植项目从 2015 年开始发行第一期，到 2019 年共四期，总共发放信托贷款 5200 万元，累计投入玉米种植面积 10 万亩，支持了六家合作社，直接使该地 1 万多户农户家庭增加了收入，实现了土地适度规模化经营，带动了当地合作社发展。通过“易良平台”开发专门应用于宁安市农业生产社会化服务场景的农机手移动端管理软件，实现以作业轨迹、作业面积等监管手段提高收割环节合规性。

此外，公司在标准化产品方面具备一定的业务积累和优势。特别是汽车金融资产证券化业务，公司处于行业前列。截至 2019 年 12 月 31 日，公司标准化产品存续规模为约 406 亿元。

三、社会责任履行情况

2019 年，公司坚持服务实体经济、服务民生、服务投资者，认真贯彻国家经济金融政策和监管要求，加快转型和创新步伐，满足客户多样化金融需求，积极践行企业社会责任；公司始终坚持依法合规、稳健经营，不断完善风险防控体系，有效履行受托人职责和义务，维护受益人利益最大化。2019 年，公司向受益人分配信托利益 92.54 亿元。

消费者权益保护方面，公司一如既往地秉持“忠实良益，信任托付”的消费者权益保护理念，在 2019 年度实现了消费者权益保护工作的跨越式发展。第一，完善组织架构设置，为公司消保部配备专业人员和增加专项经费。第二，建立健全消费者权益保护各项规章制度，为保护投资者合法权益提供了有力的制度保障。第三，在公司设置消保信箱，公布消保热线，收集员工和来访客户意见，确保消费者沟通反馈渠道畅通。第四，强化消费者权益保护工作职能，将消保工作纳入了公司经营的各个环节。第五，多渠道开展金融知识宣传工作，尤其重视对新员工的培训工作，提高员工消费者权益保护意识和工作能力。

在外部教育和宣传方面，公司通过不同形式，对不同领域的投资者进行金融知识、消保知识、反洗钱知识等内容的宣传活动，积极参加人民银行及其分支机构开展的金融消费者教育活动。通过积极宣传金融知识、组织教育活动，有效提高了社会公众防范风险和金融消费者权益保护意识。

扶贫工作方面，公司存续的“中粮信托·安徽农担金寨猕猴桃产业扶贫‘劝耕贷’集合资金信托计划（第一期）”累计向国家级贫困县安徽金寨县的 11 个猕猴桃种植专业合作社、3 个家庭农场、1 个农业龙头企业发放信托贷款 2050 万元，开拓金融扶贫新模式。通过该信托计划中粮信托给国家扶贫地区金寨县的猕猴桃合作社提供了信托资金支持，有效解决了金寨猕猴桃产业融资难问题，并通过临时和固定用工、土地流转和入股的方式，带动建档立卡贫困户 300 户。2019 年，通过该项目的资金支持，当地合作社利用该资金加强了有机肥、喷滴溉设施的投入与管理，建设了 1 500 吨冷储库，以“金寨猕猴桃”品牌与阿里巴巴淘乡甜合作利用网站销售猕猴桃 110 吨，产值 420 万元，两年来扩大猕猴桃标准化种植基地 400 亩。由于该项目的支撑，2019 联合国世界粮食计划署投资 450 万元在金寨县建设了 300 亩猕猴桃产业扶贫基地，连接 150 户在册贫困户共同发展，稳定增收致富，并成为世界贫困地示范产业脱贫的典型。此外，公司向洛扎县提供扶贫资金 90 万元，用于洛扎县种养殖循环农业项目以及洛扎边境小康村建设。公司向河北省张家口市康保县屯垦镇达布沟村 65 户捐赠米面油合计 14950 元，开展精准扶贫。

反洗钱工作方面，公司陆续修订、制定了一系列反洗钱制度，弥补制度短板，反洗钱工作开展有据可依；公司设立了反洗钱工作委员会，负责贯彻落实中国人民银行、银保监会等监管部门制定的反洗钱工作方针、政策，监督指导反洗钱工作，并对反洗钱工作中的重大问题作出决策，组织架构建设进一步完善。此外，公司继续做好客户身份识别与交易记录保存工作，完善反洗钱系统建设，加强与监管部门的沟通与交流，并将客户服务活动与反洗钱宣传工作相结合，通过制作宣传海报、利用公司网站、微信公众号等渠道，强化反洗钱宣传工作，不断提升客户对反洗钱工作的认识，取得了良好的宣传效果。

四、2020 年发展规划

2019 年 11 月，公司认真总结了核心竞争力目标完成情况，深刻反思了核心竞争力建设中存在的问题，提出了核心竞争力调整、升级方向：财富专业管理能力、风险管控能力、农业全产业链服务能力。新三大核心竞争力建设战略的实质是核心区域、客户的服务能力，即业务拓展能力。公司将从费用额度、业务额度、审批、销售、考核与激励等方面给予核心区域、核心客户、核心团队大力支持。

（一）财富专业管理能力建设

全面打造财富专业管理能力，将从以下三方面着手：一是财富中心服务能力；二是财富投资能力；三是家族办公室。目前的重点在财富中心服务能力建设上，需要分别建设销售板块、销售支持板块和后台板块。2020 年，财富中心人员规划 100 人以上，销售规模目标 150 亿元；销售网络覆盖全国四大区域中心及其周边城市群。

（二）风险管控能力建设

提升风险管控能力，旨在用风险管控体系锁住风险底线，打造风险识别、定价、处置能力，从而提升对核心大客户、高收益项目、核心赚钱业务的获取能力。2020 年将重点完善全面风险管理与内部控制体系，开展风险排查与整改并加大风险项目的处置力度；制定提升投后管理和资产处置专业能力的具体措施，制定风险项目化解及处置方案，形成缓释风险长效工作机制，化解存量，严控增量，尽最大可能化解信托项目风险。

（三）农业全产业链服务能力建设

这是中粮信托作为中粮集团下属信托公司践行“产融结合、服务主业”的立身之本，也是在信托公司激烈竞争下的差异化经营之路，必须高举农金大旗不动摇。2020 年，供应链上下游累计发行规模 12 亿元；供应链下游业务增加覆盖 2 个业务单元；农地金融业务达到 1 亿元，覆盖 30 万亩农地；易良农事服务平台在黑龙江、吉林、新疆等区域覆盖超过 300 万亩农田；农地金融业务形成市场影响力。

（四）四大支持保障体系建设

一是人力资源支持保障体系，要建立个性化考核机制和有针对性激励模式。二是战略研发支持保障体系，要建立研发培训体系，提高研发能力。三是信息系统支持保障体系，要巩固核心业务系统，推进监管报送平台建设，整合完善营销信息系统，完善运营分析管理平台建设。四是风险管理支持保障体系，进一步完善风险管控体系。

中泰信托有限责任公司

一、2019 年经营概况

（一）固有业务开展情况

2019 年度，中泰信托有限责任公司（以下简称公司）固有业务除长期金融股权投资外，主要运用是权益类产品投资、固定收益类产品投资、现金管理等。公司固有业务全年共实现收入 24 203.06 万元，其中利息净收入为 508.79 万元，投资收益为 17 062.34 万元，公允价值变动损益为 4 830.32 万元，其他业务收入为 1 801.61 万元，资产处置收益为 0 万元。

截至 2019 年 12 月 31 日，公司资产总计为 476 139.60 万元，其中货币资产为 34 880.85 万元，贷款及其他应收款为 30 187.91 万元，交易性金融资产为 92 523.43 万元，可供出售金融资产为 78 052.31 万元，持有至到期投资为 12 649.39 万元，长期股权投资 213 329.73 万元，其他资产为 14 515.98 万元。

截至 2019 年 12 月 31 日，公司负债总计为 18 658.60 万元，包括应付职工薪酬 7 420.41 万元，应付税费 1 568.06 万元，其他负债 9 670.13 万元（见表 1）。

表 1　基本经营情况

主要项目	2019 年末余额（万元）	2019 年初余额（万元）	比上期增减（%）
资产总额	476 139.60	455 862.91	4.45
银行存款	29 488.51	47 287.75	-37.64
长期股权投资	213 329.73	200 892.20	6.19
发放贷款和垫款			
负债总额	18 658.60	20 740.85	-10.04
净资产	457 481.00	435 122.06	5.14

（二）信托业务开展情况

信托业务方面，2019 年度公司信托业务存续有所增长。截至 2019 年末，公司受托管理信托项目116个，实收信托余额为305.54亿元，比年初268.17亿元增加37.37亿元，增加13.94%。其中：单一信托84个，实收信托余额237.01亿元，比年初184.21亿元增加28.66%；集合信托24个，实收信托余额54.53亿元，比年初79.70亿元减少31.58%；财产权信托8个，实收信托余额14.00亿元，比年初4.25亿元增加229.41%（见表2）。

2019年，公司新发行信托产品35个，成立信托本金119.28亿元，包括存续产品分期发行和开放式产品申购在内2019年新增信托本金合计152.35亿元；清算信托产品29个（集合项目9个、单一项目20个），清算信托本金69.13亿元，包括存续产品部分结束和开放式产品赎回在内2019年兑付信托本金合计114.97亿元。全年向受益人分配信托收益20.20亿元。

表2　信托业务开展情况

信托项目类型	项目个数	实收信托金额（万元）
集合资金信托	24	545 331.81
单一资金信托	84	2 370 115.05
财产权信托	8	139 967.00
合计	116	3 055 413.86

截至2019年末，公司信托资产的主要运用方式及其比重分别为：贷款50.92%，可供出售金融资产18.36%，长期股权投资11.11%；信托资产的主要分布产业及其比重分别为实业52.40%，房地产18.00%，基础产业12.11%。

表3　信托资产的运用与分布

资产运用	金额（万元）	占比（%）	资产分布	金额（万元）	占比（%）
货币资产	12 355.61	0.38	基础产业	392 584.73	12.11
贷款	1 649 981.05	50.92	房地产	583 299	18.00
交易性金融资产投资	136 528.63	4.21	证券市场	143 258.63	4.42
可供出售金融资产投资	594 925.01	18.36	实业	1 698 091.96	52.40
持有至到期投资	130 376.20	4.02	金融机构	180 376.20	5.57
长期股权投资	359 822.05	11.11	其他	242 881.68	7.50
其他	356 503.65	11.00			
信托资产总计	3 240 492.20	100.00	信托资产总计	3 240 492.20	100.00

注："资产分布"项下"其他"主要为对固定收益类金融产品投资。

二、创新业务案例

2019年，公司在宏观经济下行的大背景下，"求生存、谋发展"，砥砺前行，积极创新。通过跨部门的"互动、联动"，公司深耕服务类信托项目。组织、协调各部门打开工作界面，全面参与到“严控风险，回归本源，转型发展，服务实体经济，重塑盈利模式”的各项工作任务中去。公司设立创新工作小组，依托金融科技，推动“产品”研究与优化工作进展。优化了服务机制，提高了展业效率，增强了服务实体经济的能力。此外，公司成立“绩效考评小组”，优化了各项考核指标，并让核心员工参与到考核中；加深员工对考核结果的认可程度，提升了公司内部管理能力及运营效率。

截至2019年第四季度末，公司存续信托计划116个，规模为305.54亿元，其中集合类信托合计54.53亿元，财产权信托合计14.00亿元，单一信托合计237.01亿元。2019年，公司金融创新发展情况主要为家族信托类的业务创新。

公司在开展家族信托业务时，始终认为着力点是服务受托业务。信托公司在对外提供服务受托的时候，很大比重会涉及包括开户建账、财产的保管登记、交易的执行监督、估值信息披露、最后的期间管理报告、清算报告相应的分类，家族信托是特色化的服务受托的分配体系。因此，公司开展家族信托业务时，更倾向于提供定制化、差异化服务，提升客户的服务体验，实现家族财富增值、财产权隔离、家庭财产多样化配置、家族财富代际传承等家族财富多重管理目标，而非简单追求规模拓展。公司设立的安诚1号、紫荆花1号、启泰3号等家族财富管理信托项目，由受托人接受委托人的委托，对其拥有的资产进行管理运作。当信托财产为现金类资产时，信托资金可用于投向现金类产品、银行内部评级为低风险的银行理财产品、非标准化债权类产品、银行间市场发行的利率债、信用债等。当信托财产为非现金类资产时，受托人根据信托文件的约定，对信托财产进行持有、转让等方式的运作管理。

三、社会责任履行情况

公司坚持以“利益相关者”的丰富内涵和维度承担社会责任，并倡导将企业发展与企业社会责任相结合。公司关注并纳入企业社会责任承担中的“利益相关者”包括公司员工、客户、股东、监管机构、社区、合作伙伴、媒体、社会公众等。公司遵守法律法规和监管要求，坚持可持续发展，以专业能力支持实体经济发展、支持民生保障类实业的发展，妥善履职，维护客户权益，严格落实监管要求，积极应对媒体问询，支持所在社区各项工作，最终为员工的职业发展提供保障，为股东创造价值。

报告期内，社会公益方面，公司员工第五年参与纯山教育基金会的“鞋盒礼物”公益项目，为乡村儿童准备新年礼物。报告期内，公司消费者权益保护工作委员会和消费者权益保护小组积极工作，公司组织包括“3·15”消费者权益保护日、反洗钱宣传教育活动、2019年“金融知识普及月　金融知识进万家　争做理性投资者　争做金融好网民”活动、防范非法集资宣传教育等，并在日常工作中审慎、妥善履行企业的社会责任，及时处理投资者的咨询、投诉和建议意见。

四、2020 发展规划

（一）建设高质量业务团队，夯实业务发展基础

1. 信托业务方面。第一，全力推进单一信托业务，适度兼顾集合项目储备。第二，构建公司本部（上海）和异地总部（北京、厦门）“三地联动”的空间格局。异地总部总经理为业务分管副总裁，对异地总部业务发展全面负责。2020 年，异地总部要做好业务团队组建，及各职能条线人员的合理配备，成为新的利润中心。第三，在团队实际招募中，坚持“两条腿走路”。人力资源部从市场上公开招聘，同时鼓励“以现有团队招募新团队”“以现有人员举荐新人员”的方式，降低招募成本，提升招募成效。

2. 固有业务方面。首先，严格按照监管部门的督导意见，将固有业务纳入公司“法人财产管理体系”，规范运行；其次，依据董事会授权范围，公司层做好固有资金管理与运用，在保证流动性和安全性前提下，提升资产组合收益；最后，继续优化固有业务评审体系，提升决策和操作效率。

（二）聚焦产品体系构架，推进“产品”向“商品”的转化实效

围绕公司层面制定的业务发展方向与重点，充分调动公司资源，集中力量开发产品（模型）；各部门发挥特长，服务广大客户，贴近真实市场，提供综合方案，整合内外资源，以实际效益为评判标准；吸收先进经验，规划发展路径，形成工作方案，持续滚动优化，提升“产品”向“商品”的转化成效。

（三）推进机制体制的优化迭代，满足发展新要求

1. 聚焦费用收支计划，加强“全面预算管理”。2020 年，受疫情影响，公司信托业务收入压力较大，必须有效组织好各项资源，协调好各项经营活动，提升收入，节约成本。目前阶段，公司应以财务预算为重点，做好收支平衡；并避免“贫困思维”限制经营管理活动；另外，公司将持续完善各项制度流程，夯实预算执行的基础。

2. 以“全面风险管理，全员合规管理”为抓手，实现经营活动的“全过程”管控。公司实行全面风险管理，建立健全风险管理体系。公司各部门明确风险管理目标、风险评估方法等活动，实现事前、事中和事后“过程化”管理，避免单纯的事后问责与纠偏。其中，风险评估方法一定要围绕公司经营目标，结合业务的风险偏好、风险容忍度、风险对策、压力测试等基本指标来选择。

划定公司的风险容忍度。全面风险管理有利于公司发展战略与公司风险容忍度相一致，让增长、风险与回报相关联，从而协助董事会划定达成目标的可承受风险底线，使经营层更好地执行董事会下达的经营目标，在“红线内”全力推动业务，获取合理收益。

公司实行全员合规管理。在2020年发展中，公司将首先积极推进合规文化建设，防范金融服务伴随的信用风险、操作风险、声誉风险；其次，公司正在运行及未来发布的制度由合规管理部负责解释，杜绝任何形式的制度黑洞与制度套利；再次，全员合规管理与全面风险管理相呼应，公司的监督部门将对经营管理活动的“事前、事中、事后”全过程介入，避免单纯的事后问责与纠偏；最后，应主动寻求合规空间，与风险管理相呼应，并且在满足合规底线的基础上，尽可能简明制度，简化流程，让员工与管理者都更加高效地操作与执行。

3. 以信息技术引领业务发展，推进公司的业务发展和精细化管理。在当前快速发展的信息时代，信息技术往往会带来颠覆性的商业变革或巨大的商业机会。公司计划通过升级或更换现有系统，打造一套业内领先的业务系统。新系统须满足可配置、可二次开发的要求，面向互联网化，面向新型组织，面向未来五年，面向监管要求，面向风险管理。

中原信托有限公司

一、2019 年经营概况

2019 年，国际经济增长持续放缓，国内经济下行压力持续加大，金融监管持续从严，各种风险挑战明显上升。面对复杂困难的经营环境，中原信托有限公司（以下简称公司）领导班子团结带领全体员工，坚持以习近平新时代中国特色社会主义思想为指导，扎实开展“不忘初心、牢记使命”主题教育，坚持稳中求进工作总基调，按照“强化风控、狠抓营销、换挡提质、力促转型”的经营思路，积极应对，认真谋划，迎难而上，攻坚克难，超额完成全年主要经营指标，各项工作取得积极进展。截至 2019 年末，公司资产总额达 1 892.94 亿元，比年初的 1 891.38亿元增加 1.56 亿元，增长 0.08%。其中信托资产为 1 788.9 亿元，固有资产为 104.04 亿元。实现总收入 10.45 亿元，实现利润总额 5.44 亿元，实现净利润 4.12 亿元，完成董事会年度目标任务 4 亿元的 102.88%。

（一）主要业务实现健康发展

公司着力促进业务转型发展。信托业务方面，累计新增信托规模 704 亿元，比上年同期增加 19 亿元，增长 2.8%。年末信托规模余额 1 771 亿元，比上年同期增加 745 万元，体现了公司抢抓业务的良好成效。固有业务方面，固有资金投资的 7 家企业，实现股权投资收益 2.09 亿元，同比增长 8%，切实维护公司权益。

（二）营销工作取得积极成效

公司加强自然人和一般机构营销，提高产品发行效率，科学制订产品排期计划，平均发行周期为 3.8 个工作日，同比下降 2.2 个工作日。实现自然人和一般机构直销规模 100.02 亿元，同比增加 19.35 亿元，增长 24%。不断深化与金融机构的业务合作，抓住有利时机，首次实现与交通银行的代销合作以及光大银行的直销合作。创新营销策划，新增“一页宝”推介材料，提升电话营销沟通效率。改进与媒体的合作方式，提升营销团队及营销人员的社会认可度。

（三）风险与合规管理工作扎实有效

公司严把项目准入关。一是优化授信原则。调整基础设施信托业务授信标准和风控要求，引导业务开展方向；提高房地产信托项目准入门槛，降低项目集中度。全年对166个新增项目和74个复议项目进行了审议，努力从源头防控项目风险。二是防范法律合规风险。深入研究法律法规和监管政策，加强对项目方案细节的管控，防范法律合规风险。全年对449个项目进行了法律合规风险审查，出具法律合规意见书436份。三是加强存续项目管理。提高风险排查工作质量，努力做到风险早发现、早预警、早处置。公司全年累计清算到期项目599个，按时足额交付到期信托财产704亿元，向客户分配信托收益108亿元，为投资者创造了安全稳定的投资回报。

二、创新业务案例

公司转型创新业务取得实质性进展。资产证券化业务方面，取得了实质性突破，落地实施了1只资产支持票据信托和1只资产支持专项计划，规模共计23.42亿元；成立了3只类资产证券化产品，规模共计30.1亿元。慈善信托方面，成立了期限永续的恒大慈善信托，规模为9 900万元。

三、社会责任履行情况

（一）管理和服务责任

一是完善法人治理结构，落实“三重一大”决策制度。努力构建分工合理、制衡有力、监督到位、运行顺畅的法人治理结构，进一步完善董事会对高级经营层、高级经营层对下属的授权体系，细化了各个层级的职责边界、议事规则和决策程序。二是完善内控体系，严守风险底线。严格遵循有关法律、规则和准则要求，按照“行为有规、授权有度、检查有力、控制有效”的内控合规总体要求，努力健全合规管理机制，积极开展合规管理工作，实现了对风险进行事前防范、事中控制、事后监督。三是竭诚服务客户，建立完善产品服务体系。坚持“以客户为中心”的服务理念，优化业务办理流程，提高产品签约和业务办理效率，不断提升客户服务水平，加强消费者权益保护，从客户需求出发，以维护“受益人利益最大化”为根本宗旨，恪尽职守，忠实履行受托人业务，竭诚为客户提供优质、高效、专业的资产管理和财富管理服务。

（二）经济和诚信责任

公司在“强化风控、狠抓营销、换挡提质、力促转型”战略指导下，深入挖掘河南自贸区及国家中心城市等国家战略发展机遇，全年新增河南省内信托融资353亿元。在全国范围内拓展市场，业务发展形成以郑州为中心，辐射华北、华东、华南、西南等区域的战略布局，全年实现净利润41 151.74万元，为股东创造了价值。

（三）员工责任

一是保障员工基本权益，关注员工身体健康。坚持以人为本的发展理念，建立完善的薪酬福利体系，优化员工成长成才环境，在招聘、录用、岗位调动、薪酬待遇、干部选拔任用等各环节坚持公开、公平、公正原则，保障员工重大事项的知情权、参与权和监督权。同时，高度重视员工健康与安全保障，定期举行各类文体活动，定期组织体检，传递积极向上的生活工作理念。二是加强员工专业培训。组织全员现场培训12次，参加外派培训项目67个，累计参训1 206人次。培训内容涉及营销管理、风险合规管理、信托产品与业务创新、反洗钱与消费者权益保护、信息系统培训等多个方面。组织两期全员团建活动，不断提升员工综合素质，加强团队建设，实现员工与企业共同发展。三是关爱女性员工和退休员工。公司积极组织女性员工“三八节”活动和专项健康体检，将对员工关爱落到实处。坚持对老员工“三必访”和节假日慰问，提供生活保障和关爱。

四、2020年发展规划

综合宏观经济金融形势、行业发展趋势和公司实际情况，2020年的工作思路是：回归信托本源，加快业务转型，推动公司高质量发展。工作重点是：因势利导，着力把握业务发展方向；开拓创新，着力推进业务转型发展；强化营销，着力保障产品发行需要；加强管理，着力提高经营管理水平；加强党建，着力发挥党的领导核心和政治核心作用。

（一）深化改革，着力破解体制机制难题

一是加强信托文化建设。以文化建设促进信托业经营模式转变、服务宗旨转变、合规意识提升、人员素质提高及法治建设突破。二是加强信托公司股权管理和资本监管。落实股东责任，加强公司治理。三是合理控制并逐步压降融资类信托业务。强化融资类信托业务风险防范和管控能力建设，正确理解转型发展方向，提高主动管理能力。四是启动信托产品净值化管理工作。引导投资者正确认识和使用信托单位净值，建立完善的净值管理体系。

（二）积极发展转型创新业务，做精做优传统业务，努力打造可持续业务模式

一是信托业务方面。信托业转型发展既是“资管新规”的政策导向，也是经济下行大环境

下的市场取向，更是信托业打造专属可持续商业模式的内在要求。积极适应创新业务特点，强化团队建设、创新机制、项目评审、法律支持、运营管理和信息技术保障等方面的协同作用，加快公司2019年度创新研究成果的落实落地和复制放大，坚定转型信心，坚决转型。二是固有业务方面。面向公司业务转型发展的要求，抓好团队建设，提升资产配置能力，不断开拓思路，用好资源，做好项目开拓。

（三）持续增强销售能力，努力保障产品发行需要

一是继续强化自然人营销。加强与高净值客户资源集中的平台机构合作，对接、整合、导入高净值客户资源，扩大和转化新增客户群体。二是扩大金融机构直销代销规模。加强与可以直投信托产品的金融机构的沟通力度，及时掌握其直投政策动向，深入挖掘客户需求。三是加强营销管理。科学合理制订发行计划，提前做好发行准备工作，提高发行的计划性和效率。四是稳步推进账户管理信托业务。认真梳理符合账户管理信托业务条件的客户资源，储备潜在客户。五是加强团队建设，用好各种业务资源。充实人员队伍，加强管理，做强异地财富中心。

（四）加强内部管理，努力提升经营水平

一是综合管理方面。发挥好办公室的中枢职能作用，完善法人治理结构，确保公司各项决策部署全面及时落实。二是研究发展方面。完善研究创新机制，推动研究成果更具有操作性。三是人力资源方面。提升人才引进工作的前瞻性，落实人才培养规划，推进经营层职业经理人制度改革，进一步调动全体员工的积极性、主动性和创造性。四是计划财务方面。研究信托产品净值化管理工作，继续做好财务管控，努力实现增收节支。五是信息化建设方面。持续推进数据治理，完善信托系统功能，加强网络安全建设，满足业务发展需要。

（五）加强党风廉政建设，促进公司高质量发展

一是创新党建工作形式。坚持以习近平新时代中国特色社会主义思想为指导，深入学习贯彻党的十九大，十九届二中、三中和四中全会精神，全面落实省委巡视反馈问题的整改任务，加快改革的实际行动，形成党建工作与业务工作相互融入、相互促进的新局面。二是健全党建责任机制。坚持党建工作“两手抓、两手都要硬”的指导思想，进一步健全和落实基层党建工作机制。三是严明政治纪律规矩。强化政治监督，全面贯彻执行中央和省委重大决策部署，确保政令畅通。加强作风建设，加大监督检查力度，坚决反对形式主义和官僚主义。四是做实日常监督和长效监督。准确把握和运用“四种形态”，加大对重要领域、重点岗位、关键环节和选人用人的监督检查，强化内控制度执行，规范权力运行，建立健全派驻纪检监察组监督执纪工作制度。

紫金信托有限责任公司

一、2019 年经营概况

2019 年，紫金信托有限责任公司（以下简称公司）有效践行“做好加减乘除法，从心出发再创业”的经营策略——对外做“加法”，扩大“双中战略”客群；对内做“减法”，删减低效业务支脉；效能提升做“乘法”，控制风险做“除法”。公司在建设“特征鲜明的细分市场领军企业”之路上稳步前行，全年营业收入为 11.03 亿元，同比增长 37.16%，完成年度计划目标 148.53%；利润总额达 7.14 亿元，同比增长 16.96%，完成年度计划目标 127.59%；净利润为 5.32 亿元，同比增长 18.88%，完成年度计划目标 126.81%；净资产收益率为 13.49%，超出年度计划目标 2.7 个百分点。

在中诚信国际发布的 2019 年度信用评级报告中，公司获评 AA + 级主体信用评级，评级展望为稳定。公司在信托业协会的行业评级中连续第四年获得最高评级 A 级。年内，公司荣获由中国企业联合会、中国企业家协会颁发的“2018—2019 年度全国企业文化优秀成果”二等奖。公司在中国银保监会江苏监管局开展的银行业金融机构消费者权益保护工作考核评价中获得非银机构第一名。

（一）强基固本，顺势而为，资产管理各项业务质效齐升

基础设施业务充分利用自身优势禀赋，积极发力做好“城市经营金融服务商”，制定“一城一策”展业策略，紧抓业务窗口和政策机遇，有的放矢开展工作，取得了业务规模、业务利润、资产质量的“三提升”。不动产业务坚持“头部策略”及“三本策略”，发力“总对总”合作。普惠金融业务，形成专业化平台格局，服务小微企业和个人客户能力不断提升，迈出成为“信托行业内特色鲜明的、综合性小微金融服务商”的坚实一步。资产证券化业务成功发行全国首单银行间市场公募保障房 ABN、江苏首单绿色租赁资产证券化信托、丰田汽车金融个人汽车抵押贷款资产支持证券。

（二）精心布局，优化服务，财富管理募集效能持续优化

公司致力于成为客户身边有信、用心的财富好伙伴。年内，推出“现金稳利”“聚金”等创新产品，进一步满足客户多层次、多元化资产配置需求。完善远程双录系统、微信服务号、公众号、积分商城等线上工具，提升客户服务的便捷度。持续开展“闺蜜下午茶、读书俱乐部、棋牌俱乐部、行者俱乐部、摄影俱乐部”五大俱乐部组织系列活动，提升服务品质。积极开展“反电信网络诈骗宣传月”“3·15 消费者权益保护日”“防范非法集资宣传月”“金融知识进万家”等多种活动，提高客户投资风险意识，为客户资金安全持续保驾护航。同时，公司通过实施“客户策略 + 产品策略 + 场内交易策略”等组合化条线发展策略，扩大同业客群，持续增强服务金融同业客群能力。

（三）合规先行，做好防控，风控创造价值理念不断彰显

公司持续践行“风控创造价值”理念。公司持续构建合规经营和风险防控长效机制，推进合规制度建设，加强案件防控，坚守合规经营。公司在严守风险底线的前提下，与时俱进，不断丰富、调整风险管理思路、办法和手段，完善风险管理体系，更新《审查审批管理办法》，进一步提升评审会专业能力和履职要求。前台与中台部门根据公司展业策略，携手制定“一城一策”展业指引、客户评价指标体系，完善量化模型，把好项目入口关。积极推动个人征信接入工作，已获得人民银行批准。

二、创新业务案例

公司积极响应国家发展绿色经济、构建绿色金融体系的战略要求，坚持服务地方经济建设的经营理念，探索绿色金融发展之路并取得了一定成果。

1. 项目概况。2019 年 6 月，公司受托的绿色租赁资产证券化信托项目完成银行间市场簿记发行并正式成立。项目发行总规模为 19.2 亿元，票面利率 3.68% ~5.50%，基础资产为绿色租赁资产。

2. 交易结构。某金融租赁公司作为发起机构以部分租赁资产作为信托财产委托给公司，设立绿色租赁资产证券化信托。公司以该项目信托财产为支持，发行优先 A 级、优先 B 级和次级资产支持证券，以信托财产产生的现金为限支付本期证券的本息及其他收益。优先级证券经向中国银保监会备案和中国人民银行批准在全国银行间债券市场以簿记建档方式向机构投资者发行，由中央国债登记结算有限责任公司统一托管，次级证券由发起机构全部自持（见图 1）。

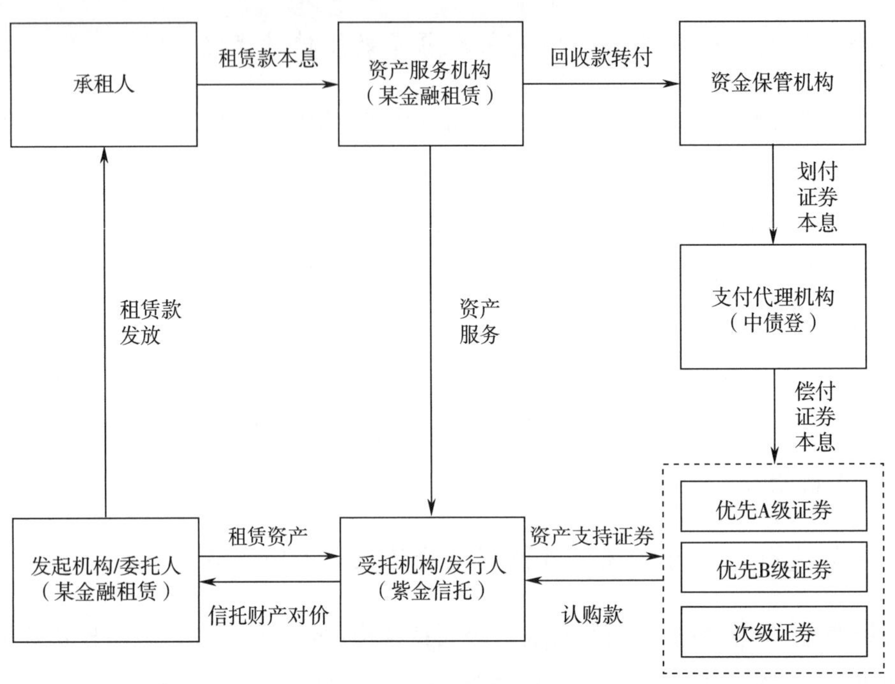

图1 交易结构

3. 项目创新点。该项目是江苏省首单绿色租赁资产支持证券，也是金融租赁公司在银行间市场发行的首单绿色租赁资产支持证券。入池的40笔基础资产全部为符合《绿色债券支持目录》的绿色租赁资产，且募集资金全部投放于《绿色债券支持目录》规定的绿色产业项目，属于“双绿”资产证券化产品。

绿色资产证券化项目能够有效帮助企业盘活存量资产、拓宽融资渠道、降低融资成本。该绿色资产证券化项目实现了资金、资产“双绿”，支持绿色融资租赁业务的发展，此次项目的发行对国内绿色产业项目的融资起到了良好的示范作用，具有突破性意义。公司绿色资产证券化项目的发行，契合国家经济发展战略，有效服务地方经济建设，成功将绿色金融与资产证券化这一创新金融工具结合。绿色基础资产和资金的绿色投向，能够引导投资人的环保理念，推动资本向绿色产业汇聚，促进区域内绿色金融发展，具有较强示范效应。

三、社会责任履行情况

公司秉持“责任·专业·开放·分享”的企业文化，以“诚”为本，以“信”为基，在严格履行受托人职责的同时，将社会责任理念和要求融入公司发展。

公司积极回归信托本源，发挥制度优势，持续创设、创新慈善信托，并围绕慈善信托开展志愿服务，积极履行企业社会责任。一是在原有八期“紫金信托·厚德”系列公益慈善信托的基础上，设立“紫金·厚德9号”慈善信托，“紫金信托·厚德”系列公益慈善信托已累计募集资金770余万元，救助困难家庭残障和重病儿童500多人次。与此同时，依托“紫金·厚德”慈善信托品牌，做好“厚德”志愿服务，持续面向受助困难家庭重病儿童开展康复训练、特长教育、患儿家访。二是创新慈善财产形式，设立“紫金信托·小银星艺术助学”慈善信托。委托人南京小银星艺术培训学校以艺术培训课程的使用权为信托财产，为100名老少边穷地区及城市困难家庭弱势女童提供艺术助学救助。这一创新模式，为丰富慈善信托财产类型进行了有益尝试和创新，对于推动社会各界资源参与慈善事业，助力慈善信托发展具有重要探索意义。三是设立“紫金信托·厚德自强”慈善信托计划，根据慈善组织的慈善支出安排，在资金闲置期间对慈善资金进行保值增值的专业化管理，进一步提高了慈善财产运作效率。

公司将维护消费者权益有机融入经营管理、企业文化和日常工作。2019年，公司进一步建立健全消费者权益保护制度体系，并积极开展金融知识宣传，增强消费者识别和防范金融风险的能力。

2019年，公司严格遵守法律法规、监管部门规章、规范性文件，坚持诚信经营，稳健发展；自觉履行纳税义务，依法、及时、足额纳税；严格履行受托人职责，强化建设全面风险体系，保障委托人及受益人利益；秉承“以人为本”的人才发展理念，营造良好工作环境，促进员工与公司共成长。

四、2020年发展规划

2020年，公司将按照“稳中求进”的总体工作思路，抓好“三个维度”，提倡实干，向市场要厚度；提升能力，向市场要深度；提高协同，向市场要宽度，致力实现“防风险，稳增长”的发展目标。

提倡实干，向市场要厚度，就是要利用优势禀赋，聚焦成熟业务模式，苦干实干，做厚公司可持续经营的安全垫。提升能力，向市场要深度，就是要找到能力提升点，切实加强细分领域专业能力，做深做透，形成公司长期发展的比较优势。提高协同，向市场要宽度，就是要打破部门界限，形成公司统一合力，协作互补，构建公司新一轮发展的增长极。

四、2020 年发展规划

中国信托业
2019—2020
年鉴(上卷)

协会发展与成效

第一部分　信托行业季度评析

2019年第一季度中国信托业发展评析

中国信托业协会特约研究员　周　萍

2018年下半年宏观经济下行压力增大，中央政策基调由“强监管、去杠杆”转向“稳增长、稳杠杆”，2019年第一季度以来“宽货币”向“宽信用”传导效率改善，信托融资需求回暖，尤其是基础设施领域，叠加经济预期改善、前期通道乱象整治缓释风险，2018年被动收缩趋势逐渐收敛，信托主动投放意愿增强。

一、信托资产规模下行趋势收敛，固有资产保持增长

（一）信托资产

截至2019年第一季度末，全国68家信托公司受托资产规模为22.54万亿元，较2018年第四季度末下降0.7%，降幅进一步缩窄；同比增速较2018年第一季度末的16.6%放缓至-12.0%（见图1），预计下一季度信托资产规模将呈现企稳回升态势。其中，融资类信托规模为4.62万亿元，较2018年第四季度末增加约2710亿元，占比由19%升至20%；投资类信托规模为5.19万亿元，较2018年第四季度末增加861亿元，占比由22%升至23%；事务管理类信托规模为12.73万亿元，较2018年第四季度末减少5191亿元，尽管占比仍接近60%，但较2018年第四季度末继续回落2个百分点。

从信托资金来源来看，截至2019年第一季度末，单一资金信托占比为42.30%，较2018年第四季度末下降1.03个百分点；集合资金信托占比为42.10%，较2018年第四季度末上升1.98个百分点；管理财产类信托占比为15.59%，较2018年第四季度末下降0.96个百分点（见图2）。在当

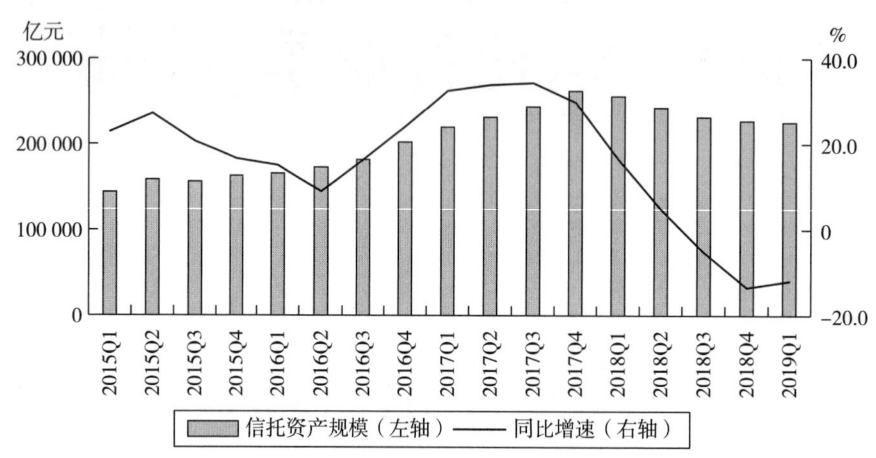

图 1　2015Q1 至 2019Q1 信托资产规模及其同比增速

前“去通道、去嵌套”的严肃监管氛围下，传统银信合作通道业务规模仍在收缩，集合资金信托占比不断提高，与单一资金信托占比平分秋色。近年来，信托公司普遍加强财富渠道建设，注重主动管理能力培养，集合资金信托占比有望进一步提升。

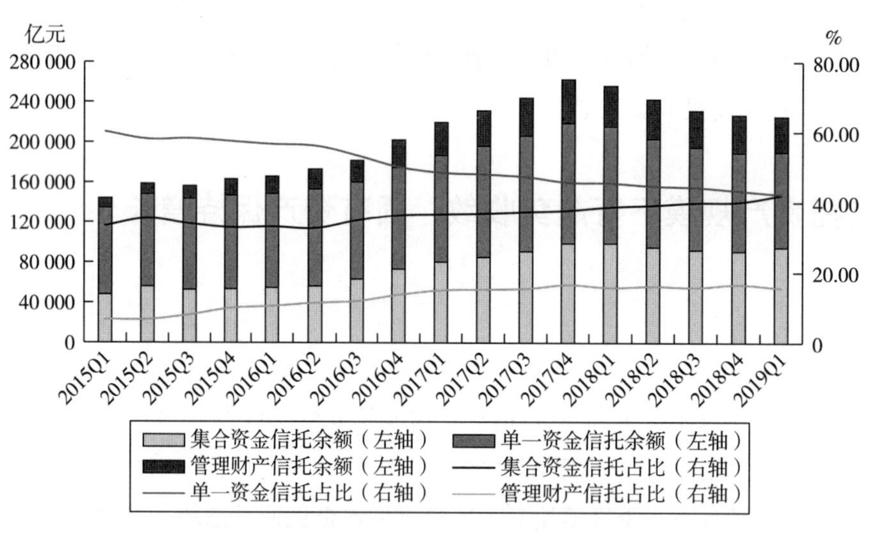

图 2　2015Q1 至 2019Q1 信托资产按功能分类的规模及其占比

（二）固有资产

截至 2019 年第一季度末，固有资产规模为 7 270 亿元，较 2018 年第一季度末增长 8.8%，较 2018 年第四季度末增长 1.1%。

从固有资产类别来看，投资类资产占比仍最大，且呈小幅上升趋势，2019 年第一季度末占比为80.11%，较2018年第四季度末上升2.32个百分点；货币类资产占比较上季度末下降3.09个百分点；贷款类资产占比较上季度末上升0.81个百分点。投资类资产占比呈现小幅上升趋势，这表明信托公司日益重视固有资金的运用效率，增加长期股权、投资类业务的配置比重。

从所有者权益的构成来看，截至2019年第一季度末，实收资本为2 654.15亿元，占比为44.54%，较2018年第四季度末下降1.62个百分点；未分配利润为1 762.18亿元，占比为29.57%，较2018年第四季度上升1.2个百分点。在防范系统性风险的底线思维导向下，监管机构将进一步督促信托公司强化资本管理，以满足抵御固有业务非预期损失和作为受托人履职不当所导致非预期损失的需要，部分信托公司未来或将进一步增资扩股。

2015年第一季度至2019年第一季度所有者权益增速如图3所示。

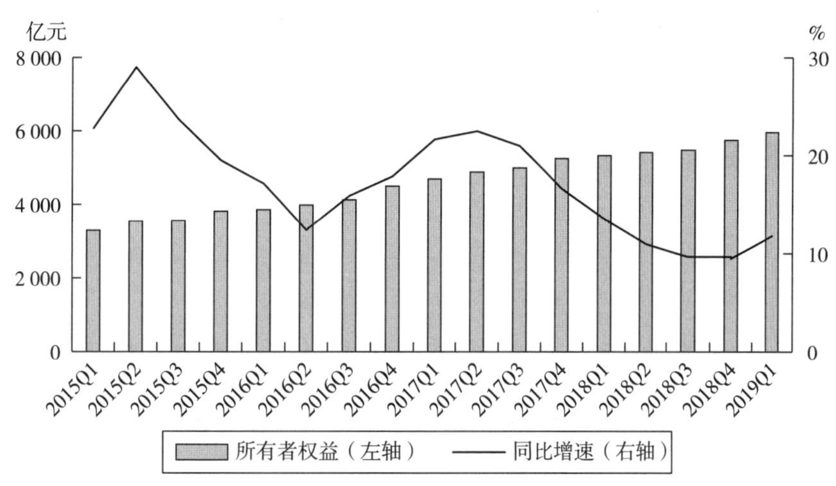

图3 2015Q1至2019Q1所有者权益及其同比增速

（三）风险项目

截至2019年第一季度末，信托行业风险项目1 006个，规模为2 830.59亿元，信托资产风险率为1.26%，较2018年第四季度末上升0.28个百分点。其中，集合类信托占比61.57%，较2018年第四季度末下降0.17个百分点。这主要源于2018年金融“去杠杆、强监管”政策下，银行表外资金加速回表，同时平台公司举债受到限制，企业现金流相对紧张，少数信托公司展业比较激进，信用下沉较大，导致逾期甚至违约事件增多。自“资管新规”出台之后，信托公司普遍加强主动管理能力与风控能力建设，信托行业总体风险可控。

2015年第一季度至2019年第一季度信托资产风险率如图4所示。

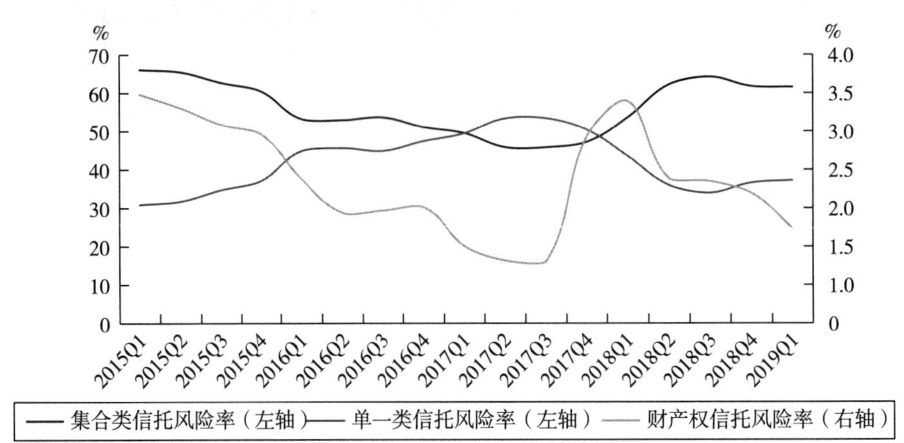

图4　2015Q1 至 2019Q1 信托资产风险率

二、经营业绩增速有所回落，但信托报酬率明显提高

（一）经营业绩

2019 年第一季度，信托业实现经营收入 230.58 亿元，较 2018 年第一季度减少 5.25%；利润总额为 184.97 亿元，较 2018 年第一季度增长 10.32%，增速较前两个季度明显提升（见图 5）。

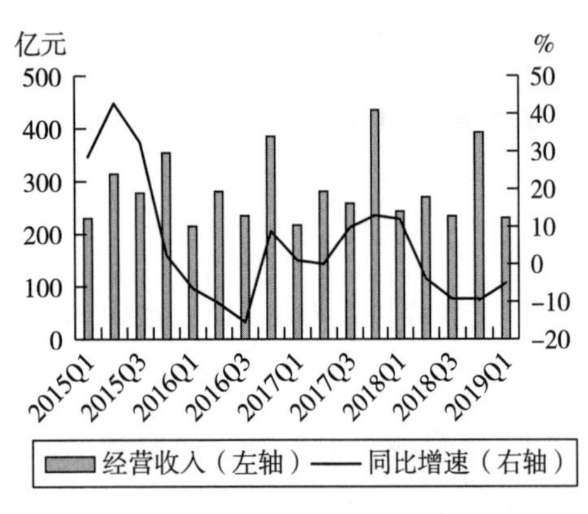

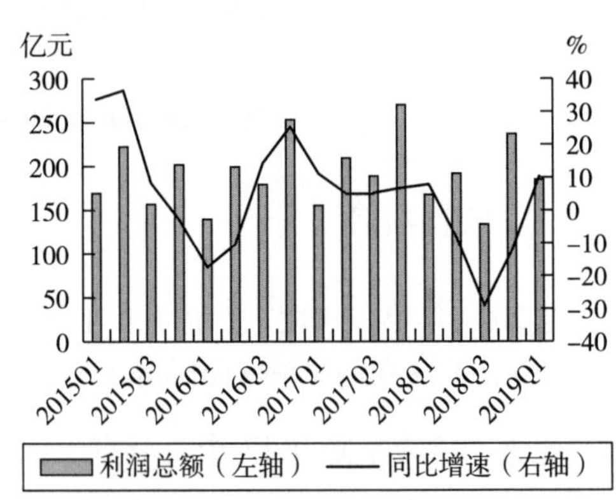

图5　2015Q1 至 2019Q1 经营收入、利润总额及其同比增速

（二）收入结构

2019 年第一季度，信托业务收入为 168.42 亿元，较 2018 年第一季度减少 7.48%，占比为 73.05%，较 2018 年第四季度上升 4.51 个百分点；固有业务收入为 59.74 亿元，较 2018 年第一季度增长 2.00%（见图 6），占比为 25.91%，较 2018 年第四季度下降 0.01 个百分点。在中央

强调金融回归主业的政策导向下，信托公司大力发展信托业务，信托业务收入成为行业利润贡献的主要来源。

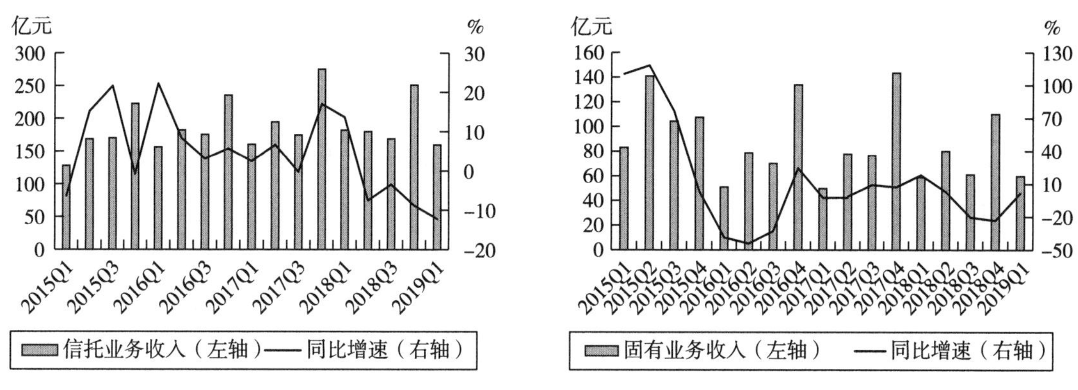

图6　2015Q1 至 2019Q1 信托业务收入、固有业务收入及其同比增速

（三）经营效率

从人均创利来看，2019 年第一季度人均利润 72.21 万元，较 2018 年第一季度增长 17.50%。近年来，信托公司纷纷加强公司治理，提升信息化水平，精减中后台人员，优化内部管理流程，不断向精细化与智能化靠拢，行业人均创利有望进一步提高。

从信托报酬率来看，2019 年第一季度平均年化综合信托报酬率 0.43%（见图 7），较 2018 年明显提高。这主要源于 2018 年“资管新规”落地后，通道与多层嵌套业务不断清理与压缩，信托公司主动管理能力增强，信托业务结构优化，带动信托报酬率提高。

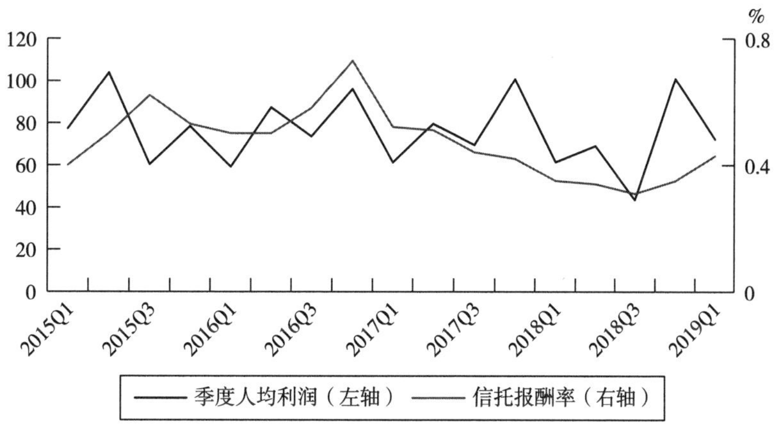

图7　2015Q1 至 2019Q1 人均利润与信托报酬率

三、服务实体经济力度不减，地产与基建信托投资反弹

从信托资金的投向来看，截至2019年第一季度末，投向工商企业的信托资金占比依然稳居榜首，其后依次为金融机构、基础产业、房地产、证券投资等。相较于2018年第四季度末，投向基础产业与房地产领域的信托资金占比有所上升，投向金融机构与证券投资领域的信托资金占比有所下降（见图8）。

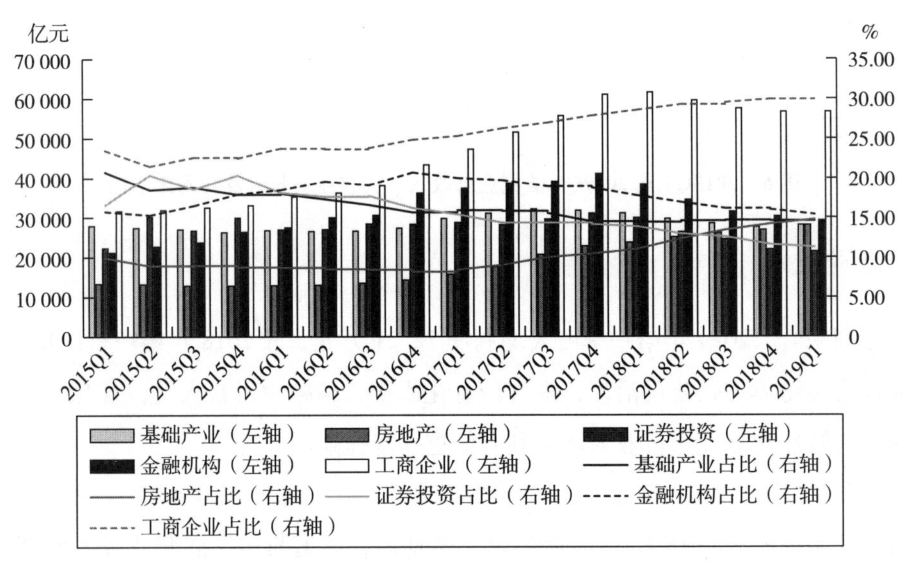

图8　2015Q1至2019Q1信托资产投向及其占比

（一）工商企业

自2012年第二季度以来，工商企业始终处于信托资金投向的第一大领域。截至2019年第一季度末，投向工商企业的信托资金余额5.67万亿元，较2018年第一季度末下降7.89%，占比为29.80%，较2018年第四季度末小幅下降0.1个百分点。近年来，信托公司积极响应国家要求金融服务实体经济的号召，加大对民营企业、中小微企业的支持力度，尤其是战略性新兴产业领域。

（二）金融机构

截至2019年第一季度末，投向金融机构的信托资金余额为2.92万亿元，较2018年第一季度末减少23.82%，占比为15.37%，较2018年第四季度末下降0.62个百分点。自2017年第一季度以来，流向金融机构的信托资金占比呈现逐步下降趋势，这主要源于近两年来监管部门加

大对金融同业业务的整治力度，限制或禁止通道与多层嵌套的监管套利行为。自2018年第四季度以来，中央政策基调转向“稳增长、稳杠杆”，银信合作监管尺度有所缓和，信保合作相关政策规定正迎来调整，信托金融同业业务有望逐步回归常态。

（三）基础产业

截至2019年第一季度末，投向基础产业的信托资金余额2.81万亿元，较2018年第一季度末减少9.57%，占比为14.77%，较2018年第四季度末上升0.19个百分点。2018年第四季度《国务院办公厅关于保持基础设施领域补短板力度的指导意见》出台，提示地方政府化解隐性债务风险，防范出现系统性金融风险，增强了金融机构对平台公司融资的信心，信政合作业务迎来政策“拐点”。作为国家逆周期调节的重要手段，自2019年初以来基础设施建设投资明显提速，预计未来流向基础产业的信托资金或进一步增加。

（四）房地产

截至2019年第一季度末，投向房地产的信托资金余额为2.81万亿元，占比为14.75%，较2018年第四季度末上升0.56个百分点。自2019年第一季度以来，全国首套房平均贷款利率回落，商品房销售有所回暖，房企新开工意愿增强，预计短期内房企的信托融资需求或难以降低。

（五）证券投资

截至2019年第一季度末，投向证券投资的信托资金余额为2.14万亿元，较2018年第一季度末减少28.40%，占比为11.26%，较2018年第四季度末下降0.33个百分点。其中，投向股票的资金占比上升0.31个百分点，投向债券的资金占比下降0.7个百分点，这主要源于2018年第四季度以来，人民银行“宽货币”政策持续推进，A股市场迎来估值修复行情，借助信托渠道流向股票的资金略有增多。2019年第一季度中国经济表现与社融数据均超预期，人民银行第一季度例会暗示货币政策进入“观察期”，保持松紧适度，预计短期内证券投资信托或难以大幅增加。

四、重视财富直销渠道建设，积极拓宽信托展业空间

（一）发挥信托制度灵活优势，响应金融供给侧结构性改革号召

习近平总书记在中央政治局第十三次集体学习时强调，深化金融供给侧结构性改革，增强金融服务实体经济能力。过去10多年，在银行信贷覆盖范围受限、证券市场不够发达的背景

下，信托有效弥补了传统融资渠道的不足，有效地缓解了金融体系中供给过剩与供给不足并存的问题。信托公司应继续发挥信托制度灵活优势，积极践行金融供给侧结构性改革，为解决实体经济短板中融资难、融资贵问题贡献力量，支持民营企业、中小微企业发展，助力“中国制造 2025”“一带一路”“乡村振兴”等国家重大战略的落地。

（二）加大创新业务推进力度，服务信托或迎来发展良机

在我国超前消费观念不断增强、高净值人群数量不断增多的社会背景下，消费信贷与家族财富保值增值与传承的需求日益旺盛，多家信托公司已将消费金融与家族信托作为重点打造的创新业务板块。2018 年末，中国银保监会副主席黄洪在中国信托业年会上提出“信托业务坚持发展具有直接融资特点的资金信托，发展以受托管理为特点的服务信托，发展体现社会责任的公益（慈善）信托”。官方首次提出“服务信托”概念，明确服务信托不同于资金信托，服务信托或迎来发展契机。

（三）加大财富直销渠道建设，积极适应监管新环境

“资管新规”对通道与多层嵌套进行规范，金融同业资金投资信托产品受到更多约束，信托产品募集资金难度增大，倒逼信托公司加强自身财富销售能力。相较于过去一年风险频发的 P2P 与私募平台产品，信托的品牌信用与风控能力优势明显，信托财富直销渠道建设正当其时。近年来，不少信托公司纷纷在经济发达、高净值人群密集的一二线城市筹建财富中心，大量招聘财富中心负责人、财富规划师、财富经理等岗位人才，积极适应新的监管环境。

2019 年第二季度中国信托业发展评析

北京大学国家金融研究中心主任　金　李

自 2019 年开年以来，宏观经济下行压力增大，中央政策基调由“强监管、去杠杆”转向“稳增长、稳杠杆”，2019 年第一季度以来的“宽货币”“宽信用”政策得以持续，信托融资需求进一步回暖，尤其是基础设施领域，叠加经济预期改善、前期通道乱象整治缓释风险，2018 年被动收缩趋势逐渐收敛，信托主动投放意愿增强。

一、信托资产规模下行趋势收敛，固有资产保持增长

（一）信托资产

截至 2019 年第二季度末，全国 68 家信托公司受托资产规模为 22.53 万亿元，较 2019 年第一季度末下降 0.02%，降幅进一步缩窄，同比增速较 2018 年第二季度末的 4.88% 放缓至 -7.15%（见图 1）。其中，融资类信托规模为 4.92 万亿元，较 2019 年第一季度末约增加了 3 004亿元，占比由 20.49% 升至 21.83%；投资类信托规模为 5.20 万亿元，较 2019 年第一季度末增加 29 亿元，占比由 23.04% 微升至 23.05%；事务管理类信托规模为 12.42 万亿元，较 2019 年第一季度末减少 3 089 亿元，占比为 55.12%，较 2019 年第一季度末回落 1.36 个百分点。

从信托资金来源来看，截至 2019 年第二季度末，单一资金信托占比为 40.97%，较 2019 年第一季度末下降 1.33 个百分点；集合资金信托占比为 43.57%，较 2019 年第一季度末上升 1.47 个百分点；管理财产类信托占比为 15.46%，较 2019 年第一季度末下降 0.13 个百分点（见图 2）。在当前“去通道、去嵌套”的严监管氛围下，传统银信合作通道业务规模仍在收缩，更加考验信托公司主动管理能力的集合资金信托占比不断提高，与单一资金信托占比平分秋色甚至略有超出。近年来，信托公司普遍加强财富渠道建设，注重主动管理能力培养，集合资金信托占比有望进一步提升。

（二）固有资产

截至 2019 年第二季度末，固有资产规模为 7 342 亿元，较 2018 年第二季度末增长 6.51%，

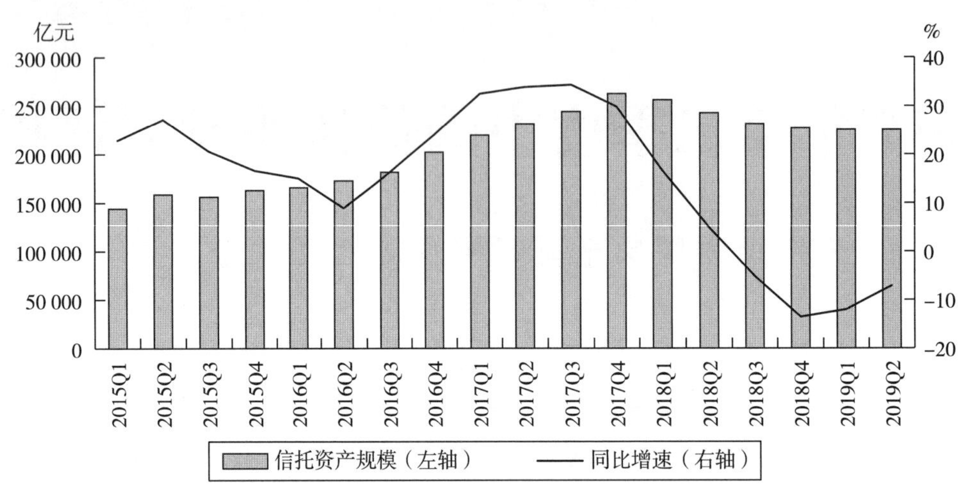

图 1　2015Q1 至 2019Q2 信托资产及其同比增速

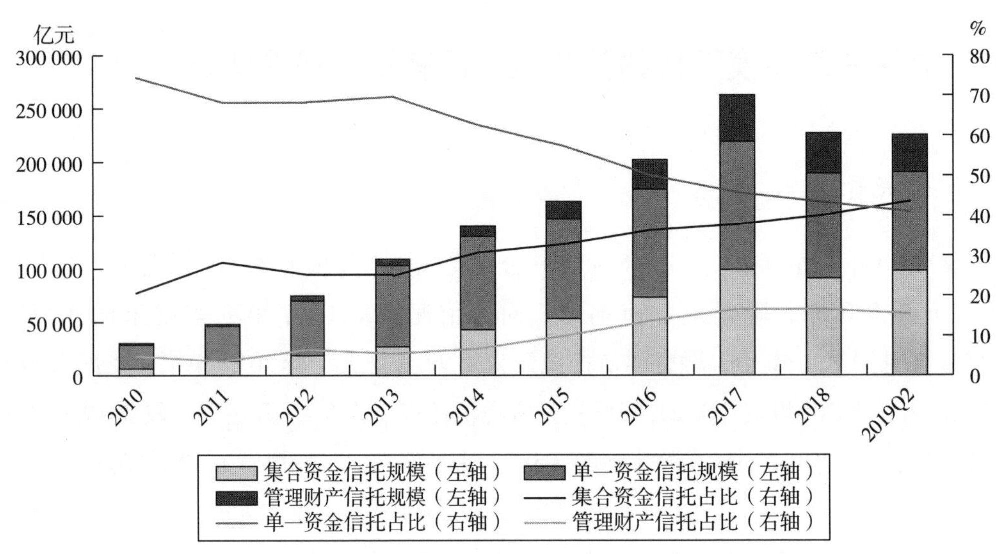

图 2　2010 年至 2019 年第二季度信托资产按资金来源的规模及其占比

较 2019 年第一季度末增长 1%。

从固有资产类别来看，投资类资产占比仍最大，2019 年第二季度末占比为 80.06%，较 2019 年第一季度末微降 0.05 个百分点；货币类资产 2019 年第二季度末占比为 5.53%，较上季度末的 5.39% 上升 0.14 个百分点；贷款类资产 2019 年第二季度末占比为 5.57%，较上季度末的 5.74% 下降 0.17 个百分点。

从所有者权益的构成来看，截至 2019 年第二季度末，实收资本为 2 734.14 亿元，占比为 45.72%，较 2019 年第一季度末上升 1.18 个百分点；未分配利润为 1 749.05 亿元，占比为 29.24%，较 2019 年第一季度下降 0.33 个百分点。在防范系统性金融风险的底线思维导向下，

监管机构将进一步督促信托公司强化资本管理，以满足抵御固有业务非预期损失和作为受托人履职不当所导致非预期损失的需要，部分信托公司未来或将进一步增资扩股夯实资本金。

2015 年第一季度至 2019 年第二季度所有者权益及其同比增速如图 3 所示。

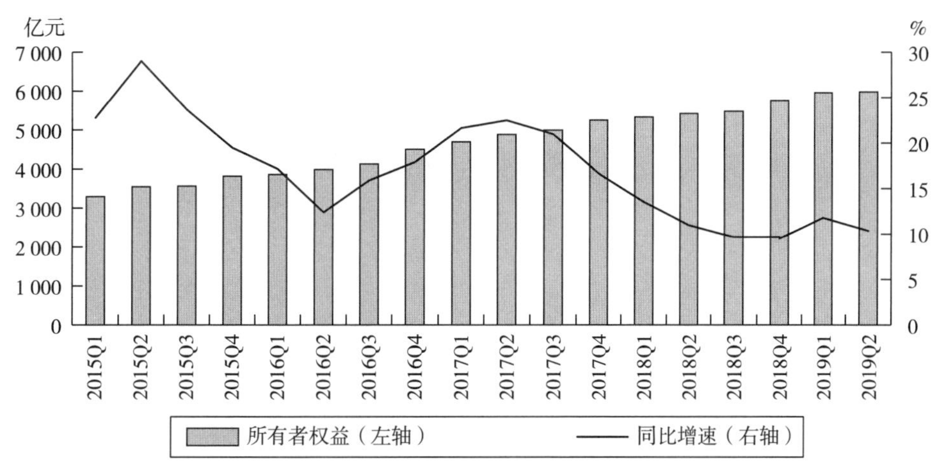

图 3　2015Q1 至 2019Q2 所有者权益及其同比增速

（三）风险项目

截至 2019 年第二季度末，信托行业风险项目 1 100 个，规模为 3 474.39 亿元（见图 4），信托资产风险率为 1.54%，较 2019 年第一季度末上升 0.28 个百分点。这主要源于 2018 年金融"去杠杆、强监管"政策下，银行表外资金加速回表，同时平台公司举债受到限制，企业现金流相对紧张，部分信托公司展业比较激进，信用下沉较大，导致逾期甚至违约事件增多。自"资管新规"出台之后，信托公司普遍加强主动管理能力与风控能力建设，未来信托行业总体风险可控。

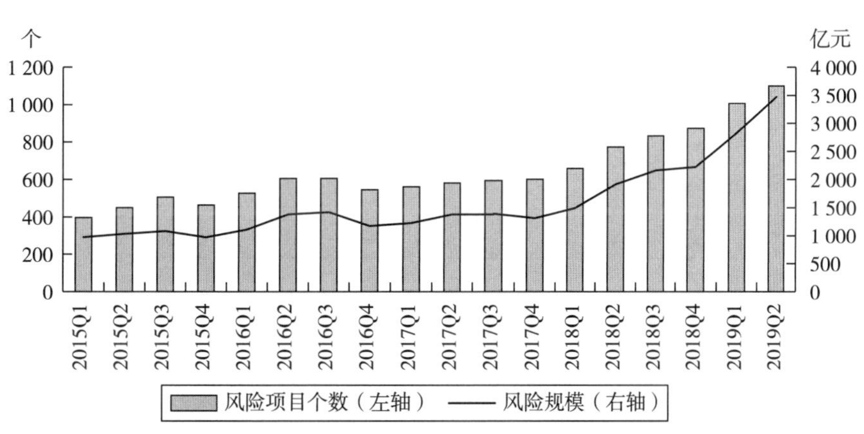

图 4　2015Q1 至 2019Q2 信托风险项目个数和风险规模

二、经营业绩增速有所回落，但信托报酬率明显提高

（一）经营业绩

2019 年第二季度，信托业实现经营收入 292.37 亿元，同比增加 8.30%（见图 5）；利润总额为 189.99 亿元，同比下降 1.24%，增速较前季度明显回落（见图 6）。

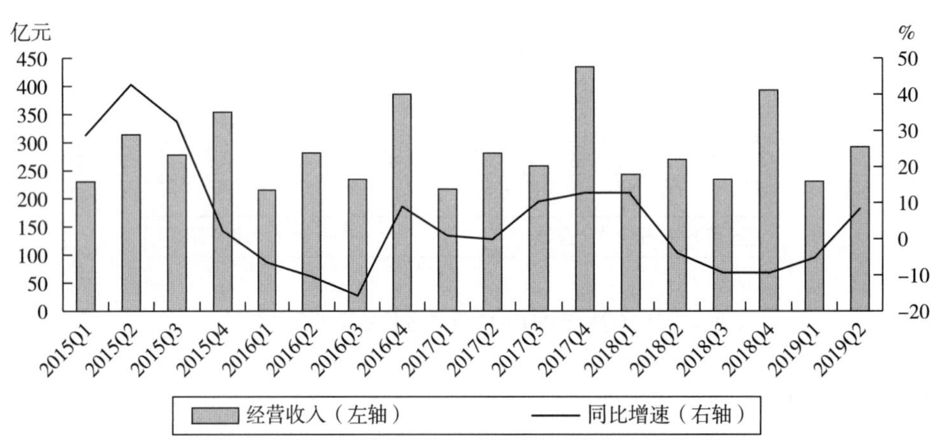

图 5　2015Q1 至 2019Q2 经营收入及其同比增速

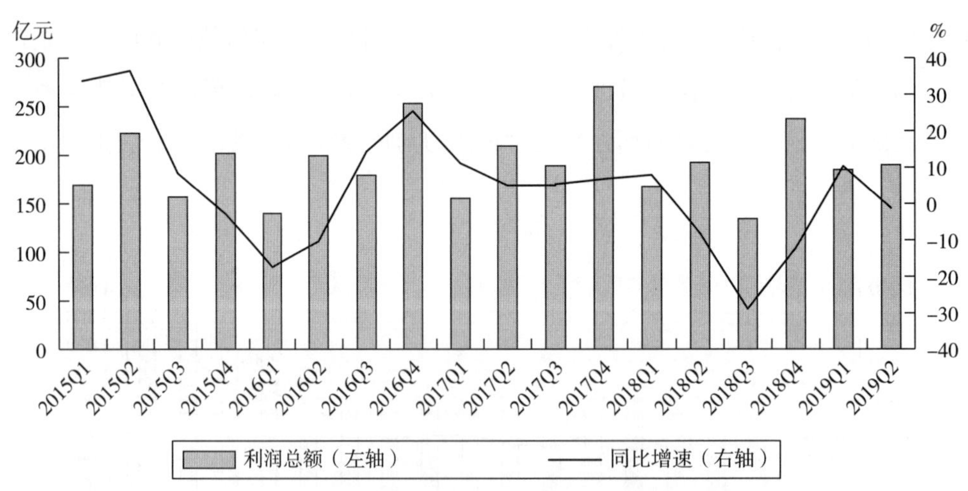

图 6　2015Q1 至 2019Q2 利润总额及其同比增速

（二）收入结构

2019 年第二季度，信托业务收入 189.16 亿元，较 2018 年第二季度增加 4.91%（见图 7），

占比为64.70%，较2019年第一季度下降8.35个百分点。总体来说，信托业务收入占比没有大幅变化，短期的波动可能来自近期资本市场波动带来的投资收益较大波动。

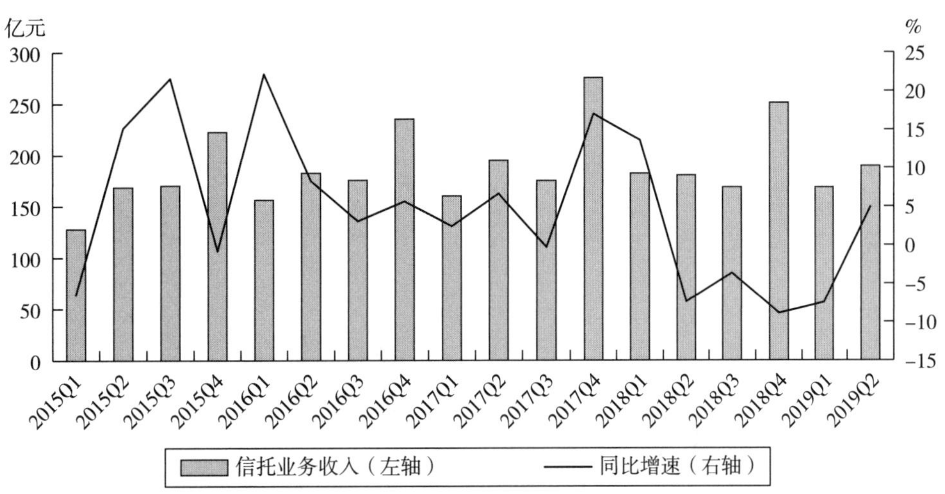

图7 2015Q1至2019Q2信托业务收入及其同比增速

（三）经营效率

从人均创利来看，2019年第二季度人均利润137.20万元，较2018年第二季度增长5.13%。近年来，信托公司纷纷加强公司治理，提升信息化水平，精简中后台人员，优化内部管理流程，不断向精细化与智能化靠拢，行业人均创利有望逐渐提高。

从信托报酬率来看，2019年第二季度平均年化综合信托报酬率为0.54%（见图8），较2018年第二季度明显提高。这主要源于2018年“资管新规”落地后，通道与多层嵌套业务不断清理与压缩，信托公司主动管理业务增加，业务结构不断调整，带动信托报酬率回升。

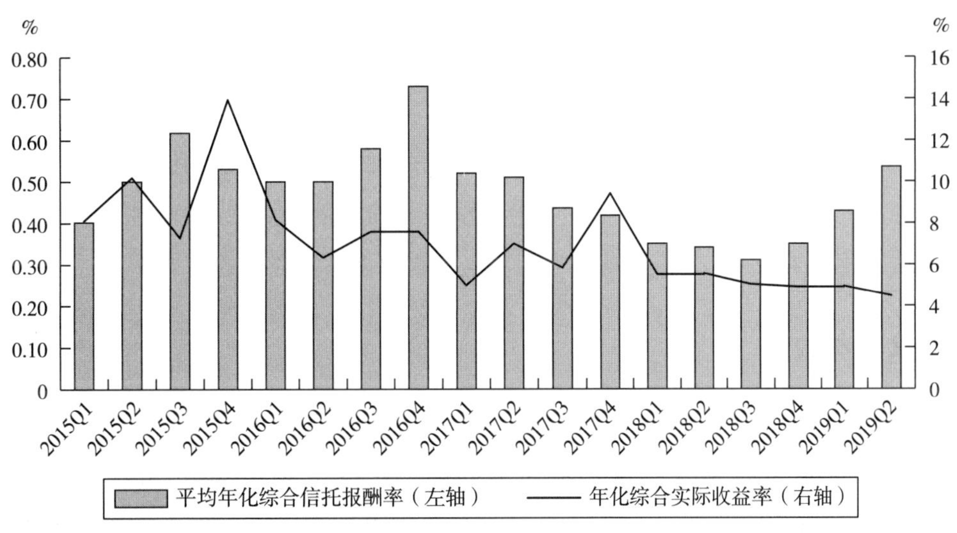

图8 2015Q1至2019Q2平均年化综合信托报酬率与实际收益率

三、服务国家经济建设，实体经济流入加大，金融与证券占比下降

从信托资金的投向来看，截至2019年第二季度末，投向工商企业的信托资金占比依然稳居榜首，其后依次为房地产、基础产业、金融机构、证券投资等。相较于2019年第一季度末，投向基础产业与房地产领域的信托资金占比继续上升，投向金融机构与证券投资领域的信托资金占比继续下降（见图9）。

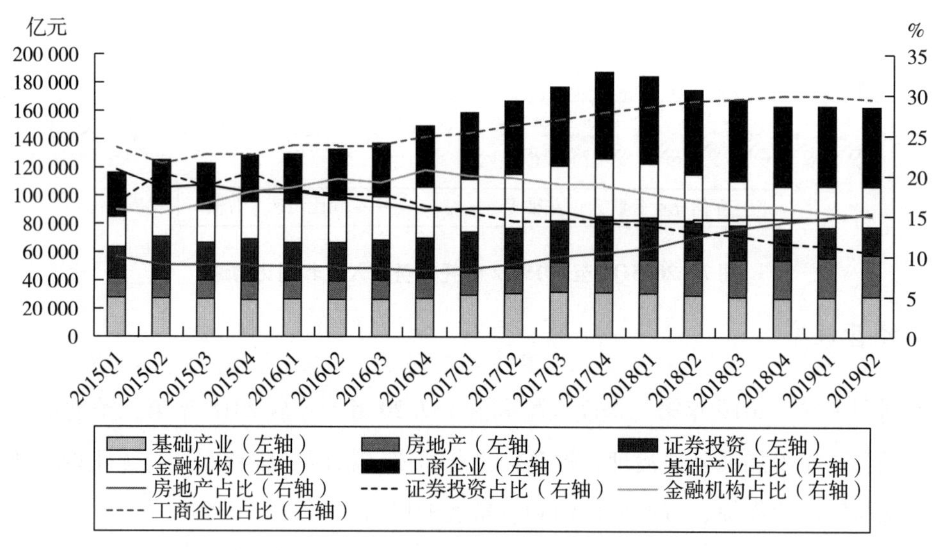

图9　2015Q1至2019Q2信托资产投向及其占比

（一）工商企业

自2012年第二季度以来，工商企业始终处于信托资金投向的第一大领域。截至2019年第二季度末，投向工商企业的信托资金余额5.61万亿元，较2018年第二季度末下降5.68%，占比为29.46%，较2019年第一季度末微降0.34个百分点。近年来，信托公司积极响应国家要求金融服务实体经济的号召，加大对民营企业、中小微企业和科创企业的支持力度，尤其是战略性新兴产业领域。预期未来这一领域的优质项目将会获得更多信托资金的支持。

（二）金融机构

截至2019年第二季度末，投向金融机构的信托资金余额2.85万亿元，较2018年第二季度末减少17.22%，占比为14.96%，较2019年第一季度末下降0.41个百分点。自2017年第一季度以来，流向金融机构的信托资金占比呈现逐步下降趋势，这主要是因为资管新规推出以来，

监管部门加大对金融同业业务的整治力度，限制或禁止通道与多层嵌套的监管套利行为。近年来，各项监管制度日趋完善，银信合作、信保合作等金融同业业务更加规范，在充分发挥信托业灵活性的优势上，引导信托业和金融机构合规开展业务合作。

（三）基础产业

截至2019年第二季度末，投向基础产业的信托资金余额2.89万亿元，较2018年第二季度末减少2.45%，占比为15.19%，较2019年第一季度末上升0.42个百分点。2018年第四季度《国务院办公厅关于保持基础设施领域补短板力度的指导意见》出台，提示地方政府化解隐性债务风险，防范出现系统性金融风险，增强了金融机构对平台公司融资的信心，信政合作业务迎来政策“拐点”。随着中美贸易摩擦的持久化，面对国内外风险挑战明显增多的复杂局面，作为国家逆周期调节的重要手段，年初以来基础设施建设投资明显提速。2019年7月30日召开的中共中央政治局会议要求，实施城镇老旧小区改造、城市停车场、城乡冷链物流设施建设等补短板工程，加快推进信息网络等新型基础设施建设。预计未来流向相关方向基础产业的信托资金或进一步增加。

（四）房地产

截至2019年第二季度末，投向房地产的信托资金余额2.93万亿元，占比15.38%，较2019年第一季度末上升0.63个百分点。房地产信托产品有相对高的收益率和相对优质的抵押品，使这一领域保持了吸引资金的市场优势。2019年7月30日召开的中共中央政治局会议要求，坚持房子是用来住的、不是用来炒的定位，落实房地产长效管理机制，不将房地产作为短期刺激经济的手段。监管部门也及时对房地产信托业务的规范发展加强了窗口指导，预计2019年下半年房地产信托业务的规模将由升转降。

（五）证券投资

截至2019年第二季度末，投向证券投资的信托资金余额1.99万亿元，较2018年第二季度末减少24.32%，占比为10.46%，较2019年第一季度末下降0.80个百分点。随着扩大国内市场需求的经济促进政策陆续出台，会使非周期性行业的部分上市公司受益，加上“科创板”落地的利好消息，证券市场向好的迹象是期望之中的。然而，要使受挫的市场信心有所激活的时间或许会更长一些。

四、总结

2019年上半年，经济运行延续了总体平稳、稳中有进的发展态势，主要宏观经济指标保持在合理区间，供给侧结构性改革持续推进，改革开放继续深化，就业比较充分，精准脱贫有序推进，人民生活水平和质量继续提高，推动高质量发展的积极因素增多。同时，我国经济发展面临新的风险挑战，国内经济下行压力加大，必须增强忧患意识，把握长期大势，抓住主要矛盾，善于化危为机，办好自己的事。

在这种形势下，下半年经济政策要坚持稳中求进工作总基调，坚持宏观政策要稳、微观政策要活、社会政策要托底的总体思路，统筹国内国际两个大局，统筹做好稳增长、促改革、调结构、惠民生、防风险、保稳定各项工作，紧紧围绕“巩固、增强、提升、畅通”八字方针，深化供给侧结构性改革，提升产业基础能力和产业链水平。中国信托业协会发布的“2019 年第二季度信托公司业务数据”的各项指标表明，信托行业较好地把握了行业发展的节奏和力度，适时调整发展重点，实现了降中趋稳、提质增效的整体效果。与第一季度相比，第二季度信托资产规模呈现降中趋稳，资产质量有所优化，资产配置能力则是稳中变强。同时，信托业日益提高防控金融风险意识，在主动收缩业务规模的前提下，人均利润和平均年化综合信托报酬率的同比提升反映了行业“增效”的努力；从信托资产来源看，单一信托占比平稳下降，体现信托公司主动管理能力的集合信托占比平稳上升，一升一降的稳速显示了信托业取得的“提质”进展；服务实体经济成为行业共识，流向工商企业的资金占比稳中有升，流向金融机构和证券市场的资金占比则稳中有降。

2019年第三季度中国信托业发展评析

中国信托业协会特约研究员　袁　田

2019年下半年，我国经济发展面临新的风险和挑战，国内经济下行压力加大，中央政策强调要坚持稳中求进工作总基调，做好经济工作。信托业严格落实“资管新规”过渡期的整改要求，严监管、强合规、重治理的监督执行效果明显，信托业管理资产规模继续平稳回落，尽管风险暴露有所上升，但总体可控。信托公司在切实提升合规和风控能力水平的基础上，坚持行业深化转型和可持续健康发展是长久之计。

一、信托资产

（一）信托资产规模稳步回落，结构调整变化明显

1. 存续规模。截至2019年第三季度末，全国68家信托公司受托资产余额为22.00万亿元，较第二季度末下降5 376.90亿元，环比下降2.39%，与第二季度降幅0.02%相比，下降幅度较大。第三季度同比增速为-4.94%，与2018年第三季度末-5.19%降幅趋同，信托资产规模继续保持稳步下降（见图1）。

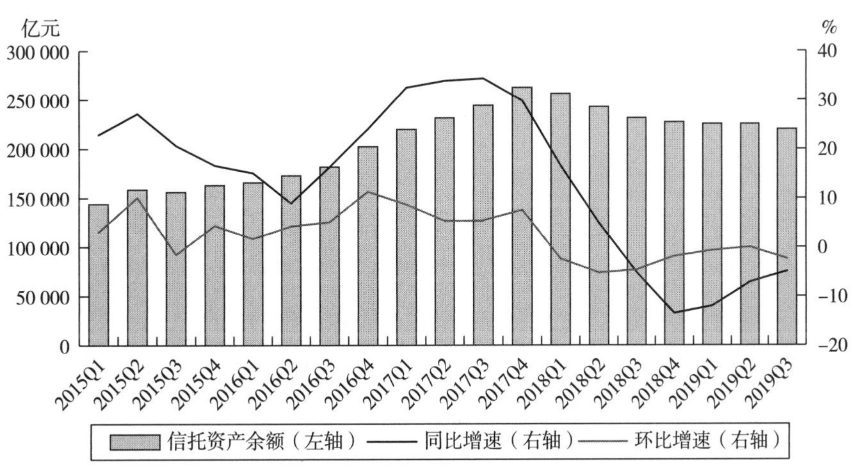

图1　2015Q1至2019Q3信托资产规模、同比增速及环比增速

2. 信托资金来源。截至 2019 年第三季度末，资金信托规模合计为 18.53 万亿元，其中，集合资金信托规模为 9.84 万亿元，占比为 44.74%，环比上升 1.17%；单一资金信托规模为 8.69 万亿元，环比下降 5.89%，占比为 39.50%。集合资金信托占比稳步增长，超过单一资金信托占比。管理财产信托规模为 3.47 万亿元，与上季度规模基本持平，占比为 15.77%（见图 2）。信托公司主动管理业务增长明显，传统银信合作通道业务持续式微，行业深化转型效果逐步显现。

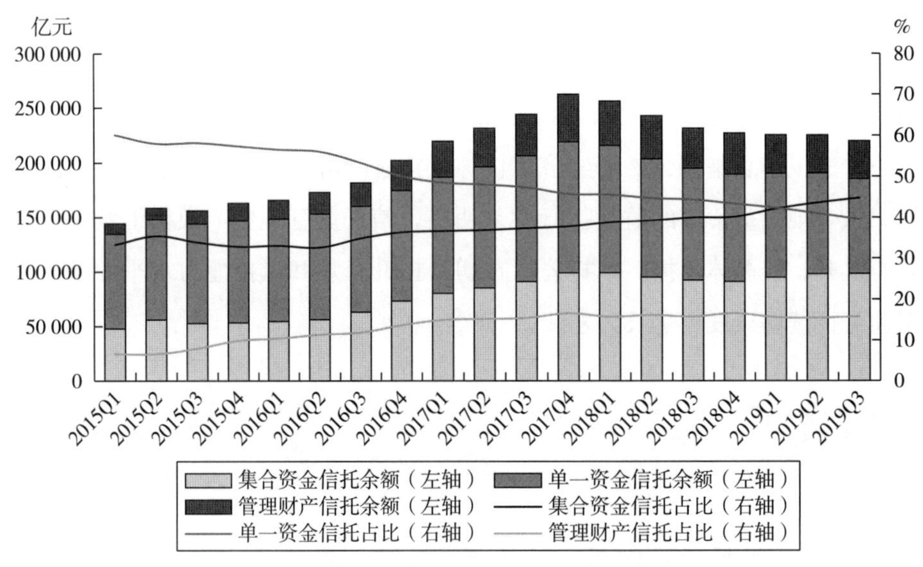

图 2　2015Q1 至 2019Q3 信托资产按资金来源分类的规模及其占比

3. 信托功能角度。截至 2019 年第三季度末，事务管理类信托余额为 11.60 万亿元，规模延续 2018 年以来的持续下降态势，较第二季度末减少 0.82 万亿元，环比减少 6.58%，占比降至 52.75%，构成信托资产整体规模下降的主要原因。融资类信托与投资类信托规模占比规模相当，差异进一步收窄。其中，融资类信托规模为 5.27 万亿元，较第二季度末上升 7.22%，占比为 23.97%；投资类信托规模为 5.12 万亿元，较第二季度末减少 1.44%，占比为 23.28%（见图 3）。

4. 新增规模变化。截至 2019 年第三季度末，新增信托项目累计 15 254 个，同比增加 26.74%，规模为 4.68 万亿元，同比降低 1.93%。新增信托项目个数的提高与规模的下降相比，一定程度上说明了信托业在稳步降规模的同时不断探索结构优化。从新增信托资产的来源看，第三季度末集合资金信托新增规模为 2.15 万亿元，同比上升 37.56%，占比为 45.91%；单一信托新增规模为 1.17 万亿元，同比下降 28.12%，占比为 24.93%；财产信托新增规模为 1.36 万亿元，同比下降 14.01%，占比为 29.16%（见图 4）。

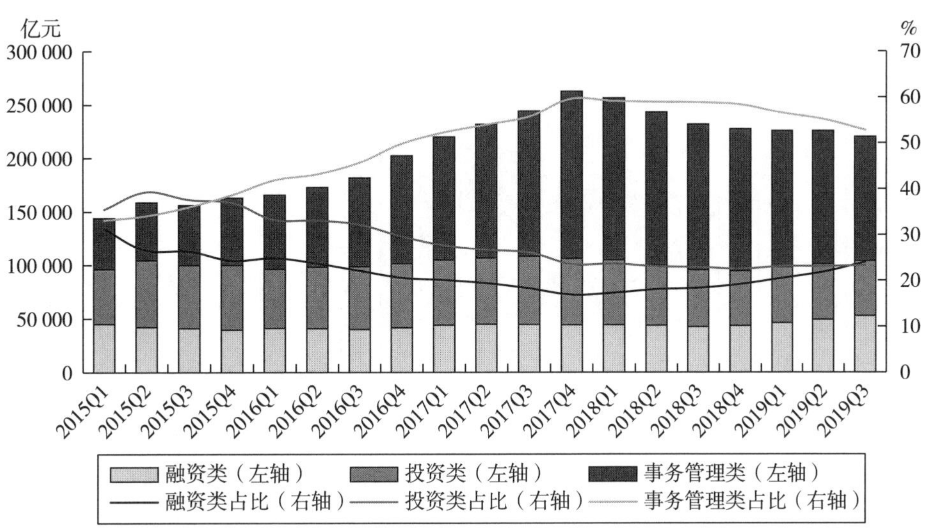

图 3　2015Q1 至 2019Q3 信托资产按功能分类的规模及其占比

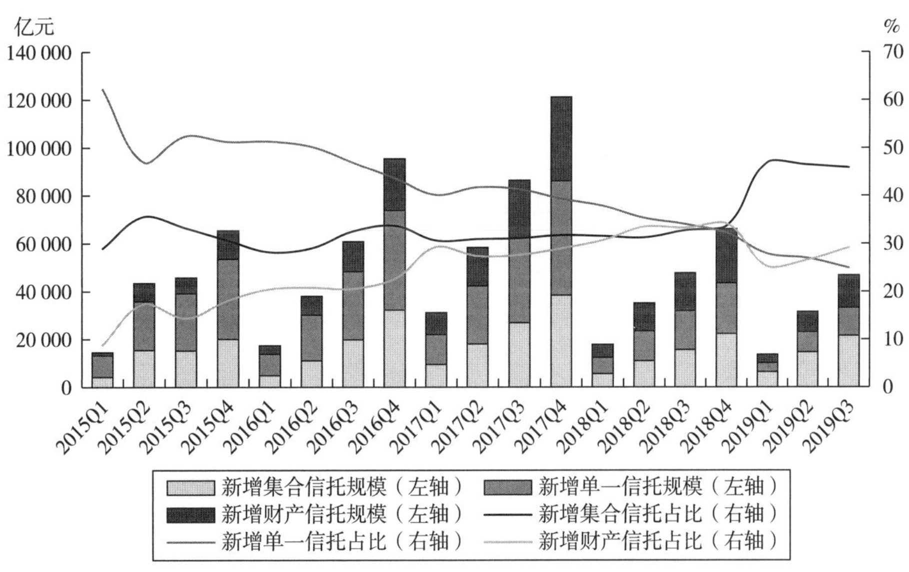

图 4　2015Q1 至 2019Q3 新增信托项目规模及其占比

5. 未来一年信托到期情况。截至 2019 年第三季度末，未来一年的信托到期项目合计为 14 093个，规模合计为 5.15 万亿元（见图 5），较第二季度预计数据减少 4 110 亿元，降幅继续扩大至 7.40%，信托项目到期压力有所缓解。但是，短期兑付压力仍须重点关注，尤其是第四季度最后一个月信托项目到期兑付的规模比较集中，资金流动性管理尤为重要。

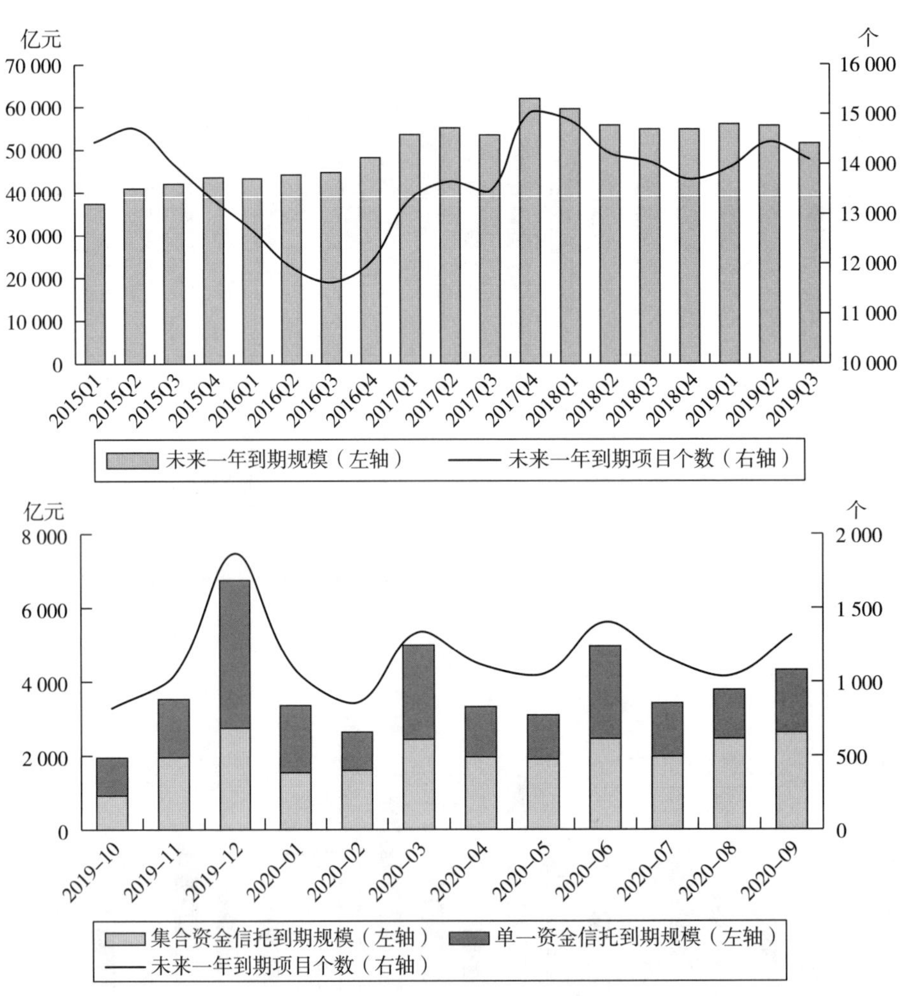

图 5　未来一年到期信托项目及规模变化

（二）固有资产规模稳中略升，抵御风险意识与能力增强

1. 存续规模。截至 2019 年第三季度末，信托行业固有资产规模达 7 402. 85 亿元，比第二季度微增 60. 67 亿元，环比增长 0. 83%，同比增长 7. 23%（见图 6）。自 2018 年第三季度起，固有资产规模增速放缓，季度的同比增速开始低于 10%，连续 5 个季度平均增速为 8. 13%。

2. 固有资产运用方式。截至 2019 年第三季度末，固有资产的投资类占比 79. 66%，与第二季度相比，虽然下降了 0. 40%，但是仍占据绝对主导地位（见图 7），其中，可供出售金融资产和长期股权是固有资产的重要运用方向；货币类运用占比为 5. 40%，环比下降 0. 13%，贷款类运用占比为 5. 36%，环比下降 0. 21%，信托公司应逐步调整固有业务结构，确保固有资产保持充分流动性和安全性。

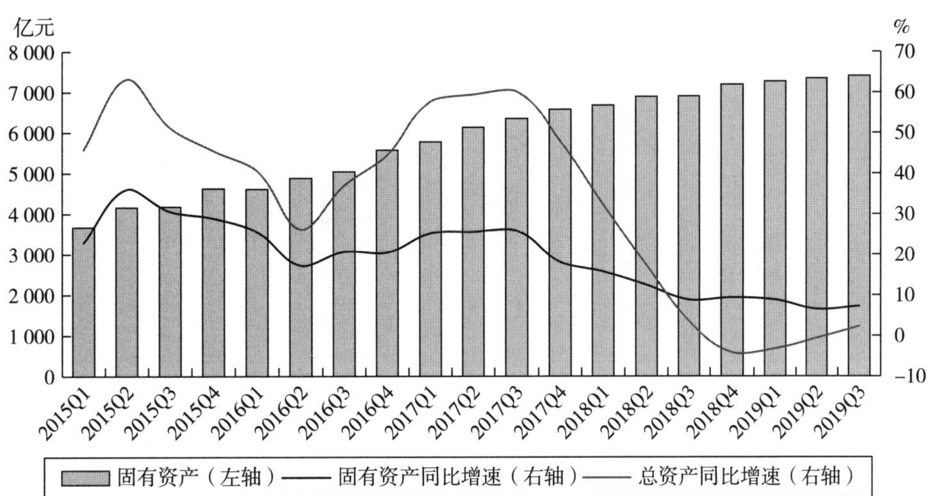

图 6　2015Q1 至 2019Q3 固有资产变动

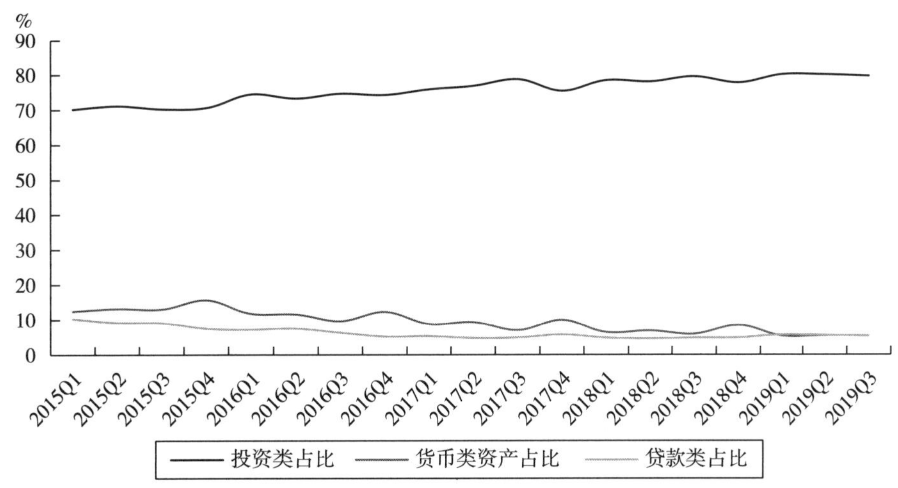

图 7　2015Q1 至 2019Q3 固有资产运用方式及结构变化

3. 所有者权益及构成。截至 2019 年第三季度末，信托行业实收资本为 2 770. 41 亿元，占比为 45. 26%，较第二季度环比增加 36. 26 亿元，同比增加 6. 33%。尽管行业增资热潮逐渐回落，但是信托赔偿准备金规模和未分配利润均有所增加，信托公司抵御风险的意识有所增强。第三季度末信托赔偿准备金规模为 266. 26 亿元，同比增加 11. 98%；未分配利润为 1 846. 46 亿元，同比增加 18. 45%，占比为 30. 16%。第三季度末，信托行业资产负债率为 17. 31%，进一步呈下降趋势，与 2018 年第三季度的 20. 64% 相比，同比下降了 3. 33 个百分点（见图 8）。

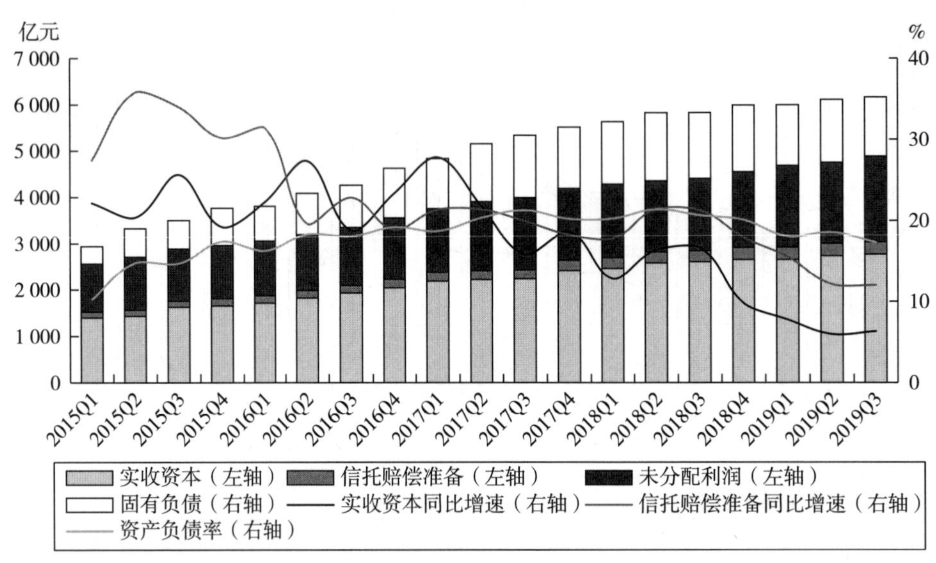

图 8　2015Q1 至 2019Q3 所有者权益与负债变动

（三）风险项目持续暴露，风控处置能力亟待加强

截至 2019 年第三季度末，信托行业风险项目个数与规模均呈上升趋势，风险项目数量为 1 305个，环比增加 18. 64%；风险项目规模为 4 611. 36 亿元，环比增加 32. 72%。在严监管、强监管的政策措施下，信托资产风险率持续推高，第三季度末风险率增至 2. 10%，较第一季度末又提升了 0. 84 个百分点。一方面，信托行业应引起高度重视，强化风险防控和合规建设。另一方面，从信托风险项目的资产来源角度，集合类信托与财产权信托风险项目规模占比呈下降趋势，第三季度末集合类信托风险占比为 58. 32%，环比下降 3. 75%；财产权信托风险占比 0. 32%，环比下降 63. 41%；单一类信托风险率有所提升（见图 9），占比为 41. 36%，环比上升 7. 34%。信托行业总体风险仍在可控范围。

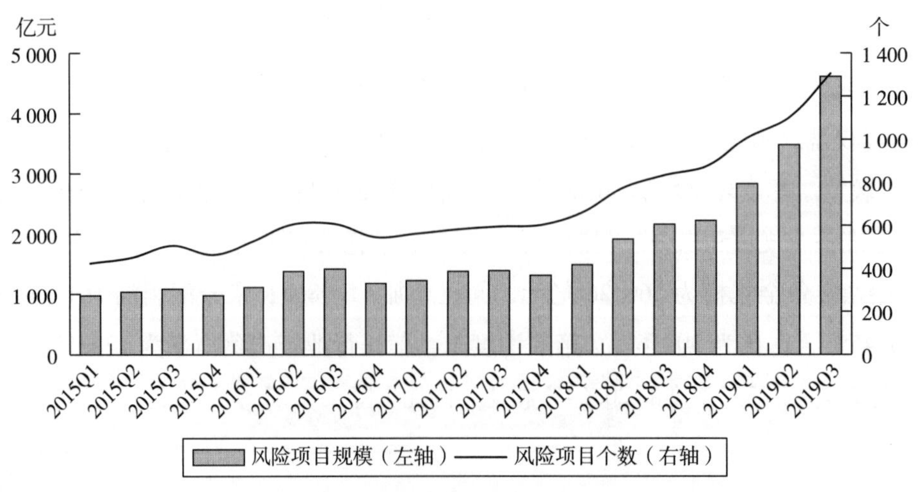

图 9　2015Q1 至 2019Q3 信托风险项目的资产规模与来源构成

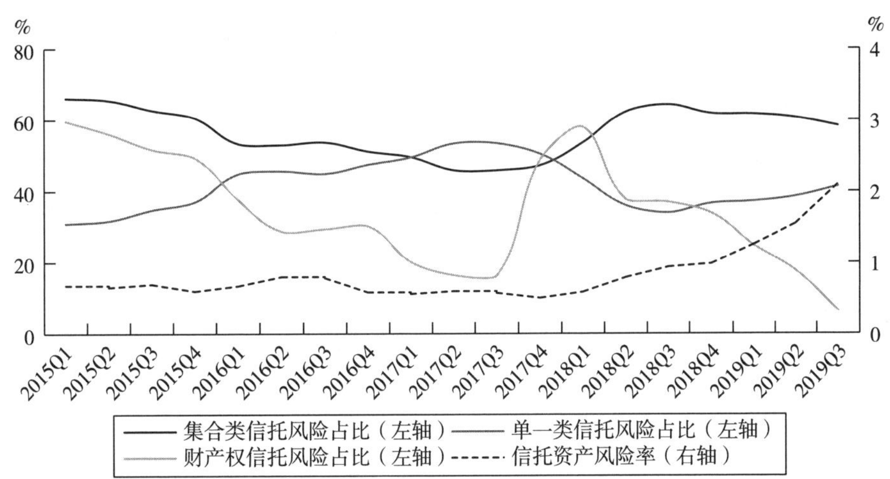

图 9　2015Q1 至 2019Q3 信托风险项目的资产规模与来源构成（续）

二、经营效益

（一）经营业绩稳步提升，增速趋缓

2019 年第三季度，信托业实现经营收入累计 795.64 亿元，较 2018 年第三季度同比增长 6.42%；第三季度累计利润为 559.35 亿元，同比增长 13.13%，信托行业盈利水平稳步提升。但从当季数据分析，第三季度行业新增经营收入为 272.69 亿元，环比减少 6.73%；第三季度新增利润 184.39 亿元（见图 10），环比减少 2.95%，年度经营业绩指标压力有所上升。

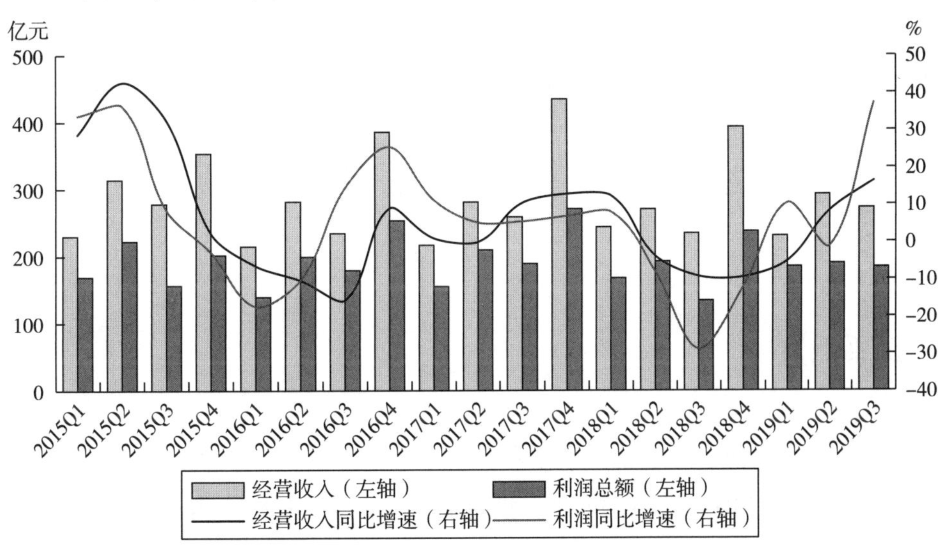

图 10　2015Q1 至 2019Q3 经营收入、利润总额及其同比增速

（二）信托主业收入占比保持稳定，固有收入增速小幅波动

2019 年第三季度，信托业务收入累计达 551.35 亿元，占比 69.30%，与 2018 年第三季度占比基本持平，信托业务收入仍占经营收入的主导地位，信托公司回归信托本源，坚守大力发展信托业务的初心未变，第三季度，固有业务收入累计为 227.91 亿元，占比 28.65%。第三季度，新增信托业务收入为 193.76 亿元，环比增长 2.43%；新增固有业务收入为 74.02 亿元，环比下降 21.38%，呈现回调态势，短期波动较为明显（见图 11）。

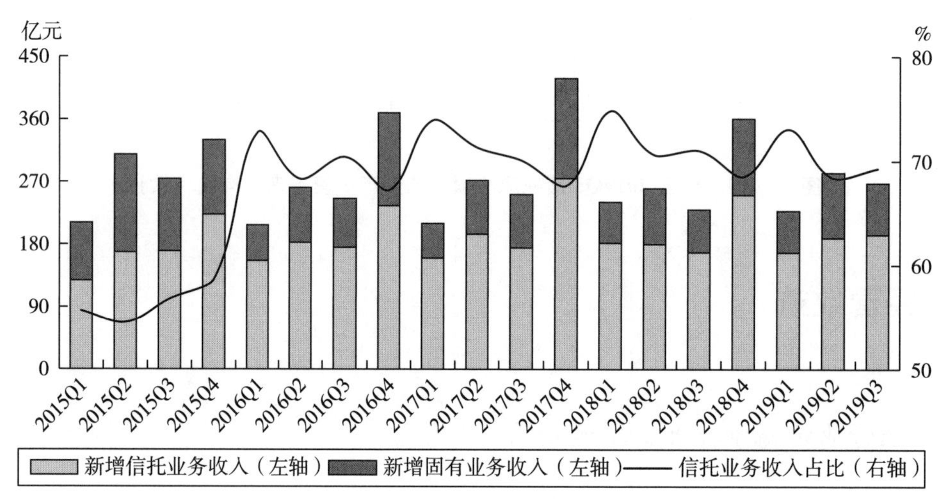

图 11　2015Q1 至 2019Q3 信托业务收入、固有业务收入及变动

（三）经营效率稳中有升，为投资者创造更多价值

2019 年第三季度，信托行业人均利润 197.15 万元，较第二季度增加 59.95 万元，较 2018 年第三季度同比增长 13.30%。从信托报酬率来看，第三季度的平均年化综合信托报酬率为 0.49%，较第二季度环比下降了 8.31%。平均年化综合实际收益率为 5.58%（见图 12），同比增长 10.42%，环比增长 24.27%，说明信托公司在提升自身盈利水平的同时，为信托投资者创造和实现了更多价值。

三、资源配置

从信托资金的投向来看，在宏观经济周期与金融监管政策的共同影响下，信托行业资金投向发生明显变化。截至 2019 年第三季度末，投向工商企业的信托资金占比依然稳居首位，信托行业支持实体经济的立业之基坚定不动摇，相较于第二季度末，投向工商企业、基础产业及证

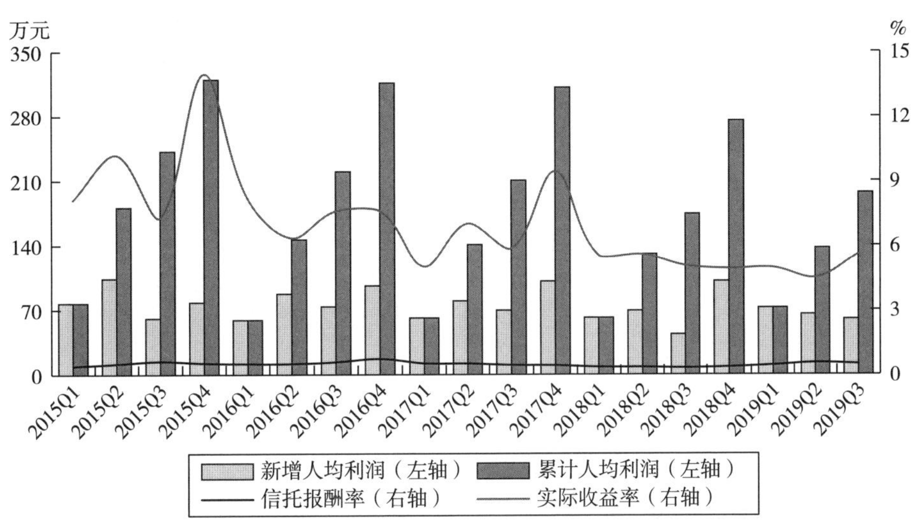

图 12　2015Q1 至 2019Q3 人均利润、信托报酬率与实际收益率变动

券投资领域的信托资金占比有所上升，投向房地产与金融机构领域的信托资金占比下降明显（见图 13）。

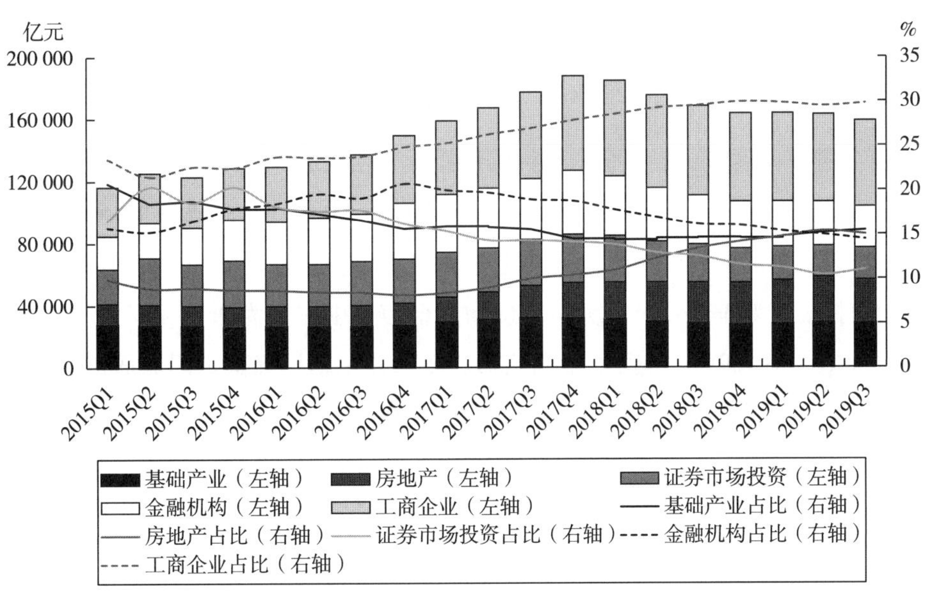

图 13　2015Q1 至 2019Q3 信托资金投向配置及其占比

（一）投向工商企业持续处于主导地位，服务实体经济坚定不动摇

截至 2019 年第三季度末，投向工商企业的信托资金余额 5.51 万亿元，在资金信托中占比为 29.76%，较第二季度减少 984.26 亿元，主要是由于信托资产整体规模下降。截至第三季度末，

本年新增投向工商企业的信托资金1.09万亿元，在本年新增的资金信托规模中占比也较高，增至33.00%（见图14），环比增加1.15%。这表明信托行业坚定服务实体经济，尤其在纾困民营小微企业、助力节能环保和支持高技术制造业方面积极行动。

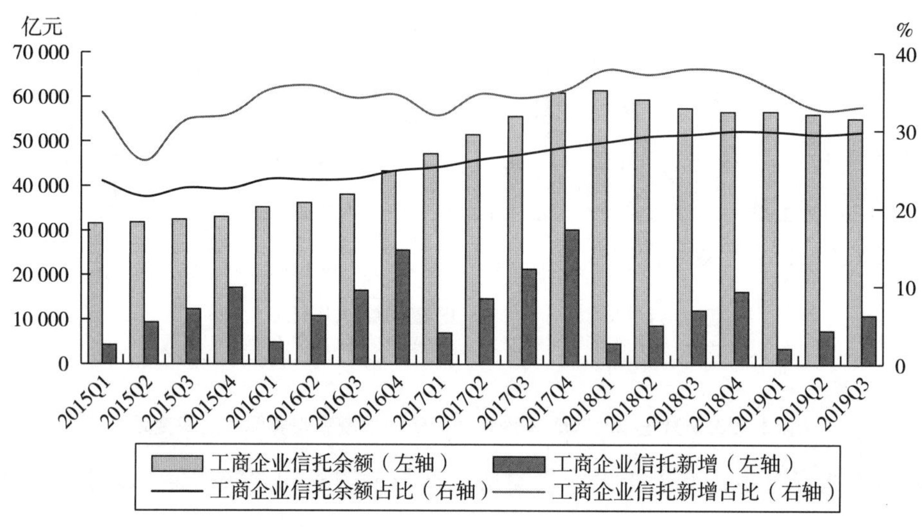

图14　2015Q1至2019Q3信托资金投向工商企业及其占比

（二）投向金融机构继续回落，去通道、治乱象效果明显

截至2019年第三季度末，投向金融机构的信托资金余额进一步降至2.68万亿元，继续保持下行趋势，较第二季度末减少1737.56亿元，环比下降6.10%，同比减少14.91%。自2018年第一季度起，投向金融机构的信托资金环比增量即进入负值区间。截至第三季度末，本年新增投向金融机构信托规模为3 234.29亿元，在新增资金信托中占比为9.76%（见图15），环比减少5.79%，同比减少19.69%。信托行业落实监管要求，主动压降金融同业通道规模效果显著，信保合作与银信合作等同业合作亟须探索新模式和新路径。

（三）投向基础产业趋势回升，信政合作机遇与挑战并存

截至2019年第三季度末，投向基础产业的信托资金余额为2.86万亿元，在资金信托中占比为15.45%，同比增长5.55%。第三季度新增规模为1 396.02亿元，同比增加60.34%，延续了自2019年第一季度以来的新增规模持续上升趋势（见图16）。由于积极财政政策推动下的基建项目短期反弹，信托资金流向也有明显体现，但是考虑本年度政府专项债额度用尽以及地方政府隐性债务风险，信政合作业务模式转型仍须未雨绸缪。

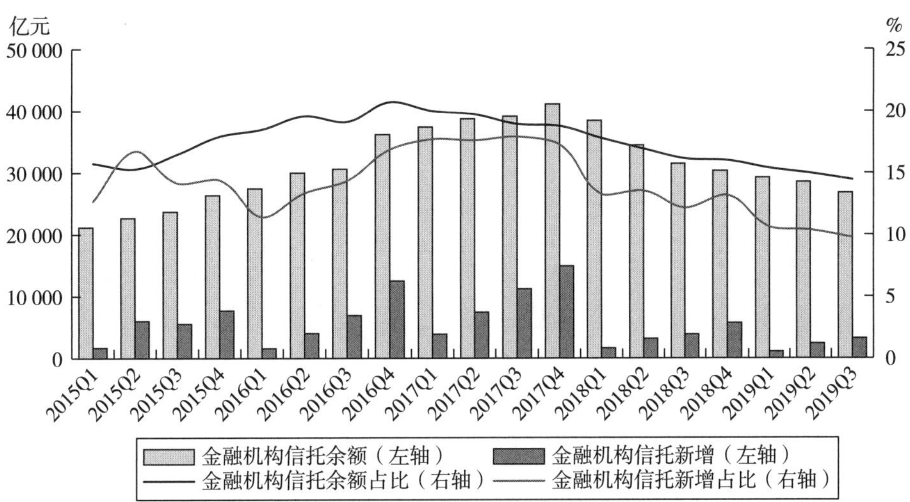

图 15　2015Q1 至 2019Q3 信托资金投向金融机构及其占比

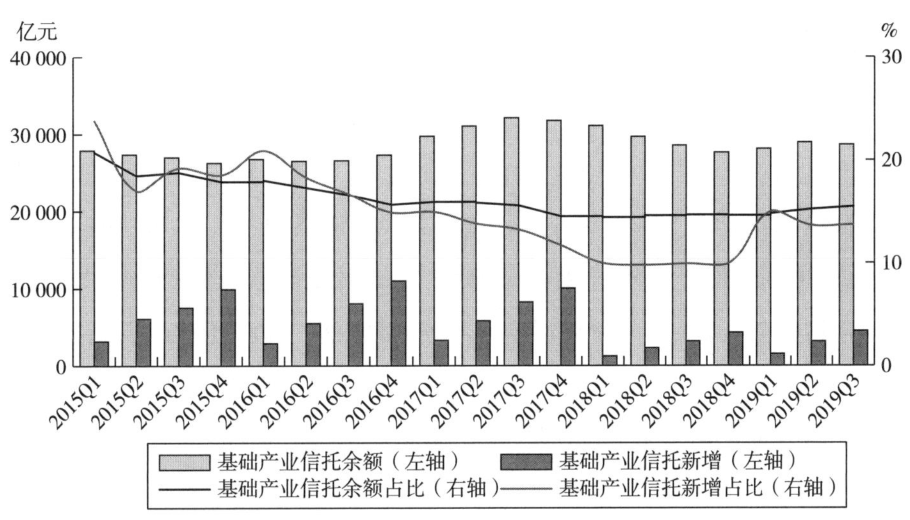

图 16　2015Q1 至 2019Q3 信托资金投向基础产业及其占比

（四）投向房地产调控效果最为显著，坚决落实监管政策有实效

截至 2019 年第三季度末，投向房地产的信托资金余额为 2.78 万亿元，较第二季度减少 1 480.67亿元，环比下降 5.05%，这是自 2015 年第四季度以来，首次出现新增规模的环比增速负增长（见图 17）。这充分表明，信托行业积极响应中央政策，"不将房地产作为短期刺激经济的手段"，进一步严格落实银保监会对房地产信托业务监管的明确要求，有效遏制房地产信托的规模增长，防范风险过度积累。

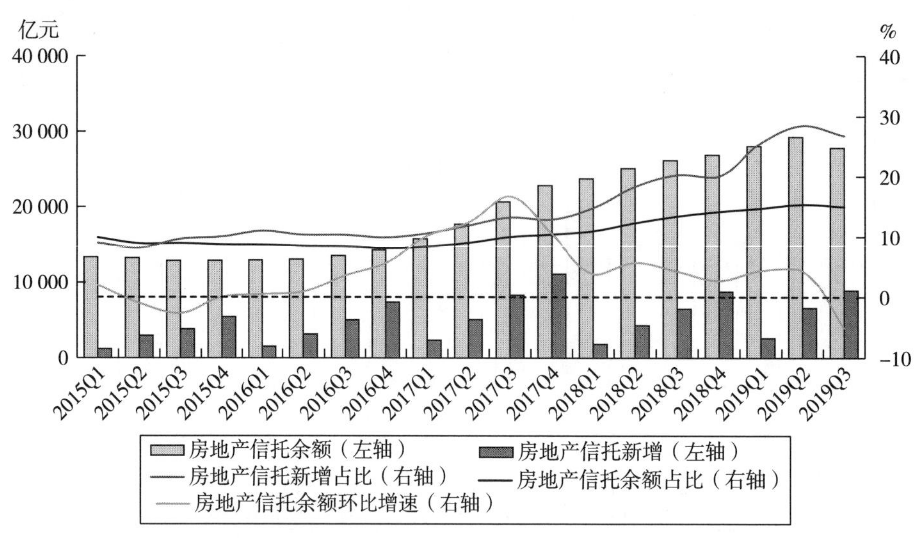

图 17　2015Q1 至 2019Q3 信托资金投向房地产及其占比

（五）证券投资配置信心提振，资本市场活跃迎来增长机遇

截至 2019 年第三季度末，投向证券领域的信托资金余额为 2. 04 万亿元，较第二季度增加 513. 46 亿元，环比增长 2. 58%，在资金信托中占比为 11. 03%。第三季度新增规模为 484. 21 亿元（见图 18），环比增长 62. 88%。其中，新增资金投向股票的占比为 46. 75%，投向债券的占比为 38. 16%。一方面，得益于 M2 与社融数据均得到超预期改善，人民银行“宽货币”政策持续推进、证券市场持续改革、金融市场逐步开放等消息提振了市场信心，证券投资信托业务迎来市场发展机遇；另一方面，信托公司主动落实“资管新规”要求，积极探索标品信托业务和净值化管理，主动布局资本市场的证券投资信托配置。

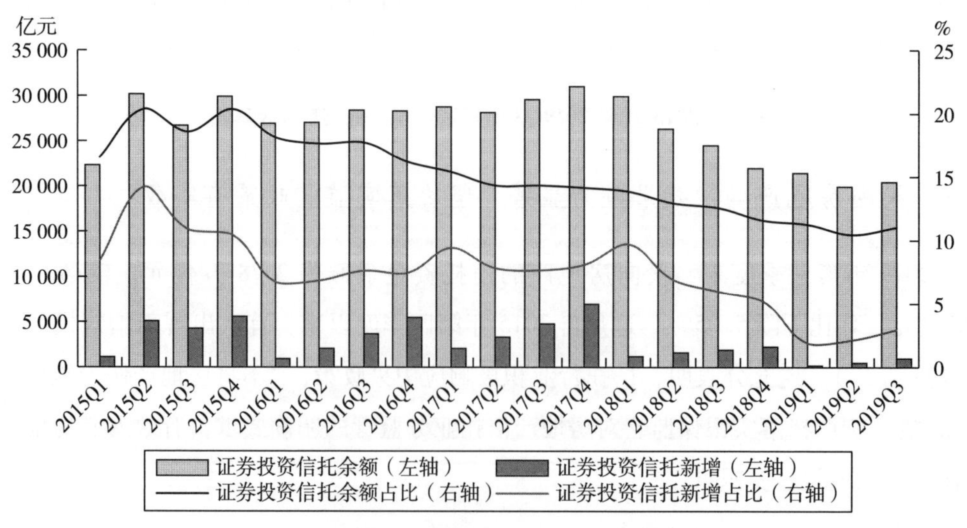

图 18　2015Q1 至 2019Q3 信托资金投向证券投资及其占比

四、深化结构性转型，谋求高质量发展

结合当前宏观经济形势与金融监管政策的变化，信托业转型发展已进入结构性调整的深化阶段，信托公司应科学合理规划和落实短期目标和长期目标。短期看，信托公司要有大局意识，应强化合规管理和受托责任担当，确保打好防范金融风险攻坚战。长期看，以“资管新规”及其落实为契机，信托公司应立足本源，明确定位再出发，寻找差异化的制度优势和经营模式，更有效地服务实体经济和人民美好生活，谋求行业自身的高质量发展。

（一）加强合规建设，强化责任担当，防化金融风险重实效

面对经济下行压力加大，企业及相关交易对手的信用违约风险逐渐增加，信托行业风险资产随之暴露。在相关监管部门的有力督导下，信托公司要强化自身公司合规建设和公司治理，稳妥处置风险项目，增强抵御和管理风险能力，加强信托从业人员能力培训和素质提升，强化受托责任，培育受托文化，同时加强信托投资者教育，保持行业稳健发展。

（二）回归信托本源，服务实体经济，谋求高质量发展

服务实体经济是信托行业的立业之基，实体经济发展的痛点和难点就是信托行业服务的重点和亮点。信托行业要将促进实体经济高质量发展与行业自身高质量发展相结合。信托公司可以结合自身股东资源禀赋和行业资源经验，深度开展产融结合，提供专业化能力驱动的金融整合服务，提振激活制造业的发展活力和创新动力，例如在高技术制造业，通过开展知识产权信托促进科技成果转化；在解决民营企业和小微企业“融资难、融资贵”的问题方面，信托公司可以通过组建纾困基金开展投贷联动、股权投资等方式，拓展信托服务；在节能环保领域，信托公司可以大力发展绿色信托，通过多元金融工具运用，创新特色业务，服务国家绿色产业发展，促进民众绿色消费和践行低碳生活。

（三）培育服务信托，丰富信托供给，促进结构性转型深化

立足受托人本位，信托公司可以探索创新以受托服务为核心的服务信托，除资金信托之外，拓展提供丰富的信托供给，创新探索开展服务信托，将金融服务与财富管理服务相结合，在家族信托、家庭信托、员工利益信托、资产证券化信托、账户管理信托等方面积极开拓，运用金融科技结合具体场景，满足客户多元需求，提高信托服务的效率和效果。在公益（慈善）信托方面，信托公司可以在扶贫慈善信托取得阶段性成果的既有经验基础上，将慈善信托推广和应用于更广泛的慈善目的，在教育、医疗、养老、残障特殊需要与关爱等民生方面继续发挥慈善信托的制度和模式优势，与慈善组织等公益机构协调合作，落实慈善信托的公益和社会效果。

2019年第四季度中国信托业发展评析

国家金融与发展实验室　曾　刚

2019年，全球经济复苏步伐放缓，经济、金融不确定性上升，中国经济运行总体平稳。在金融供给侧结构性改革的引领下，金融监督管理部门进一步贯彻落实党的十九大和第五次全国金融工作会议精神，推动金融机构提升服务实体经济质效，防控金融风险、深化金融改革、扩大对外开放，取得了显著的成效。信托业坚持回归本源、提质增效，整体经营稳健，服务实体的能动性、依法经营的自觉性和风险防控的主动性不断增强。从全年运行情况看，信托行业经营状况良好，风险水平总体可控，高质量发展和服务实体经济能力进一步提升，实现了向高质量发展转型的良好开局。

一、信托业务规模稳中趋降，结构不断优化

（一）信托业务规模

截至2019年第四季度末，全国68家信托公司受托资产规模为21.6万亿元，较2018年末的22.7万亿元同比下降4.85%，小于2018年同期的13.50%。从4个季度的环比变化看，第一季度环比增速为-0.7%，第二季度和第三季度环比增速分别是-0.02%和-2.39%，第四季度则是-1.78%，第三季度和第四季度的环比下降有小幅上升（见图1）。在经历了2018年较大幅度的调整后，2019年信托业资产规模下降幅度明显收窄，进入了波动相对较小的平稳下行阶段。

（二）信托资金结构

2018年以来，随着资管新规出台，监管政策影响下以单一信托为主的通道业务受限，信托利用自身制度优势逐步推进转型。2019年，信托公司普遍加强财富渠道建设，注重主动管理能力培养，集合资金信托占比进一步提升，新增信托资产来源结构优化趋势明显，发展质量提升；财产权信托尤其是资产证券化等事务管理类信托业务较快发展，行业转型初见成效。

1. 按信托资金来源划分。在监管引导下，信托业在2019年加快了转型步伐，信托业务资金

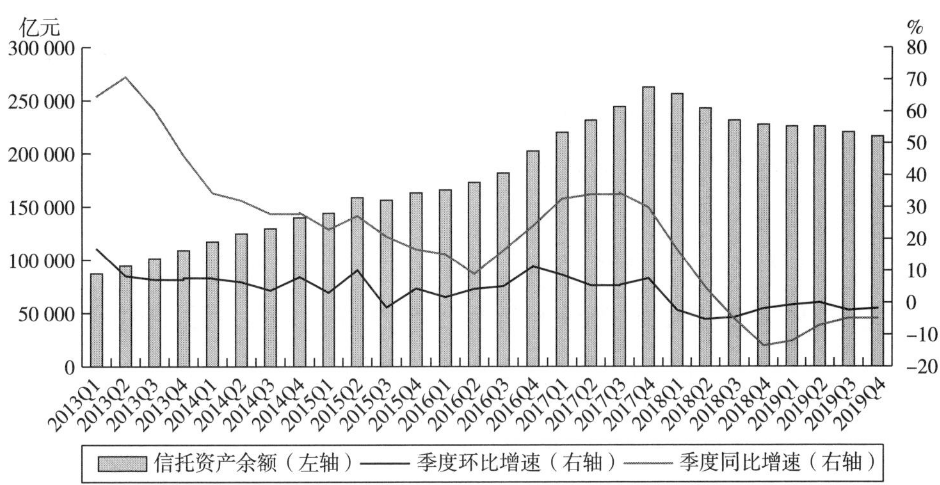

图 1　2013Q1 至 2019Q4 信托资产规模、同比增速及环比增速

来源结构进一步优化：集合信托占比上升，单一资金信托占比下降，管理财产信托占比较为稳定。从 2019 年第二季度开始，集合资金信托占比开始超过单一资金信托，成为最主要的资金来源（见图 2）。

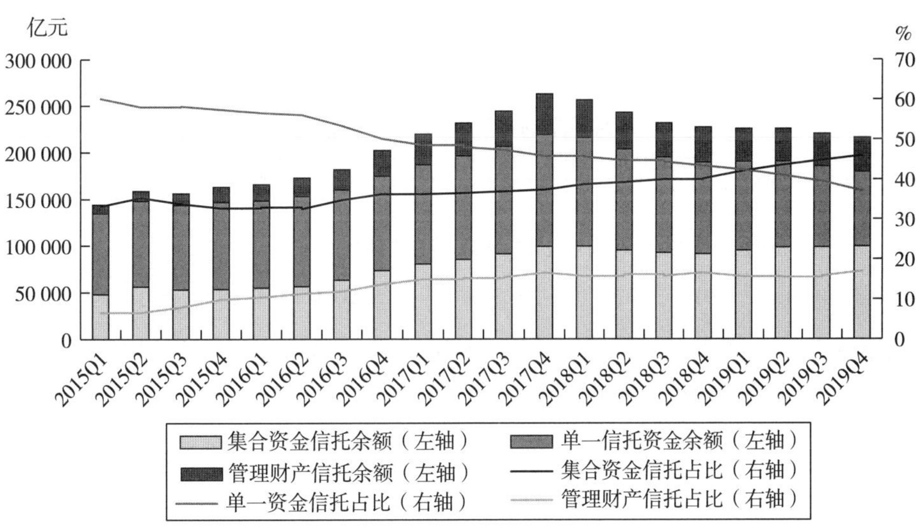

图 2　2015Q1 至 2019Q4 信托资产按资金来源分类的规模及其占比

2019 年第四季度末，集合资金信托规模 9. 9 万亿元，占比为 45. 93%，较 2019 年第三季度小幅增加了 800 亿左右，占比上升 1. 19 个百分点，较 2018 年末增加 8 000 亿元，占比上升 5. 81 个百分点。截至 2019 年第四季度末，单一资金信托规模约 8 万亿元，占比为 37. 1%，较第三季度末减少 6 733 亿元，占比下降 2. 4 个百分点，较 2018 年末减少 1. 82 万亿元，占比下降 6. 23 个百分点。单一资金信托规模占比在 2010 年第二季度曾达到 83. 27% 的历史高位，之后持续下降，从原有的“一家独大”到目前显著低于集合信托，信托业务的资金来源结构得到了显著优化。

截至2019年第四季度末，管理财产信托规模为3.67万亿元，占比为16.98%，比2019年第三季度增加2 005亿元，占比上升1.21个百分点。与2018年末相比，规模减少约884亿元，占比基本持平。从2017年到2019年，管理财产信托占比分别为16.53%、16.55%和16.98%，基本保持稳定。

2. 按信托功能划分。从信托功能角度看，2019年信托业务结构变化较为明显，在日益严厉的“去通道”监管环境下，融资类信托占比有所上升，事务管理类信托占比显著下降，投资类信托则基本稳定（见图3）。随着通道类业务占比的不断下降，信托业回归主业、服务支持实体经济的转型取得显著成效。

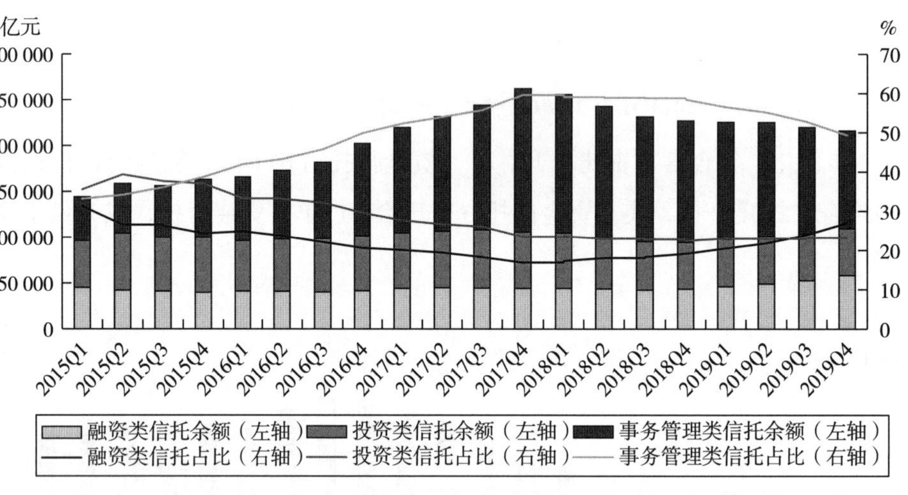

图3　2015Q1至2019Q4信托资产按功能分类的规模及其占比

事务管理类信托在2019年呈逐季下降的趋势，第四季度末余额为10.65万亿元，占比49.30%，较第三季度末减少约1万亿元，占比下降3.45个百分点。与2018年末和2017年末相比，事务管理类信托规模分别减少2.6万亿元和5万亿元，降幅分别为19.6%和31.95%，占比较2018年、2017年同期分别下降9.06%和10.32%。事务管理类信托规模的下降，是过去两年信托资产整体规模下降的主要原因。

融资类信托与投资类信托规模相当，差异进一步收窄。其中，融资类信托规模为5.83万亿元，较第三季度末约增加了5 600亿元，增幅为10.60%，较2018年末增加1.49万亿元，增幅为34.17%，占比为26.99%，较2018年末上升7.85个百分点。投资类信托规模为5.12万亿元，与第三季度大体相当，与2018年末数据基本持平，占比为23.71%，比2018年同期小幅上升1.21个百分点。从历史数据看，投资类信托占比在2015年第二季度曾达到39.33%的历史高位，之后一直保持稳步下行的趋势。

（三）信托资金投向

服务支持实体经济是金融供给侧结构改革的核心要求，是信托业转型的重要方向。2019 年，信托业按照“六稳”的要求，采取积极措施，稳步加大对实体经济的资金投入，着重引导资金进入工商企业和基础设施领域，积极支持国家重大战略实施，提高金融服务效率。与 2018 年相比，工商企业继续在资金配置中占据首位，基础产业和房地产占比分别上升到第二位和第三位，金融机构占比则从第二位下滑到第四位，信托资金运用的结构优化趋势较为明显（见图 4）。

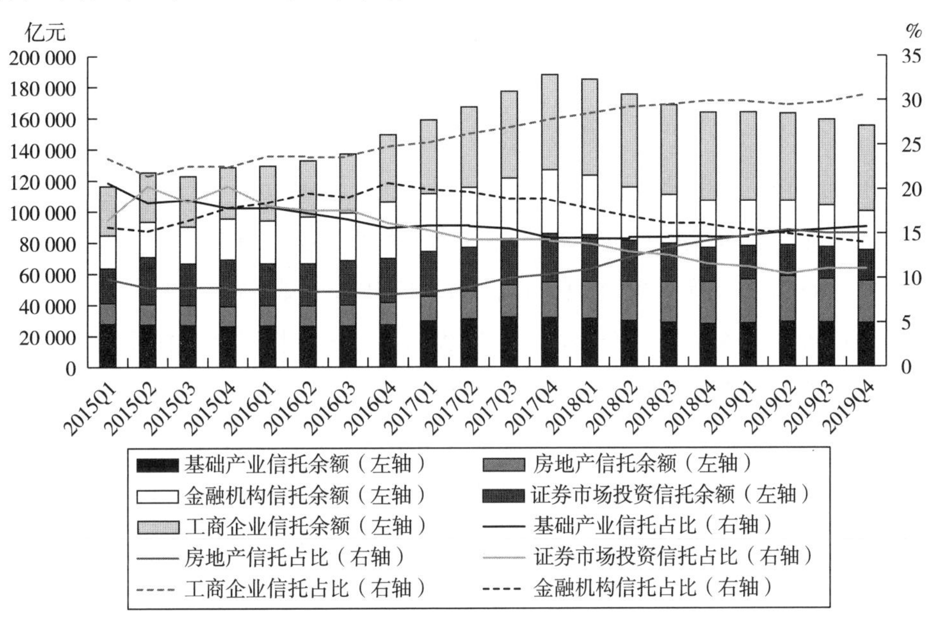

图 4　2015Q1 至 2019Q4 信托资金投向配置及其占比

1. 工商企业。2012 年第二季度以来，工商企业一直是信托资金投向的第一大配置领域。2019 年末，投向工商企业的信托资金总额为 5.49 万亿元，比 2018 年同期减少 1 768 亿元左右，占比为 30.6%，较 2018 年小幅上升 0.7 个百分点，较 2017 年末上升 2.76 个百分点。投向工商企业的信托资金占比的上升，充分体现了信托行业脱虚向实、支持实体经济的转型方向。

2. 基础产业。2019 年，为应对经济下行压力、实现“六稳”的政策目标，逆周期调节力度逐步加大。基建项目投融资需求有所上升。从信托资金流向结构上看，投入基础行业的信托资金占比稳步上升。截至 2019 年第四季度末，投向基础产业领域的信托资金总额为 2.82 万亿元，与 2018 年末大体相当，占比为 15.72%，较 2018 年上升 1.14 个百分点，成为信托资金第二大配置领域。从历史数据看，投向基础产业领域的信托资金占比在 2010 年第一季度曾达到 40.16% 的高位，之后一直处于下降趋势，2018 年、2019 年均有小幅上升。

3. 房地产业。房地产信托一直以来就是信托公司的重要业务，也是信托公司重要的收入来源。2019 年第四季度末，投向房地产领域的信托资金总额为 2.7 万亿元，与 2018 年末基本持平，占比为 15.07%，较 2018 年小幅上升 0.89 个百分点。投向房地产的信托资金占比在 2013 年之后一直呈现下降趋势，但在 2017 年之后出现了明显的提升，2017 年和 2018 年均维持了较快的增速。在信托资产规模下滑的背景下，房地产信托规模上升，主要原因可能在于其收益水平较高，对资金有较强的吸引力。不过，在“房住不炒”的政策要求下，随着监管约束的不断强化，2019 年，房地产信托规模增长趋于停滞，占比因为信托资产总规模的下降而有小幅上涨。这充分表明信托行业积极响应中央政策，“不将房地产作为短期刺激经济的手段”，严格落实银保监会对房地产信托业务监管的明确要求，有效遏制了房地产信托规模的快速增长，防范了风险的过度积累。

4. 金融机构。投向金融机构的信托资金继续回落，去通道、治乱象效果明显。截至 2019 年第四季度末，投向金融机构的信托资金总额为 2.5 万亿元，继续保持下行趋势，较第三季度末减少约 1 725 亿元，环比下降 6.45%，较 2018 年下降约 5 254 亿元，同比下降 17.34%；规模占比为 13.96%，较 2018 年末下降 2.03 个百分点，较 2017 年末下降 4.8%。

2017 年，由于同业业务回流，金融机构一度成为第二大信托资金配置领域。在防风险、去杠杆的背景下，金融同业合作的监管力度持续强化，通道类业务受到极大压缩。自 2018 年第一季度起，投向金融机构的信托资金环比增量即进入负值区间，占比持续从 2018 年末的第二位降到第四位，主动压降金融同业通道规模效果显著。

5. 证券市场。2019 年第四季度末，投向证券市场的信托资金总额为 1.96 万亿元，较第三季度末减少 850 亿元，环比下降 4.16%，较 2018 年末减少约 2 369 亿元，同比下降 10.79%，占比为 10.92%，较 2018 年小幅下降 0.67 个百分点。自 2015 年以来，随着证券市场的调整和监管部门对跨市场风险的关注，投向证券市场的信托资金占比从 2015 年的 20.35% 持续下行。2019 年，随着金融供给侧结构性改革的深入和资本市场回暖，下行趋势有所放缓，尤其是 2019 年第三季度，规模和占比一度有小幅上升。从长远看，一方面，得益于证券市场改革的不断推进；另一方面，要转型为真正意义上的资管机构，信托公司需要主动提升证券投资能力，预计投向证券市场的信托资金占比在未来有上升的空间。

二、信托行业经营业绩向好，资本实力稳步提升

（一）所有者权益

2019 年，信托行业资本实力进一步增强，截至第四季度末，68 家信托公司所有者权益规模达 6 316.27 亿元，较 2018 年增加 566.97 亿元，增速为 9.86%。从所有者权益的构成来看，截

至2019年第四季度末，实收资本为2 842.4亿元，较2018年末增加188.25亿元，占所有者权益比重的45%，比2018年末下降1.16个百分点；未分配利润为1819.13亿元，较2018年末增加188亿元，增速为11.53%，占所有者权益比重的28.8%，较2018年同期上升0.43个百分点；信托赔偿准备291.24亿元，比2018年末增加30.53亿元，增长11.71%，占所有者权益比重的4.61%（见图5）。

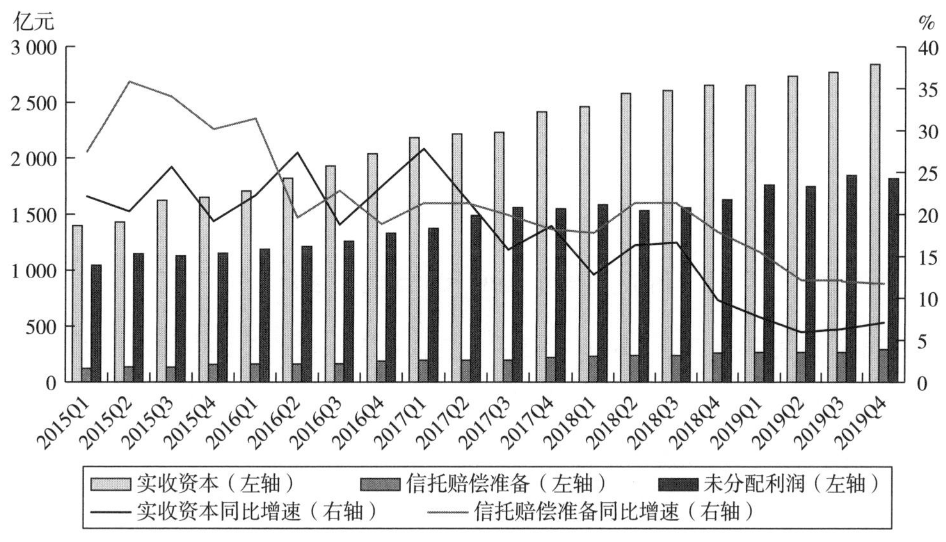

图5　2015Q1至2019年Q4所有者权益变动

资本是金融机构抵御风险、确保自身长期稳健发展的基础。在信托业务规模稳步下降的情况下，信托行业的实收资本、信托赔偿准备和未分配利润都保持了较快的增长速度，应对风险的能力稳步提升。从长期看，通过强化净资本管理，增强资本实力，为信托行业抵御各种风险、推动各项业务稳步发展，提供了有力的保障。

（二）固有资产

截至2019年第四季度末，68家信托公司固有资产规模达到7 677.12亿元，比2018年第四季度末增加483.97亿元，增长6.73%，增速比2018年同期低2.61个百分点（见图6）。从季度环比增速来看，2019年前三个季度分别是1.07%、1%、0.83%，第四季度环比增速为3.7%。

从结构上看，自2014年第三季度以来，投资类在固有资产运用中占比呈稳步上升趋势。2019年第四季度末，投资类资产余额6 094.32亿元，较2018年增加约为453亿元，占比为78.8%，略高于2018年末的77.79%，总体保持平稳。货币类资产在固有资产中的占比一直处于下行态势，2019年第四季度末，货币类资产余额606亿元，与2018年末的610亿元大体持平，占比为7.9%，较2018年末下降0.58个百分点。贷款是固有资产运用的重要领域，2016年

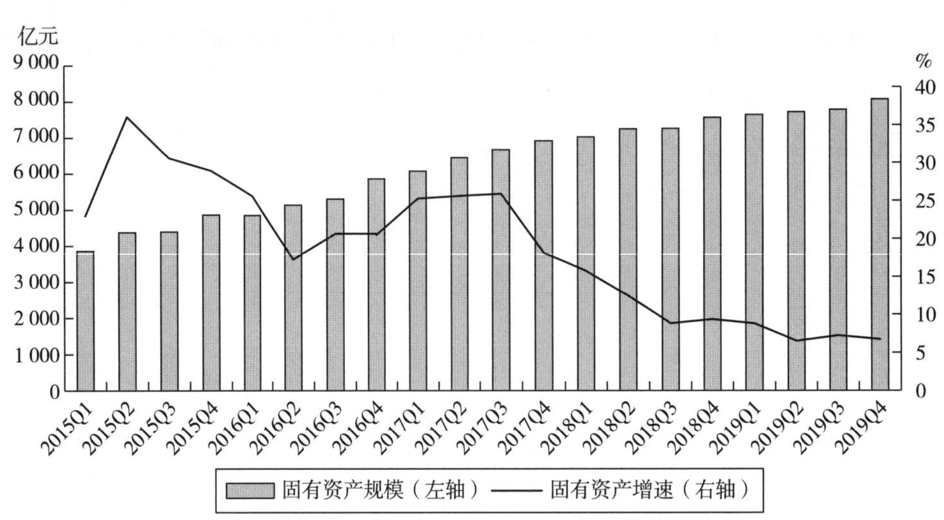

图 6　2015Q1 至 2019Q4 固有资产变动

之前，占比基本维持在 10% 以上。2016 年之后，贷款在固有资产配置中的占比大幅下降，基本维持在 5% 左右。2019 年第四季度末，贷款资产余额为 453. 1 亿元，占比为 5. 9%，较 2018 年末上升约 1 个百分点，与 2017 年末基本持平。

（三）经营业绩

2019 年，在面对诸多挑战的情况下，信托行业转型和高质量发展取得显著成效，经营业绩稳步提升。2019 年，信托业实现经营收入 1 200. 12 亿元，较 2018 年增加 59. 49 亿元，同比增长 5. 22%，与 2018 年的 -4. 2% 相比，增速大幅提高了 9. 42 个百分点，扭转了信托行经营收入下滑的态势（见图 7）。

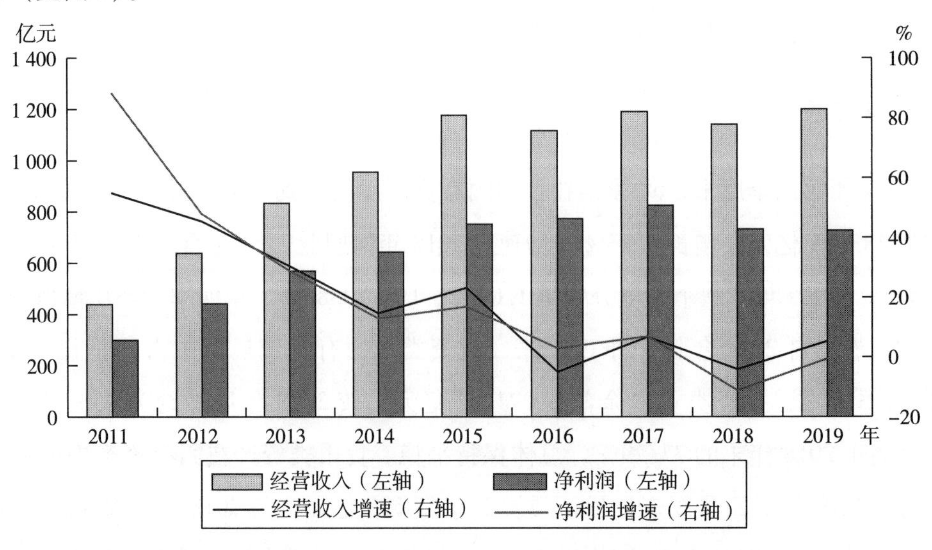

图 7　2011—2019 年信托业经营收入、净利润及其同比增速

从收入结构看，2019 年，信托业务收入达 833.82 亿元，较 2018 年增加 52.06 亿元，占比为 69.48%，比 2018 年上升 0.94 个百分点（见图 8）；固有业务收入为 341.24 亿元，较 2018 年增加 30.88 亿元，占比为 28.43%，较 2018 年上升 1.22 个百分点。2019 年第四季度，新增信托业务收入为 282.47 亿元，环比增长 51.23%；新增固有业务收入为 113.33 亿元，环比增速达到 49.72%，短期波动较为明显。总体来看，2019 年，信托业务收入仍占经营收入的主导地位且占比进一步提升，信托公司回归信托本源，坚守大力发展信托业务的转型方向日益明确。

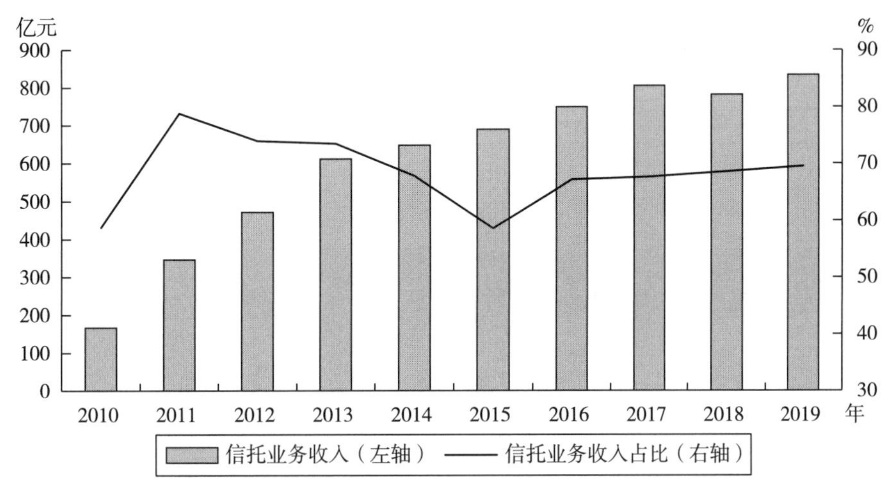

图 8　2010—2019 年信托业务收入及占比

自 2015 年以来，信托业净利润整体保持平稳，2017 年之后有较大幅度回调，从 2017 年的 824.11 亿元下降到 2018 年的 731.8 亿元。2019 年，信托行业利润总额 727.05 亿元，与 2018 年基本持平。信托行业人均利润 244.23 万元，略低于 2018 年的 275.02 万元。从信托报酬率来看，第四季度的平均年化综合信托报酬率为 0.37%，较第三季度下降 0.12%，较 2018 年同期上升了 0.02%。平均年化综合实际收益率为 5.49%，较第三季度下降 0.09%，比 2018 年同期上升 0.58%。在逆周期政策力度加大，金融市场整体资产收益率下行的背景下，信托报酬率和实际收益率较 2018 年有小幅回升（见图 9），说明信托公司在提升自身盈利水平的同时，为信托投资者创造和实现了更多价值。

三、风险暴露更为真实，整体仍在可承受范围

近年来，伴随国内经济进入减速换挡期，供给侧结构性改革步入深水区，信托行业风险面临持续上升的压力，信托业风险项目数量和规模持续上升，风险资产率也有显著上升。

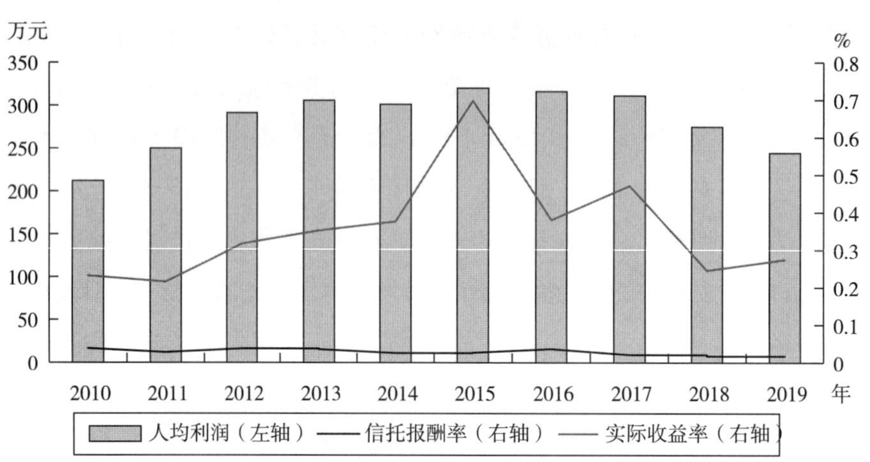

图 9　2010—2019 年人均利润、信托报酬率与实际收益率变动

（一）风险资产规模和项目数量有所增加

从风险资产规模和风险项目数量的变动来看，2019 年第四季度末，信托行业风险资产规模为 5 770.47 亿元，较 2018 年末增加 3 548.6 亿元，增幅为 159.71%（见图 10）。从风险项目数量看，也有逐步上升的趋势。2019 年第四季度末，信托业风险项目个数为 1 547 个，较第三季度增加 242 个，较 2018 年末增加 675 个。2019 年，信托业风险项目和风险资产规模显著增加的最主要原因是监管部门加大了风险排查的力度和频率，之前被隐匿的风险得到了更充分的暴露，并不意味着增量风险的加速上升。从环比看，2019 年 4 个季度，风险资产规模的环比增速分别为 27.39%、22.74%、32.72% 和 25.14%，环比增速在第四季度有放缓趋势。随着风险的充分暴露，预计信托风险资产规模变化将趋于平稳，行业整体风险也将逐步从发散进入收敛状态。

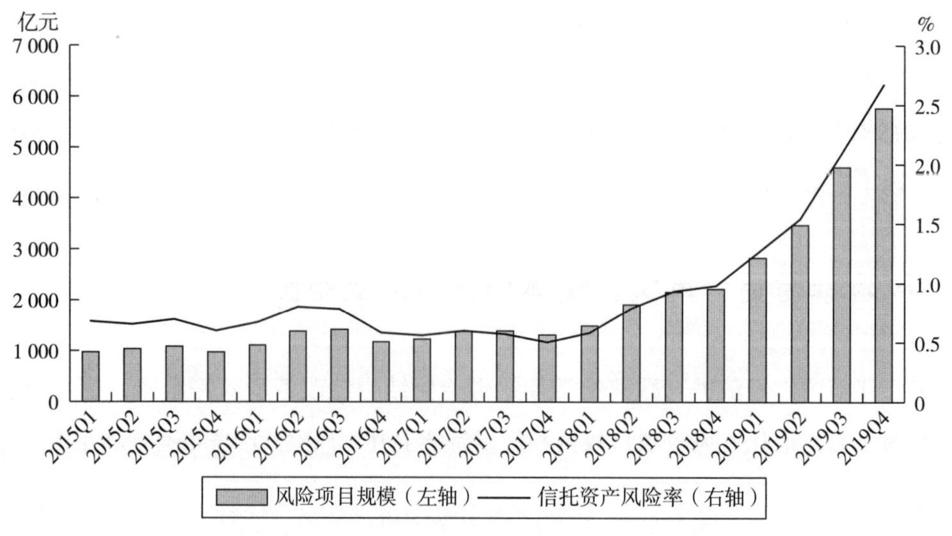

图 10　2015Q1 至 2019Q4 信托风险资产规模与风险率

（二）集合信托风险资产规模占比仍居主导

从信托行业风险资产分类来看，三类信托的风险资产规模提升都较为明显。2019 年第四季度末，集合信托风险资产规模为 3 451. 8 亿元，比 2018 年末的 1371. 89 亿元增加了 2 079. 91 亿元，增长较为显著；集合信托风险资产规模占全部风险资产规模的比重为 59. 82%，比 2018 年末的 61. 74%略有下降（见图 11）。

2019 年第四季度末，单一信托的风险资产规模为 2 263. 09 亿元，较 2018 年末的 812. 4 亿元大幅上升 1 450. 69 亿元，占全部风险资产规模比重的 39. 22%。财产权信托的风险资产规模为 55. 58 亿元，较 2018 年的 37. 60 亿元增加 17. 99 亿元，整体规模和占风险资产的比重都较低。

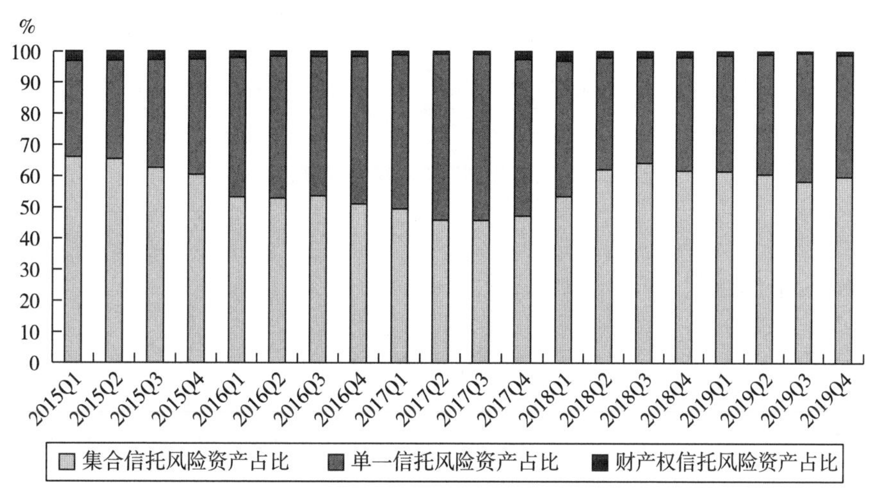

图 11　2015Q1 至 2019Q4 信托风险资产结构

（三）信托资产风险率显著上升

伴随风险资产规模的增大，信托资产风险率也有较大幅度的上升。2017 年之前，信托风险资产率虽有波动，但多数时候维持在 0. 8%以下，2018 年小幅上升至 0. 98%，2019 年末则大幅上升至 2. 67%。在风险暴露充分的背景下，存量风险化解将成为信托行业一项重要的任务，从信托行业自身的风险抵御能力来看，行业风险仍在可承受范围。

（四）未来一年到期兑付压力维持高位

从未来一年信托到期情况看，2019 年第四季度末，未来一年的信托到期规模为 5. 40 万亿元，与 2018 年末基本持平，其中，未来一年到期的集合信托规模为 2. 7 万亿元，比 2018 年末减少 2 662 亿元。从到期项目数量来看，2019 年第四季度末预计未来一年到期项目为 1. 48 万个，比2018年末增加800个左右，数量大体相当（见图12）。上述三个指标充分表明，与2018年末相比，预计未来一年的到期兑付压力仍然较大，部分信托项目按期正常清算面临不小的挑战。

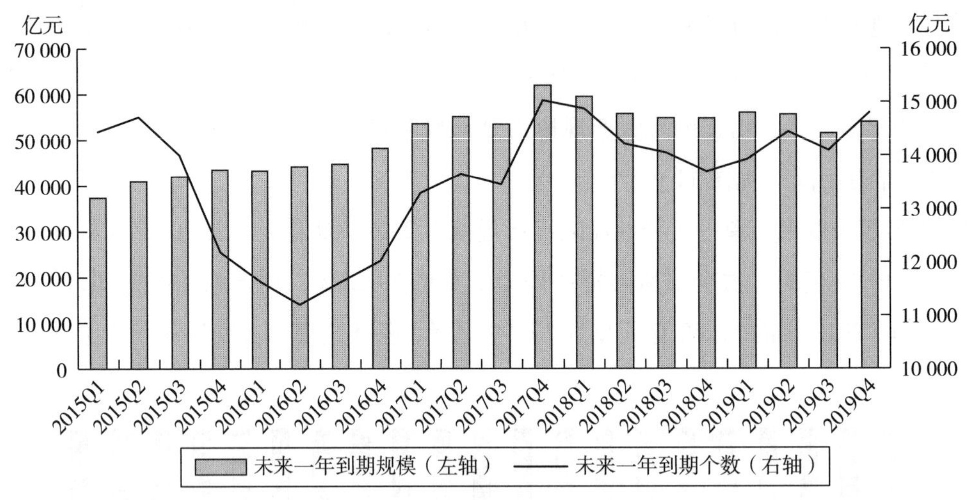

图12　未来一年到期信托项目及规模变化

四、2020年展望

展望2020年，中国将面临的国内外经济环境更加复杂。在经济下行压力显著加大的背景下，新冠肺炎疫情的暴发和全球传播，不仅给中国经济造成了短期冲击，也给全球经济增长前景蒙上了一层阴影。不确定性的加大，会给信托业发展带来新的挑战。在2020年中，信托业的工作重点应分为两个方面，一是全力以赴支持疫情防控和民生保障工作的开展，履行行业的社会责任。新冠疫情爆发以来，信托公司充分发挥信托的制度优势，踊跃设立慈善信托，汇聚社会慈善力量支持新冠肺炎疫情防控。根据中国信托登记公司统计，截至2月末已完成信托公司报送的定向“武汉加油”“抗击新冠肺炎”等专项慈善信托36笔，金额累计达12.4亿元。二是继续强化对实体经济的支持，助力企业复工复产，为全面完成2020年经济社会目标贡献行业力量。从宏观政策引导的方向看，2020年，信托资金需要进一步加大对基础产业和工商企业的投入。

从监管环境看，在资管新规的框架之下，2020年信托行业的监管规则将进一步完善。面对监管政策和监管环境的根本性变化，信托行业将进入新的发展阶段，行业转型有望加速，重点需要关注以下几方面工作。

一是从融资类业务向投资类业务转型。从资本监管的要求来看，未来信托公司融资类业务占用资本可能明显提升，融资类业务发展会越来越多地受到来自资本方面的约束。这一方面对信托公司的资本实力提出了更高要求；另一方面也要求信托公司努力培养自身的投资能力，逐渐摆脱对融资类业务的过度依赖，从规模优先转变为质量优先的增长模式。未来，信托公司要培养标准化产品投资团队和投资能力；努力提升资产判断和把控能力，加大股权投资业务拓展力度，逐步提升主动投资管理能力。

二是深入挖掘受托服务功能，发展服务信托。服务信托被认为是与资金信托、慈善信托并列的信托业务类型。2020 年 1 月 3 日，《中国银保监会关于推动银行业和保险业高质量发展的指导意见》出台，其中在培育非银行金融机构特色优势中要求，信托公司要积极发展服务信托、财富管理信托和慈善信托的本源业务，将服务信托作为支撑信托行业转型的“三驾马车”之一。虽然对于服务信托的内涵和外延尚未达成共识，但是服务信托紧扣受托人定位，以收取管理费为主要收入来源，对信托业的长期稳健发展有重要意义。从未来看，资产证券化、家族财富管理信托等属于典型的已经发展起来的服务信托，需要加大拓展力度，持续深耕细作，打造为信托核心业务。与此同时，需要进一步探索信托服务功能，挖掘更多发挥服务功能的领域，如养老、消费权益等。

三是大力发展财富管理业务。财富管理应当是未来信托公司的主要方向，这也是现阶段多数信托公司努力转型的重点。做好财富管理业务既需要大量的客户积累，也需要资产管理和资产配置能力，重点有以下几个方面：其一，进一步加强销售渠道建设，搭建线上线下一体化财富管理平台，逐步降低对商业银行渠道的依赖程度；其二，加快专业财富管理团队建设，通过专业化投顾，有效地发掘投资者需求；其三，在业务特色方面，重点将家族信托作为信托业财富管理发展的方向。

四是加强信托文化建设。2019 年信托业年会上，银保监会黄洪副主席强调，信托文化是推动信托行业转型发展的重要力量，过去多年信托行业取得快速发展，但并未形成自身文化，信托文化建设迫在眉睫。监管部门计划从 2020 年开始连续用五年的时间，开展信托文化教育年、信托文化普及年、信托文化确立年、信托文化深化年、信托文化提升年的主题活动，在全行业开展信托文化建设工程，推动信托文化建设有步骤、有计划地向纵深开展，最终建成有中国特色的信托文化。信托文化建设的基本要求是，坚持服务实体经济的使命、满足人民需要的宗旨、推动社会进步的责任、依法合规的底线和员工的职业操守。通过构建信托文化推动行业发展，对探索可持续发展模式有着重要的意义，也是信托行业实现转型的基础所在。

第二部分 中国信托业协会 2019年工作总结和2020年工作计划

中国信托业协会2019年工作总结

2019年，中国信托业协会深入学习贯彻习近平新时代中国特色社会主义思想，认真落实中央和银保监会党委部署，扎实履行“自律、维权、协调、服务”职能，积极助力信托业改革发展。

一、党的建设

一是以党的政治建设为统领，坚决维护以习近平总书记为核心的党中央权威和集中统一领导。在政治路线、政治立场、政治方向、政治道路上同以习近平同志为核心的党中央保持高度一致，在大是大非、政治原则问题上态度鲜明、立场坚定、行动有力，确保政令畅通。毫不动摇坚持党对协会各项工作的领导，充分发挥党委政治核心作用，依据《中国信托业协会章程》，协调调动和支持配合协会会员大会、理事会、常务理事会、秘书处①和专业委员会②协同高效地贯彻执行党的路线、方针、政策，把党总揽全局、协调各方落到实处。

二是以“不忘初心，牢记使命”主题教育为抓手，深入学习贯彻习近平新时代中国特色社会主义思想。深刻认识主题教育的重大意义，高站位部署、大力度推进。学习求深，聚焦总书记提出的八个方面突出问题集中学习研讨，逐一深入研讨剖析，剖除思想痼疾。调研求真，通过针对性调研，使协会党委了解行业更深、掌握情况更准，大局观念更强、宗旨意识更牢。剖

① 全年召开会员大会2次、理事会3次、常务理事会3次、监事会1次。

② 自律、研发、人才与培训专业委员会全年共计召开会议12次，决策、咨询和共识达成等方面作用进一步提升。

析求准，召开对照党章党规找差距专题会议和专题民主生活会，对标初心使命，从政治站位上找差距、从思想认识上找根源、从尽职履责上找缺失。整改求实，将整改落实列入党委重要议事日程，实行台账式管理，逐项整治、逐项销号。

三是以服务型党组织建设为重点，有效发挥基层党组织战斗堡垒和党员先锋模范作用。严格执行“三会一课”、组织生活会、民主评议等制度，认真开展形式活、接地气的主题党日活动。制定“中国信托业协会全面从严治党主体责任清单”，对协会党支部、支部委员和党员的全面从严治党责任进行明确和细化，提升党组织引领力和党员表率作用，带动秘书处干部职工进一步改进工作作风，提高服务质效。

四是以作风建设为保障，树立会管服务类机构良好形象。细化协会“三重一大”事项清单，制定与修订协会差旅、公务接待等方面六项管理制度，建立定期“回头看”机制，确保跟踪问效。本着“严、深、细、实”的原则，紧盯会费管理使用，做好人员管理教育和约束监督机制建设，全年接受财务审计、税务审计、法人离任审计、民政部年检抽查审计和银保监会延伸审计等各方面审计5次，结果良好，无重大财务问题。全力支持纪委全面监督，确保协会党建工作到哪里，纪委监督就到哪里。

二、自律方面

一是出台三项自律公约。制定《信托消费者权益保护自律公约》，维护信托消费者合法权益，践行以人民为中心的理念。制定《信托从业人员管理自律公约》，规范信托从业人员行为，提高从业人员职业水平和职业道德水准。制定《绿色信托指引》，明确绿色信托的基础概念、绿色产业界定和绿色信托的服务模式，培育绿色信托理念，引领绿色信托实践。三项自律公约是由专项工作专家组执笔，经广泛走访调研、最大限度听取采纳多方意见，最终由监管部门同意、会员大会表决通过所形成的行业自律规则，是细化落实《信托公司受托责任尽职指引》的具体措施，是行业行稳致远的基础设施。

二是健全信托消费者保护长效机制。成立中国信托业协会消费者权益保护专业委员会，进一步将信托消费者保护工作制度化、规范化、常态化。继续受理消费者投诉，第一时间联系沟通并督促妥善处理，坚持投诉案件不上移、矛盾不激化，避免群体性上访事件发生，2019年共受理消费者投诉13起，涉及9家信托公司。以“诚信受托　共赢未来”和“以信为基　服务美好生活”为主题开展两期投资者教育活动，助力信托消费者与信托业共成长。

三是完成2018年度行业评级。协会已连续四年开展行业评级工作，2019年，继续在总结前期经验的基础上精心组织、优化程序，恪尽职守、实事求是，确保评级结果及时、客观、准确。

三、维权方面

一是积极推动信托业法律体系建设。利用金融领域法治进一步健全的有利时机，成立信托法制完善及建议研究专项工作组，积极向最高法院反映信托业法缺失的现状，代表行业就《全国法院民商事审判工作会议纪要》反馈意见建议，多项被采纳①。协助国务院发展研究中心开展有关行业调研，反映国有信托公司现状、困难和政策建议。

二是大力促进信托业纠纷调解机制建设。基于金融行业中只有信托行业未建立多元化调解中心、主要依托诉讼解决纠纷的现状，研究探索构建多元化解纠纷和内部争议处理机制，在走访调研基础上形成《关于探索构建化解信托金融纠纷行业调解机制的报告》，作为政策建议报送监管部门，加速推动信托行业调解、仲裁、诉讼多元化纠纷解决机制的全面建设。

四、协调方面

一是助力脱贫攻坚战卓有成效。全年引导协调 9 家信托公司参与甘肃临洮、和政两县和内蒙古察右中旗、察右后旗两旗定点扶贫工作，共签订协议金额 368 万元，落地金额 228 万元；引导协调 6 家信托公司在呼伦贝尔鄂伦春旗设立了该市首单慈善信托，合同金额 145 万元。通过慈善信托创新金融扶贫方式的案例——“慈善信托新模式，助力脱贫攻坚战”，从全国 300 多个参选案例中脱颖而出，被国务院扶贫办评为“2019 年社会组织扶贫 50 佳案例”之一，信托业帮扶成效显著。

二是行业研究走深。组织开展研究并评选出“服务信托业务研究——业务类型、功能定位与前景展望”“服务信托分析框架研究——范式创新与行业转型”“信托业务发展创新年度报告”“信托公司财富管理业务体系发展研究”等 10 篇具有创新性、引领性的研究成果，汇编形成《2019 年信托业专题研究报告》。聚焦“治乱象、去嵌套、去通道、去刚兑、防风险、补短板”，编制发布《中国信托业发展报告（2018—2019）》。围绕“党建责任、经济责任、法律责任、民生责任、受托责任、公益责任、环境责任、人本责任、责任管理”，编制发布《中国信托业社会责任报告（2018—2019）》。着手中国信托业服务实体经济专题研究。

三是基础理论建设走实。组织编纂《信托金融学》（草稿），尝试搭建信托业的金融理论体系，以金融的视角、思维和技术方法厘清信托业作为我国重要金融子系统之一的演进思路和逻辑框架。翻译出版《信托公司史》，梳理美国受托责任演变历程，为国内信托金融理论研究再添参考。

① 具体体现在“营业信托纠纷的认定”“资产及资产收益权转让及回购”“劣后级受益人的责任承担”等条款当中。

五、服务方面

一是强化政策引导和业内外交流。以“弘扬信托文化 强化合规建设”为主题举办2019年信托业年会，银保监会黄洪副主席出席会议并讲话，为行业坚守定位、回归本源提供了重要指导。举办供给侧结构性改革解读1期、“金融科技与信托公司发展”“信托产品净值化管理”“信托公司激励约束机制建设”“信托公司资产证券化”“信托与人口老龄化”主题沙龙5期、“信托公司薪酬管理与风险防控”工作交流会1期，形成公司间、行业与监管部门间、行业与有关司法机关及其他部门间的高效沟通，促进有益经验共享和信息交流。

二是夯实人才建设。制定《信托行业人才建设工作规划框架（2019—2021）》，从更高站位、更广视野、更长远视角统筹谋划信托人才培养、建设和储备。继续开展信托高管研修班（全年举办2期）、中层及业务骨干培训班（全年举办2期）、从业人员培训（全年线下举办7期）和专题培训（全年举办2期，分别为“信托业参与科创板建设”专题和“服务信托”专题），以人的高质量发展促进行业高质量发展，总计培训逾千人次，其中，高管研修班增加与北大光华管理学院合作，全员培训模式优化为线上与线下相结合。组织编写《信托与资管产品案例研究》，推动理论与实践融会贯通。

三是突出正面宣传。以“中国信托业服务实体经济　助力三大攻坚战”为主题参加银保监会第252场例行新闻发布会，回应社会关切，展现信托业在落实中央部署、服务国计民生等方面所做的努力，发布效果获银保监会办公厅好评。每季度在官方网络平台发布由信托部授权的信托公司业务数据，邀请专家解读发展态势，2019年专家库新增北大国家金融研究中心主任金李、中国社科院国家金融与发展实验室副主任曾刚和业内其他4名专家，数据解读权威性、准确性进一步提升。每个工作日汇编《信托每日舆情》，全年监测舆情250天，向信托公司发出负面舆情处理单132份，每月度、季度形成舆情分析报告共计16篇。维护和管理好官方网络宣传平台，其中，微信公众号用户数在2019年末达到66 785人，较2018年末增加11 202人。参与《中国金融年鉴》《中国经济年鉴》组稿，编纂发行《中国信托业年鉴（2018—2019）》，记录信托业发展轨迹。

中国信托业协会2020年工作计划

2020年是全面建成小康社会和“十三五”规划收官之年，也是打好防范化解金融风险攻坚战的收官之年。目前经济、社会受到新冠肺炎疫情的冲击。协会将继续以习近平新时代中国特色社会主义思想为指导，不忘初心、再接再厉，把党的建设放在更加突出的位置，结合2020年信托监管工作要点，以求真务实的作风开展各项工作，助力信托行业转型发展、长治久安。

一、党的建设

一是始终以贯彻落实党中央决策部署为前提，确保党的路线、方针、政策得到全面贯彻，严守党的政治纪律和政治规矩，自觉在思想上政治上行动上同以习近平同志为核心的党中央保持高度一致。

二是持续强化党对协会各项工作的领导，统筹考虑党的建设与业务工作，保证和支持协会会员大会、监事会、理事会、常务理事会、秘书处和专业委员会按照《中国信托业协会章程》独立负责又协调一致地开展工作。

三是落实管党治党责任，紧盯全面从严治党薄弱环节，持之以恒反对“四风”，全面加强纪律建设。

二、自律方面

一是促进信托文化建设，通过自律规则实施、政策传导等方式，引导和支持信托公司回归“受托人”定位，配合监管部门推动将信托文化建设融入公司治理机制。

二是根据资管新规、信托监管新规及金融市场变化，组织研究行业评级指引的适时调整，确保评级体系在防范风险等方面精准发挥作用。

三是采取更多形式多样、切实可行的办法，进一步加强信托知识普及宣传，更广泛开展投资者教育，提升投资者对于“卖者尽责、买者自负”的正确认识，构建信托业和谐发展环境。

三、维权方面

一是强化与司法机关的沟通力度，帮助更进一步认识和理解信托原理和机制，继续会同监管部门，推进信托业法律法规建设，落实破产隔离、信托财产登记等本源业务制度基础。

二是继续探索更多维权手段和途径，维护信托公司正当合法权益。

四、协调方面

一是聚焦三大攻坚战，调动力量、汇集资源，在巩固继有成果的基础上，做到扶贫脱贫更扎实、绿色信托体系更完备、信托业重大风险防范相关自律实践更深入。

二是充分发挥“中国信托业抗击新型肺炎慈善信托”的作用，支援湖北特别是武汉走出疫情，提升信托业社会形象，促进行业转型发展。

三是发挥桥梁纽带作用，将施力重心放在增进信托公司与监管部门之间的政策传导和信息沟通上，以反映行业合理诉求和争取监管支持为目标，做到建言建在会员需要时、献策献到有利于行业长远发展上。

四是继续组织编写行业发展报告、开展重点课题研究，更加重视理论性和对策性研究，努力推出更多具有前瞻性和实操性的研究成果。

五、服务方面

一是确保协会会员大会、理事会、常务理事会、秘书处和四个专业委员会根据《中国信托业协会章程》各司其职、协同高效，形成协会治理合力。

二是搭建会员间沟通平台，在保持现有线下交流模式不变的前提下，探索建立并逐渐丰富线上交流形式，提升线上服务水平，同时，从交流议题选取的时效性和差异化上提高要求，强化该平台在政策和市场动态跟踪、信息集成、情况分析、思路开拓等方面的价值。

三是提高培训工作精细化水平，进一步改善线上、线下相结合的培训模式，有针对性地制定差异化培训内容，加强对风险控制、政策解读等方面培训力度，聚焦行业人才建设难点问题开展课题研究。

四是提高宣传工作统筹力度，把握好新闻宣传的时、度、效，加强舆情监控及媒体沟通，避免不实言论引发市场恐慌，坚持正面宣传导向，坚定市场和投资者对信托业的信心。

大事记

1月

1月2日，四川银保监局核准严震中铁信托有限责任公司副总经理任职资格。

1月2日，中国对外经济贸易信托有限公司全额捐赠200万元成立的北京信诺公益基金会经北京市民政局批准正式成立。

1月2日，中信信托有限责任公司携手深圳市递爱福公益基金会共同完成国内首单DAF捐赠，开启公益慈善新实践。

1月2日，厦门国际信托有限公司荣获中国银保监会2018年度信息科技风险管理课题研究成果一类奖；陆家嘴国际信托有限公司、中建投信托股份有限公司荣获中国银保监会2018年度信息科技风险管理课题研究成果二类奖。

1月4日，重庆国际信托股份有限公司成立“重庆信托・隘口镇扶贫济困慈善信托”。

1月8日，江苏省国际信托有限责任公司参加2019年度“情暖江苏”慈善精准扶贫活动，向江苏省慈善总会捐赠100万元。

1月8日，建信信托有限责任公司、交银国际信托有限公司、中海信托股份有限公司、华润深国投信托有限公司、中信信托有限责任公司、上海国际信托有限公司、安徽国元信托有限责任公司、中粮信托有限责任公司、兴业国际信托有限公司、中国对外经济贸易信托有限公司、华能贵诚信托有限公司、长安国际信托股份有限公司、广东粤财信托有限公司、英大国际信托有限责任公司、中国金谷国际信托有限责任公司荣获中央国债登记结算有限责任公司授予的“优秀ABS发行人”称号；中海信托股份有限公司、交银国际信托有限公司、兴业国际信托有限公司、华宝信托有限责任公司、中融国际信托有限公司荣获中央国债登记结算有限责任公司授予的“优秀资产管理机构”称号；渤海国际信托股份有限公司荣获“资产托管业务进步奖”和“资产管理业务进步奖”。

1月9日，山东银保监局核准万众山东省国际信托股份有限公司董事长任职资格。

1月15日，长安国际信托股份有限公司在原陕西银监局、陕西省银行业协会组织的“强合规、治乱象”合规文化建设征文活动中荣获“优秀组织奖”。

1月15日，中诚信托有限责任公司荣获第八届中国公益节“责任品牌奖”。

1月16日，浙江银保监局核准余艳梅女士浙商金汇信托股份有限公司董事长任职资格。

1月16日，山西信托股份有限公司“晋善慈善信托计划”向深度贫困县广灵县香炉台小学捐赠生活物资。

1月19日，四川信托有限公司在成都市社会福利和慈善事业发展中心、成都市慈善总会主办的2018成都公益慈善年会中荣获“2018年度最具爱心企业”。

1月21日，安信信托股份有限公司、华能贵诚信托有限公司、湖南省信托有限责任公司、中国金谷国际信托有限责任公司、广东粤财信托有限公司、中融国际信托有限公司荣获银行业信贷资产登记流转中心授予的“2018年度信贷资产登记流转业务先进机构专业服务奖”。

1月21日，华宝信托有限责任公司荣获中国人民银行上海分行授予的“2018年度中资法人金融机构统计工作一等奖”。

1月22日，北京银保监局核准李钺建信信托有限责任公司董事任职资格。

1月22日，陕西省国际信托股份有限公司荣获由陕西省国资委授予的“陕西省助力脱贫攻坚优秀企业”荣誉称号。

1月22日，江苏省国际信托有限责任公司荣获江苏省工业和信息化厅、江苏省人民政府国有资产监督管理委员会和江苏省法治宣传教育工作领导小组办公室授予的“全省企业‘七五’普法中期先进集体”称号。

1月22日，渤海国际信托股份有限公司总裁马建军在“纪念改革开放40周年暨石家庄经济年度人物评选活动”中荣获“双创双服突出贡献经济人物”。

1月24日，中国信托业协会举办“金融科技与信托公司发展”主题沙龙。

1月24日，长安国际信托股份有限公司收到西安市人民政府金融工作办公室《感谢信》，感谢其在2018年大西安建设中的支持和帮助。

1月28日，华能贵诚信托有限公司与上海银行股份有限公司签约实施“华能信托·玉爱慈善信托”计划，总规模为6000万元。

1月28日，中建投信托股份有限公司设立“中国建投帮扶慈善信托”，用于对贵州省施秉县的定点扶贫工作。

1月28日，中航信托股份有限公司在江西省地方金融监督管理局支持江西经济发展考核中荣获“地方金融特殊贡献奖”。

1月29日，陕西省国际信托股份有限公司荣获陕西银保监局颁发的银行业金融机构“强合规、治乱象”合规文化建设征文活动一等奖。

1月30日，中航信托股份有限公司派员赴定点帮扶贫困村江西省永新县曲白乡浆坑村走访慰问困难群众和驻村工作队员，调研脱贫攻坚工作。

1月31日，万向信托股份公司荣获浙江银保监局授予的2018年度杭州辖内银行业非现场监管报表考核和监管统计工作竞赛二等奖。

1月，东莞信托有限公司在其举办的第五届“与爱同行”公益徒步活动中向“东莞市慈善会东莞信托慈善基金”捐款50万元。

1月，国通信托有限责任公司入围武汉市百佳法治建设示范单位，荣获“武汉市法治建设示范企业”称号。

1 月，杭州工商信托股份有限公司荣获杭州市委、市政府授予的杭州市 2018 年“春风行动”先进单位。

1 月，建信信托有限责任公司荣获北京金融资产交易所授予的应收账款债权融资计划业务“最佳发行载体管理机构奖”。

1 月，陆家嘴国际信托有限公司荣获由青岛市政府、中国人民银行青岛中心支行颁发的 2019 年“青岛市信用应用实践创新成果优秀单位”。

2 月

2 月 2 日，长安国际信托股份有限公司在 2019 年西安市团拜会上荣获“2018 年度纳税前十强企业”荣誉称号。

2 月 12 日，北京银保监局核准中国民生信托有限公司修订后的《公司章程》。

2 月 15 日至 22 日，中国信托业协会以通讯方式召开四届一次常务理事会议。

2 月 19 日，北京银保监局核准金李英大国际信托有限责任公司独立董事任职资格。

2 月 20 日，天津银保监局同意北方国际信托股份有限公司变更股权结构。

2 月 20 日，北京银保监局核准蒋畅、郑晓静建信信托有限责任公司董事任职资格。

2 月 21 日，湖北银保监局核准李依贫交银国际信托有限公司董事、总裁任职资格；核准唐云岳交银国际信托有限公司副总裁任职资格。

2 月 26 日，上海国际信托有限公司董事长潘卫东在 2018 年上海市优秀企业家表彰会上荣获“2018 年上海市优秀企业家提名奖”。

2 月 28 日，福建银保监局核准兴业国际信托有限公司修订后的《公司章程》。

2 月，天津信托有限责任公司《中债非标股权类信托产品估值定价研究》在中央国债登记结算公司组织的基于中债价格指标产品的征文活动中获得“优秀成果奖”。

3 月

3 月 2 日，湖南省信托有限责任公司“长沙方特东方神画集合资金信托计划”荣获湖南省委网信办、湖南省地方金融监督管理局授予的“2018 年湖南金融力量”，“PPP 工作小组”被评为“2018 年湖南金融工匠”。

3 月 4 日，长安国际信托股份有限公司在中国人民银行西安分行营业管理部 2018 年西安市金融统计工作评比活动中荣获“2018 年西安市金融统计工作先进单位”。

3 月 7 日，大连银保监局核准华信信托股份有限公司修订后的《公司章程》。

3 月 12 日，天津银保监局核准北方国际信托股份有限公司修订后的《公司章程》。

3 月 12 日，甘肃银保监局核准光大兴陇信托有限责任公司特定目的信托受托机构资格。

3 月 12 日，中信信托有限责任公司向江西省红十字基金会捐赠 100 万元，定向用于江西省小寨村脱贫事业。

3 月 22 日至 4 月 1 日，中国信托业协会以通讯方式召开四届二次理事会议。

3 月 22 日，湖南银保监局核准朱昌寿湖南省信托有限责任公司总裁任职资格。

3 月 22 日，北京银保监局核准孙庆文建信信托有限责任公司董事、总裁任职资格。

3 月 22 日，云南银保监局核准甘煜云南国际信托有限公司董事、董事长任职资格。

3 月 22 日，上海国际信托有限公司荣获中国金融思想政治工作研究会授予的“2017—2018 年全国金融系统文化建设先进单位”荣誉称号。

3 月 27 日，浙江银保监局核准江龙杭州工商信托股份有限公司总裁任职资格。

3 月 28 日，中国信托业协会与中国信托登记有限公司联合举办“信托产品净值化管理”主题沙龙。

3 月 28 日，紫金信托有限责任公司财富管理中心荣获“2018 南京市三八红旗集体”称号。

3 月 29 日，福建银保监局核准林中、吴军兴业国际信托有限公司董事任职资格。

3 月 29 日，长安国际信托股份有限公司荣获陕西省西安市高新区创新发展局授予的“特别贡献奖”。

3 月 29 日，英大国际信托有限责任公司荣获上海联合产权交易所授予的“2018 年产权交易金融创新奖”。

3 月，东莞信托有限公司荣获中国共产党东莞市委员会、东莞市人民政府颁发的“2018 年度效益贡献奖”。

3 月，国通信托有限责任公司荣获 2018 年湖北银行业金融机构“政务信息先进单位”称号。

4 月

4 月 2 日至 15 日，中国信托业协会以通讯方式召开四届二次常务理事会。

4 月 2 日，北京银保监局核准周志寰建信信托有限责任公司副总裁任职资格。

4 月 2 日，华澳国际信托有限公司荣获上海市浦东新区人民政府授予的 2018 年度“浦东新区经济突出贡献奖”，华宝信托有限责任公司荣获“浦东新区金融业突出贡献奖”。

4 月 2 日，上海国际信托有限公司、中海信托股份有限公司分别荣获黄浦区政府授予的“2018 年度上海市黄浦区高端服务业 100 强企业第 4 位”“2018 年度上海市黄浦区高端服务业 100 强企业第 11 位”荣誉称号。

4 月 3 日，浙江银保监局同意杭州工商信托股份有限公司住所变更为杭州市江干区迪凯国际中心 3801 室、4101 室。

4 月 4 日，北京银保监局核准吴宁、黎代福建信信托有限责任公司副总裁任职资格。

4 月 8 日，福建银保监局核准张小坚兴业国际信托有限公司总裁助理任职资格。

4 月 8 日，北京银保监局核准李强中国对外经济贸易信托有限公司董事任职资格。

4 月 8 日，紫金信托有限责任公司荣获南京市国资委党委授予的“2018 年度优秀基层党建创新项目优秀奖”。

4 月 9 日，北京银保监局核准程永中国对外经济贸易信托有限公司董事任职资格。

4 月 10 日，上海国际信托有限公司荣获 2017—2018 年度“上海市文明单位”荣誉称号。

4 月 12 日至 22 日，中国信托业协会以通讯方式召开二届二次监事会。

4 月 15 日，上海银保监局核准朱永红华宝信托有限责任公司董事长任职资格。

4 月 15 日，上海国际信托有限公司团委被共青团上海市委员会评为“2018 年度上海市五四红旗团委”。

4 月 16 日，华融国际信托有限责任公司荣获“人民银行乌鲁木齐中心支行货币监测分析工作二等奖”，胡诗颖同志荣获“人民银行乌鲁木齐中心支行货币监测分析工作优秀个人奖”。

4 月 18 日，湖北银保监局核准刘红忠、王华交银国际信托有限公司独立董事任职资格。

4 月 25 日，中国信托业协会现场召开四届二次会员大会。

4 月 25 日，河南银保监局核准闫万鹏、彭武华中原信托有限公司董事任职资格。

4 月 25 日，华鑫国际信托有限公司荣获北京银保监局 2018 年度银行业消费者权益保护工作“二级 A”称号。

4 月 25 日，中诚信托有限责任公司荣获中国金融工会学习贯彻中国工会十七大精神新媒体主题创意大赛入围奖。

4 月 29 日，江西银保监局核准林伟龙雪松国际信托股份有限公司董事长任职资格。

4 月 29 日，江西银保监局核准于庆伟中航信托股份有限公司董事任职资格。

4 月 29 日，华澳国际信托有限公司荣获上海市陆家嘴金融贸易总工会授予的“2018 年度模范工会”“第八届浦东新区十佳职工职业道德先进单位”称号。

4 月 29 日，华宝信托有限责任公司荣获 2019 年“上海市五一劳动奖状”。

4 月 30 日，中国信托业协会举办“信托业参与科创板”专题培训。

4 月 30 日，长安国际信托股份有限公司荣获西安市财政局举办的“弘扬五四精神提升本领做铁军”青年干部辩论会“优秀组织奖”。

4 月 30 日，华澳国际信托有限公司解媛媛荣获上海市浦东新区总工会授予的“浦东新区五一劳动奖章”。

4 月，安徽国元信托有限责任公司在安徽省政府对全省金融机构支持地方发展经营业绩考核中获评“优秀”等级。

4 月，天津信托有限责任公司被天津市国家税务局评为 2018 年度纳税信用 A 级纳税人，公司财富中心荣获天津市总工会颁发的“工人先锋号”荣誉称号。

5 月

5 月 5 日，中航信托股份有限公司在江西省税务局 2018 年度纳税信用评价中获得最高 A 级评价。

5 月 6 日，上海银保监局核准胡杰中泰信托有限责任公司合规总监任职资格。

5 月 6 日，厦门国际信托有限公司再次启动“厦门信托—临夏希望之旅慈善信托”。

5 月 6 日，江苏省国际信托有限责任公司荣获江苏省红十字会授予的“博爱”奖章。

5 月 6 日，中航信托股份有限公司在中国人民银行南昌中心支行 2018 年度江西省金融机构金融消费权益保护评估中获评 A 档。

5 月 9 日，甘肃银保监局核准闫桂军光大兴陇信托有限责任公司董事长任职资格。

5 月 10 日，苏州信托有限公司“苏信 · 苏州致公慈善信托”成立。

5 月 10 日，中信信托有限责任公司被国家税务总局北京市税务局评为“2018 年纳税信用 A 级企业”。

5 月 12 日，杭州工商信托股份有限公司举办以“微笑，送给妈妈最好的礼物”为主题的微笑集市慈善义卖活动。

5 月 13 日至 24 日，中国信托业协会以通讯方式召开四届三次理事会。

5 月 15 日，中国信托业协会举办“服务信托”专题培训。

5 月 15 日，上海国际信托有限公司荣获上海银保监局办公室授予的 2018 年度部分在沪法人银行业金融机构消费者权益保护工作考评“二级 A”称号。

5 月 16 日，“四川信托有限公司 · 慈联慈善信托”在成都市民政局成功备案成立。

5 月 21 日，华能贵诚信托有限公司自主开发的舆情监控系统以原始取得全部权利的方式获得中国国家版权局颁发的计算机软件著作权登记证书。

5 月 22 日，江苏银保监局核准紫金信托有限责任公司修订后的《公司章程》。

5 月 24 日，山东省国际信托股份有限公司“鲁信义工”赴济南市社会福利院、济南星神特殊儿童关爱中心以及山东港湾公益学校等地开展爱心帮扶活动。

5 月 27 日至 30 日，中国信托业协会组织调研组赴内蒙古呼伦贝尔市开展扶贫工作调研。

5 月 27 日，上海国际信托有限公司被上海市人社局、上海市总工会评为“上海市和谐劳动关系达标企业”。

5 月 29 日，北京银保监局核准中国金谷国际信托有限责任公司修订后的《公司章程》。

5 月 30 日，中国信托业协会举办“信托公司激励约束机制建设”主题沙龙。

5 月 30 日，山东省国际信托股份有限公司周建蕖同志荣获山东省扶贫开发领导小组授予的山东省 2018 年度“创新类扶贫开发工作先进个人”。

5 月 31 日，苏州信托有限公司与市慈善总会、市残联合作，通过“苏信 · 善举 1 号”和“苏信 · 善举 2 号”慈善信托计划、党建爱心帮扶及后续相关项目，实现党建和慈善爱心帮扶新型合作模式。

5 月 31 日，重庆国际信托股份有限公司荣获重庆市银行业协会授予的 2018 年度“最具社会责任金融机构奖”。

5 月，中国信托业协会制定《信托行业人才建设工作规划框架（2019—2021）》。

5 月，杭州工商信托股份有限公司“杭工信 · 阳光 2 号母亲微笑行动慈善信托”正式成立，信托财产用于捐助专业从事为贫困家庭唇腭裂及头面部畸形患儿提供免费救助治疗的组织、基金会或法人机构。

5 月，英大国际信托有限责任公司设立发行的国内首个光伏精准扶贫公益信托计划，助力青海省玛多县成功脱贫摘帽。

5 月，新华信托股份有限公司荣获重庆银行业协会授予的“2018 年度社会责任公益慈善爱心奖”。

5 月，山东省国际信托股份有限公司智慧信托入选山东省首批“现代优势产业集群 + 人工智能”试点示范项目。

6 月

6 月 3 日，北京银保监局核准王晓薇建信信托有限责任公司董事会秘书任职资格。

6 月 4 日，英大国际信托有限责任公司获评北京银保监局辖内银行业金融机构 2018 年度消费者权益保护工作二级 A。

6 月 5 日，华澳国际信托有限公司举办以“浓浓端午情，关爱老人心”为主题的公益活动。

6 月 6 日，新疆银保监局核准王瑨华融国际信托有限责任公司副总经理任职资格。

6 月 6 日，深圳银保监局核准张承刚平安信托有限责任公司风险总监任职资格。

6 月 10 日，内蒙古银保监局核准华宸信托有限责任公司修订后的《公司章程》。

6 月 11 日，福建银保监局同意兴业国际信托有限公司注册资本由 50 亿元变更为 100 亿元。

6 月 12 日，上海银保监局核准毛彪勇华澳国际信托有限公司董事任职资格。

6月12日，北京银保监局核准张向东中国对外经济贸易信托有限公司独立董事任职资格。

6月12日，中铁信托有限责任公司金融同业部荣获共青团中央等部委联合授予的“2017—2018年度全国青年文明号”称号。

6月17日，河南银保监局同意中原信托有限公司注册资本由36.5亿元变更为40亿元。

6月18日，内蒙古银保监局核准田跃勇华宸信托有限责任公司董事长、董事任职资格；核准晋军华宸信托有限责任公司总经理、董事任职资格。

6月18日，中航信托股份有限公司在江西省综治委2018年度综治工作评价中荣获“全省综治工作（平安建设）先进单位”。

6月21日，江西银保监局同意中江国际信托股份有限公司名称变更为雪松国际信托股份有限公司。

6月21日，广东粤财信托有限公司设立广东省扶贫开发协会·粤财信托·定点帮扶1号慈善信托。

6月27日，江西银保监局同意雪松国际信托股份有限公司修订后的《公司章程》。

6月27日，云南银保监局核准毛剑辉云南国际信托有限公司总裁助理任职资格。

6月27日，国通信托有限责任公司·“关爱·成长”第一期慈善信托计划顺利签约，资金用于资助咸宁华家村大病家庭及其贫困学生。

6月28日，广东粤财信托有限公司赴河源市东源县柳城镇开展“不忘初心关爱留守贫困儿童活动”。

6月28日，交银国际信托有限公司出资设立“2019适老宜居暖巢慈善信托”，对武汉市老年人家庭进行适老宜居改造。

6月29日，华澳国际信托有限公司第二党支部、第三党支部荣获陆家嘴金融贸易区综合党委授予的陆家嘴金融城2018—2019年度“先进基层党组织”称号；方娴、庞日寿、张迪、李璐璐四名同志荣获“优秀共产党员”称号；蓝裕锋、薛祎两名同志荣获“优秀党务工作者”称号。

6月，吉林省信托有限责任公司设立“吉信·天和精准扶贫1号慈善信托计划”。

6月，长安国际信托股份有限公司荣获由国家税务总局陕西省税务局授予的“2018年度A级纳税人”称号。

6月至8月，中国信托业协会部署并持续深入推进“不忘初心、牢记使命”主题教育。

7月

7月5日，紫金信托有限责任公司完成“紫金信托·小银星艺术助学慈善信托”备案手续，为国内首只以艺术课程使用权作为信托财产的慈善信托。

7 月 8 日，西部信托有限公司“西部信托 · 陕西资本市场助力脱贫攻坚慈善信托”成立，捐赠资助对象为陕西省相关政府机构公布的国家级贫困县的贫困大学生。

7 月 12 日，广东银保监局核准李文中广东粤财信托有限公司独立董事任职资格。

7 月 12 日，江西银保监局核准李鹏中航信托股份有限公司副总经理任职资格。

7 月 12 日，上海国际信托有限公司获评 2018 年度上海市银行业机构综合评价考核“A 类”等级。

7 月 18 日，中国信托业协会举办“信托公司资产证券化业务发展”主题沙龙。

7 月 19 日，陕西银保监局核准西部信托有限公司修订后的《公司章程》。

7 月 22 日，北京银保监局核准中国民生信托有限公司特定目的信托受托机构资格。

7 月 25 日，紫金信托有限责任公司获评江苏银保监局“银行业金融机构消费者权益保护工作考核评价非银机构第一名”。

7 月 26 日，中信信托有限责任公司成立信托业第一家消费金融公司。

7 月 30 日，中国金谷国际信托有限责任公司设立的“金谷信托 2019 信达大爱 1 号（扶贫及教育）慈善信托”在北京市民政局完成备案。

7 月 31 日至 8 月 1 日，中国信托业协会组织调研组赴内蒙古察右中旗、察右后旗开展扶贫工作调研。

7 月，杭州工商信托股份有限公司志愿者赴乌鲁木齐参加“母亲微笑行动”走进新疆公益活动。

7 月，万向信托股份公司荣获杭州市民政局授予的“2019 年度精准扶贫合作伙伴”。

8 月

8 月 3 日，由中国信托业协会组织编纂的《中国信托业发展报告（2018—2019）》出版发行。

8 月 7 日，东莞信托有限公司获得全国银行间同业拆借中心批准的“同业拆借”资格。

8 月 9 日，五矿国际信托有限公司设立国内首单中医药慈善信托“五矿信托—三江源—郭博信中医药慈善信托”。

8 月 9 日，中诚信托有限责任公司荣获中共北京市东城区委、东城区政府授予的“2018 年度东城区百强企业”荣誉称号。

8 月 12 日，北京银保监局同意中诚信托有限责任公司变更股权结构。

8 月 12 日，中铁信托有限责任公司荣获四川银保监局授予的“2018 年度四川省银行保险业扶贫工作先进单位”称号。

8 月 13 日，上海银保监局同意华宝信托有限责任公司注册资本由 37.44 亿元（含 1500 万美元）变更为 47.44 亿元（含 1500 万美元）。

8 月 13 日，深圳银保监局核准姚贵平平安信托有限责任公司董事长任职资格。

8 月 13 日，北京银保监局核准宁晓龙英大国际信托有限责任公司副总经理任职资格。

8 月 15 日，四川信托有限公司荣获成都市政府授予的“成都市 2018 年全口径税收贡献 100 强企业”“成都市 2018 年地方税收贡献 100 强企业”两项殊荣。

8 月 19 日，上海银保监局核准吴瑞忠华澳国际信托有限公司董事长任职资格。

8 月 19 日，中航信托股份有限公司在中国人民银行南昌中心支行 2018 年度地方性金融机构征信数据质量工作评价中获评“2018 年度企业征信系统数据质量工作优秀机构”，朱逸菲、邓志坚获评“2018 年度企业征信系统数据质量工作优秀个人”。

8 月 21 日，重庆国际信托股份有限公司举办“重庆信托 · 春蕾圆梦慈善信托”2019 年助学捐赠仪式。

8 月 22 日，四川银保监局核准李京中铁信托有限责任公司风险总监任职资格。

8 月 23 日，浙江银保监局核准唐顺良万向信托股份公司董事任职资格。

8 月 23 日，紫金信托有限责任公司荣获南京市地方金融监督管理局、南京市财政局授予的“2019 年度南京市金融创新三等奖”。

8 月 26 日，北京银保监局核准中国民生信托有限公司修订后的《公司章程》；同意中国民生信托有限公司变更股权结构。

8 月 27 日，厦门银保监局核准张文伟厦门国际信托有限公司风险总监任职资格。

8 月 28 日，深圳银保监局同意平安信托有限责任公司住所变更为深圳市福田区益田路 5033 号平安金融中心 29 层（西南、西北）、31 层（3120 室、3122 室）、32 层、33 层。

8 月 30 日，宁波银保监局核准昆仑信托有限责任公司修订后的《公司章程》。

8 月，中国信托业协会就《全国法院民商事审判工作会议纪要》（征求意见稿）涉信托内容代表行业反馈意见。

8 月，天津信托有限责任公司“天信世嘉 · 信德精准帮扶慈善信托计划”，向对口帮扶村提供资金 150 万元。

8 月，山东省国际信托股份有限公司信息系统完成国家信息安全等级保护三级测评认证，信息安全水平达到国内中型商业银行标准。

9 月

9 月 2 日，内蒙古银保监局核准孙乐华宸信托有限责任公司董事任职资格；核准郭晓川、任国兵华宸信托有限责任公司独立董事任职资格。

9月3日，陆家嘴国际信托有限公司举行“陆信弘远·为爱远行”甘肃临洮慈善信托爱心募捐，为西部贫困山区家庭奉献爱心。

9月3日，中国对外经济贸易信托有限公司“信暖”扶贫工作队前往内蒙古开展“信暖圆梦·心系阿旗”公益扶贫活动。

9月3日，紫金信托有限责任公司宋敏英荣获中国人民银行授予的“2018年度企业征信系统数据质量工作优秀个人”称号。

9月6日，浙江银保监局核准杭州工商信托股份有限公司修订后的《公司章程》。

9月6日，浙江银保监局核准童杰浙商金汇信托股份有限公司独立董事任职资格。

9月7日，陆家嘴国际信托有限公司设立的“陆家嘴信托·弘远1号甘肃临洮定向扶贫慈善信托”捐赠仪式在上海举行。

9月7日至20日，安信信托股份有限公司携手真爱梦想公益基金会举办古典纹饰再创艺术展览，支持心智障碍青年就业之梦。

9月9日，江苏银保监局核准肖冬雪、黄河江苏省国际信托有限责任公司副总经理任职资格。

9月10日，浙江银保监局核准谢捷浙商金汇信托股份有限公司董事任职资格。

9月10日，杭州工商信托股份有限公司“母亲微笑行动慈善信托”及“六一微心愿”分别荣获杭州市人民政府金融工作办公室、杭州市金融工会授予的“杭州市金融系统优秀公益项目奖”“优秀公益项目提名奖”。

9月11日，浙江银保监局核准戴俊浙商金汇信托股份有限公司总经理任职资格。

9月11日，四川银保监局核准魏道洪中铁信托有限责任公司董事任职资格。

9月16日，山东银保监局核准王平山东省国际信托股份有限公司财务总监任职资格。

9月16日，中国金谷国际信托有限责任公司设立的“金谷信托2019信达大爱2号（扶贫）慈善信托”在北京市民政局完成备案。

9月18日，北京银保监局同意中信信托有限责任公司注册资本由100亿元变更为112.76亿元。

9月18日，中铁信托有限责任公司王明蓉荣获人力资源和社会保障部、国务院国资委授予的“中央企业劳动模范”称号。

9月19日，陕西银保监局核准徐谦西部信托有限公司董事长任职资格；核准贾旭西部信托有限公司总经理任职资格；核准刘洁西部信托有限公司董事会秘书任职资格；核准蔡梦诗西部信托有限公司副总经理任职资格。

9月19日，江西银保监局核准陈晖、黄旭斌、刘湖源、李婵娟、蔡建城雪松国际信托股份有限公司董事任职资格；核准王华、朱大旗、徐枫雪松国际信托股份有限公司独立董事任职资格。

9 月 19 日，苏州信托有限公司荣获“2019 财富苏州·金融科技创新先锋榜评选创新服务奖”。

9 月 20 日，四川信托有限公司“两个计划”荣获四川省地方金融监督管理局、四川省扶贫开发局、四川日报社共同组织的四川金融扶贫创新案例推选“金融扶贫创新案例”称号。

9 月 21 日，中国对外经济贸易信托有限公司、华宝信托有限责任公司薪酬福利事业部荣获由人力资源和社会保障部、国务院国有资产监督管理委员会联合授予的“中央企业先进集体”称号；英大国际信托有限责任公司董事长、党委书记王剑波荣获“中央企业劳动模范”称号。

9 月 23 日，甘肃银保监局核准蔡彤光大兴陇信托有限责任公司董事任职资格。

9 月 23 日，北京银保监局核准王建新中国民生信托有限公司独立董事任职资格；核准田吉申中国民生信托有限公司董事任职资格。

9 月 24 日，华能贵诚信托有限公司向扶贫点贵州省赫章县古达乡官房村和发科村捐赠价值 15 万元的生活物资。

9 月 26 日，西藏银保监局核准西藏信托有限公司修订后的《公司章程》。

9 月 26 日，中信信托有限责任公司携手北京雏菊花公益基金会为乌鲁木齐十四师少数民族贫困户、低保户家庭的 472 名学生捐赠了 100 万元助学基金。

9 月 27 日，北京银保监局核准马亚军英大国际信托有限责任公司董事任职资格。

9 月 27 日，中国对外经济贸易信托有限公司赴内蒙古赤峰市阿鲁科尔沁旗参与捐赠圆梦助学资金活动，并与阿旗和林西县两地政府签署捐赠协议。

9 月 27 日，交银国际信托有限公司联合湖北省交通投资集团有限公司投入 50 万元党费在湖北鹤峰建立党员教育实践基地。

9 月 29 日，福建银保监局核准杨刚强兴业国际信托有限公司总裁助理任职资格。

9 月 30 日，北京银保监局同意中国对外经济贸易信托有限公司注册资本由 27. 4062114033 亿元变更为 80 亿元。

9 月，云南国际信托有限公司和云南省青少年基金会共同设立“扬梦助学慈善信托”。

9 月至 11 月，中建投信托股份有限公司连续第 4 年开展“银信封”公益计划，组织志愿者赴甘肃省会宁县、贵州省施秉县探访最美老师，参与当地师生互动教学。

10 月

10 月 8 日，陕西银保监局核准韩宗望西部信托有限公司副总经理任职资格。

10 月 8 日，长安国际信托股份有限公司袁政、张艺馨分别荣获陕西银行业保险业扫黑除恶专项斗争征文活动一等奖、三等奖。

10 月 11 日，由杭州工商信托股份有限公司发起的“杭工信·阳光 3 号联乡结村慈善信托”项目正式成立，资金将用于扶持浙江省建德市洋尾片四村种植吴茱萸低收入农户。

10 月 11 日，中建投信托股份有限公司获得中华人民共和国版权局颁发的《信托财务与法律智能机器人软件》著作权证书。

10 月 12 日，北京银保监局核准吴骏英大国际信托有限责任公司副董事长、总经理任职资格。

10 月 12 日，北京银保监局核准张金清中国民生信托有限公司独立董事任职资格。

10 月 14 日，华融国际信托有限责任公司对四川宣汉县开展消费扶贫，采购红茶以解决当地农产品销路难问题。

10 月 16 日，内蒙古银保监局核准孙琦华宸信托有限责任公司总经理助理任职资格。

10 月 17 日，中信信托有限责任公司、平安信托有限责任公司、光大兴陇信托有限责任公司、中航信托股份有限公司、中诚信托有限责任公司、五矿国际信托有限公司、陆家嘴国际信托有限公司、上海国际信托有限公司、北京国际信托有限公司在中国互联网新闻中心主办的 2019 年度第二届“中国网之优秀金融扶贫先锋榜”评选中荣获“优秀扶贫先锋机构”奖项。

10 月 17 日，中国民生信托有限公司荣获天津市万企帮万村专项工作组、天津市工商业联合会和天津市光彩事业促进会授予的“‘助力脱贫攻坚、践行光彩事业’先进单位”称号。

10 月 21 日，上海银保监局核准张一明华澳国际信托有限公司总裁助理任职资格。

10 月 22 日，“五矿信托—三江源思源 2 号慈善信托”支持建设的“三江源地区生物多样性保护研究基地”在青海省贵南县直亥村正式揭牌。

10 月 24 日，中国信托业协会与中国人民大学法学院联合举办“信托与人口老龄化”主题沙龙。

10 月 24 日，上海银保监局核准周雷华澳国际信托有限公司董事会秘书任职资格。

10 月 24 日，厦门国际信托有限公司党委“红色领航　行稳致远”党建品牌成功入选“厦门市直机关优秀党建品牌”。

10 月 25 日，厦门银保监局核准何金厦门国际信托有限公司总经理助理任职资格。

10 月 26 日，中国信托业协会在南昌举办“诚信受托　共赢未来”投资者教育活动。

10 月 28 日，上海银保监局核准王荣武安信信托股份有限公司总经理任职资格，核准王岗安信信托股份有限公司副总经理兼董事会秘书任职资格，核准陆伟军安信信托股份有限公司合规总监任职资格。

10 月 28 日，杭州工商信托股份有限公司荣获浙江省人力资源和社会保障厅、浙江省总工会、浙江省企业联合会、企业家协会及浙江省工商业联合会授予的“浙江省创建和谐劳动关系暨双爱活动先进企业”称号。

10 月 29 日，四川信托有限公司实施的“锦绣共济·重大自然灾害慈善救助计划”通过发起募捐行动，向在汶川抗洪救灾中牺牲的龙家利烈士家属捐赠抚恤金 25000 元。

10 月 31 日，上海国际信托有限公司工会在上海市金融系统先进评选中荣获“先进职工之家”称号。

10 月，中诚信托有限责任公司荣获中国金融工会、中国金融文学艺术界联合会学习贯彻习近平新时代中国特色社会主义思想和党的十九大精神“新时代金融职工讲习堂”称号。

11 月

11 月 5 日，北京银保监局核准张峥建信信托有限责任公司独立董事任职资格。

11 月 6 日，厦门银保监局核准胡荣炜厦门国际信托有限公司总经理任职资格，核准苏荣坚、郑华厦门国际信托有限公司副总经理任职资格。

11 月 7 日，北京银保监局同意建信信托有限责任公司注册资本由 1 527 270 000 元变更为 2 466 866 069元。

11 月 7 日，北京银保监局核准舒高勇中国民生信托有限公司董事任职资格。

11 月 8 日，华能贵诚信托有限公司“华能信托·华小智慈善信托计划”获贵阳市民政局批准备案成立。

11 月 9 日，中国信托业协会在西安举办“以信为基　服务美好生活”投资者教育活动。

11 月 11 日，上海国际信托有限公司“上善系列”教育助学信托计划首批西藏地区中小学校长培训班在上师大举行开班仪式。

11 月 11 日至 13 日，中国信托业协会带队组织调研组赴呼伦贝尔鄂伦春旗开展扶贫工作调研。

11 月 11 日至 13 日，渤海国际信托股份有限公司参与出资设立呼伦贝尔市首单慈善信托。

11 月 12 日，西藏银保监局核准西藏信托有限公司以固有资产从事股权投资业务资格。

11 月 12 日，四川信托有限公司为康定市瓦泽乡水桥村投入慈善资金 26. 85 万元，提升贫困地区青少年教育水平。

11 月 13 日，北京银保监局核准张博中国民生信托有限公司董事长任职资格，核准田吉申中国民生信托有限公司总裁任职资格。

11 月 13 日，上海国际信托有限公司副总经理叶力俭入选上海市委组织部、金融工委、金融工作局、人力资源和社会保障局、财政局评选的“2019 年上海领军金才”。

11 月 14 日，广东银保监局核准于健广东粤财信托有限公司总经理助理任职资格。

11 月 14 日，中信信托有限责任公司携手深圳递爱福公益基金会对浙江大学教育基金完成 DAF 捐赠。

11 月 15 日，江西银保监局核准周祺中航信托股份有限公司总经理任职资格。

11 月 19 日，中海信托有限责任公司党委与崇明区建设镇富安村党支部举行党组织结对帮扶签约仪式，共同推进富安村“乡村振兴示范村”建设。

11 月 20 日，深圳银保监局核准华润深国投信托有限公司修订后的《公司章程》。

11 月 20 日，中信信托推出的全国第一只专项支持法学教育的慈善信托——“中信信托 2019 江平法学教育慈善信托”成功入选 2019“中国企业社会责任优秀案例库”。

11 月 21 日，新疆银保监局核准白俊杰华融国际信托有限责任公司董事、董事长任职资格，核准苏小勇华融国际信托有限责任公司风险总监任职资格。

11 月 21 日，北京银保监局核准羿锦峰华鑫国际信托有限公司风险总监任职资格。

11 月 21 日，北京银保监局核准马骅中国民生信托有限公司董事任职资格。

11 月 22 日，紫金信托有限责任公司以自有资金出资 100 万元设立“紫金·厚德 9 号”慈善信托计划，帮扶救助困难家庭大病儿童和残障儿童。

11 月 23 日，光大兴陇信托有限责任公司被甘肃省人民政府政府授予“省长金融奖”。

11 月 25 日至 12 月 2 日，中国信托业协会以通讯方式召开四届三次常务理事会。

11 月 26 日，江苏银保监局核准胡苏迪紫金信托有限责任公司董事任职资格。

11 月 28 日，安徽国元信托有限责任公司以自有资金出资 20 万元参与“中诚信托·2019 中国信托业呼伦贝尔扶贫慈善信托”，用于救助内蒙古自治区呼伦贝尔市的贫困群众和存在返贫隐患的低收入农户。

11 月 28 日至 29 日，华能贵诚信托有限公司赴公司扶贫点赫章县官房村、发科村调研走访，为两村带去企业的关怀。

11 月 30 日，百瑞信托有限责任公司赴汝州金庚医院开展“善行百瑞·与爱同行”公益慈善活动。

11 月，吉林省信托有限责任公司第一党支部获 2019 年省国资委党委系统“先进党组织”，王伟同志获 2019 年省国资委党委系统“优秀党务工作者”。

11 月，山东省国际信托股份有限公司在山东省财政厅组织的金融企业绩效评价中获评最高“AAA 优秀”等级。

12 月

12 月 2 日，上海国际信托有限公司“上信中西部地区（江西）医护人员培训慈善信托项目”支持的“第一届沪赣心血管内科新进展培训班”在中山医院举行开班仪式。

12月4日，山东银保监局同意山东省国际信托股份有限公司注册资本由25.8825亿元变更为46.5885亿元。

12月4日，天津信托有限责任公司设立的“天信世嘉·信德大田集团见义勇为慈善信托”向天津市12位见义勇为先进代表颁发放慰问捐助金5万元。

12月4日，长安国际信托股份有限公司金融知识普及活动获得陕西银保监局、陕西证监局及陕西省互联网信息办公室、国家外汇管理局陕西省分局联合发文通报表扬。

12月6日至16日，中国信托业协会以通讯方式召开四届四次理事会。

12月10日，中国对外经济贸易信托有限公司捐赠成立的北京信诺公益基金会完成向内蒙古赤峰市阿鲁科尔沁旗四所学校捐赠“数字图书馆”的项目。

12月11日，新疆银保监局核准苏小勇华融国际信托有限责任公司董事任职资格。

12月11日，北京银保监局同意英大国际信托有限责任公司变更股权结构。

12月11日，重庆国际信托股份有限公司赴社区开展“送温暖、献爱心”志愿服务活动。

12月16日，山东省国际信托股份有限公司荣获中国人民银行济南分行授予的2019年度“山东省省级银行业金融机构统计工作优秀单位”，生超男同志荣获“优秀个人”称号。

12月17日，百瑞信托有限责任公司开展“百瑞仁爱·春晖慈善信托”公益募捐活动。

12月18日，北京银保监局核准陈锐建信信托有限责任公司董事任职资格。

12月18日，北京银保监局核准赵英伟中国民生信托有限公司副董事长任职资格。

12月19日，中国信托业协会以“中国信托业服务实体经济 助力三大攻坚战”为主题参加银保监会第252场例行新闻发布会。

12月19日，中海信托股份有限公司小微企业主经营贷业务荣获“上海市银行同业公会普惠金融服务创新奖”。

12月20日，广东银保监局核准王晓天东莞信托有限公司副总经理兼董事会秘书任职资格，核准黄晓光东莞信托有限公司总经理助理任职资格。

12月20日，甘肃银保监局核准邵泉光大兴陇信托有限责任公司董事任职资格。

12月20日，安信信托股份有限公司《人生马拉松》微视频荣获“学习强国”平台“我爱我的祖国”微视频大赛全国三等奖。

12月20日，紫金信托有限责任公司在中诚信国际信用跟踪评级发布的报告中，再次获评信用等级为“AA+级”。

12月23日，吉林银保监局核准张洪东吉林省信托有限责任公司总经理任职资格。

12月23日，北京银保监局核准范从来建信信托有限责任公司独立董事任职资格。

12月24日，北京银保监局核准张喜芳中国民生信托有限公司副董事长任职资格。

12 月 25 日至 26 日，中国信托业协会举办信托业年会暨四届三次会员大会，年会主题是“弘扬信托文化　强化合规建设”。

12 月 25 日，北京银保监局核准中国民生信托有限公司修订后的《公司章程》。

12 月 25 日，浙江银监局核准李昇中建投信托股份有限公司董事任职资格。

12 月 27 日，北京银保监局同意国投泰康信托有限公司注册资本由 219 054. 5454 万元变更为 267 054. 5454 万元。

12 月 27 日，华宝信托有限责任公司《数字时代的信托公司数据治理和管理》项目荣获 2019 年上海市企业管理现代化创新成果二等奖。

12 月 28 日，苏州信托有限公司荣获由苏州市慈善总会授予的“苏州市慈善服务先进单位”荣誉，“苏信善举 5 号”慈善信托获评“苏州市优秀慈善项目”。

12 月 29 日，渤海国际信托股份有限公司举办“点滴善举，爱在渤海”慈善义卖活动，筹集善款资助贫困学子。

12 月 31 日，深圳银保监局核准华润深国投信托有限公司谭颖董事任职资格，核准郭强华润深国投信托有限公司副总经理任职资格。

12 月 31 日，山西银保监局核准雷淑俊山西信托股份有限公司董事、总经理任职资格。

12 月 31 日，万向信托股份公司落地全国第一单监护支援信托。

12 月 31 日，陕西省国际信托股份有限公司获得省国资委颁发的“2019 年度稳增长贡献企业”。

12 月，中国信托业协会形成关于探索构建化解信托金融纠纷行业调解机制的政策建议。

12 月，中国信托业协会颁布《信托消费者权益保护自律公约》《信托从业人员管理自律公约》《绿色信托指引》三项自律规则。

12 月，中国信托业协会成立信托消费者权益保护专业委员会。

12 月，杭州工商信托股份有限公司成立“杭工信 · 阳光 5 号教育助学慈善信托”，促进青少年教育事业全面发展，首批慈善资金用于采购山区学校音乐器材等教具。

12 月，吉林省信托有限责任公司对口包保安图县山泉村、龙山村两个贫困村建档立卡的贫困户全部实现脱贫，脱贫率 100%。同月，吉林省信托有限责任公司成立“吉信 · 天和精准扶贫 3 号慈善信托计划”。

12 月，天津信托有限责任公司设立的“天信世嘉 · 信德大田集团爱心助学慈善信托”，助力天津市贫困大学生通过创业带动就业，真正实现脱贫。

2019 年，中国信托业协会全年开展信托高管研修班 2 期，中层及业务骨干培训班 2 期，线下从业人员培训班 7 期。

2019 年，东莞信托有限公司分别向对口帮扶韶关市乐昌三溪镇仕坑村、东莞市大朗镇佛子凹村派出驻村干部，协助推动落实帮扶工作。